白庚胜文集

BAI GENGSHENG WENJI

作 者 简 介

白庚胜，纳西族，博士、研究员、教授，1957年2月14日生于云南丽江市。就读于中央民族学院（中央民族大学）、北京师范大学、中共中央党校，以及日本大阪大学、筑波大学。长期从事学术研究管理、行政领导工作，曾先后任中国社会科学院民族文学研究所副所长，中国民间文艺家协会分党组书记，中国文学艺术界联合会主席团成员，云南省人民政府副秘书长，中国作家协会党组成员、书记处书记、副主席等职务，兼任国际萨满学会副主席、国际纳西学学会会长、中国少数民族文学学会理事长、中国民间文艺家协会常务副主席、中国民俗学会副理事长、中国人口文化促进会副会长等职。现任第十三届全国政协常委，中国作家协会副主席，中国纪实文学研究会会长，20余所大学及机构的教授、研究员。他在文学创作、翻译、评论、研究，以及文化学调研、研究、组织领导等领域卓有成就，出版有70余种专著、专集、译著、编著，并主编出版40余种近万卷（册）类书、丛书、套书，主持“中国民间文化遗产抢救工程”“中国少数民族文学发展工程”等10余项国家特别委托项目、社科重大项目，获10余项国内外重要学术奖项，被中国文联授予“全国青年优秀文艺家”，中央机关授予“优秀党员”，国务院授予政府特殊津贴，国务院授予“全国民族团结模范”，中央组织部、中央宣传部、中央统战部、教育部、科技部、人事部联合授予“优秀留学回国人员成就奖”，为党的十七大代表。

本书获

2020年贵州省出版传媒事业发展专项资金资助

贵州出版集团有限公司出版专项资金资助

白庚勝文集

嘉禅己亥年书

白庚勝文集

孙淑玲 主编

纳西学论集

白庚胜 著

贵州出版集团
贵州民族出版社

图书在版编目（CIP）数据

纳西学论集 / 白庚胜著. -- 贵阳：贵州民族出版社, 2022.1

（白庚胜文集 / 孙淑玲主编）

ISBN 978-7-5412-2657-1

Ⅰ. ①纳… Ⅱ. ①白… Ⅲ. ①纳西族—民族文化—中国—文集 Ⅳ. ①K285.7-53

中国版本图书馆CIP数据核字(2021)第123754号

BAI GENGSHENG WENJI
NAXIXUE LUNJI
白庚胜文集
纳西学论集

著　　者：白庚胜
主　　编：孙淑玲
责任编辑：王　剑　柯雪莹

出版发行：贵州民族出版社
地　　址：贵州省贵阳市观山湖区会展东路贵州出版集团大楼
印　　刷：贵阳精彩数字印刷有限公司
版　　次：2022年1月第1版
印　　次：2022年1月第1次印刷
开　　本：787 × 1092 mm　1/16
印　　张：28.25
字　　数：400千字
书　　号：ISBN 978-7-5412-2657-1
定　　价：110.00元

总　序

孙淑玲

两年前，贵州民族出版社社长胡廷夺先生前来北京寻找贵州民族出版业“突围”的突破口，寻找到中国社会科学院民族学与人类学研究所研究员石茂明先生。盖因他们都是苗族同胞，又曾在中央民族大学同过学。十分谦虚的石先生便介绍白庚胜先生为胡先生做宏观策划，并建议先选编一套“白庚胜全集”作为开端。

白庚胜先生虽然已从工作一线退下，但仍是中国作家协会副主席，还担任全国政协常委，需要长年为文化、文学事业和参政议政而奔波全国各地，根本无暇顺从这一美意，做自己的文化、文学、学术总结。而且，白庚胜先生认为中国能人高士多得很，自己的诗、文、论、译工作还在源源进行之中，还轮不到出“全集”。

经多次谢绝无果后，胡先生与我们商定，这项工作就由我独担，并只称“白庚胜文集”，以留有余地。

众所周知，白庚胜先生是名副其实的文人，或称“文人型领导”“领导型文人”。他因文而留京，为文而留学，为文而从政，所从的“政”也是与文化、文学、学术有直接或间接相关的“政”。他除先后担任多种文化、文学、艺术类领导职务，兼任国内外多个学术团体负责人，主持多项国家“重大课题”“委托项目”，在二十多个大专院校、研究单位兼职教学外，还在组织、策划、领导有关文化、文学、学术工作，以及读书、写作、讲课、改稿、为他人写序跋与评论中生活，代价是年仅61岁就已双目摘除白内障。

他的著述较为丰富，其中有论著、论文、译著、译文、编著、编纂、创作、评论、对谈、演讲、民间文学翻译整理等，不一而足，而且历时太长、跨度太大、数量太多，要把它们分门别类选编在一起绝非易事。由于我的专业是戏曲教育，选编这套文集对我的挑战极大。但是，好在30多年来我们一直相濡以沫、了解较深，他的资料工作又一直做得极周全、细致，还有女儿白羲、女婿肖天一做助手，更有胡廷夺先生全力协助、指点。所以在有铁凝主席、慕德贵部长出席的有关它的出版签约会召开，以及班禅额尔德尼·确吉杰布大师为它题写书名之后，我的工作也在日积月累、不断推进，在全国人民喜庆中国共产党成立100周年之时收官，向新时代的中国文化界、文学界、学术界献上了白庚胜先生与我的一片薄礼。

最终选编确定的《白庚胜文集》共为50卷，每卷主要以已出版过的专集为单位，分属文化、文学、翻译、纳西学四大类。所要说明的是：（一）所收各卷均是独立或合作完成的专著、专论、专译等；（二）不收入主编的论集、丛书、辞典30余种，使之更本色；（三）对已出版过的卷本，基本保持原貌，但部分卷本在内容上略做一些增、删、合、分，使之更加匀称；（四）考虑到工作量太大，为赶进度，内文时间顺序不能太严格；（五）为节省版面，一些原著中的图片被删除；（六）为保持基本原貌，原序、后记及其内容不做任何改动。

当文人兼领导的妻子不容易，当白庚胜先生的妻子更不容易，因为白庚胜先生就很不容易。长期以来，他因生于文化中国而自豪，他因感动于中华民族终于迎来文化盛世而激动不已，他因文化使命而奋斗不止。至今，他已考察全国 2000 多个县（市），阅读书籍无算，抢救保护文化遗产及其传承人无数，提交内参提案巨量，写下文字多多，特别是在口头与非物质文化遗产学、纳西学、地名文化学、色彩文化学方面用力最甚、用功最勤、用心最深。这部文集就是他的文化、文学、学术心路的遗痕，也是他对祖国、对中华民族文化忠诚的结晶。这些，读者们都会从中一一窥见，不用理会有多少人怀疑、不解。至于水平之高低，自可以“仁者见仁，智者见智”。可贵的是，在别人的灯红酒绿、笙歌弦诵间，白庚胜用生命、勤奋、爱、忠诚，谱写了一曲文化爱国主义的壮歌。我以作为他的妻子见证了以上的一切，并以能参与到他的文化工作中做“内助”而为幸。

是为序。

2021 年 5 月 15 日

目　录

致力于纳西学的崛起……………………………………………………… 001
急剧变化中的纳西族文化及其对策……………………………………… 005
纳西学发凡………………………………………………………………… 029
纳西族历史文化概说……………………………………………………… 045
“纳西”考释 ……………………………………………………………… 062
摩梭为“母系社会活化石”说质疑 …………………………………… 070
纳西族《猎歌》试辨 …………………………………………………… 079
话说“大调” …………………………………………………………… 095
谈谈日本的纳西族文学研究……………………………………………… 100
日本的纳西文化研究新动向……………………………………………… 113
东巴文化研究的世纪回顾………………………………………………… 117
藏族苯教对东巴神话的影响……………………………………………… 133
《黑白战争》与《叶岸战争》比较研究 ……………………………… 145
揭开“玉龙第三国”的秘密 …………………………………………… 162
《黑白之战》象征意义辨 ……………………………………………… 178
纳西族的虎神话及其信仰………………………………………………… 189
纳西文文献………………………………………………………………… 207
纳西族的酒文化…………………………………………………………… 249
纳西族祭天民俗中的神树考释…………………………………………… 267
中国纳西族萨满教的归宿………………………………………………… 274
纳西“萨尼”的萨满本质及其比较 …………………………………… 278

纳西族色彩文化功能研究…………………………………… 289
纳西族色彩文化的基本特征………………………………… 299
纳西族色彩文化制约机制谈………………………………… 306
纳西族“殉情”研究 ……………………………………… 316
三多信仰考察………………………………………………… 330
纳西族情歌述略……………………………………………… 348
纳西族民间歌谣……………………………………………… 361
“20 世纪纳西族文学创作讨论会”综述 ………………… 383
开启山林 自觉发展 ……………………………………… 392
他从雪山走来………………………………………………… 397
纳西族散文家杨昌…………………………………………… 402
走近纳西，走进纳西 ……………………………………… 406
神话史诗《创世纪》 ……………………………………… 413
五彩纷呈的“大调” ……………………………………… 418
明代木氏作家群的崛起……………………………………… 423
大道大行于母邦……………………………………………… 427
呼吁，紧急抢救江边文化 ………………………………… 435
总后记…………………………………………………… 441

致力于纳西学的崛起

两年前，中国社会科学院民族学与人类学研究所的一位朋友在看到我的小文《纳西学发凡》后，决定将它投稿于该所一本相关专业杂志发表。谁知该杂志的一位“权威”竟说什么“纳西学何有之”？听到这一信息反馈，我心怅然，既愤然于这位权威之傲慢，同时也感慨纳西学学科建设之迟滞。

感愤之余，我并没有停止思考与行动。在从中国社会科学院调任中国民间文艺家协会常务副主席及分党组书记后，我利用工作之余穿行于首都北京与全国各地，尤其是昆明、丽江、迪庆藏族自治州等地纳西学学者及纳西族官员、实业家之间，决定组织一套纳西学丛书。在我的设计中，这套丛书包括39部国内外较有影响的纳西学学者的学术专集。

正如广大读者将从这套丛书中了解到的那样，纳西学的发展历程艰难备至。它的起步一般可以锁定在19世纪60年代至20世纪30年代初。那时的纳西学以西方学者、传教士、军事人员游历纳西族地区，并收藏东巴经典，翻译有关文献片段，发表有关介绍文章为主要特点；从20世纪30年代至40年代末，纳西学粗具规模，刘半农、董作宾、李霖灿、陶云逵、罗常培等内地学者开始关注纳西族历史、语言、文字研究，纳西族学者杨仲鸿、方国瑜、赵银棠亦接踵于后，进行多领域的探索。无论是其田野调查、文物收藏，还是专题性的研究都成果迭出。在国外学者中，被誉为“西方纳西学之父”的洛克以独居纳西族地区28年的传奇经历，以丰富的纳西文物收藏与传播，以深刻而全面的纳西文化诠释，在纳西学领域渐入佳境；从中华人民共和国成立到20世纪60年代中期，洛克在国际纳西学界独领风骚，并影响、育成了欧洲和美国、日本等国的一批纳西学新秀。这一时期，与之失去联系的我国纳西学界仍在踽踽独行，和志武、周汝诚、和发源等先生成为传递薪火的骨干力量；20世纪60年代至70年代末，尽管仍有雅纳特、杰克逊等人活跃于学界，但一代宗师洛克的去世使西方纳西学跌入低谷，国内的纳西学更是遭受浩劫，纳西文化生态遭受全面破坏，这是纳西学的全球性低迷时期；从20世80年代初至21世纪初年，纳西学进入全面复兴时期，《纳西东巴古籍译注全集》的翻译出版、国际纳西学学会的成立、国际东巴文化艺术学术研讨会的举办等盛事都集中出现于这一时期。

对纳西学究竟是一门什么样的学问这一问题，我已在《纳西学发凡》一文中做过这样的表述："纳西学，就是以纳西族为研究对象的学科。在时间上，它贯穿古今；在空间上，它横跨东西。它既包括对纳西族的本体性研究，也包含这种研究本身。就前者而言，有关纳西族的生存环境、存在历史、生活方式、精神信仰、组织制度、艺术创造、技术成就等都无不纳入其视野之中；就后者而言，有关纳西族研究的理论与方法、学者与成果、历史与活动、机构与组织都囊括于其内。"对于这一判断，我至今认为比较科学、正确，它同时也被学术界所接受。因此，编纂这套纳西学丛书的冲动之一，就是为了进一步为纳西学立名、正名，并全面、系统地展示纳西学的内涵。当然，这只是就目前的情况而言，继续丰富、发展它的使命已经历史性地落在后来学者的肩上。

当这套丛书即将问世之际，纳西族社会已经进入一个新的历史时期。一方面，固守万古的民族保守性已经被击破，发达的交通已突破铁甲山的阻绝、金沙江的割断，使"丽江口袋底"的神话不再；快捷的通讯将古麽些人的后裔编织进全球现代信息网络之中，靠古老的象形文字及口传心授维持独立的知识系统已难以为继；农民转变为市民、乡村开发成城市的社会转型风驰电掣；以追求超额利润为目的的"一库八站"建设将一改玉壁金川的原生形态；每年400万的游客正在改变着丽江的一切；不断变化的行政区划，使纳西族的生存空间从汉时的六江流域退居三江并流区，继而兰州立县、拖支并维、迪怒建州、行署改市、丽江县裂身为二。从自然到社会分错杂然，到处都在发生急剧变化；由社会进而至主体光怪陆离，一切都在解构与重组。这便是纳西学今天所面对的现实，这也是纳西学学科的生长点。或许过于苛刻，但纳西学必须回答纳西文化生死存亡的问题，决不能陶醉于古乐、古城、古文字带来的荣耀，更不能沉迷于现代社会的犬马声色，“安乐死亡”。

纳西族社会的阵痛或许正是纳西学的荣幸。阵痛，所以产生刺激，意识到了问题所在；阵痛，所以有新的思想诞生，可以找到解决问题的办法。

在已经走过的历史岁月里，纳西学已经产生《麽些研究》《中国西南古纳西王国》《纳西语—英语百科辞典》《被遗忘的王国》《纳西族象形文字谱》《活着的象形文字》《纳西族史》《纳西族文学史》《麽些研究论文集》《东巴神话研究》等标志性成果，产生了巴克、洛克、雅纳特、山田胜美、君岛久子、西田龙雄、方国瑜、李霖灿、和志武、郭大烈等大家，涌现出戈阿干、杨世光、和钟华、王元鹿、詹承绪、王承权、刘龙初、喻遂生、杨焕典、伊藤清司、林向萧、王超鹰、蔡华、杨福泉、和少英、拉木·嘎吐萨、李近春、白西林、杨德鋆、余嘉华、诹访哲郎、和发源、木丽春、杨正文、李静生、王世英、李锡、李海伦、杨海涛、陈烈、赵心愚、白郎、和力民、习煜华、李丽芬、和宝林、和庆元、和品正、牛耕勤、木仕华、周智生、冯莉、孟彻理、生明庆二、斋滕达次郎、村井幸信、荒尾丰、黑泽直道、杨杰宏等学者，成立了国际纳西学学会这样的组织，创办了《国际纳西学学会通讯》这样的杂志，出版了《纳西东巴古籍译著全集》这样的经典，举办了国际纳西文化艺术学术研讨会这样的会议。由此我们也可以坚信：未来的纳西学将在更广的学术视野、更细的专业分工、更大的学科综合、更细的理论分析、更多的民族与国家参与、更先进的科技手段利用的基础上得到发展、得到推进，并产生新的学术成果，推出新的学术代表人物，创造出新的学术辉煌。

学术需要积累，学科也需要积累。既不要妄自菲薄，也不要骄狂自大，且让我们都来做纳西学的积累工作。纳西学存在的证明只能是实力：实实在在的队伍，实实在在的成果，实实在在的资料，实实在在的工作。

按照原丽江市委书记和自兴同志与我确定的原则，这套《纳西学》丛书就其作者而言，不分中外，不别纳汉，凡在纳西文化研究中成就突出者均在入选行列；就其范围来说，除文学创作以外的纳西学论文、评论、调查报告、译文都择优辑入；就其目的来说，完全是为了对纳西文化研究进行梳理，结构纳西学的框架，提炼纳西学的方法，唤醒纳西学学科建设的自觉，确立纳西学的主体。

组织出版这样一套丛书，显然需要多方面的支持，尤其需要纳西族学术界的参与。有幸的是，我的初衷得到了同仁们的响应，更得到丽江市古城管理局及其时任局长和仕勇的襄助。最难忘的是得到民族出版社及罗焰女士的帮助，得到中国民间文艺家协会旅游文化专业委员会李有生秘书长、李莉副秘书长的慷慨扶持。“得道多助、失道寡助”的真理又一次得到证明。

我坚信，总有一天，纳西学必将成为与藏学、蒙古学等学科并驾齐驱的显学，我的后继者将不必再为“权威们”怀疑纳西学的存在而备感屈辱。到那一天，纳西学将不再是一个模糊的存在，它的文字、训诂、语言、文学、哲学、历史、地理、宗教、军事、辞书、艺术、社会、医药、天文、技术、生态、民俗等分支学科都将一一形成，并向更深入、更细致的层次发展。

2006 年 5 月 13 日于北京寓所

急剧变化中的纳西族文化及其对策

纳西族民间文化是纳西文化的重要组成部分。在20世纪，随着纳西族社会的不断转型，纳西族民间文化始终处在不断变化之中。而且，这种变化主要由外力的作用所引起。它们分别是外来文化的冲击、历次政治运动的影响、经济大潮的洗礼。其变化形式具体表现为传统的解体及民间文化体系的重构。

一般来讲，无论是传统的解体，还是民间文化体系的重构，都始自清雍正元年（1723年）的纳西文化逻辑转换的进一步加速与高密度化。其结果，必然是纳西族不可能再作为一个封闭的群落孤立于现代社会与全球文化之外。从总的趋势观之，纳西文化的个性将日益淡化，它与内地乃至世界文化的共性将不断强化。一旦这种量变达到一定的程度，纳西族及其文化的质变将不可避免。

面对着这样一种大势所趋的情形，惊呼“狼来了”者有之，漠视变化者有之，采取种种措施致力于纳西族民间文化保护者有之。当今的纳西文化表现得比以往任何时候都要复杂。作为民间文化学者，既不能在变化面前惊慌失措，也不能为追求纳西文化的“纯净状态”而御外来文化于族门之外，更不能静观精神家园的毁弃而无动于衷。民间文化学者有责任去了解民众生活的经验与智慧，有义务去参与当代社会的变革，去焊接传统与现代化之间的链条，去架设民族性与世界性之间的桥梁。无论在中国还是在外国，民间文化学始终是身负重任的学科，它的每一点发展与进步，都与它的“经世济民”精神相关联。自然，对急剧变化中的纳西族民间文化命运的关注，也不能脱离民间文化学的这一基本价值取向。

那么，我们应该作出怎样的回应，才能做到既捍卫纳西文化，又促成它健康、稳定的发展？我以为，这要采取包括保护、传承、转型、创新、开发在内的战略对策，克服观念陈旧、人才匮乏、技术落后、资金不足、市场不足等困难，并建立起纳西学学科体系，使我们对纳西族民间文化的认识及采取的对策都能建立在理性、科学的基础上。

一

（一）保护

在岁月的剥蚀、市场的冲击、外来文化的撼动下，纳西族民间文化早已整体临危。许多遗产遭掠劫，许多习俗在解体，许多文物得不到有效抢救……若不加紧保护，“开发”便会造成“破坏”，令纳西族民间文化生态面临灭顶之灾。今天，人们习惯于谈论每天有多少物种在消亡，而对身边文化的消失却无动于衷，对文化大厦脚下的土壤松动毫无察觉。我们应唤起人们的保护意识，使人们懂得拥有一种文化就拥有一个世界，懂得文化的保护与维系一个民族的自尊心、自豪感血肉相连，从而呼吁人们像关注自然生态那样关注文化生态。

保护是多方面、全方位的，但也要分主次、按先后进行，法律、政策、技术、产业的保护都不可缺少，政府、专家、企业、普通群众都是保护的主体，保护的深度与广度都要加大，国内外的经验教训都值得借鉴。

（二）传承

一种文化的生命力体现在其传承力上。中华文明之所以历经 5 000 年而不衰，而其他文明古国都早已“付与苍烟落照”，就是因为它有极强的传承力。传承是对保护的积极补充，没有传承的保护只能是消极的、被动的保护。虽然面临众多的困难，但我们要以悲天悯人的情怀、感天动地的精神去积极传承纳西族民间文化。我们要积极创造条件，让其在传承中发挥动能、增强活力，让纳西族民间文化在传承中更新自我、发展自我，为多元一体的中华文明增添奇香异彩。传承纳西族民间文化，要尊重纳西族人民的意志，结合纳西族地区的特点，遵循文化规律，借助现代传媒及高科技手段。要鼓励、支持一切合法的、健康的、有利于社会主义现代化建设事业的纳西族民间文化传承。

（三）转型

文化依附于一定的社会形态，并由其经济生产所决定。社会形态变化则必然导致文化形态变化。纳西族民间文化一直依存于自给自足的自然经济，而目前所面对的却是追求工业化、都市化的市场经济。这是一个历史的进步，要求文化也进行适时、适度的转型，以适应工业文明、都市文明的发展需要。否则，古老的文化传统只能成为社会进步的阻力，最终被历史否定。只有在社会转型中实现自我转型，不断转优、转新，纳西族民间文化才可能获得广阔的生存空间。对于转型过程中可能出现和已经出现的文化不适应性，既要未雨绸缪、成竹在胸，也要及时调整、引导。

（四）创新

江泽民同志指出："创新是民族进步的灵魂，是国家兴旺发达的不竭动力。"社会的每一个进步都是创新的结果，置身于国家体制创新、科技创新、知识创新、精神创新的伟大时代，文化建设也要走创新之路。纳西族民间文化也不能在抱残守缺中自我陶醉，而要在创新中为中华民族自立于世界优秀民族之林、为人类文明做出新贡献。我们要为纳西族民间文化建设创造良好的创新环境与机制，培养创新人才，实施创新工程，推出创新精品。

（五）开发

所谓开发，主要指文化产业的开发。我们曾过分强调文化的认识功能、审美功能，而对文化的实用功能过于漠视。从现在起，我们必须改变观念，在知识经济的条件下，除了继续加强文化的学术性开发之外，找到知识与经济、技术的最佳结合点，让知识转化为经济效益，提高纳西族文化相关文化产品的质量与竞争力，扩散纳西族文化的影响力，不仅寓教于乐，而且还寓教于消费。纳西族民间文化要走向世界、拥抱未来、为全人类所享有，离不开市场这个条件。只要我们引导正确、管理严格，纳西族民间文化必能孕育出灿烂的朝阳产业，并将成为纳西族地区的一个经济增长点。

二

西部开发中的纳西族民间文化建设面临重重困难，它们主要表现在观念、人才、技术、资金、市场等几个方面，需要纳西族人民在党和国家的关心指导下，充分发挥历史主动性及创造精神，闯出一条新路子，具体需做到：

（一）改变陈旧观念

纳西族地区的落后有诸多原因，但观念陈旧是最深层的原因，它长期阻碍了纳西族地区的发展。进行纳西族民间文化建设，必须继续高举解放思想的旗帜，破除旧观念，坚持创新精神，树立正确的文化观，处理好文化与政治、经济的关系，加强文化的本体性建设，为社会主义精神文明建设服务。

首先，在文化观方面。要深刻认识纳西族民间文化在中华文明史中的地位、纳西族民间文化对纳西族生存发展的决定性意义，使之与现代文明接轨。要懂得保护纳西族文化是保护多元文化的重要内容之一，懂得多一种文化并非多一种负担，而是多一个世界、多一种动力、多一笔财富。只要我们富于创造，必能化腐朽为神奇，变民族性为世界性，变古老为崭新，对创造21世纪人类新文明做出独特的贡献。

其次，在文化与政治的关系方面。既要坚持指导思想的一元化，又要贯彻“双百”方针，真正落实党的文化政策、民族政策、宗教政策，并将它们有机地结合起来，将正常的民族文化活动与“民族主义”区别开来，将合法的宗教行为与“封建迷信”区别开来，不将主流文化与亚文化混为一谈。承认社会主义初级阶段文化建设的复杂性、混融性以及包括民俗文化、宗教文化在内的亚文化对主流文化所具有的丰富作用，对社会稳定所具有的巨大影响力，对传递中华文明薪火所具有的推动作用。坚持纳西族民间文化建设必须为西部开发、为社会主义现代化建设以及维护国家主权、捍卫民族尊严、加强民族团结、推动社会进步服务，更好地释放纳西族民间文化的认识功能、教育功能、审美功能、实用功能，拓展其生存发展空间。

最后，在文化与经济的关系方面。要克服那种简单地视文化为经济附庸的片面性，既承认文化建筑于经济之上，又服务于经济，同时还承认文化的本性存在，承认文化的独立品格文化不仅可以“搭台”，也可以“唱戏”。处在知识经济时代，我们要纠正那种视文化为“花钱事业”的偏见，推出各种纳西族民间文化精品，实施各种纳西族民间文化工程，并且孕育纳西族民间文化产业，开发纳西族民间文化产品，开拓文化市场，使纳西族民间文化在获取政治效益、社会效益的同时，获取巨大的经济效益，实现文化与经济的最佳结合。

（二）改变人才匮乏的状况

纳西族民间文化建设能否成功，取决于是否拥有一个多层次、多专业、多领域的高素质人才群体。目前，纳西族的民间文化建设人才十分匮乏，需要通过自己培养、国家调配、国内支持、国外引进等多种措施相结合加强其队伍建设。对于既有人才，要充分信任他们、珍惜他们，为他们提供良好的工作条件、人文环境、生活待遇，鼓励他们的创造热情。没有包括传媒、保护、传承、研究、管理、开发、教育等在内的各种人才，纳西族民间文化就没有建设的主体与原动力，要加大对他们的培养、使用力度，让他们在建设本民族文化过程中当家做主，切忌包办代替。

（三）克服技术落后的困难

当代的现实决定了纳西族民间文化建设要在高科技条件下进行，面临着许多新技术的挑战。多媒体、互联网等自不待言，许多高新技术都需要进入有关领域，做到科学技术与文化的有机结合，改变以往手工作坊式的、个体原始性的文化生产、文化研究、文化管理局面，让纳西族民间文化借助高新技术得到有效的保护和利用、传承和更新，并走向市场、走向世界。

（四）改变资金不足的被动局面

文化建设需要一定的资金投入、物质保证，在其起步阶段尤其如此。纳西族地区的现实情况是经济落后、人民贫困，故各级政府更优先考虑的是物质上的脱贫致富，拿不出更多的资金从事文化建设。然而，要是等到经济翻身之后再进行文化建设则为时已晚。那时，许多文化已经消失，许多文化建设的土壤已经崩溃。因此，必须从现在开始，只争朝夕，从保护中华文化根脉的高度增加对文化的投入，而且采用多种渠道广开财源。如，接受国内外有关企业、团体、机构、个人捐赠，吸收国内外有关游资，鼓励国内外有关投资等，为纳西族民间文化建设筹措充足的资金。

（五）解决市场不足的现状

培植文化产业是纳西族民间文化建设的重要内容。只有开拓市场、利用市场，使市场成为纳西族民间文化产业的主要依托，才能将纳西族自身的文化资源转化为经济效益，将文化优势转变为经济优势，避免文化产品开发的盲目性，实现纳西族民间文化产业为传承民族文化知识、为社会主义现代化建设服务的目的。

纳西族民间文化建设是我国社会主义现代化建设事业的一个部分。它所遇到的问题、它所承担的任务、它所面对的挑战、它要实现的目标都与全国各民族地区基本相同，只是由于处在世纪之交及纳西族地区这样一个特定的时间、空间条件下进行，故而带有自己鲜明的特色，需要在借鉴国内外经验的基础上探索自己的道路，因地制宜，发挥优势，开拓进取。

纳西族民间文化建设肩负着这样的使命：在古为今用、洋为中用、百花齐放、百家争鸣、兼收并蓄、推陈出新方针的指引下，坚持为人民服务、为社会主义服务的方向，继承优秀文化传统，借鉴国内外一切文明成果，丰富当代纳西文化，展示纳西文化精神，塑造纳西族形象，活跃纳西族地区的文化市场，为周边的民族及其地区进行积极的探索，提供有益的经验，为中华文明注入新的活力。

三

纳西学，就是以纳西族为研究对象的学问。在时间上，它贯穿古今；在空间上，它横跨东西。它既包括对纳西族的本体性研究，也包含这种研究本身。就前者而言，有关纳西族的生存环境、存在历史、生活方式、精神信仰、组织制度、艺术创造、技术成就等无不纳入纳西学视野之中；就后者而言，有关纳西族研究的理论与方法、学者与成果、历史与活动、机构与组织等都囊括在纳西学内。

任何一个学科的存在，都有其存在的基础，纳西学亦不能例外。它们是：以《麽些研究》《中国西南古纳西王国》《纳西语—英语大百科辞典》《被遗忘的王国》《纳西族象形文字谱》《活着的象形文字》《纳西族的宗教》《纳西族史》《纳西族文学史》《东巴文化论集》《麽些研究论文集》《东巴神话研究》《国际东巴文化研究集萃》为代表的学术精品，以巴克、洛克、雅纳特、杰克逊、西田龙雄、方国瑜、李霖灿、和志武、郭大烈等为象征的学术大家，东巴文化研究院、东巴文化博物馆等著名机构，丽江古乐赴欧洲表演、东巴文化在美洲展览等重要活动。尤其具有重要意义的是“99 中国丽江国际东巴文化艺术节”的举行、“国际东巴文化艺术学术研讨会”的召开、“国际纳西学学会”的成立、《国际纳西学学会通讯》的创办、《纳西东巴古籍译注全集》的出版。这些纳西学的研究学者、经典成果、研究机构及对纳西学的推介活动的成功，共同构筑了纳西学的存在土壤。

如果对有关纳西族研究的历程作一素描，我们便会清晰地发现，纳西族存在于中国大地，对纳西族的研究却发轫于欧美，殖民主义的阴云曾长期笼罩在纳西族研究的上空。经过国内学者的艰辛努力，纳西族研究的中心才重新回到祖国的怀抱。

可以作这样的回顾：从 19 世纪 60 年代至 20 世纪 30 年代初，有关纳西族研究处于起步阶段，其内容止于西方学者、传教士、军事人员游历纳西族地区并收藏东巴经典、翻译有关文献片段、发表有关介绍文章；从20世纪30年代至20世纪40年代末，有关纳西族研究初具规模。在国内，刘半农、董作宾、李霖灿、陶云逵、罗常培等内地学者率先关注纳西族历史、语言、文字研究，纳西族学者杨仲鸿、方国瑜、赵银棠亦接踵进行艰难的探索，无论是田野调查、文物收藏、专题研究都有大量成果。在国外，洛克以独居纳西族地区28年的传奇经历、丰富的文物收藏与传播、深刻而全面的纳西文化诠释，在纳西学研究领域渐入佳境。从中华人民共和国成立至20世纪60年代中期，洛克在国际纳西学研究界独领风骚，重要著作大都完成于此时。他还影响、培养了欧洲、美洲、日本等国家和地区的一批新秀，只是他们已经失去与中国学界的联系，任何考察都不再可能。相比之下，国内的纳西文化研究事业却幸运得多，在中国共产党与中央人民政府的正确领导下，纳西族的社会历史、语言文化、宗教信仰等都得到旷古罕见的全面调查研究，纳西族被识别为单一民族，纳西族聚居的云南省玉龙县被设为纳西族自治县，玉龙纳西族自治县委曾专门组织大量收集东巴经典，并对其中的数十部作品进行科学翻译。此阶段，虽然东西分离，但纳西文化研究的声浪渐高，出现了繁荣局面。从20世纪60年代中期至20世纪70年代末，尽管仍有雅纳特、杰克逊在传递薪火，但随着一代宗师洛克的去世，西方的纳西学研究进入低谷。我国国内的纳西学研究更是遭受浩劫，不但东巴遭迫害、文物被毁损、学者受批斗，而且纳西文化生态被全面破坏。可以说，这是有关纳西族研究的停滞时期。从20世纪80年代初至今，纳西学研究进入全面复兴的时期，国际性的交流与合作日益频繁，高科技的介入使研究不断深化，专门性的机构与组织连连问世，学科建设提至议事日程，实用性的研究与纯理论的探讨齐头并进，高素质、多专业的学术队伍茁壮成长……是这一时期的主要特色。

纳西学最基本的问题有两个：即本体论和方法论。就本体论而言，它涉及纳西文化的结构、精神、类型、历史等问题；就方法论而言，它指一般方法之外的特殊方法，包括立体透视法、比较研究法、考古材料佐证法、文献参考法、多学科观照法。

四

纳西文化的结构由三个部分组成，它们分别是：民间文化、东巴文化、仿汉文化。

民间文化指世俗性的文化，生产方式、生活形态、风俗习惯、口头语言文学、民间歌舞都概莫能外。它们在族系上有纳西支系文化（简称“纳西文化”）、纳日支系文化（又称“摩梭文化”）、纳恒支系文化（简称“纳恒文化”）、阮可支系文化（简称“阮可文化”）、摩里摩挲支系文化（简称“摩里摩挲文化”）之分，在地域上有东部文化与西部文化之异。民间文化是纳西文化存在的基础，它蕴藏丰富、传承久远、稳定性强、凝聚力大，保证了纳西族作为一个统一的民族而存在，也保证了纳西文化作为一个完整的体系而发展。

建立在民间文化基础上的是东巴文化。东巴文化就是保存于东巴教的文化。它包括东巴象形文字以及用它书写而成的 1 400 多卷东巴经典、东巴音乐、东巴舞蹈、东巴绘画、东巴文学、东巴仪式、东巴工艺等。比之民间文化，它已经有职业性传承人——东巴，专业性记录符号——东巴文，系统性的知识积累成果——东巴经。东巴文化植根于民间文化，但又高于民间文化，是民间文化升华与提炼的结果。毫无疑问，在其形成过程中，曾受到过印藏文化的浸润以及汉族道教文化的洗礼。如果回溯东巴文化的渊源，我们甚至可以从中聆听到爱琴海的涛声。纳西族东部方言区的达巴文化从属于东巴文化体系，二者的主要区别只在于一者有庞大的书面经典，另一者则只有口诵经典。除此之外，二者的仪式、神灵体系、观念、音乐、舞蹈、绘画、法器、工艺等方面大同小异。它们都生长于本民族的生活土壤，都直接脱胎于本民族的巫术信仰，主要受藏族苯教的影响。

至于仿汉文化，主要存在于纳西族西部方言区。从元朝归顺中央王朝以来，是以在政治与经济文化上向中原地区全面认同为前提产生发展的。它包括纳西族文人所创作的汉文诗、词、歌、赋，汉族移民传入纳西族社会的工艺技术、风俗习惯、教育体制、道教及汉传佛教等宗教信仰。丽江古城及丽江古乐等都是仿汉文化的结晶。这部分文化，无论是内容还是形式都模仿汉文化而成，但因其作者、工匠、艺人等均为纳西族，并存在、流传于纳西族地区，与纳西族固有的民间文化、东巴文化相并存，因而在精神上是纳西族的，在形式上染有纳西族的色彩，在风格上具有纳西族的气质。因此说它是仿汉文化，而不是汉文化本身。一般来讲，这部分文化的承担者为纳西族的贵族阶级、中上层社会、城镇居民，所以它不能代表纳西文化的本质部分。但在纳西文化的发展逻辑中，它代表着一种前进的方向。它的出现，有社会的强迫性，也有历史的必然性。

作为一种完整的结构，民间文化居于下位，东巴文化居于中位，仿汉文化居于上位，呈上小下大的金字塔状。这三种文化并非是在同一个时间平面上呈互相绝缘状态，而是互相渗透、互相补充，有机地存在于纳西族社会之中。

五

对纳西文化的精神已经有各种各样的解释，有人说它有开放的精神，有人称它有进取的精神，有人称它有内向的精神等。其实，这些都不过是一些特点而已。文化精神是一个民族的灵魂所在，是一种文化的本质反映，一切文化都按此而组织、结构。它还随着社会的前进而有所发展变化，呈现出不同的阶段性。纳西文化也是如此，纳西文化的精神就是纳西族的灵魂所在。那么，纳西文化的精神究竟是什么？回答是：早期为“生”，中期为“战”，后期为“和”。

所谓“生”，就是生存、衍生、生命力。这种精神反映并贯穿于纳西族历史早期产生的神话、宗教、民俗、艺术之中。天地于“上声”与“下气”的“结合”中出现，万物在“阴神”与“阳神”的“安排”下诞生。纳西传统认为，无生物、有生物，植物、动物、人类都是“贝巴”（即“交媾”）的产物。洪水泛滥是上天惩罚人类的结果。人类祖先从天界降临大地，曾因不谙生育之道而长期为不孕所困扰，纳西语中的“快乐”之本义指性快感。“华华”（祭快乐神）仪式中抛接“华石”与“华水”是对性行为的模仿……之所以如此，是因为纳西族长期活动于西北、西南高寒地带，其种族的生存、繁衍一直受到恶劣的自然环境的严峻挑战，因而生育能力弱、人口增幅小。更由于纳西族曾经是个游牧民族，不断经历外战与内战的摧残，人口减员大、繁衍速度慢。于是，早期的纳西人崇尚生命力，期盼生存力，重视生育力，歌颂生生不息的精神，渴望人口数量增加与素质的改善。在纳西族先民的眼中，人口不仅是生产力，更是战斗力，是民族自身延续和强大的根本保障，而这种生产力与战斗力的获得都无一不与“生”的精神息息相关。

所谓“战”，就是战争、战斗，以及体现于纳西族社会中的英雄崇拜、尚武传统。这种精神产生于纳西族进入部落社会、阶级社会之后。部落与部落之间的战争、民族与民族之间的战争、阶级与阶级的战争都是其基本内容。它被文学化为《黑白战争》《哈斯战争》等英雄史诗，形象化为佐体优麻、卡冉、庚空都知、三多等神灵，或表现为负险列寨的居住方式、动辄兵刃相向的性格特征、佩刀于身的服饰审美、英勇果敢的民族气质、豪言壮语的语言风格等。在晚期神话之中，鬼神之间、神灵之间、鬼魔之间、人鬼之间、人兽之间都在发生冲突甚至战争。这些冲突与战争，有的是为了领地，有的是为了女人，有的是为了财富，有的是为了权力，有的是为了尊严，有的是为了道义。其历史背景，就是纳西族从西北草原迁入西南山地过程中的金戈铁马，就是纳西族周旋于周围几个强大的政治、军事集团之间的血雨腥风。在这个阶段，英雄主义是公认的道德规范，英雄人物是最受尊重的公众形象，英雄史诗是纳西族全民族的精神支柱。总之，比之智慧与理念，英雄行为、英雄气概更受到古代纳西人的重视与膜拜。

所谓“和”，就是和平、和谐、和善。就总体而言，自纳西族先民于唐代迁居现分布地以来，其生产形态从游牧迁徙渐变为定居农耕，其生产对象从动物变为土地，其生产工具从鞭子、弓箭改换成了犁锄。由于东有强大的唐帝国崛起，北有吐蕃雄踞，西与南有南诏、大理国迭起，早在唐宋时期，纳西族先民便欲进不能、欲退不得，只好踞守玉龙山下、金沙江两岸的狭窄地域营造生活空间。元代以后，纳西族融入了祖国大家庭中，彻底改变了周边的生存环境。在这种条件下，她必须学会建立和平的生活环境、和谐的民族关系，并改变游牧生活的习惯，学会精心耕耘土地，不断积累创造的知识财富。到了明代，纳西族统治者木氏土司主动在政治、经济、文化上向中央王朝全面认同，汉传佛教、道教、儒教、汉式教育、汉族工艺技术等传至丽江纳西族地区，汉文化的和平主义与和谐精神开始影响纳西族的上层社会，使纳西族固有的尚武精神与英雄主义受到一定程度的改造。清雍正元年（1723 年）“改土归流”后，纳西族与内地的一体化全面加速，以“和”为核心的纳西文化得到确立、巩固、发展。正如纳西族姓氏“官姓为木，民姓为和”所体现的那样，“和”不仅成为纳西族的主要姓氏，也成为纳西族文化的主要精神。纳西人注重与自然的和谐、邻里相处的和睦、经济交往的和合利市、人与人之间的亲和、语言交际的和声细语、民族关系的和平团结。人们坚信，内和才能外顺，“和”就是美，“和”就是兴旺、发达。其中，礼教与丽江古乐等所起的感化作用十分重大。“和”这一文化精神的确立，使纳西族寻找到了民族生存、发展的新机遇。纳西族在清代后期至新中国成立前，面临外来侵略和敌对势力时，依然表现英勇、顽强，但那不过是往昔英雄主义的余晖，纳西文化的真正追求目标在于和平与安定、繁荣与发展。

总之，“生”“战”“和”构成了纳西文化总体精神的三个阶段，而其他的文化事象不过是纳西文化的“形”而已。只有它们有机结合，纳西文化才能“神显于形而形附于神”，才是真正的形神兼备、有灵有肉。

六

就存在至今的人类文化类型而言，大体可以分作巫术文化、艺术文化、哲学文化、历史文化、科学文化五种。如果说摩尔根笔下的易洛魁文化属于巫术文化，以希腊神话为代表的希腊文化属于艺术文化，以印度教、佛教为代表的印度文化属于宗教文化，以十三经、二十四史为代表的汉文化属于历史文化，以发达的自然科学为代表的西欧近现代文化属于科学文化，那么，纳西文化应该属于艺术文化类型。它已经跨越过巫术文化的大门，并行将进入哲学文化之殿堂，但离历史文化及科学文化之王国尚遥远。如果发生奇迹，那也只能是外力促成的结果，而不是内力生发的必然。

由于脱胎于巫术文化，纳西文化中还残留有大量的神秘主义色彩，崇拜万物，神灵至上，灵魂观念盛行，巫术、巫技受到重视。但是，在内因与外因的双重作用下，纳西族毕竟已经跨入文明民族之列：她发明了文字，建造有城镇，使用铜、铁制金属工具，建立过地方民族政权。因此，纳西文化中的人的因素不断增强，人的能力受到重视，神的地位正在易位于人，神的秩序逐渐被人的秩序所代替，神秘主义的思维正在向形象思维过渡，集体审美正在从神界移向人间。

我们称纳西文化为艺术类型是有足够的依据的。即，纳西族拥有丰富的艺术品类，它们既缘于本民族的生产生活，又吸收自周边地区及相邻民族的精华。

在音乐方面，除了大量的民间曲调、歌谣，纳西族音乐还有丰富的东巴唱腔、达巴唱腔，以及大型交响组乐《白沙细乐》《丽江古乐》。其乐器有传统的直笛、芦笙、树叶、芦管，还有传自藏族的板铃、法鼓、螺号，传自汉族的云锣、二胡、琵琶、筝、三弦，传自西域的苏古笃等。音乐生活充斥于纳西族社会的婚、丧、祭、典等各个方面，曾出现过牛涛、马子云、习杏樵等著名乐手。史书中对纳西音乐曾有“鹤、丽一带，男女并能琴”[①]的记载，民间一直流传着诸葛亮授乐给纳西先民、忽必烈曾馈赠元人乐队给纳西首领阿良等传说。

在舞蹈方面，纳西族不但接受了藏族的锅庄舞、热巴舞，汉族的麒麟舞，而且有丰富的本民族民间舞蹈、东巴舞蹈遗存，甚至有解释舞蹈起源的东巴经典以及记录舞蹈规范的《东巴舞谱》。不但从唐代开始，史书就屡载纳西族先民“好饮酒歌舞”“男女动辄数百，各执其手，团旋歌舞以为乐”，而且在明清纳西族诗人的诗歌中多有“一匝芦笙吹未断，踏歌起舞明月中”等描写。

在书画方面，随着对藏文化与汉文化全面认同和接受，纳西族也同时吸收了汉、藏的书法、绘画艺术风格，同时还保持自己的书画传统。更为难得的是这三种绘画与书法艺术常常被熔为一炉，使纳西族的书画艺术作品别开生面，如“丽江壁画”中的许多作品便是如此，从明代以来，纳西族中出现了众多精于汉、藏书画风格的艺术家，如木增、王敬亭、周霖、喜饶朗达等便是其中的代表。至于纳西族书画系统，由于纳西文字本身就是一种侧重于图画文字的象形符号体系，见木画木、见石画石，故而纳西族文字有“斯究鲁究”（象木形石）之称。它还配以色彩，书写格式大抵与绘画构图相同。作为这种文字之直接源头的纳西族先民绘制的岩画，就广泛分布于丽江、香格里拉、宁蒗等纳西族居住区内的高山峡谷中。纳西族东巴教中保存有完整的《东巴画谱》，而且拥有木牌画、纸牌画、卷轴画、《神路图》长卷画等多种瑰宝。其中，《神路图》长 17 米许，宽 0.25 米左右，上绘天堂、人间、地狱三界，塑造有 300 余个栩栩如生的艺术形象，被称为世界艺术史上的“直幅长卷之最”。

在语言艺术方面，纳西族的文学遗产灿烂丰富，神话、歌谣、传说、史诗、故事以及文人创作的诗、词、歌、赋、文等都十分丰富，尤其在神话、史诗两个领域创造颇丰。1 400 多卷东巴经典几乎就是纳西族古代文学总集，40 多部“大调”作品堪称纳西族的“国风”，成千上万的口头

①（清）谢圣纶辑，古永继点校：《滇黔志略》卷七，贵阳：贵州人民出版社 2008 年版。

叙事、抒情作品水乳交融于纳西族的生产、生活、信仰之中。就纳西语的表现习惯而言,《后汉书》就称居住在笮都的纳西先民“言语多为譬类”,《华阳国志》中称东巴经等之前身“夷经”具有“论议好譬喻物”的特点,而这些纳西语表现特点一直保持至今。

除了艺术品类,纳西族在思维方式上也具有艺术思维的特征。这种思维表现为形象性、象征性、感情性。

就形象性来讲,无论是对具体的事物还是抽象的观念,纳西族都以一定的形象加以表现,如玉龙山被形象化为三多神。他身着白盔、白甲,骑白马,守护着丽江四境的安宁。如干木山被形象化为一位与玉龙山保持走婚关系的女神,永宁坝是她的绿毯,白雾是她的裙子,红石岩是她的腰带,朝霞是她的红颜,山顶的乌云是她的黑发。这样的拟人手段正是形象化的具体体现。在东巴神话中,抽象的“阴”“阳”观念被形象化为“上方的声”与“下方的气”;“善”与“恶”、“正义”与“邪恶”的冲突被表现为“白”与“黑”的战争;宇宙万物在“正”与“负”两种力量的交感互动中产生、发展被描述为“上声”与“下气”相交产生“一滴白露”,继而由白露滴入大海化生出树木、动物、人类……在纳西族古代哲学思想中,宇宙之外形如一枚白蛋,而且“休曲神鸟”、马、虎等也都卵生。另外,“五行”被形象化为铁、木、水、人、土。它们是物质世界的五种元素,它们的产生源于天神所派的久笃、久尤、久刻三兄弟放箭射死神龟的故事。

象征的本质特点是以此物表示彼物,而非以此物比喻彼物。象征有象征体与被象征体。象征体一般指象征符号,它可以是声音,也可以是色彩或图形、姿态。被象征体一般指象征意义,它有表层意义与深层意义之分。纳西文化中,象征始终是重要的表现手段。如在以性为中心构成的宇宙起源的东巴神话中,“上声”与“下气”之“结合”,象征的是“男”“女”之“交媾”;由这种行为产生的“一滴白露”滴入“大海”,象征的是“精液”射入“母腹”;由“大海”孵化种种植物、动物、人,象征的是生命从母腹的诞生。由神龟之死体化生四方八位、六十四卦、三百六十爻的故事，就是用龟体及其化生来象征宇宙本体及其演化过程。而纳西族的“大调”堪称象征表现的典范，其中的《鱼水相会》象征的是男女青年为追求幸福、自由而艰苦斗争，《蜂花相会》象征的是人与人相知过程中的忠贞不渝，《游悲》中的“玉龙第三国”象征的是人们理想中的世界。

纳西人重感情、讲义气，这是由纳西文化属于艺术类型这一特性决定的，因为感情是艺术创造、艺术表现所必需的条件。如果缺少感情的因素，艺术形象就失去生动性，所表达的思想就缺乏感染力。以情动人始终是艺术家所追求的艺术效果之一。重感情、讲义气这一特性，使纳西文化中的许多艺术作品的内容往往表现为激情大于理智，它既具有感人的力量、动人的魅力，同时也弥漫着情绪的躁动，忍耐力、克制力、思辨力等常受到感情因素的干扰与弱化。纳西人重信誉、爱面子、尚真诚，言必眉飞色舞，语必以手牵手，忧则借酒浇愁，喜则举步歌舞，怒则扬眉出剑，悲则呼天抢地或怆然自尽……无一不表明她们是自然之子、艺术之灵，但并不是哲学之王、历史之主、科学之君。

正因为属于艺术类型，纳西文化之特征质柔、性灵、感美，她不排斥外来文化，她讲求整体和谐，她具有极强的感悟力。

七

对于纳西文化的历史，已有先学或按中国历史，或因纳西族统治者之家谱，或以社会发展三种形态做过分期。遗憾的是，前者忽视了纳西文化之本体性；次者失于以个别性代替一般性；末者误用普遍性，而抹杀特殊性。就纳西文化的历史与中国历史的关系而言，它们有极密切且颇复杂的关系，不能以秦汉、三国、魏晋、南北朝等某历史时期简单地代替纳西文化的历史时期，因为夏、商、周是纳西族先民——羌人与华夏民族共创中华文明的时期；秦汉时期，纳西族先民向西南迁徙，只是遥属于中央王朝。从三国至唐宋，纳西族社会开始独立发展，比之中原，她与藏族、白族及彝族的关系更为密切。元、明两代，中央王朝虽已经有效地治理纳西族社会，但这种治理基本上只是一种羁縻统治，即只要称臣朝贡，本民族统治者有很大的自主权及独立性，与内地府县实行别样统治。只有在清雍正元年（1923 年）“改土归流”之后，纳西族才与内地实现政治、经济、文化的一体化，结束独立或半独立地发展自己历史的状态。试想，中央王朝的历史岂能解释纳西文化历史的全部？

按木氏统治者之家谱对纳西族文化作分期有一定的合理性，但这种划分方法的问题在于“人种原始”“洪荒时代”“上古时代”“中古时代”“近古时代”等都是神话传说性的，并无史料可佐证。也就是说，它们充满了虚妄，并不能作为实际存在过的历史。即使是家谱这类所谓的“信史时代”部分，也存在严重的杜撰、残缺的情况，不足以全信。可见家族史终究不能凌驾于民族文化史之上。

按马克思、恩格斯的社会形态分析法，将纳西族文化分为“原始社会”“奴隶社会”“封建社会”“资本主义社会”“社会主义社会”的做法也存在种种问题。这是因为，并非每个民族都必然经历这五个阶段，也并非每个民族都要按此顺序演绎自己的历史。而且，虽然个性寓于共性之中，但普遍性不能代替特殊性，即使纳西族社会经历过原始社会、奴隶社会、封建社会等，但其具体的情况仍不被人们所详知，它必然有自己的许多特点，决不能一劳永逸地躺在马克思主义经典作家的理论中睡大觉，这种划分方法也无法正确区划纳西族文化的历史。

的确，纳西族文化的历史有许多种分期的可能，既可以侧重于社会形态，也可以着力于经济形态、技术形态。不过，无论怎样分期，都要以纳西族文化为本体，并参照中国历史实际及纳西族与周边民族的关系。

如果依时间顺序，并参照政治组织、经济形态、宗教信仰、文化教育、民族关系等因素，纳西文化可划分为洪古、远古、上古、中古、近古、近代、现代、当代共八个时期。

（一）洪古时期

它是纳西文化因子的生成时期，在“丽江人”与古羌人先民两个原点上分别存在并发展。前者始于 3 万年前，后者被推源至两河流域的斯基泰文化。它们的终点止于纪元前 3 000 年，其具体的情况已不可详知，只能依靠考古资料及神话传说、语言材料，做极有限的复原。在此时期，人们掌握了使用、打制各种石器工具的技能，已学会驯养动物、采集各种植物果实及块根，并发明了人工取火技术，甚至能加工鹿角，满足审美需求。

（二）远古时期

起始于公元前 3 000 年许，结束于公元前 4 世纪，相当于夏、商、周三代。这个时期，作为后来成为纳西族先民主要部分的羌人逡巡于西北草原，以游牧为生，逐水草而居，已经开始参与早期中华文明的建设并谱写出了无数威武雄壮的史诗。而其中的部分“丽江人”的后裔，则在横断山脉绘制岩画，创造了红铜文化、青铜文化，艰难地传递着智慧的薪火。

（三）上古时期

从公元前 4 世纪至公元 8 世纪中叶南诏国建立为止，是纳西文化的上古时期，凡历秦献公至秦、汉、三国、魏、晋、南北朝、隋朝至唐开宝年间。在此期间，纳西族先民牦牛羌“摩挲夷”正式登上历史舞台。这在《后汉书》《华阳国志》等史书中已有史料可查。从这一时期开始，由西北南下的羌文化与六江流域的土著文化相合流，汇成了上古纳西文化的江海。这主要表现在：部落联盟已经形成；畜牧业发达并有原始农业兴起；贸易往来频繁，主要有漆、盐、铜、药材、牲畜等商品；曾向东汉朝廷献诗《白狼歌》三章；巫术盛行并存在大量的口诵经典，有“桀默能言议、屈服种人”的巫师；有将死人装于石棺埋葬的习俗；铁器已普遍使用；与历代中央政权的关系是时合时离，不一而足。

（四）中古时期

基本包括唐、宋两个朝代。在此时期，纳西族社会出现川西南永宁、宾川、巨津及丽江四个中心。其中，居于宾川的越析诏（又叫“麽些诏”）建立了准国家级的民族政权。由于处在复杂的政治环境之中，她时而称臣于吐蕃，时而依附于南诏、大理，但最终发展了自己的政治、经济、文化。佛教于此时传入纳西族社会。东巴教在这个时期得以形成、发展，随之纳西哥巴文被创制。至此为止，纳西族已完成从游徙到定居、从畜牧到农耕的社会形态转型，承担起在汉族、藏族、白族之间传递文化的重任，并初步确立了在茶马古道贸易集散地的霸主地位。现在纳西族的分布格局基本定型于这一时期。

（五）近古时期

从元朝蒙古铁骑跨江南下（1253年）至清雍正元年（1723年），为纳西文化的近古时期。这个时期，纳西族归入元、明、清中央王朝的版图，但实行土司统治。土司具有很大的独立性。在经济上，农业、畜牧业、商业、开采业都有极大发展，“富冠诸郡”。汉文化也于此时传入丽江纳西族地区，在纳西族贵族集团中，出现汉式教育，产生了大批的诗人、书法家、画家、学者，汉族道教、儒文化受到木氏土司的推崇和支持。其版图最盛时领有越嶲郡、柏兴府、永宁府、北胜府、蒗蕖府、白狼、槃木、香城、稻城、盐井、巴塘、理塘等地区。丽江壁画、丽江古城、丽江古乐等都是这个时期的文化结晶，刊刻于明代的丽江版大藏经《甘珠尔》成为纳西族、藏族两个民族友好的见证，东巴文化于这一时期臻于成熟。汉、藏、纳西三种文化融于一体的繁盛局面开始。

（六）近代时期

清雍正元年（1723年）至辛亥革命爆发的二百余年，称近代时期，其主要特点是通过“改土归流”，实施政治、经济、文化与内地的全面一体化，纳西族的独立发展已经不可能。汉式教育的强制推行，汉式礼俗的普遍推广，汉族移民的大量涌入，丽江古城的急剧繁荣，纳西族士子纷纷出入于国家政治、文化舞台。进士、举人的大量涌现，诗文书画佳作的层出不穷等，构成了这一时期的主要文化景观。后期，随着帝国主义势力瓜分我国大好河山，西洋文化渐染花马僻壤，纳西族不仅有了第一代留学生，而且有了新式教育的萌芽、《丽江白话报》的诞生、工矿业的发展，纳西文化已做好了进入现代社会的全面准备。这一时期，纳西族的文明开化进程大大加快。

（七）现代时期

从 1912 年到 20 世纪中叶，纳西文化迎来了她的现代时期。在这近 40 年的时间里，纳西族摆脱了封建帝制，社会面貌焕然一新：现代教育体制详备，工商业发展迅猛，纳西文化受到全球性的关注。这一时期，纳西族为中华民族的内忧外患做出了巨大的民族牺牲，爱国主义的义举连绵不断，一个新式知识分子群体已经崛起。然而，以东巴文化为代表的传统纳西文化不断衰落，纳西族历史发展的逻辑被迫改变。

（八）当代时期

从 1949 年中华人民共和国成立起，纳西文化进入当代时期。只有到了这个时期，各地、各支系的纳西族才得以进入同一社会制度——社会主义社会。在这一时期，纳西族地区的生产关系发生根本变革，生产力得到空前解放。民族识别的完成，使纳西族成为我国民族大家庭中平等的一员；民族调查的开展，使纳西族的社会历史资料得到抢救和保护；民族自治县、民族乡的建立，使纳西族在现代社会条件下的生存发展有了政治上的保障。尽管遭受过“反地方民族主义”及“文化大革命”等极“左”思潮的冲击，纳西文化一度全面临危，但国内外一致关注纳西族历史命运的时代已经到来。一代纳西族精英茁壮成长，他们致力于本民族文化的保护、传承、转型、创新、开发，追求实现纳西族社会人与自然的和谐，传统与现代的互补，经济与文化的互动，注重民族精神的重构，从而有了丽江古城申报世界历史文化遗产成功的盛事、东巴古籍破译完毕的壮举、丽江古乐赴西欧演出及东巴文化在美洲展览的美谈，以及国际东巴文化艺术节召开、国际东巴文化艺术学术研讨会举行、国际纳西学学会的成立等系列性工程。不可否认的是，在科技革命及全球一体化的浪潮推动下，纳西族正在从实体民族转变为意识民族，纳西文化正在从活态文化变成固态遗存文化。

显然，纳西族及其文化的历史有自己的独特性。就与历史上中央王朝的关系而言，既有过独立的历史、半独立的阶段，也有二者完全统一的现实。同时，纳西族内部的发展也极不平衡，仅就现代时期这一时点为例，同是纳西族地区，丽江古城已有资本主义的萌芽，丽江、中甸、维西等农村处于发达的封建经济状态，而在盐井、俄亚等地的纳西族仍处在农奴制社会，永宁、盐源等地的纳西族更是保留了母系制家庭婚姻形态。所以，地域性、关系性、支系性、本体性是考察纳西文化历史不可或缺的四个坐标，政治性、经济性、信仰性、文化性是为纳西文化进行分期所必然考虑的四种因素。

八

纳西文化研究的另一个重大问题就是方法论，即用什么样的方法进行研究，才能对纳西文化实际有比较客观、准确的认识。毫无疑问，辩证唯物主义与历史唯物主义是根本的方法。但是，作为一门具体的学科，应有具体的方法，做到具体问题具体分析，以揭示客观真理。纳西文化研究的具体方法大约可以归纳为五种，即：立体透视法、比较研究法、考古资料佐证法、汉文献参照法、多学科观照法。

（一）立体透视法

纳西文化不仅平面性分布于现实空间之中，而且还纵向性累积于历史时间之中。因此，仅从一个角度、一个平面去认识它，是无法得到较全面、较客观的结论的，我们必须全面地、立体地、联系地、变化地认识纳西文化，而且这种认识必须是细致入微的，而不是浮光掠影的、表面粗浅的，要从文化的表层透视到其深层、其精神。常常有这样的现象，有的学者对纳西文化的某个点有精辟的分析、对某个方面有深入的阐释，然而一旦将它置于纳西历史的长河、置于整个纳西文化生态群落之中，往往不攻自破，或捉襟见肘，缺少历史感以及认识深度。纳西文化是一个完整的统一体，同时又有时代差别、支系差别，一定要点面结合、时空交叉、互相呼应地对待它、认识它。

（二）比较研究法

比较研究法源自语言学，既有平行性比较，也有纵向性比较。其中以纵向性比较为主。它的目的是要建立语言谱系，重构某种语言的历史，因此又叫历史比较研究。平行性比较则只是对类似现象进行比较研究，以加深对有关语言特点的理解，完全无意于建立谱系与重构历史。纳西族在不断地改变其生活空间、生产方式、民族关系，因此现实中的许多文化事象只有通过比较研究，尤其是历史比较研究，才可以廓清其源流及演变过程。纳西文化从来没有存在过“纯净状态”，它的杂交成分需要借助比较研究法一一梳理。比较的结果会让我们发现什么是纳西族独有的文化，什么是语支内、语族内、语系内共有的文化，从而避免民族的狭隘性，挖掘民族的特质。

（三）考古资料佐证法

考古资料对纳西文化的佐证作用自不待言。从 20 世纪 50 年代以来，在纳西族地区出土了许多文化遗址，如木家桥“丽江人”遗址、大东热水塘新石器遗址、大具石棺葬遗址等。这些考古资料无言地诉说着纳西族居住地区数万年的历史，极大地弥补了文字史料不足的遗憾以及口头语言转瞬即逝和极易发生变异的欠缺。考古学的进步，使我们对史前文化的追溯变成可能。在纳西文化研究中，必须将口语资料、文字资料与考古资料的佐证结合起来。将口语资料、文字资料与考古资料分离开来的倾向是不可取的。需要特别注意的是，纳西族是一个不断迁移、自唐代以后才定居于目前分布地区的民族，因此，对考古资料需要特别慎重对待，既不能低估它们的存在，但也不能直接根据它们来判定纳西文化。要知道，一个民族在千年之内可以横跨若干经度与纬度，而一个地质层的形成需要更长的时间。显然，不断变动的文化主体与固定不动的遗址文物不能简单地打上等号，而是要将口语的、文字的资料与考古资料互相印证，作出科学的回答。

（四）汉文献参照法

汉民族是一个拥有 5 000 年文明的民族，拥有庞大的文献资料，而且，由于汉文化属于历史文化类型，从很早起有完整的编年史。汉文化一直处在不断向四周辐射的过程，它的史官、文化人从很早的时候起就对周边民族充满了浓厚的兴趣，有关周边民族的历史情况资料见于正史或野史、旅行记、笔记、小说等之中，或完整、或零碎、或阶段性、或通史性地诉说着古代民族文化的奥秘。所以，在研究纳西文化时，要充分发挥这些文献资料的作用，使之与考古资料、本民族文字资料、口语资料有效地结合起来。由于汉民族拥有高度发达且严密的历法体系，在推断以至确定包括纳西文化在内的少数民族文化年代方面，以汉民族为主的中央政权文献具有神奇的效力。不过，由于时代局限、阶级偏见、民族隔阂、记录者的个人修养等因素的制约，这些文献所记载的资料不可避免地存在种种不足，需要我们做到参考它但不迷信它，承认它但要有鉴别力。

（五）多学科观照法

多学科观照法指的是纳西文化内部各学科的研究要互相观照，也指对纳西文化的研究要引入种种新思想、新方法，并对它们互相观照，不孤立地看问题，不主观地作臆断，讲究整体性与统一性。如果一种观点在文字学中能够成立而在历史学中站不住脚，或者一种理论在社会学中得到证明而在宗教学方面矛盾重重，那么，这种观念、这种理论就难以成为公论与公理，至少值得怀疑。虽然各学科有自己的特性、有各自的使命，但“道不同理同”，它们在纳西文化这个统一体内应该有对应性与呼应性、补充性与互证性，而不应该是“公说公有理，婆说婆有理”，互相抵牾。

20 世纪，纳西学已经有了一定的学科基础，但这还远远不够，还面临着许多挑战，要把它建设成与藏学、蒙古学、突厥学、满—通古斯学等并驾齐驱的显学，还需要在学科布局、学术规划、人才培养、资料积累、信息交流、成果共享等方面做许多踏踏实实的工作。越要建高楼大厦，越要将地基挖深夯实，而搭茅棚草堂，则不用花那样的功夫，支几根木棍、盖些许草就足以让人住居。但是，风一吹，它就“卷我屋上三重茅”，雨一淋，它就“床头屋漏无干处”。为了建造风雨不动安如山的“广厦千万间”，纳西学需要在确定长远战略目标的前提下实事求是，稳扎稳打。在纳西族民间文化急剧变化的现实条件下，纳西学应该关注纳西族的生存状态，回答纳西族社会提出的种种问题，探索纳西族的发展前景，并对周边民族的发展进步提供有益的启示与经验，为中华民族在新世纪的伟大复兴做出自己的贡献。只有这样，纳西学才能获得持久的生命力。

纳西学发凡

20世纪，中国学术史发生了深刻的嬗变：传统的学术理念饱受冲击，新的学术精神在中外思想的碰撞中重铸，新的学术体系在古今文化的交合中另构，新学科层出不穷，人们的观念日新月异，新方法变幻莫测。旧学与新知，一边是“无可奈何花落去”，一边是“不尽长江滚滚来”。在此背景下，纳西学惊天问世！

纳西学，就是以纳西族为研究对象的学科。在时间上，它贯穿古今；在空间上，它横跨东西。它既包括对纳西族的本体性研究，也包含这种研究本身。就前者而言，有关纳西族的生存环境、存在历史、生活方式、精神信仰、组织制度、艺术创造、技术成就等都无不纳入其视野之中；就后者而言，有关纳西族研究的理论与方法、学者与成果、历史与活动、机构与组织等都囊括于其内。

任何一个学科的存在，都有其独特的标志，纳西学亦不能例外。它们是以《麽些研究》《中国西南古纳西王国》《纳西语—英语大百科辞典》《被遗忘的王国》《纳西族象形文字谱》《活着的象形文字》《纳西族的宗教》《纳西族史》《纳西族文学史》《东巴文化论集》《麽些研究论文集》《东巴神话研究》《国际东巴文化研究集粹》等为代表的学术精品，以巴克、洛克、雅纳特、杰克逊、西田龙雄、方国瑜、李霖灿、和志武、郭大烈等为象征的学术大家，以及东巴文化研究院、东巴文化博物馆等著名机构，丽江古乐赴欧洲表演、东巴文化在美洲展览等重要活动，尤其具有重要意义的是“99中国丽江国际东巴文化艺术节”的举行，“国际东巴文化艺术学术讨论会”的召开、“国际纳西学学会”的成立、《国际纳西学研究》及《国际纳西学学会通讯》的创办、《纳西东巴古籍译注全集》的出版。

如果对纳西学的历程做一素描，我们便会清晰地发现，纳西族生存于中国大地，纳西学研究却发轫于欧美。殖民主义的阴云曾长期笼罩在纳西学研究的上空。经过艰辛的努力，纳西学的中心才重新回到祖国的怀抱。

可以做这样的回顾：从 19 世纪 60 年代至 20 世纪 30 年代初，纳西学处于起步阶段，其内容止于西方学者、传教士、军事人员游历纳西族地区，并收藏东巴经典、翻译有关文献片段，发表有关介绍文章；从 20 世纪 30 年代至 20 世纪 40 年代末，纳西学初具规模。在国内，刘半农、董作宾、李霖灿、陶云逵、罗常培等内地学者开始关注纳西族历史、语言、文字研究，纳西族学者杨仲鸿、方国瑜、赵银棠亦接踵于后，进行艰难的探索，无论是田野调查、文物收藏、专题研究都有大量成果。在国外，洛克以独居纳西族地区 28 年的传奇经历，以丰富的文物收藏与传播，以深刻而全面的纳西文化诠释，在纳西学领域渐入佳境；从中华人民共和国成立至 20 世纪 60 年代中期，洛克在国际纳西学界独领风骚，其有关重要著作都完成于此时。他还影响、培养了欧洲、美洲、日本的一批新秀，只是他们此时已经失去与中国学界的联系，任何实地考察都不再可能。相比之下，国内的纳西学事业却有幸得多，在中国共产党与中央人民政府的正确领导下，纳西族的社会历史、语言文化、宗教信仰等都得到旷古罕见的调查研究，纳西族被识别为单一民族，纳西族聚居的云南省丽江纳西族自治县改设为丽江市，中共丽江市委曾组织专门力量收集东巴经典，并对其中的数十部作品进行科学的翻译。此一阶段，虽然东、西分离，但纳西学的声浪渐高，出现繁荣局面；从 20 世纪 60 年代中期至 70 年代末，尽管仍有雅纳特、杰克逊在传递薪火，但随着一代宗师洛克的去世，西方的纳西学研究进入低谷。我国国内的纳西学更是遭受浩劫，不但东巴遭迫害、文物被损毁、学者受批斗，而且纳西文化生态被全面破坏。可以说，这是纳西学全球性低迷的时期。从 20 世纪 80 年代初至今，纳西学进入全面复兴的时期。国际性的交流与合作日益频繁，高科技的介入不断深化，专门性的机构与组织连连问世，学科建设提到议事日程，应用性的研究与纯理论的探讨齐头并进，高素质、多专业的学术队伍茁壮成长……这都是这一时期的主要特色。

说到底，纳西学就是有关广义性纳西文化的学问。在这个学问中，最基本的问题有两个：一是本体论，二是方法论。

就本体论而言，它牵涉纳西文化的结构、精神、类型、历史等问题。众所周知，纳西文化包括物质层面、精神层面以及制度层面的内容。就其结构而言，它由民间文化、东巴文化、仿汉文化三个部分组成。

民间文化在族系上有纳西支系文化（简称纳西文化）、摩梭支系文化（简称摩梭文化）、纳恒支系文化（简称纳恒文化）、阮可支系文化（简称阮可文化）、摩里摩挲支系文化（简称摩里摩挲文化）之分，在地域上有东部文化、西部文化之异。这部分文化是纳西文化存在的基础，内容丰富，传承久远，稳定性强，凝聚力大，保障了纳西族作为一个统一的民族而存在，使纳西文化作为一个完整的体系而发展。

建筑在民间文化基础之上的是东巴文化。东巴文化就是保存于东巴教的文化。它包括东巴象形文字以及用它书写而成的1400多卷东巴经典、东巴音乐、东巴舞蹈、东巴绘画、东巴文学、东巴仪式、东巴工艺等。比之民间文化，它已经有职业性传承人——东巴，专门性记录符号——东巴文，系统性知识积累——东巴经。东巴文化植根于民间文化，但又高于民间文化，是民间文化的升华与提炼的结果。毫无疑义，在其形成过程中，曾受到过印藏文化的浸润以及汉族道教文化的洗礼。如果回溯东巴文化的渊源，我们甚至可以从中倾听到爱琴海的涛声。东部方言区的达巴文化从属于东巴文化体系，它们之间的主要区别只在于一者有庞大的书面经典，另一者只有口诵经典。除此之外，二者的仪式、神灵体系、观念、音乐、舞蹈、绘画、法器、工艺等都大同小异。它们都生长于本民族的生活土壤，都直接脱胎于本民族的巫术信仰，都主要受藏族苯教的影响与改造。

至于仿汉文化，主要存在于西部方言区，尤其是以丽江古城为中心的丽江市境内。它是以纳西族从元朝以来归顺中央王朝、在政治与经济文化上向中原地区全面认同为前提产生发展的。它包括纳西族文人所创作的汉文诗、词、歌、赋，汉族移民传入纳西族社会的工艺技术、风俗习惯、汉语文教育体制、道教与儒教、汉传佛教等宗教信仰，丽江古城及丽江古乐等都是其结晶。这部分文化，无论是内容还是形式都模仿汉文化而成，但因其作者、工匠、艺人等为纳西族，它们存在、流传于纳西族地区并与纳西族固有的民间文化、东巴文化相并存，因而在其精神上是纳西族的，在形式上染有纳西族的色彩，在风格上具有纳西族的气质。因此说，它是仿汉文化，而不是汉文化本身。一般来讲，这部分文化的承担者大多为贵族阶级、中上流社会、城镇居民，所以它不能代表纳西文化的本质部分。但是，在纳西文化的发展逻辑中，它代表着一种前进的方向。它的出现，有社会的被迫性，也有历史的必然性。

作为一种完整的结构，民间文化居于下位，东巴文化居于中位，仿汉文化居于上位。它们呈上小下大的金字塔形状。这三种文化并不是在同一个时间平面上互相绝缘的块板结构，而是互相渗透、互相补充，有机地存在于纳西族社会之中。

对纳西文化的精神已经有各种各样的解释，如有人称有开放的精神，有人称有进取的精神，有人称有内向的精神等。其实，这些都不过是一些特点而已。文化精神是一个民族灵魂之所在，是一种文化的本质反映，一切文化都按此而组织、结构。它还随着社会的前进而有所发展变化，显示出不同的阶段性。那么，纳西文化的精神究竟是什么？回答是：早期为“生”，中期为“战”，后期为“和”。

所谓“生”，就是生存、衍生、生命力。这种精神贯穿于纳西族历史早期产生的神话、宗教、民俗、艺术。天地于“上声”与“下气”的“结合”中出现，万物在“阴神”与“阳神”的“安排”下诞生，无生物、有生物、植物、动物、人类都是“贝巴”（即“交媾”）的产物。洪水泛滥是上天惩罚人类，人类祖先从天界降临大地之初曾因不谙生育之道而长期为不孕所困扰。纳西语中的“快乐”之本义指性快感，“华毕”（祭快乐神）

仪式中的抛接“华石”与“华水”是对性行为的模仿……之所以这样，是因为纳西族长期活动于西北、西南高寒地带，其生存一直受到恶劣自然环境的严峻挑战，因而生育能力弱，人口增幅小，更兼她曾经是游牧民族而不断经受外患与内乱的摧残，人员减员大，繁衍速度慢。于是，人们崇尚生命力，期盼生存力，重视生育力，歌颂生生不息的精神，呼唤人口数量的增加与质量的改善。在纳西族先民的眼中，人口不仅是生产力，而且是战斗力，而这种生产力与战斗力的获得都无一不与“生”的精神息息相关。

所谓“战”，就是战争、战斗，以及体现于其中的英雄崇拜、尚武传统。这种精神产生于纳西族进入部落社会、阶级社会之后。部落与部落之间的战争、民族与民族之间的战争、阶级与阶级之间的战争都是其基本内容。它被文学化为《黑白战争》《哈斯战争》等英雄史诗，形象化为佐体优麻、卡冉、庚空都知、三多等神灵，或表现为负险列寨的居住方式，动辄兵刃相向的性格特征，佩刀于身的服饰审美，英勇果敢的民族气质，豪言壮语的语言风格等。在晚期神话中，鬼神之间、神灵之间、鬼魔之间、人鬼之间、人兽之间都在发生冲突、发生战争。这些冲突与战争，有的是为了领地，有的是为了女人，有的是为了财富，有的是为了权力，有的是为了尊严，有的是为了道义。其历史背景，就是纳西族从西北草原迁入西南山地过程中的金戈铁马，就是纳西族周旋于汉族、白族、彝族、藏族政治和军事集团之间的血雨腥风。在这个阶段，英雄主义是公认的道德规范，英雄人物是最受尊重的公众形象，英雄史诗是全民族的精神支柱。总之，比之智慧与理念，英雄行为、英雄气概更受到人们的重视与膜拜。

所谓“和”，就是和平、和谐、和善。就总体而言，自纳西族先民于唐代迁居现分布地以来，其生产形态从游牧渐变为农耕，其生产对象从动物变为土地，其生产工具从鞭子、猎枪改换成了犁锄。由于东有强大的中原王朝，北有吐蕃雄峙，西南有南诏、大理国并起，早在唐宋，纳西族先民便欲进不能、欲退不得，只好据守玉龙山下，在金沙江两岸的狭窄空间营造生活。到元代以后，纳西族更是加入了祖国大家庭，彻底改变了周边的生存环境。在这种条件下，她必须学会建立和平的生活环境，和谐的民族关系，并痛改游牧生活的恶习，学会精心耕耘土地，不断积累、创造知识财富。到了明代，纳西族统治者木氏土司认同了中央王朝的政治、经济、文化，汉传佛教、道教、儒教、汉式教育、汉族工艺技术等传至丽江纳西族地区，汉文化的和平主义与和谐精神开始影响纳西族的上流社会，使纳西族固有的尚武精神与英雄主义受到一定程度的改造。清雍正元年（1723 年）“改土归流”之后，纳西族与内地的一体化全面加速，以“和”为核心的文化得到确立、发展、巩固。正如纳西族姓氏“官姓为木，民姓为和”所体现的那样，“和”不仅成为纳西族的主要姓氏，也成为纳西族文化的主要精神，人们注重人与自然的和谐，邻里相处的和睦，经济交往的和合，人与人之间的亲和，语言交际的和声细气，民族关系的和平团结。人们坚信内和才能外顺，和就是美，和就是兴旺、发达。其中，礼教与丽江古乐等所起的感化作用十分重大。“和”这一文化精神的确立，使纳西族寻找到了生存发展的新机遇。尽管纳西族在清代及民国、当代仍有“抗法”“抗日”“抗美”及国内革命战争的一系列卓越表现，但那不过是往昔英雄主义的余晖，纳西文化真正追求的目标已主要是和平与安定、繁荣与发展。

总之，“生”“战”“和”构成了纳西文化总体精神的三个阶段，而其他的文化事象不过是纳西文化的“形”而已。只有它们的有机结合，纳西文化才神显于形而形附于神，形神兼备。

就存在至今的人类文化类型而言，大体可以分作巫术文化、艺术文化、哲学文化、历史文化、科学文化五种。如果说摩尔根笔下的易洛魁文化属巫术文化，以希腊神话为代表的希腊文化属艺术文化，以印度教、佛教为代表的印度文化属哲学文化，以十三经、二十四史为代表的汉文化属历史文化，以发达的自然科学为代表的西欧近现代文化属科学文化的话，那么，纳西文化应该属于艺术文化类型。它已经跨越过巫术文化的大门，并行将进入哲学文化之殿堂，但离历史文化及科学文化之天国尚为遥远。如果发生奇迹，那也只能是外力促成的结果，而不是内部造成的必然。

由于脱胎于巫术文化类型，纳西文化中还残留有大量的神秘主义色彩，崇拜万物、神灵至上、灵魂观念盛行；巫术、巫技受到重视。但是，在内因与外因的双重作用下，纳西族毕竟已经跨入文明民族之列，她发明了文字，建造有城镇，使用铜、铁制金属工具，建立过准国家级民族政权。因此，纳西文化中的人的因素不断增强，人的能力受到重视，神的地位不断易位于人，神的秩序逐渐被人的秩序所代替，神秘主义的思维正在向形象思维过渡，集体审美正在从神界移向人间。我们称纳西文化为艺术类型有足够的依据。即纳西族拥有丰富的艺术品类，它们既缘于本民族的生产生活，又吸收自周边地区及相邻民族。

在音乐方面，除了大量的民间曲调、歌谣，纳西族还拥有丰富的东巴唱腔、达巴唱腔以及大型交响组乐《白沙细乐》《丽江古乐》；有传统乐器直笛、芦笙、树叶、芦管，还有传自藏族的板铃、法鼓、螺号，传自汉族的云锣、二胡、琵琶、筝、三弦，传自西域的苏古笃等。音乐生活充斥于纳西族社会的婚、丧、祭、典等各个方面，曾出现过牛焘、马子云、习杏樵等著名乐手，曾有“鹤丽一带，男女并能琴”（《滇黔志略》卷七）之美誉，民间一直有诸葛亮授乐以纳西先民、忽必烈馈赠元人乐队于纳西首领阿良等传说。

在舞蹈方面，纳西族不但接受了藏族的锅庄舞、热巴舞，汉族的麒麟舞，而且有丰富的本民族民间舞蹈、东巴舞蹈遗存，甚至有解释舞蹈起源的东巴经典以及记录舞蹈规范的《东巴舞谱》。不但从唐起就在史书中屡载纳西族先民“好饮酒歌舞”，“男女动辄数百，各执其手，团旋歌舞以为乐”，而且在纳西族诗人的明清诗歌中多有“一匝芦笙吹未断，踏歌起舞明月中”等描写。

在书画方面，纳西族虽然大量吸收藏文化与汉文化，但还保持自己的书画传统。更为难得的是，这三种绘画与书法艺术常常熔为一炉，别开生面，如丽江壁画中的许多作品便是这样。从明朝以来，纳西族中出现了众多精于藏、汉书画的艺术家，如木增、王敬亭、周霖、喜饶朗达等便是其代表。至于纳西族书画系统，纳西文字本身就是一种滋生于图画文字的象形符号体系。它见木画木、见石画石，故而有“斯究鲁究”（“像木形石”）之称。它还配以色彩，书写格式大抵与绘画构图无异。作为这种文字之直接源头的岩画，广泛分布于丽江、香格里拉、宁蒗彝族自治县等的纳西族居住区内的高山峡谷。纳西族东巴教中保存有完整的《东巴画谱》，而且拥有木牌画、纸牌画、卷轴画、《神路图》长卷画等多种瑰宝。其中，《神路图》长 17 米许，宽 0.25 米左右，上面绘有天堂、人间、地狱三界，塑造有 300 多个栩栩如生的艺术形象，被称为世界艺术史上的“直幅长卷之最”。

在语言艺术方面，纳西族的文学遗产灿烂丰富，神话、歌谣、传说、史诗、故事以及诗、词、歌、赋、文都十分发达，尤其在神话、史诗两个领域有颇多创造。1400 多卷东巴经典几乎就是纳西族古代文学的总集，40 多部“大调”作品堪称纳西族的“国风”，成千上万的口头叙事、抒情作品水乳交融于纳西族的生产、生活、信仰之中。就纳西语的表现习惯而言，《后汉书》（卷八十六）就称后汉时居住在笮都的纳西先民“言语多为譬类”，《华阳国志・南中志》称东巴经等之前身具有“论议好譬喻物”的特点，它们一直保持至今。

除了艺术品类之外，纳西族在思维方式上具有艺术思维的特征。这种思维表现为形象性、象征性、感情性。

就形象性来讲，无论是具体的事物，还是抽象的观念，都以一定的形象加以表现，如玉龙山被形象化为三多神。他戴白盔、穿白甲、骑白马，守护着丽江四境的安宁。如干木山被形象化为一位与玉龙山保持走婚关系的女神。永宁坝是她的绿毯，白雾是她的裙子，红石岩是她的腰带，朝霞是她的红颜，山顶的乌云是她的黑发。这样的拟人手法正是形象化的具体体现。在东巴神话中，抽象的“阴”“阳”观念被形象化为“上方的声”与“上方的气”，善与恶、正与邪的冲突被表现为白与黑的战争，宇宙万物在正与负两种力量的交感互动中产生发展被描述为

“上声”“下气”交媾产生一滴白露，继而白露滴入大海化生出树木、动物、人类……在纳西族古代哲学思想中，宇宙之外形如一枚白蛋，而且“休曲”神鸟、马、虎等也都卵生。另外，“五行”被形象化为铁、木、水、人、土。它们是物质世界的五种元素，它们的产生缘于天神所派的久笃、久尤、久刻三兄弟放箭射死神龟。

在纳西文化中，象征始终是重要的表意手段。如在以性为中心结构而成的东巴神话宇宙起源图像中，“上声”与“下气”之“结合”，象征的是男女之交媾；由这种行为产生的一滴白露滴入大海，象征的是精液射入母胎；由大海孵化种种植物、动物、人，象征的是生命从母腹的诞生。又，由神龟之死体化生四方八位六十四卦三百六十爻的故事，就是用龟体及其化生象征宇宙本体及其演化过程。纳西族的“大调”堪称象征性表现的典范，《鱼水相会》象征的是男女青年追求幸福自由的艰苦斗争，《蜂花相会》象征的是人与人相知过程中的忠贞不渝，《游悲》中的“玉龙第三国”象征的是人们理想中的美好世界。

纳西人重感情、重义气，这是纳西文化属艺术类型这一特性所决定的，因为感情是艺术创造、艺术表现所必备的条件。如果缺少感情的因素，艺术形象就失却生动，所表达的思想就缺乏感染力。以情动人始终是艺术所追求的效果之一。重感情、重义气使纳西文化中的许多内容往往激情大于理智，它既具有感人的力量、动人的魅力，同时也弥漫着情绪的躁动，忍耐力、克制力、思辨力等常受到感情因素的干扰与弱化。纳西人重信誉、爱面子、尚真诚，言必眉飞色舞，语必手牵手，忧则借酒浇愁，喜则举步歌舞，怒则扬眉出剑，悲则呼天抢地或怆然自尽。这无一不表明他们是自然之子、艺术之灵，但并不是哲学之王、历史之主、科学之君。

正因为属艺术类型，纳西文化之质柔、之性灵、之感美，她不排斥外来文化，她讲求整体和谐，她具有极强的感悟力，她有很好的适应性，她的每一个子民都是天然的诗人、歌手、舞蹈家与画家。

对于纳西文化的历史，已有先学按中国历史或纳西族统治者之家谱，或按社会发展五种形态做过分期。遗憾的是，前者忽视了纳西文化之本体性，次者有失于以个别性代替一般性，后者误用普遍性抹杀特殊性。就纳西文化的历史与中国历史的关系而言，他们有极密切且颇复杂的关系，不能以秦汉、三国、魏晋、南北朝等历史简单地代替纳西文化的历史，因为夏、商、周是纳西族先民羌人与华夏民族共创中华文明的时期；秦汉时代，纳西族先民向西南迁徙，只是遥属中央王朝；从三国至唐宋，纳西族社会独立发展，比之中原，它与藏族、白族、彝族的关系更为密切；元、明两代，中央王朝虽有效地治理纳西族社会，但这种治理基本上只是一种羁縻；只有在清雍正元年（1723 年）“改土归流”之后，纳西族才与内地实现政治、经济、文化的一体化，永远结束了独立或半独立地发展自己文化的历史。试想，中原王朝的历史岂能解释纳西文化历史的全部？

按木氏统治者之家谱对纳西族文化所做的分期有一定的合理性，问题在于所谓的“人种原始”“洪荒时代”“上古时代”“中古时代”“近古时代”等都是神话传说性的，并无史料可证。也就是说，它们充满了虚妄，并不能作为实际存在过的历史。即使是所谓“信史时代”部分，也存在严重的杜撰、残缺情况，不足相信。家族史终究不能凌驾于民族文化史之上。

按马克思、恩格斯的社会形态分析法，将纳西族文化分为“原始社会”“奴隶社会”“封建社会”“资本主义社会”“社会主义社会”的做法也存在种种问题。这是因为，并非每个民族都要经历这五个阶段，也非每个民族的发展都要按此顺序演绎自己的历史。而且，虽然个性寓于共性之中，但普遍性不能代替特殊性，即使纳西族社会经历过原始社会、奴隶社会、封建社会等，其具体的情况仍不被人们所详知，它必然有自己的许多特点，决不能一劳永逸地躺在马克思主义经典作家的理论中睡大觉。

的确，纳西族的文化有许多分期的可能，既可以侧重于社会形态，也可以着力于经济形态、技术形态。不过，无论怎样分期，都要以纳西族文化为本体，并参照中国历史实际及纳西族与周边民族的关系。

如果依时间顺序并参照政治组织、经济形态、宗教信仰、文化教育、民族关系等因素，纳西文化可划分为洪古、远古、上古、中古、近古、近代、现代、当代 8 个时期。

洪古时期：它是纳西文化因子的生成时期，在“丽江人”与古羌先民两个原点上分别存在并发展。前者始于 30 000 年前，后者可推源至两河流域的斯基泰文化。它们的终点止于纪元前 3 000 年，其具体的情况已经不可详知，只能靠考古资料及神话传说、语言材料做极有限的复原。但可以肯定的是，它包括旧石器与新石器两个文化阶段。在此时期，人们掌握了打制并使用各种石器工具的技能，已学会驯养动物、采集各种植物果实及块根，并发明了人工取火技术，甚至能加工鹿角进行审美。

远古时期：它起始于公元前 3 000 年许，结束于公元前 4 世纪，相当于夏、商、周三代。这个时期，作为后来成为纳西族先民主要部分的羌人逡巡于西北草原，以游牧为生，逐水草而居，参与早期中华文明的建设，演出了无数威武雄壮的史诗。而那部分“丽江人”的后裔，则在横断山脉描绘岩画、创造红铜文化、青铜文化，艰难地传递着智慧的薪火。

上古时期：从公元前 4 世纪至公元 8 世纪中叶南诏国建立为止是纳西文化的上古时期，凡历秦献公至秦、汉、三国、魏、晋、南北朝、隋朝至唐开宝年间。在此期间，纳西族先民牦牛菲、摩挲夷正式登上历史舞台。这在《后汉书》《华阳国志》等史书中已有史料可证。从这一时期开始，由西北南下的羌文化与六江流域的土著文化相合流，汇成了上古纳西文化的江海。这时的主要文化内容有：第一，部落联盟已经形成；第二，畜牧业发达，并有原始农业兴起；第三，贸易往来频仍，主要有漆、盐、铜、药材、牲畜等商品；第四，曾向东汉朝廷献诗《白狼歌》三章；第五，巫术盛行，并存在大量的口诵经典，有“桀默能言议、屈服种人”的巫师；第六，有将死人装于石棺埋葬的习俗；第七，铁器已得到较普遍的使用；第八，与历代中央王朝的关系时合时离，不一而足。

中古时期：它基本包括唐、宋两个朝代。在此时期，纳西族社会出现川西南及永宁、宾川、巨津、丽江五个中心。其中，居宾川的越析诏（又叫麽些诏）建立了地方民族政权。由于处在复杂的政治环境之中，越析诏时而称臣于吐蕃，时而依附于南诏、大理，但最终发展了自己的政治、经济、文化。佛教于此时传入纳西族社会。东巴教在这一阶段得以形成、发展，纳西文随之被创制。至此为止，纳西族已完成从游徙到定居、从畜牧到农耕的转型，独立承担起在汉族、藏族、白族之间传递文化的重任，并初步确立了茶马古道贸易集散地的重要地位。现今纳西族的分布格局，基本定型于这一时期。

近古时期：从蒙古铁军1253年跨江南下至清雍正元年（1723年）为纳西文化的近古时期。这个时期，纳西族归入元、明、清版图，但实行土司统治，具有很大的独立性。在经济上，农业、畜牧业、商业、开采业都有极大的发展，从而"富冠诸郡"。汉文化于此时传入丽江纳西族地区，在贵族集团中出现汉式教育，产生了大量的诗人、书法家、画家、学者。汉族道教、儒教受到木氏土司的崇尚。其版图最盛时领有越嶲郡、柏兴府、永宁府、北胜府、浪渠府、罗罗司、白狼、粲木、香城、稻城、盐井、巴塘、理塘等地区。丽江壁画、丽江古城、丽江古乐等都是这一时期的文化结晶，刊刻于明代的丽江版大藏经《甘珠尔》，成为纳西族与藏族 友好的见证，东巴文化于这一时期臻于成熟。汉族、藏族、纳西族三种文化融于一体的繁盛局面开始于斯。

近代时期：清雍正元年（1723年）至辛亥革命爆发的200余年间称近代时期，其主要特点是通过实行"改土归流"，实现政治、经济、文化与内地的全面一体化，纳西族的独立发展已经不可能。汉式教育的强制推行，汉式礼俗的普遍推广，汉族移民的大量涌入，丽江古城的急剧繁荣，纳西族士子纷纷出入于国家政治、文化舞台，进士、举人的大量涌现，诗文书画佳作层出不穷等，构成了这一时期的主要文化景观。在其后期，随着帝国主义势力瓜分我国大好河山，西洋文化渐浸花马僻壤，纳西族不仅产生了第一代留学生，而且有了新式教育的萌芽、《丽江白话报》的诞生、工矿业的发展，纳西文化已做好了进入现代化社会的全面准备。这一时期，纳西族的文明开化进程大大加快。

现代时期：从1912年到20世纪中叶，纳西文化迎来了她的现代时期。在这近40年的时间里，纳西族摆脱了封建帝制，社会面貌焕然一新：现代教育体制详备；工商业发展迅猛；纳西文化受到全球性的关注。纳西族为中华民族的内忧外患做出巨大的民族牺牲，爱国主义的义举连绵不断，一个新式知识分子群体已经崛起。然而，以东巴文化为代表的传统文化不断衰落，纳西族历史发展的逻辑被迫转变。

当代时期：从1949年中华人民共和国成立起，纳西文化进入当代时期。只有到这个时期，各地、各支系纳西族才一同进入了同一社会制度——社会主义社会。在这一时期，纳西族地区的生产关系得到根本变革，生产力得到空前解放。民族识别的完成，使纳西族成为我国民族大家庭中平等的一员；民族调查的实施，使纳西族的社会历史资料得到抢救和保护；民族自治县、民族乡的成立，使纳西族在现代社会条件下的生存发展有了政治上的保障。尽管遭受过“反地方民族主义”及“文化大革命”等极“左”思潮的冲击，纳西文化全面临危，但国内外一致关注纳西族历史命运的时代已经到来。一代纳西族精英茁壮成长，他们致力于本民族文化的保护、传承、转型、创新、开发，追求纳西族地区人与自然的和谐，传统与现代化的互补，经济与文化的互动，注重民族精神的重构，从而有了丽江古城申报世界历史文化遗产成功的盛事、东巴古籍破译完毕的壮举、丽江古乐赴西欧演出及东巴文化在美洲展览的美谈，以及国际东巴文化艺术节召开、国际东巴文化艺术学术研讨会举行、国际纳西学学会成立的系列性工程。不可否认的是，在科技革命及全球一体化的声浪下，纳西族正在从实体性民族转变为意识性民族，纳西文化正在从活态文化变成固态遗存。

显然，纳西族及其文化的历史有自己的独特性。就与中央王朝的关系而言，既有过独立的历史、半独立的阶段，也有完全统一的现实。同时，纳西族内部的发展也极不平衡，就现代时期而言，丽江古城已有资本主义的萌芽，丽江、中甸、维西等农村处于发达的封建经济状态，而在盐井、俄亚等地纳西族仍处农奴制社会，永宁、盐源等地的纳西族更是保留有母系制家庭婚姻形态。所以，地域性、关系性、支系性、本体性是考察纳西文化不可忽视的四个坐标，政治性、经济性、信仰性、历史性是为纳西文化进行分期所必然考虑的四种因素。

纳西文化研究的另一个重大问题就是方法论，即用什么方法进行研究才能对纳西文化实际有比较客观、准确的认识。毫无疑问，辩证唯物主义与历史唯物主义是根本的方法。但是，作为一个具体的学科，它还应有具体的方法，做到具体问题具体分析，以揭示客观真理。纳西文化研究的具体方法大约可以归纳为“五法”，即：立体透视法，比较研究法，考古资料佐证法，汉文献参照法，多学科观照法。

先谈谈立体透视法。纳西文化不仅平面性分布于现实空间之中，而且还纵向性累积于历史时空之中。因此，仅从一个角度、一个平面去认识它是不能得到较全面、较客观的结论的。必须全面地、立体地、联系地、变化地认识纳西文化，而且这种认识必须是细致入微的、深刻透彻的，而不是浮光掠影的、表面粗浅的，要从文化的表层透视到其深层、其精神。纳西文化是一个完整的统一体，同时又有时代差别、地域差别、支系差别，一定要点面结合、时空交叉、互相呼应地对待它、认识它。

比较研究法源自语言学，既有平行性比较，也有纵向性比较。其中，以纵向性比较为主，它的目的是要建立语言谱系，重构某种语言的历史，因此又叫历史比较研究。而平行性比较则只是对类似现象进行比较研究，以加深对有关语言特点的理解，完全无意于建立谱系与重构历史。纳西族不断改变其生活空间、生产方式、民族关系，现实中的许多文化事象只有通过比较研究，尤其是历史比较研究才可以探清其源流以及演变过程。纳西文化从来没有存在过“纯净状态”，它的“杂交成分”需要借助比较研究法一一梳理。比较的结果会让我们发现什么是纳西族独有的文化，什么是语支内、语族内、语系内共有的文化，从而避免了民族的狭隘性。

考古资料对纳西文化的佐证作用自不待言。从20世纪50年代以来，在纳西族地区出土了许多文化遗址，如木家桥“丽江人”遗址、大东热水塘新石器遗址、大具石棺葬遗址等。这些考古资料无言地诉说着纳西族居住地区数万年的历史，极大地弥补了文字史料不足的遗憾以及口头语言转瞬即逝的缺欠。由于考古学的进步，使我们对史前文化的追溯变得可能。在纳西文化研究中，必须将对口语资料、文字资料的研究与考古资料结合起来，将口语资料、文字资料与考古资料分离开来是不可取的。需要特别注意的是，纳西族是一个不断移动，自唐代以后才定居于目前分布地区的民族，因此，对考古资料需要特别慎重对待，不能低估它们的存在，但也不能直接根据它们判定纳西文化。不断变动的文化主体与固定不动的遗址文物不能简单地画上等号，而是要将口语的、文字的资料与考古资料互相印证，作出科学的回答。

汉族是一个拥有5 000年文明的民族，拥有庞大的文献资料，而且，由于汉文化属于历史文化类型，从很早就有完整的编年史。汉文化一直处在不断向四周辐射的过程，她的史官、文化人从很早的时候起就对周边民族充满了浓厚的兴趣，有关周边民族的历史情况资料总是不绝如缕地见载于正史或野史、旅行记、笔记、小说等之中。它们或完整，或零碎，或阶段性，或通史性地诉说着古代民族文化的奥秘。所以，要在研究纳西文化之际充分发挥这些文献资料的作用，使之与考古资料、本民族文字资料、口语资料有效地结合起来。由于汉族拥有高度发达与严密的历法体系，在推断以至确定包括纳西文化在内的少数民族文化年代方面，汉文献具有神奇的效力。但是，由于时代的局限、阶级的偏见、民族的隔阂、记录者的个人修养等因素的制约，汉文献所记载的资料不可避免地存在种种不足，需要我们参考它又不迷信它，承认它但要有鉴别力。

多学科观照法指的是纳西文化内部各学科的研究要互相观照，也指对纳西文化的研究要引入种种新的思想、新的方法，并对它们互相观照，不孤立地看问题，不主观地做臆断，讲究整体性与统一性。比如，如果一种观点在文字学中能够成立而在历史学中站不住脚，或者一种理论在社会学中得到证明而在宗教学方面矛盾重重，那么，这种观念、这种理论就难以成为公论与公理，至少值得怀疑。

在20世纪，纳西学已有了一定的基础，但还远远不够，它还面临着许多挑战，要把它建设成与藏学、蒙古学、突厥学、满—通古斯学等并驾齐驱的显学，还需要在学科布局、学术规划、人才培养、资料积累、信息交流、成果共享等方面做许多踏踏实实的工作。越要建高楼大厦，越要将地基挖深夯实，而搭茅棚草堂，则不用花那样的功夫，支几根木棍、盖些许草就足以入住。但是，风一吹，它就“卷我屋上三重茅”，雨一淋，它就“床头屋漏无干处”。为了建造“风雨不动安如山”的“广厦千万间”，纳西学需要在确定长远战略目标的前提下实事求是、稳扎稳打。

纳西族历史文化概说

纳西族，现有人口 32 万，分布于我国云南、四川、西藏三省区相交会的丽江、香格里拉、维西、德钦、昌都、兰坪、鹤庆、剑川、永胜、宁蒗、盐源、盐边、木里等地区。其中，云南省丽江市为其主要聚居区。

这一地区，位于横断山脉深处。贡嘎山、哈巴雪山、梅里雪山、玉龙雪山等纵横绵亘，使四宇一片晶然，寒气森森；澜沧江、怒江、金沙江、雅砻江、大渡河等川流恣肆盘曲，既将地表切割得零星碎散，又将云贵高原与青藏高原、四川盆地连成一片。雪域高原日照充沛，草木荣茂，为饲养牲畜提供了得天独厚的条件；河谷平坝气候温暖，雨水丰沛，极适于农作物的生长。在这片土地上，分布于不同海拔高度的人类群体呈现出生产形态及社会形态上的明显差异，同时又形成互相之间的补充与依赖。各个区域之间山阻水隔，虽适于不同文化集团的基本生存，但不便进行互相往来的交通、交流；同一民族内部，虽共饮一江之水，亦表现出语言、习俗方面的显著区别，难于构建规模巨大的社会组织。

1964 年及 1972 年，考古工作者曾先后在云南省丽江纳西族自治县漾西木家桥等地发掘到智人化石以及有关的骨器、石器，探明早在 30 000 至 50 000 年之前就已经有古人类生息在玉龙山下，揭开了六江流域土著文化的帷幕。从 20 世纪 50 年代至 20 世纪 90 年代，各个纳西族居住区内还源源不断出土了一批批旧石器、新石器、红铜器、青铜器、铁器、石棺葬，充分显示出这种土著文化的源远流长。

无疑，光辉灿烂的纳西文化显然是对六江流域土著文化的忠实继承以及创新发展。不过，纳西族的主要部分当源自远古时代生活于河湟地区的羌人，其直接祖先为“旄牛夷”。故，纳西文化中包含有游牧文化的因素。有关“旄牛夷”的记载，见于《后汉书》卷八十六《南蛮西南夷列传》：“元鼎六年（公元前 111 年），以为沈黎郡。至天汉四年（公元前 97 年），并蜀为西部。置两都尉，一居旄牛，主徼外夷；一居青衣，主汉人。”当时的川西地区还设置有主要居民为旄牛夷的旄牛县、旄牛道等。

关于牦牛夷与羌人的关系，《后汉书》卷八十七中有明确记载：“羌无弋爰剑者……其后世世为豪。至爰剑曾孙忍时，秦献公初立，欲复穆公之迹，兵临渭首，灭狄豲戎。忍季父卬畏秦之威，将其种人附落而南，出赐支河曲西数千里。与众羌绝远，不复交通。其后子孙分别，各自为种，任随所之。或为牦牛种，越嶲羌是也；或为白马种，广汉羌是也；或为参狼种，武都羌是也。忍及弟舞独留湟中，并多娶妻妇。忍生九子为九种；舞生十七子为十七种。羌之兴盛，从此起矣。”这段文字表明：其一，牦牛夷即“牦牛种”，为羌人之部分，具体属越嶲羌；其二，牦牛夷从羌人集团分离出的时间约在战国时代，其直接原因为中原政治势力对周边少数民族进行压迫；其三，羌人在未实现大分离之前活动于西北草原，从事游牧狩猎：“河湟间少五谷，多禽兽，以射猎为事。”[①]

在中国民族史上，羌人的来源一直是一个不解之谜。她是土生土长的游牧民？还是来自更遥远地区的移民？或是古老的元谋人的后裔？从作为其嫡系的藏缅语族各民族的语言文化基本因素及体质考察，羌人的祖先很可能是两河文明形成过程中的败北者。由于两河流域农业国家在 7 000 多年前得到建立，迫使曾经盛极一时的作为游牧民族的羌人祖先只好逃离故土，沿着中亚细亚与东亚大陆连接地带的地理缝隙不断东进，并于 4 000 多年前抵达昆仑山周边地区。时正值夏王朝崛起于中原大地，使企图继续东指的羌人驻足，逡巡于河湟地区，不断重复着各个部族间时而厮杀械斗、时而结盟统一的历史。公元前 17 世纪，夏朝势微，遂有商汤革命，废夏立商。对此，相传羌人有会盟相助之功。在殷商历时 600 多年的统治期内，羌人一直与中原王朝保持着相互消长的

① （宋）范晔、（唐）李贤：《后汉书》卷八十七，中华书局 1965 年版。

关系：中原变化，羌人则乘虚而深入其腹地；中原安定，羌人则徘徊于西北草滩。牧野之战，武王伐纣取得决定性的胜利，周王朝宣告成立。羌人在周代一直积蓄力量于西北地区，并与周人时战时和。

春秋战国时代，周室失控，引发中原地区群雄逐鹿，天下大乱。此时，匈奴等新兴游牧民族出现在北方草原，使羌人欲进不能，欲退不得，还常常受到某些中原政治势力的进剿，只好向地势险要、山川交错的西南方向寻找生路。由于不是有计划的迁徙，羌人各部族进入西南山地的时间并不相同，所抵达的地区也不一致。更兼抵达地区早有土著文化存在，从西北大草原迁入西南山地的各个羌人部族便开始独立发展自己的文化，并逐渐形成了众多的民族。纳西族便是其中之一。

在两汉之际，现今藏缅语族，尤其是其中的彝语支各民族的分化似乎还不太显著。这一点，可以从《后汉书·西南夷列传》所载的《白狼歌》中得到证明。东汉永平年（公元58—75年），曾有越嶲羌白狼部落首领唐菆“慕化归义，作诗三章”，即《白狼歌》，以表达对汉王朝的臣服之心及永远和好的愿望。这首诗后被一位名叫田恭的官员“译其语辞”，并与从事史李陵一道护送至洛阳。对于这首共44句，176字，夷汉双语并记的诗歌，近人多有研究。就所记夷语而言，方国瑜先生以为是纳西古语，王静如先生以为是西夏语，丁文江先生以为是彝语，陈宗祥先生以为是普米语，另外还有一些先生认为是藏语或傈僳语。之所以有如此众多的分歧，盖由于藏缅语族，尤其是彝语支民族在当时分化尚不显著所致。对此，方国瑜先生曾指出：“不惟罗罗、西藏、西夏，即西番、栗粟（傈僳）诸族之语言，亦自与白狼歌相同与相近。此诸族为羌种，麽些为羌种亦得到语言学上之证明。”①

晋代，纳西族被称作“摩沙”。常璩在《华阳国志》中记述曰：“县在郡西，渡泸水，宾冈徼，白摩沙夷。有盐坑，积薪以齐水，灌而后焚之成白盐。”在此之后，“摩沙”又写作“摩挲”“麽些”“磨些”“摩西”等。据

① 方国瑜：《麽些民族考》，载《民族学研究》集刊，1944年第4期。

考证，“摩沙”“摩挲”等，即是《后汉书》中的“旄牛（夷）”。《三国志》载云：“定莋、台登、卑水三县去郡三百余里，旧出盐、铁及漆，而夷徼久自固食。嶷率所领夺取，署长吏焉。嶷之至定莋，定莋率豪狼岑盘木王舅，甚为蛮夷所信任，忿嶷自侵，不自来诣。嶷使壮士数十直往收致，挞而杀之，持尸还种，厚加赏赐。”①这里所说的狼岑盘木王舅，也就是《华阳国志》中的摩沙夷首领狼岑盘木王舅。在另外一些史书中，常常将狼岑盘木王舅换称为牦牛夷首领或摩沙夷首领。

自秦汉至魏晋，纳西族先民摩沙夷一直以大渡河及雅砻江流域作为主要活动空间。在生产形态上，除传统的畜牧业外，兼营粗放的游耕；在经济上，主要经营铁、漆、盐、铜、畜产品、药材，并与蜀地保持着密切的商贸交流；在政治上，由于汉王朝的不断攻伐或安抚，他们已置于中央政权的遥控之下，并且，在本集团内部已经出现规模较大的部落联盟，产生了像狼岑盘木王舅、白狼王唐菆这样“素为夷人所信服”的豪帅——酋长；在宗教方面，草原游牧时代即已初具规模的巫术信仰更加繁盛，泛神论、自然崇拜、精灵崇拜、图腾崇拜是人们精神生活的支柱。东巴教的信仰基础正是在这一时期奠定的。《华阳国志・南中志》对与纳西族先民“摩沙”人同属羌人后裔的“昆”人、“叟”人当时的宗教情况做过如下记述：“夷中有桀黠能言议、屈服种人者，谓之‘耆老’，使为主。论议好譬喻物，谓之‘夷经’。”想来纳西族先民“摩沙夷”的情况亦不会与之相去太远，因为“桀黠能言议”“论议好譬喻物”等，正是纳西族东巴教之东巴以及东巴经典的基本特点。所谓“夷经”，或是东巴教中的口诵经之属。

唐初，中原地区的政治、经济、文化逐渐繁荣，中央王朝复经略西南地区。在此背景下，一部分纳西族先民在泥月乌的率领下攻占了“番人”世居之地——现今的云南省宁蒗彝族自治县永宁坝，成为现今纳西族支系纳日人的直接祖先；另一部仍留守雅砻江及大渡河两岸；还有一

①（晋）陈寿：《张嶷传》，载中华书局《三国志》卷四十三，1982年版。

部分在叶古年的指挥下跨过金沙江，逐濮緢蛮移住现今的云南省丽江市。其最前锋直指现今的云南省大理白族自治州宾川县，在那里建立了著名的越析诏："越析诏，波冲主国。亦称麽些诏，又号花马国，居嶲州。"[①]这样，唐代的纳西族社会便出现了多中心并行发展的局面：第1个中心在川西南故地，第2个中心在永宁，第3个中心在丽江，第4个中心在宾川，第5个中心在巨津。由于周边的民族关系以及本民族社会发育程度不高等原因，纳西族社会最终未能在此基础上建立起自己的民族国家。现今纳西族各个支系的语言、服饰、建筑、宗教等方面的差异性就是以此为起点而产生的。

在唐代，与纳西族先民关系最为密切的两大政治势力分别是南诏与吐蕃。南诏是一个以洱海地区为中心建立起来的国家，其居民主要是作为彝族祖先的"乌蛮"与作为白族祖先的"白蛮"。它的崛起，不但成功地遏制了纳西族先民的继续南下，而且将纳西族先民所建立的越析诏容纳入六诏联盟体制之中加以控制。一旦条件成熟，南诏还彻底击破越析诏，"不费一矢，坐得花马之地"，迫使波冲王之侄于赠"携家众出走，东北渡泸水，邑于龙佉河"[②]。为了根除隐患，南诏王阁罗凤继续穷追猛打，令于赠"投泸而死"，恢复了对洱海周边地区的有效控制。

从表面看，南诏对越析诏的用兵仅仅出于白蛮首领张寻求于开元年间私通波冲王之妻而致杀事件。事实上，其根本原因在于以纳西族先民"摩沙人"为代表的畜牧文化与南诏为代表的农耕文化处于尖锐的对立状态。当时的越析诏在南诏等六诏联盟中"地最广，兵最强，素为南诏畏忌"[③]。即，"摩沙人"的步步南下与越析诏的过于强大，早已引起南诏统治者的极大恐慌，对于越析诏的讨伐，不过是有无借口以及或迟或早罢了。越析诏的"其兴也疾，其亡也忽"，表现出纳西族先民"摩沙人"虽能凭借武力逞雄于一时，却对平地农耕生活缺乏适应性，难于在新占

① 樊绰著，赵吕甫校译：《云南志校译》，中国社会科学出版社1985年版。

② 樊绰著，赵吕甫校译：《云南志校译》，中国社会科学出版社1985年版。

③ 诸葛元声：《滇史》卷四，明万历四十六年（1618年）刻本。

领的土地上长治久安。一有风吹草动，只能落得弑主失地的下场。这也就是游牧文化脆弱性之具体体现。由于越析诏的灭亡，巨津便成为纳西族先民在金沙江以南地区所建立的唯一据点：“磨蛮，亦乌蛮种类也。铁桥上下及大婆、小婆、三探览、昆池等川，皆其所居之地也。”这里的“铁桥上下”，指的是现今云南省玉龙纳西族自治县巨甸等地，其迤西及迤北是当时吐蕃王朝的统治区。

吐蕃是一个复杂的复合体，一部分为自古居住在青藏高原上的原住民，另一部分为羌人支系“发羌”，还有一部分为藏族形成过程中或在建立吐蕃王朝之后被征服的周边民族。在唐代，吐蕃与唐王朝及南诏相对峙，其势力范围极大：“蕃国守镇在兰、渭、原、会。西至临洮，又东至成州，抵剑南西界磨些诸蛮、大渡水西南，为蕃界。”① 由于纳西族先民所居住的“铁桥上下”及“大渡水西南”为南诏与吐蕃的交界地带，这两个政治势力在此进行了长期的割据。如贞元三年（787 年），异牟寻攻吐蕃；贞元九年（793 年）正月，异牟寻复“袭击吐蕃，战于神川，大破之。取铁桥等十六城，虏其五王，降其众十余万”②；“贞元十年（794 年），“南诏异牟寻用兵破东西两城，斩断铁桥，大笼官已下投水死者以万计。”③ 贞元十五年（799 年），异牟寻从韦皋再败吐蕃于铁桥。当然，二者也有和好的时候。如南诏官员张镒与吐蕃之尚结赞盟誓于滇水之盛事。

在此背景下，纳西族先民饱经战争的创伤，只能在吐蕃、南诏、唐三大政治势力之间忙于周旋，在夹缝中顽强地生存。纳西族先民时而称臣于吐蕃，时而结好于南诏，即使纳西文化的有机性与灵活性、坚韧性得到塑造，但也因此民族精神长期受压抑，甚至在政治上长期丧失了独立性。尽管这样，当时的纳西族先民仍得到南诏文化与吐蕃文化的哺育，这在宗教上表现尤为明显。

一般认为，纳西族宗教东巴教成形于唐代，发展于宋代，繁荣于元、

① （后晋）刘昫：《旧唐书》卷一百二十五，中华书局 1975 年版。

② 袁枢撰：《通鉴纪事本末》，中华书局 2015 年版。

③ （唐）樊绰撰：《蛮书校注》卷六，中华书局 2018 年版。

明，衰落于清末及民国。东巴教为何形成于唐代呢？其直接原因是当时在吐蕃境内曾发生苯教与佛教的尖锐冲突，败北之后的苯教徒鸟兽四散。其中一部分逃至纳西族居住区，使苯教有机会与纳西族先民固有的原始信仰相结合，孕育了东巴教及其文化之雏形。

纳西族接受佛教的影响始于唐代。首先，传至纳西族地区的苯教已经不是其原生形态，而是兼容有佛教因素的次生形态。因此，接受苯教影响也就意味着间接地接受佛教的洗礼。另外，每当吐蕃征服纳西族地区，都不遗余力地传播佛教，令纳西族先民在宗教上认同佛教。就南诏而言，佛教是其国教，在其统治纳西族地区之际，曾建佛教寺庙于玉龙山下。这一切使东巴教从产生的那一天起就受到佛教的影响。

宋代，统一的吐蕃王朝土崩瓦解，其统治区处于混乱状态，藏文化丧失了向外辐射的能力。与之相似，南诏也于10世纪初消亡，代之以“大长和国”“大天兴国”“大义宁国”等短命政权频频更迭。后来，尽管由段思平建立了大理国，但南诏时代的雄风毕竟一去不复返。宋王朝更是穷于应付北方游牧民族的侵扰而无力经略西南地区。“宋挥玉斧”，将纳西族先民划出了大宋版图之外。这一切，给纳西族带来了一个千载难逢的休养生息、独立发展的良机。这一时期，纳西族社会在政治、经济、文化等方面都出现了繁荣局面，民族精神得到了弘扬。具体讲，在政治上，金沙江两岸的各个麽沙部落趋向统一，并涌现出像蒙醋醋这样的首领；在经济上，农业已占据主要地位，但畜牧业依然十分发达，以农产品和畜牧业产品为商品的商贸活动相当活跃；在文化上，麦琮始创纳西文：“禄麦传麦琮，为十六叶。生七龄，不习而识文字。及长，旁通吐蕃、白蛮诸方书。入深山食盎浆，闻云中禽语，皆谙之。盖异于人也。其族益大矣。”[①] 木公修《木氏宦谱》还称麦琮且制本方文字。虽然难以断定“本方文字”指的是象形文字“东巴文”还是指标音文字“哥巴文”，但创制文字本身对纳西文化而言无疑具有“天雨粟、鬼夜哭”的意义，

①《木氏宦谱后序》，载方国瑜《云南史料》丛刊第五卷，云南大学出版社1998年版。

因为它的发明使东巴教教义被记录为经典，并使它不断积累，使超时空传承成为可能。没有文字对东巴教教义的记录，我们也就无从了解纳西族的古代文化，无从揭示东巴神话的奥秘。

1253 年，忽必烈挥师南下，志在平云南、定麓川（今缅甸），由西南向中原形成包围，最后夺取全国政权。当元军刚刚踏进西南山地之际，纳西族先民曾做过有限的抵抗。由于抵抗无效，当时的纳西族首领阿良改率族人前去金沙江渡口迎接元军，留下了“元跨革囊”的佳话。阿良不仅迎元军入滇，而且还协助元军攻破大理，功列蒙古将领兀良合台之右，被授副元帅之职，任茶罕章管民官。在攻克大理、夺取全国政权之后，元王朝在云南建立行省，并设省府于昆明，将云南的政治、经济、文化中心从洱海地区转移至滇池地区，既加强了对滇东、滇南地区的控制，又根除了大理国残余势力的复辟隐患。

元军平定云南及在云南建立行省对纳西族社会产生了巨大的影响。它们可归纳为如下几点：第一，它使纳西族重新归入中央王朝的统治之下，结束了近 6 个世纪独立或半独立的历史，有利于纳西族参加到多民族国家体制之中，与各民族共同发展。第二，由于助元有功，元王朝在纳西族地区置丽江路，“其所属者越析郡、柏兴府、永宁府、北胜府、蒗蕖州、罗罗斯白狼、盘木夷僚等处地方，无不管束”。[①]这不仅大大提高了纳西族在滇川藏交界地区的地位，而且还基本上实现了全民族的统一。第三，由于大理国被翦灭，洱海地区的乌蛮及白蛮势力遭到空前的打击，加上云南的政治中心东移，解除了纳西族长期遭受的来自洱海地区的压力。这有利于纳西族独立自主地发展自己的经济文化。第四，元王朝统一西藏，对西藏地区实行有效的控制，解除了来自西北的威胁，为纳西族社会的发展进一步提供了轻松、安宁的外部环境。第五，元王朝在平定云南之后对各民族采取较宽松的统治，即只要维护统一，承认中央王朝的权威，一般不实行移民，不强迫汉化与蒙古化，允许各民族按

① 木公：《木氏宦谱》，载方国瑜《云南史料》丛刊第五卷，云南大学出版社 1998 年版。

传统的方式生存发展。这对纳西族进一步发展自己的政治经济，弘扬自己的民族精神及完善自己的文化体系起到了积极的作用。第六，随着政治上的统一，内地文人，甚至像马可·波罗这样的外籍官员或是游宦，游学至纳西族地区传播先进的汉文化，加之朝廷在丽江等地建立汉学，纳西文化开始受到汉文化的浸润。从这时起，纳西族在继藏文化、白文化之后，吸吮到了中原文化的营养。

如果说阿良迎接蒙古大军是出于无奈，那么，阿得于明洪武十五年（1382年）率众首先归附入滇扫荡元军残部的明军则是完全出于主动。明王朝对此给予高度评价，不仅赐阿得一族姓木，而且在元代丽江路军民总管府之基础上先后改置丽江府、丽江军民府，令其世袭土知府。于是，木氏从往日的元臣摇身变成了明王朝的封吏。

青藏高原于明代重新沸腾。在沉寂数百年后，藏族的政治、经济、文化得到迅速恢复与发展。14世纪50年代，噶玛噶举派终于取代了被元王朝委托管理“郡县吐蕃之地”的萨迦派，并代表明王朝管理藏区。藏区虽在明王朝统治下，但朝廷对它的统治远没有元王朝那样成功。随着经济文化的繁荣，藏区处于失控状态，对明王朝产生了一定的威胁。这样，中央王朝便需要寻求对藏区的制约力量。由于以丽江为中心的纳西族地区处于藏区与内地的缓冲地带，它被中央王朝视为“御敌之屏障”，予以全力扶持。在此情况下，纳西族统治者深深认识到：只有效忠朝廷，才能对抗远比自己强大得多的藏族势力，确保既得利益。于是，他们在政治上确立了忠君爱国的基本原则，建立与中央王朝稳固久恒的臣属关系。为了表明耿耿忠心，木氏统治者不仅顽强抵抗藏族南下，先后多次参加征麓川、安南的战斗，多次参与平定周边民族的叛乱，还以强大的经济实力，10余次助饷于朝廷，其数额多达数万金。朝廷对此大加赞许，视木氏为“忠臣悍将”，频频予以赏赐。

对于纳西族来说，在明代是一个空前的繁荣时期。就武功而言，木氏土司曾步步北上，在藏区开辟战场，先后占领维西、德钦、中甸、巴塘、里塘、盐井等地，“使中国不复知有西夷之患”。“丽江之御番，恒以威胜……而木氏之绩，视晋岂多让欤！”[①] 就文治而言，木氏土司大统治集团大力推行汉文化教育：“永乐十六年（1418 年），检校庞文郁言，本府及宝山、巨津、通安、兰州四州归化日久，请建学校。从之。”（《明史》卷三一四）这种教育极有成效，《明史·土司传》就曾赞云：“云南诸土官，知诗书、好礼守义，以丽江木氏为首云。”由于刻苦砥砺，木氏统治者中涌现出了木泰、木钦、木高、木靖、木公、木青、木增等一批卓有成就的诗人、作家、书法家、画家。其中，以木公、木增最为出色。他们的诗文分别被收入《列朝诗选》《明诗别裁集》《滇南诗选》等之中。杨升庵、徐霞客等分别为他们作序，并予以高度评价。木氏虽尊汉文化为正统，但对本民族传统文化仍不遗余力地进行继承与发展，使之不断走向辉煌。例如，他们曾设专门的东巴担任祭天、祭祖、占卜等的祭师。而且，在《木氏宦谱》中将自己的起源附会于东巴经《崇般崇莎》中的人类起源神话，表现出强烈的主体意识。

在宗教上，木氏推行开放政策，不仅与藏传佛教来往密切，允许汉传佛教及道教在其境内传播，而且还维护本民族宗教——东巴教，形成了纳西族在信仰上的多元格局，避免了政教合一。据冯时可撰《六公传》记述，当时的许多土司都笃信佛教，且信仰本民族宗教。

长期以来，在纳西族与藏族的文化交流中，主要以纳西族接受藏族的影响为主要特征。但是，到了明代，纳西族已经对藏族具有一定的影响力。如木增统治纳西族地区期间，曾花费巨资为藏区刊刻《甘珠尔》大藏经 108 卷。这些精美的佛经刻本，至今仍完好地保存于大昭寺中。又如，木氏土司在藏族地区每占领一地，必屯军化民，鼓励农耕，建立寺宇，对藏族社会的进步起到了一定的推动作用。藏族学者冯智先生曾在《历史上的纳西族与藏传佛教》一文中指出：至今，在迪庆藏族自治州、甘孜藏族自治州南部、西藏自治区芒康、盐井纳西民族乡等地，仍可看到藏族地区中的纳西族村寨及其遗迹。他们或演化为藏族，但他们

① 《木氏宦谱后序》，载方国瑜《云南史料》丛刊第五卷，云南大学出版社 1999 年版。

认为造梯田、打渠引水这些技术最初是从纳西族那儿来的。传说察隅地区原来是‘姜人’（即纳西）居住并与格萨尔争夺食盐的战场。而在巴塘县扎金顶发现的石棺葬则被当地藏民称之为‘姜若’（即纳西人尸体）。另在木里藏族自治县、稻城、义敦、雅江、九龙、丹巴、康定等康巴藏区看到的八角碉楼，当地藏民称为‘姜妖房’或‘姜房’，为‘姜酒塘结布，即丽江木氏土司的军队等所修建，《格萨尔王传》言木土司居这种八角楼。[①] 至于木氏土司于当时修建的藏传佛教寺宇，至今在维西、香格里拉等地随处可见。尽管这样，藏文化依旧对纳西文化具有强大的辐射力。《纳西见闻录》就称当时的摩些“头目二、三子，必以一子为喇嘛”。而且，仅丽江一带便建寺百座，每年都有五百童子入藏学经。传承至今的纳西族绘画、歌舞、生活习俗、神话传说等大都在明代接受过藏文化的影响。

对明代纳西族社会产生推动作用的另一种外力是汉族移民。据《元一统志》记载，早在唐代，铁桥上下即已经居住有“本汉人部种”的“汉裳蛮”。但是，较具规模的汉族移民当数明代：“国初，汉人之戍此者，今皆从其俗矣。盖国初亦军民府，而今则不复知有军也。止分官民二姓，官姓木，民姓和，无它姓者。”[②]这表明，明初汉族移民是由于丽江设军民府而前来屯军设防的。在军民府改为土府之后，汉族移民均融入纳西族社会。此外，一部分拥有特殊技能的汉族移民亦于明代进入丽江纳西族地区。他们或为医师，或为道士，或为儒生，或为技工，大都受木氏土司延聘所至，并居住于府署周围。后来，他们也逐步融入纳西族社会。这些汉族移民从内地带来的先进技术、知识、生产工具等，对加速纳西族基层社会的开化起到了催化作用。

1644年，清王朝正式实行对全国的统治。由于种种原因，丽江等纳西族地区于1659年才“争先投诚”。1660年，清廷同意保留丽江府建制，并委任木增之子木懿任知府。这样，清初的丽江纳西族地区秩序依旧，

① 此文载《迪庆方志》1992年第4期。

② 徐霞客：《徐霞客游记》，上海古籍出版社1982年版。

木氏统治者依然一统天下。不过，好景不长，明朝降将吴三桂一度作乱于云南，纳西族地区深受其害。吴三桂“欲结吐蕃以为外援”反叛朝廷，处于云南与吐蕃之间的丽江纳西族地区正成为其绊脚石。于是，他于 1660 年将木氏所支配的江外五大地方割让于吐蕃，并反诬木懿私通吐蕃而拿赴省城囚禁达 7 年之久。又于康熙丁未年（1667 年）收去元朝赐予木氏的掌管镇边金印及 3 台银印。康熙十一年（1672 年），吴三桂的反叛已公开化，他又一次将丽江府所辖江内之其宗、剌普归并吐蕃。蒙古首领开六吉乌斯藏及达赖喇嘛亦于康熙五年（1666 年）八月进犯丽江、永宁及永胜边境等地。康熙六年（1667 年）八月，蒙古军队一度侵据丽江府所属中甸。接着，因年羹尧上疏，本归丽江府木氏土司管辖的巴塘、里塘于康熙五十九年（1720 年）改属四川。这一切，使木氏土司元气大伤。

与此同时，川西南地区的内附也十分活跃。如“瓜别安抚司，系麽些夷人。其先玉珠迫，康熙四十九年（1710 年），归附……古柏树土千户，系麽些夷人，其先郎俊位，康熙四十九年（1710 年），归附。管有阿撒、禄马六槽两土目。中所土千户，系麽些夷人。其先喇瑞麟，康熙四十九年（1710 年），归附。左所土千户，系麽些夷人，其先喇世英，康熙四十九年（1710 年），归附……右所土千户，系麽些夷人。其先八玺，康熙四十九年（1710 年），归附……后所土百户，系麽些夷人。其先白马塔，康熙四十九年（1710 年），归附”[①]。

随着木氏统治范围的不断缩小，统治权力的不断削弱，清王朝于雍正元年（1723 年）适时在丽江纳西族地区实行“改土归流”，降木氏土司为土通判。此次设流，起因于木知立等赴省城控告木氏土司的腐败、残酷，但主要还由于以下原因所致：其一，中国历代王朝对少数民族的统治、改造，大体分羁縻、土司、设流“三部曲”，使之从“生番”变“熟番”、从“熟番”与汉族一体化。在经历了元代的羁縻与明代的土司制之

① 赵尔巽：《清史稿》卷五百十三，中华书局 1977 年版。

后，丽江纳西族地区的“改土归流”已经只是一个时间问题。其二，由于社会长期安定及经济繁荣，从明朝中期起，纳西族社会内部逐渐孕育出新兴的地主阶级。他们不满于木氏土司的庄园农奴制统治，要求变更落后的生产关系，更大限度地解放生产力。其三，木氏土司长期在其统治地区进行残酷的阶级压迫与民族压迫，激化了阶级矛盾与民族矛盾，导致人心思变，迫切寻求解决矛盾的手段。

就其意义而言，“改土归流”顺应了民心以及纳西族社会历史的发展趋势，它使纳西族跨入了封建社会之大门，加速了纳西族与祖国大家庭一体化的进程。以此为转折点，木氏土司的统治体制完全崩溃，丽江纳西族地区的政治、经济、文化、教育都出现了新的气象。在此值得一提的是“改土归流”后的丽江纳西族地区的教育、宗教发展情况以及丽江古城的繁荣情况。

设流之后，木氏统治者对汉文化教育的垄断宣告结束，不仅异姓贵族，而且普通的中下层社会阶级都开始享有接受汉文化教育的权利。由于杨馝、管学宣、孔兴询、万咸燕等流官的开拓倡导，加之纳西族士子的努力，在较短的时间内，各种义学、书院、私塾遍布各个山乡村镇。先后有不少人考中进士、文武举人。其中，有的被选拔为朝廷的军政要员，更多的成为诗人、学者、艺术家、禅师、教师。

就宗教而言，“改土归流”后的丽江纳西族地区出现儒教、道教、佛教、东巴教并存的局面。但是，对儒教的信仰仅限于丽江城区及城郊的知识分子阶层。因儒教是“官教”，官府在丽江古城创建了文庙，供奉至圣先师。祭器乐器悉备无遗，“春秋之际，肃肃济济，士子左右趋跄，金声玉振”[①]以祭孔孟。于是，儒教的三从四德、三纲五常等伦理道德开始通过知识分子阶层影响纳西族社会及纳西族的价值观。道教亦主要活跃于丽江城区与城郊以及汉族移民比较集中的金沙江边纳西族地区。因受语言的限制，比之《道德经》等说教，纳西族民众更乐于接受

① 孔兴询：《创建文庙碑记》，载乾隆《丽江府志略》，丽江县志编纂委员会办公室复印，1992年。

道教音乐和阴阳先生的占卜。道教的本土化虽不显著，但对纳西族民俗生活的渗透已经较为深刻，凡婚丧嫁娶、祈雨禳灾，都可以看到它的影响。在整个清代，佛教始终在纳西族地区占有统治地位。不过，与明朝相比，汉传佛教显得逊色，而藏传佛教则空前昌荣。现存丽江境内的寺庙基本都是藏传佛教的，并大都修建于清代。“改土归流”后，藏传佛教的影响力并未受到削弱，反而得到加强，如指云寺便修建于雍正五年（1727 年），静坐堂修建于道光三年（1823 年）。到清末，丽江境内已建有大小寺院近百座，并出现了像东宝这样的活佛。

丽江古城在纳西语中称“古本”，意为“设仓之村”，盖以其在明代建有大有仓、预备仓、万镒库等而名。正如从它的纳西语名称中也可以推知的那样，最初的丽江古城不过是村落而已。到明代，木氏土司阿得修建大研厢于黄山下，将纳西族的政治、经济、文化中心从白沙南移 20 里。起初，厢前设铺，进行一些商贸活动，并没有形成城镇规模。大约在明中后期，丽江古城才初具规模，完成了从村落到城镇的转变。但是，丽江古城的真正繁荣与发展出现在“改土归流”之后。据《滇南闻见录》上卷记载，设流之后，“丽江街市郡城西关外有集场一所，宽五六亩，四面皆店铺。每日巳刻，男妇贸易者云集，薄暮始散，因偏近象山，山水流澌入市，然后东注于溪湖”。所谓的“集场一所”当指的是现今的四方街，而不是整个丽江古城。丽江古城的最终形成对纳西族文化具有十分重要的意义，它标志着纳西族社会已经拥有一个特殊的都市空间，一个特殊的市民阶层，一个特殊的商贸市场，并进而建立起了商业文明与市民文化。一定规模的市民阶层的形成，表明纳西族社会出现了一个特殊的文化消费集团，它使纳西族社会的分工更加细密，使古老的纳西族文化从巫文化、民俗文化提高到雅文化有了可能。长期以来，纳西族对汉文化的接受、消化，基本上是通过丽江古城及其市民阶层来实现的。汉式建筑、洞经音乐、汉式习俗、汉文化教育等无不是这样。丽江纳西族地区之所以能在后来长期确保滇西北地区政治、经济、文化中心的地位，也倚丽江古城之力而成。

“改土归流”也有负面的作用。一方面，设流后的历代流官致力于“以华变夷”“移风易俗”，对纳西族的生产生活方式强制汉化，使纳西族的传统文化遭到巨大的打击。如东巴教自此失去了再生的能力，其活动空间越来越狭小，只能退守穷乡僻壤苟延残喘。另一方面，自丽江纳西族地区实行“改土归流”之后，纳西族社会的不平衡性不断加大。如永宁等未实行“改土归流”的纳西族地区、维西傈僳族自治县等晚于丽江实行“改土归流”的纳西族地区、被划归藏区及四川的纳西族地区与丽江纳西族地区在经济、文化上的差距日甚一日。

19世纪，我国一步步沦为半殖民地半封建的社会，纳西族地区亦处在空前激烈的阶级矛盾与民族矛盾相交织的状态之中。在中华民族救亡图存、抗御外侮的伟大斗争中，作为祖国大家庭一员的纳西族，始终高举爱国主义的伟大旗帜，做出了巨大的民族牺牲。如当年刘永福率黑旗军入安南，就有不少纳西族子弟从军抗击法军侵略者。在甲午战争、抗击八国联军入京、中俄战争当中，又有许多纳西族将士抛头颅、洒热血，谱写了可歌可泣的爱国主义诗篇。

20世纪的纳西族社会始终以与现代文明接轨，迅速跟上时代的潮流作为基本主题，先后有一批批先进分子走出山门，到内地或是国外求学，去寻找救国救民的真理，去学习促进民族进步与地方发展的知识与技术。还在辛亥革命之前，就已经有纳西族的仁人志士参加了秘密反清革命组织同盟会。在袁世凯称帝、蔡锷首次举义旗宣布云南独立，以保卫辛亥革命成果之际，丽江纳西族地区众志成城，一致讨袁。在抗战期间，仅丽江一县就有千余名纳西族子弟战死于反法西斯战场。总之，在中国近现代革命的每一个时期，纳西族都一贯追求进步，不断更新自我，自觉维护国家统一，连连实现了从封建主义向旧民主主义、新民主主义、社会主义的跨越。

世界文明之气息于19世纪与20世纪之交吹进纳西族地区。德国、法国、美国、英国、荷兰等资本主义国家先后派遣一批批传教士、科学家、军政人员、工程人员深入纳西族地区进行传教、科学考察、兴办医院、修建机场、协办实业，在某种程度上推动了纳西族社会的进步与发展。不仅如此，他们中的一些人还成功地将纳西族文化推向世界，使一个以搜集东巴教文物、考察纳西族地区、研究纳西族社会历史为主要内容的国际纳西文化热逐渐兴起。最具代表性的学者为美国的约瑟夫·洛克。他于 1921 年至 1949 年滞留纳西族地区达 28 年之久，先后发表数十篇论文及十几部专著，全面开拓了纳西文化研究的各个领域，被国际学术界誉为“西方纳西学之父”。

受国际纳西文化热之影响，我国学者也于 20 世纪 20 年代起开始关注纳西文化，章太炎、董作宾、陶云逵、罗常培、张琨、傅懋勣、李霖灿等学者都从不同学科、不同角度研究过纳西文化，其中，以李霖灿的成就最为辉煌。他从 1939 年起致力于纳西文化研究，在有关文字、语言、民俗、文艺、社会、历史、宗教等领域都做出了贡献。尤为难得的是，在我国的纳西文化研究队伍中，涌现出了一批纳西族出身的学者。如，杨仲鸿先生于 1931 年编成第一部纳西文字字典——《麽些文东巴字及哥巴字汉译字典》；方国瑜先生于 20 世纪 40 年代发表《麽些民族考》，从“麽些之名称”“麽些民族远古之推测”“麽些所居之地”“麽些与南诏吐蕃之关系”“麽些之政治组织”“麽些之风俗”“麽些之汉化”七个方面全面、科学地对纳西族的历史及文化做了阐释。他还在刘半农先生之劝勉下编成《纳西象形文字谱》，在东巴文字字体的分析、归类、相关文化阐释等方面多有建树。另外，纳西族第一个女作家赵银棠先生曾在 20 世纪 40 年代考察丽江、中甸、永宁等纳西族地区的民俗文化，并于 1947 年自费出版《玉龙旧话》，对纳西族文化史做了全面的论述。周汝诚先生也多次帮助陶云逵、李霖灿、傅懋勣、万斯年等先生考察纳西文化、收集东巴经典，而且还先后写成《永宁见闻录》，辑成《纳西族史料编年》，成为纳西文化研究的代表者之一。

总之，在努力与现代文明接轨的过程中，纳西族的经济、文化、教育等都实现了不同程度的更新，取得了显著的成就。但是，严重的问题是，由于这种接轨与更新更多的是在盲目、焦躁的情况下进行，不能从自然转变为自觉，因此，纳西族的主体性在这一前进过程中不断丧失，纳西文化的逻辑在这一变革过程中逐渐转换。纳西学的兴起掩饰不了纳西文化不断走向衰竭的事实。在商品经济冲击着全球每一角落、世界一体化不断加速的今天，如何选择一条既能保障本民族继续存在与发展，又能让民众从贫困、愚昧中得到解放的道路；如何处理好民族化与世界化之间的关系；如何解决好传统与现代化之间的矛盾等便是历史留给21世纪的纳西族的重大课题。

“纳西”考释

一

对族名的考释，无疑是民族学研究的重要课题之一。因为族名乃是民族共同体的标志与符号。不同的民族自有不同称谓，它受一定的自然条件、经济条件、精神条件的制约而产生、变化，有的渊源可以推溯到遥远的图腾时代。① 那时，由于生产力发展水平及人类智能的低下，人们或以为自己起源于某种动物、植物，或起源于某种自然现象，于是以这些动物、植物或自然现象作为本氏族的徽号、名称，用以表明氏族成员间有其血缘纽带上的密切关系②，也用来表示不同氏族间应遵循的婚姻级别关系。在氏族社会后，人类社会继续向胞族、部落社会发展，最后，以地域关系组成村落公社，产生了部族和民族。许多古老民族的族称是在氏族阶段的氏族称谓基础上相对稳定传承下来的。因此，族称是我们认识历史上错综复杂之民族关系的重要线索之一。对它的研究，有助于我们了解某些民族的族源以及社会发展情况、民族关系等。

与民族学领域的其他研究相同，语言学、民俗学在族称研究中具有极大的魅力。因为族称首先是一种语言事实，具有一定的语音、语义和语法形式。它又是特定的民俗现象，并与整个民族的民俗密切相关。在一定的历史条件下，它随着氏族——民族的形成而形成，随着民族的分化融合而分化融合。比之构成语言体系的构件——一般语词，族称更具

① 龚佩华：《谈谈族称》，载《民族研究》第 3 辑，民族出版社 1982 年版。

② 林耀华：《原始社会史的分期问题——兼论氏族的起源》，载中央民族学院科研处编《中央民族学院学术论文选集 · 历史学》，1980 年 10 月（出版者不详）。

文化特色、历史内涵，更能体现种族特点、民族性格、生活习俗及意识形态。正如马学良先生与戴庆厦先生所指出，语言材料之“可靠性不亚于文物、化石等物质证据……只要我们能够拉开语言符号的帷幕，就能从中得到在其它方面得不到的民族学材料”①。

基于这样的认识，本文试图运用语言学、民俗学材料，并借鉴语言学、民俗学研究方法对纳西族族称作一考释，然后通过民族学资料对所运用的语言学材料等进行反证，以加深对纳西族族称的理解。

二

当我们将目光投射到多姿多彩的民俗世界和文献资料时，我们便不能不惊讶于纳西族文化中曾存在过或遗存着的尚黑习俗。那条源自远古氐羌文化的黑色的河流，至今仍在云岭山脉深处忽隐忽现。

在滇西北地区，许多民族都有以披羊皮为饰的习俗。对于所披羊皮之颜色，各民族表现出不同的审美标准，在其深处发生作用的就是各民族的审美传统与精神信仰。纳西族妇女所披者皆为漆黑，并越黑越以为美丽、尊贵。即使在受藏文化影响尤为深远的永宁“纳日”人中也同样如此。而在白族及普米族中，羊皮之毛色越白越以为贵美，正好与白族自称“白子”、普米族自称“白骨头”，与他们都崇尚白色的情况相吻合。

这种表现在服饰上的尚黑习俗，似乎自古亦然。《蛮书》称纳西族先民“摩些”为“乌蛮别种，性淳朴，鸟音，男剃发戴帽，长领布衣，女高髻，或戴黑漆尖帽”。清代《云南志略》称当时的纳西妇女“披毡识别皂衣跣足”以为常；《滇南见闻录》中也有纳西族妇女“头戴帽，形如荷叶，以布为之，黝似漆……”之描述。不惟妇女，男子亦曾好穿黑色编毡。在云南省宁蒗彝族自治大兴兴乡新民村，直到民国末年，“以黑色为贵，日常只有阿姓贵族才能穿用，百姓和俾子等级，只能进入老

① 马学良、戴庆厦：《论“语言民族学”》，载《民族研究》第1辑，民族出版社1983年版。

年后才准以黑色做衣衫”，妇女亦“以穿黑布衣裙为荣”[①]。四川省盐源县沿海乡达住村的“青年妇女喜用黑色青色丝线和牦牛尾加饰的粗辫绕于头顶，稍垂脑左后，披一张未经加工的羊皮。已婚妇女缠青布头帕、穿青或黑色长裙、外罩一山羊坎肩”[②]。这表明，人们在服饰上对黑色的偏好是与纳西族以纳（黑）自称密切相关的。

在纳西族史诗中，蝙蝠是一种奇怪的存在。这种外观并不美丽的动物，往往是正义、勇敢与机智的象征。它在有的东巴经典中被描绘成了神物，而在实际生活中不过是黑色动物而已。正如潜明兹先生所推测，有关蝙蝠的传说；“也许正是更早的图腾的象征”[③]。蝙蝠在纳西族民间文学中的形象，显然是得益于纳西先民之尚黑信仰的。

自秦汉以后，纳西族一直活动于现今滇、川、藏交汇之地。金沙江为流经此区的最大一条河流。在有关文献中，金沙江或称“泸水”“黑水”，或称“纳夷江”“麽些江”。即“泸”“黑”通义，“纳夷”与“麽些”同。“纳夷江”与“麽些江”皆因纳西族先民早已居此两岸而得名。“泸”当为“诺”之异写，为“纳”之转音，彝语中的“诺”与纳西语中的“纳”相通，都是“黑”之意，“黑水”是“泸水”的译写。纳西语及其他彝语支语言都以“黑”为大、为深，故“泸水”“黑水”就是“大江”“大水”，以黑为大的信仰可见一斑。

另一条通过纳西族地区的大江为雅砻江。雅砻江又称“若水”或“东泸水”。“砻”即“泸”之转写，均是纳西语等彝语支民族语言的汉字记音。“泸水”前加“东”是为了有别于金沙江并表示其相对方位。“若”即“黑”，在与纳西语同属一个语支的彝语中，“黑为‘若’，或译写作‘诺’”。[④]因此，雅砻江、若水之意仍为大江。窃以为麽些江、纳夷江

① 王承权、李近春、詹承绪调查整理：《云南四川纳西族文化习俗的几个专题调查》，中国社会科学院民族研究所民族学研究室1981年版。

②《中国少数民族社会历史调查资料》丛刊修订编辑委员会编：《哈尼族社会历史调查》，民族出版社2009年版。

③ 潜明兹：《史诗探幽》，中国民间文艺出版社1986年版。

④ 尤中：《中国西南的古代民族》，云南人民出版社1980年版。

实以江畔所居民族称其江，而“雅砻江”“若水”“泸水”等则是借用“夷语”以记其江，“黑水”为“雅砻江”“泸水”“若水”等的意译，其引申意义应为大江。于斯可以推知，在彝语支民族曾活动过的区域内被称为“黑水”者，大都是“大江”之意。只有一小部分因五色与五方相配，带有“北水”之意。《云南各族古代史稿》称“雅砻江、金沙江、澜沧江、怒江几条大江都是‘黑水’的意思，都是因古代氐羌族群曾居住过这几条河流域而得名”。这是比较可信的。只是，应该将氐羌族群进一步限定为彝语支先民。因为古氐羌族群中分“黑白”两大集团，只有彝语支先民才是以“黑”自称并以其为大为尊的共同体。

综上所述，可知纳西族曾经有过尚黑习俗，语词中的“黑”除本意以外的“高”“大”“深”“厚”等意义是与民俗生活中的黑色崇拜互为渗透、互为表里的。也就是说，黑之所以派生出种种正性意义，并最终借此作为民族共同体的符号，其根本原因在于纳西族古代曾存在过尚黑信仰及其文化。

三

应该指出的是，这种尚黑文化并非纳西族的专有，它应该是我国藏缅语族彝语支民族的共同遗产。

彝族自称“诺苏”，可与汉字的“黑”“深”“大”来对译，[①]“苏”为“人”，合称“黑族”或“黑人”。彝族尚黑，以黑色为尊贵，祭坛、祭器、人都以黑为上。[②]彝族分黑彝、白彝，黑彝为贵族，以黑为尊油然可见；怒族自称“怒苏”，“‘怒’为‘黑’，‘苏’为‘人’，连起来即‘黑人’之意。这并不是说他们导源于黑色人种，而是怒族崇尚黑色，以黑为贵”[③]。

① 罗希吾戈：《从英雄史诗〈英雄支格阿龙〉看彝族古代社会》，载《华夏地理》1983年第5期。

② 邓启耀：《神话及思维功能散论》，载《云南民族学院学报》1990年第1期。

③ 中国科学院民族研究所云南少数民族社会历史调查组编：《怒族简史志合编》，1963年10月（出版者不详）。

在怒语中，怒江称“怒米挂”，“怒”为“黑”之意，“米挂”为江水，连称即“黑水”，与彝语支诸民族以“纳”“诺”（“黑”，引申义为“大”）称大江的习惯正好相对应；此外，哈尼族男女都喜穿自己染织的黑色服饰[①]；拉祜族妇女穿开襟黑布长衫，下穿黑长裤，包黑头巾。男子戴黑布便帽，穿黑蓝短衫[②]；关于傈僳族，《景泰云南图经志书》卷四中称为“罗罗之别种”，傈僳族自称“neso”，与彝族自称“noso”无大异。“noso”亦即“诺苏”（黑族）。彝语支民族在古代被称为“乌蛮”，有的民族被称为“乌蛮别种”，正是由于人们早已注意到了他们都以尚黑为共同的文化标志，并以“黑”自称所致。共同的族源，导致了他们在“子孙分别，各自为种，任随所之”之后，仍然通过族称及一般语词、民俗事象等，将尚黑遗风传承至今。

尚黑文化亦见于我国古代的夏朝，《礼记·檀弓》云：“夏后氏尚黑”，夏人祭祀之太庙被称为“玄堂”，祭器亦“墨染其外”。历史已经证明，夏人正是藏缅语族及其彝语支民族先民所属的古羌人。另外，殷人有“天命玄鸟，降而生商”（《诗经·商颂》）之说。“玄鸟”即“黑鸟”。之所以命名为“玄鸟”，是因为“天色”称“玄”，故有“天玄地黄”之说。帝王称天子，玄天所生之子民亦必然是“玄人”，即“黑人”。由于以黑为尚，古代宫室一般坐北朝南，以北为贵，堂内座位亦以靠北向南为尊。这是因为北为玄龟，配色为黑。北为贵，实乃黑为贵也。

想来，以上诸民族的尚黑文化与纳西族的尚黑信仰并非没有连带关系。

四

在一段时间内，先后有一些学者提出了纳西族自古尚白说。我以为这种不问历史阶段、不顾语言民俗材料、漠视有关文献资料、忽视与同

①《中国少数民族社会历史调查资料》丛刊修订编辑委员会编：《哈尼族社会历史调查》，民族出版社2009年版。

② 云南编辑组、《中国少数民族社会历史调查资料》丛刊修订编辑委员会编：《拉祜族社会历史调查（二）》，民族出版社2009年版。

语支民族有关文化现象进行比较而得出的结论是令人难以信服的。不错，在东巴经典中，纳西族的色彩信仰明显表现出尚白的特征，如《创世纪》中，白为善、美、真、神、人之本，黑为恶、丑、假、鬼、怪等之源，形成了黑白二元对立的宇宙人文结构。在《黑白战争》之中，黑白两个部落迥然对立乃至发生战争，最后由白天、白地、白日、白月的董部落战胜了黑天、黑地、黑日、黑月的术部落，并称现今的纳西族即董部族的后代。在东巴经中，还有一部专门祭祀保护神三多的经典。据传，三多乃是一位身跨白骏、手执白矛、头戴白盔、身着白甲的英雄。但是，这丝毫不能得出自古尚白的结论。因为，据有关学者研究，东巴教不过形成于唐末宋初，它是一种原始宗教向人为宗教的过渡形态，并主要受到了佛、苯尤其是苯教之深刻影响。黑恶白善的二元对立论正是拜火教以及受其重要影响之苯教的显著特点。而且，体现在东巴文化中的黑白观念更多的是一种哲学性的象征，并形成了严整的体系，远远高于语义、民俗层次，也高于一般的伦理层次。查同语支诸民族原始宗教，缺少黑白二元对立的宇宙本体论内容。又，充斥于任何一册东巴经中的黑恶白善论在民间文学中却得不到体现。如口传洪水神话中并无黑白为恶善谱系之起源的内容。《黑白战争》在民间并没有口头传承，那位三多神也被传为外来神，连祭颂他的经典都由古藏语、古白语写成，到今已经没有任何一位东巴经师能悉解其意。这些都不能不令人对纳西族自古尚白说产生怀疑。

纳西族自古尚白论，既不能解释尚存至今的尚黑民俗，也不能说明她为何历来被称为“乌蛮别种”的原因，更不能阐述纳西族与彝语支民族为何拥有共同的尚黑文化及亲缘关系，从而不能准确表述“纳西”这一族称的深层意义。正确的解释应该是：纳西族古代尚黑，属古氐羌族群中的“黑人”集团，与彝语支各民族拥有共同的尚黑文化。自唐宋以后，由于宗教的、生产方式和文化交流的作用，纳西文化开始了由尚黑到尚白的过渡。忽必烈在丽江地区设“察罕章官”（译作“白色地区之官”）表明元代的纳西族已基本尚白。自明代以后，藏传佛教及汉传佛教涌入丽江，白色终于在纳西族中占有了绝对统治地位，纳西族亦完全被改造成了一个很多民众信仰佛教的民族。尽管如此，尚黑仍以隐秘或变型的方式残存于纳西族传承文化及语言深处。只要我们善于进行民族学、民俗学与语言学相结合的探究，就依然能拭去蒙尘，使其重放异彩。

五

纳西族先民以黑为尚的原因是什么呢？我以为，最直接的原因莫过于经济生活及生产方式。据考证，纳西族古属氐羌族群牦牛夷，“逐水草而居”，过着以牧牦为主的游牧生活。《后汉书·西羌传》称“或为牦牛夷，越嶲羌是也”。“牦”在《说文解字》中作“犛”，在《集韵》中“牦、犛、髦通作猫”，与“牦”同音同义。司马相如《上林赋》张揖注云：“犛牛黑色，出西南徼外。”显然，牦牛是一种黑色的牲畜。在东巴经典《创世纪》中，人们对那头“叫声如雷响”“气喘震山冈”目光如电、舌若长虹的“野牛”表现出来的敬畏之心，正是纳西先民曾以畜牦为生的历史的回声。那充满了勇与力、壮与美的“野牛”，只能根据牦牛的形象创造出来。古代纳西族先民取之于牦，以牦为生，凡饮食、服饰、居住、交通均离不开对牦牛的依赖，对牦牛皮、毛、肉、骨等的加工利用形成了一套完整的生活、信仰体系。牦牛还以其雄健的体魄、威武的犄角、不畏严寒的顽强性格对塑造纳西民族的心理、性格产生过巨大的作用。于是，人们对牦牛的需要引发出人们对它的敬畏、崇拜，甚至将其视为图腾。作为一种遥远的记忆，尽管纳西族早已完成了从畜牧到农耕的生产方式过渡，但其崇尚牦牛之俗却依然在玉龙山下、泸沽湖畔相传不衰。

正德《云南通志》云，明代永宁纳西族纳日支系先民“头戴牦牛尾，帽重而厚”。至今，那里仍有悬牦牛尾于堂内的古俗，以示不忘本。在丽江、香格里拉、维西傈僳族自治县等地，纳西族家庭门口均立两石以为门神，左为虎，右为牦，专司守护之职，既抵御外来邪恶对家人的威胁，也护佑着家庭内部的安宁、和睦和幸福。人死之后，东巴大师还要为死者跳牦牛舞、老虎舞，以求它们庇荫死者的亡灵安然北归，回到先祖故地。在维西傈僳族自治县拉哈村、则那村，每年火把节来临，人们就要演出“察宝蹉”，第一个出场者要手持牦牛尾为从印度而来的“先生”、察宝清场开道。在丽江，还流传着一部优美动人的民间长诗《牧象女与牧牦郎》，说尽人间爱恋事。由此可见，牦牛曾在纳西族先民的生产生活中占有过多么重要的地位。

可以说，纳西族古代尚黑是由其在高寒地区从事畜养牦牛的生产生活方式所决定的。牦牛在纳西族人生活中的重要地位导致了纳西族先民对牦牛及其本色——黑色的崇拜。他们以“牦牛”自称，当然也就有理由以“黑色”自称了。更何况这种黑色是与神物相关的色彩，其中包含着高、大、美等各种积极的意义。以“黑”自称，显然是在以善自称、以大自称、以神自称。

所以，“纳西”又称“麽西”，其本义为“牦人”，即“牦牛夷”，引申义为“大族”“神族”，通“黑族”或“黑人”。

摩梭为“母系社会活化石”说质疑

——摩梭（纳日）文化系列考察之一

20世纪下半叶，中国民族学研究的亮点之一，就是对纳西族支系摩梭（纳日）人家庭婚姻乃至整个社会形态的研究。

从20世纪50年代至21世纪初，国内外已正式发表大量的有关论文、调查报告、学术著作，有关文学作品、通讯报道、电视纪录片等更是不胜枚举。它们当中，既有严肃的人类学探索，也有哗众取宠的猎奇寻芳，更有充满投机性的商业炒作。这些摩梭文化的研究者、“关爱者”中，既有训练有素的学人，也有专事宣扬少数民族落后性的“文明人”，还有一些本民族的知识分子、知名人士。他们虽出自不同的目的，关注的侧重点也各有不同，但对摩梭人家庭婚姻乃至整个社会形态的“母系性”的热衷是共同的。坚持或承认摩梭社会是“母系社会活化石”，成为他们立论、对话的理论基础。

以这样的认识作为出发点，有人致力于放大摩梭人“母系性”的每一个毛孔，去竭力复原远古母系社会的浪漫；有人攻其一点，不及其余，放弃了对摩梭社会的全面了解与认识，而孤立地剖析摩梭的阿注婚姻（阿夏婚姻、阿肖婚姻），试图去修正摩尔根、巴霍芬的学说，甚至去“发展”恩格斯的家庭、私有制与国家起源理论。于是，研究者们筑起了一座又一座的学术殿堂，而摩梭人却被按着血缘乱婚杂交、普那路亚共夫群婚、对偶不固定婚、父权婚、一夫一妻婚等五阶段婚姻发展模式加以排列，被视为茹毛饮血、寡廉鲜耻的“野蛮人”。

作为民族学研究者的一员，也作为纳西族的子民，笔者亦于20世纪 80 年代初就发现了日趋升温的“摩梭母系文化热”，不仅阅读了至今业已发表、出版的一些文章、著作、读物，以及内部资料，而且还抱着文化寻根的冲动，从 1982 年起先后 10 余次返回丽江，并进入维西傈僳族自治县、香格里拉市等纳日支系、纳亥支系分布地区做民族学田野作业。在对纳西族文化有了较全面的了解与把握之后，笔者开始深入到四川省盐源县，云南省宁蒗彝族自治县永宁、加泽、拉伯、翠依、落水等地做摩梭人达巴教信仰、口头文学、民俗、家庭婚姻制度、艺术等方面的调查，并与拉木嘎吐萨、杨尔车等摩梭学人交谈，与王元甫、和钟华、郭大烈、和少英、杨世光、杨福泉、李近春等民族学工作者切磋，对摩梭人的社会性质有了较深入的认识。而这种认识首先是从学说与摩梭社会历史实际存在的诸多矛盾所引发的困惑中开始的。

这些困惑包括以下几个方面：

一、摩梭人为羌人后裔，而羌人早在中华文明初期即已处于父系社会。作为羌人后裔的不止有纳西族及其支系摩梭人，汉藏语系藏缅语族各民族几乎无一例外，甚至汉民族祖先中也融合有相当的羌人成分，而且这种融合自夏朝起就已经存在。根据语言学研究，汉语的“羌”是一个羌语借声词，所记者为羌人称“山羊”之音“ts’ e”。至今，羌族仍称山羊为“ts’ e”。对山羊，纳西语称“ts’ i”，武定彝语、纳木兹语、嘎卓语、绿春哈尼语、墨江哈尼语、兰坪普米语、九龙普米语、道孚语、嘉戎语、却域语、木雅语亦基本保留了古老的“羌”音，[①] 只是一律缺少汉语“第”音中的韵尾长鼻音“ŋ”而已。

有意思的是，汉字“羌”是会意字，它“从羊从人”，指为牧羊者。而且，从该字的构造为“羊 + 儿”的情况看，早在甲骨文产生的时代，“羌”就已经是以放羊为主要特点的父系畜牧集团。因为“儿”即“男儿”，泛指男子。也就是说，殷商时代的羌人已经处于父系社会，建立了以男权为中心的社会体制。

① 黄布凡主编：《藏缅语族语言词汇》，中央民族学院出版社 1992 年版。

由此看来，作为古羌人苗裔之一的纳西族及其支系摩梭人岂会万古不变地作为“活化石”保持着原生态的母系文化？

二、摩梭又写作“摩娑”“獏狻”“摸索”“麽些”“摩鲨”。最早见于《华阳国志》之纳西族他称为“摩沙”，它在历史文献中几乎与“母系社会活化石”无涉。正如方国瑜先生所称，“摩挲”等为他称，并带有一定的侮蔑性意义。如，白族至今称纳西族为“moso”，即为“摩梭”。白语之所以保留这一古老的他称，是由于纳西族先民麽些（moso）人曾经在南诏时代于现今大理白族自治州境内的宾川县建立过作为六诏之一的磨些诏（又称“越析诏”），并长期割据一方。又，金沙江沿岸汉族至今仍多贬称丽江纳西支系为“干摩挲”。显然，“摩梭”等是汉族、白族等民族从古至今对纳西族整体的统一他称。纳日支系以“摩梭”相称发生在20世纪70年代末之后。而在此之前，它或被称作“永宁纳西族”，或被称作“吕西”。在历史上，它一直被写作“麽些”或“摩娑”“獏狻”“模索”，所记之音均为“moso”。

那么，摩梭人有无自称？若有，其自称为何？回答是：有，为“纳日”或“纳汝”。在此，“纳”之本义为“黑”，引申义为“伟大”，她因崇尚黑色并以此为自己之标记而称之，具有色彩图腾的意义。这一点，她与整个民族完全一致，如“纳西”支系之“纳”与“纳亥”支系之“纳”亦然。那么，什么是“日”“汝”？究其实质，“日”与“汝”是不同人用不同汉字对摩梭诏“zo”之记音。“zo”为“男子”“儿子”之意。“纳日”一词具有“尚黑男子”或“尚黑父系集团”之意。纳西支系与纳亥支系也有这样的自称习惯。她们或在本支系内部以“纳若”指男性群体，以“纳美”“纳命”指女性群体，或以“纳若”指整个民族。纳西语、纳亥语中的“若”，亦即摩梭语中的“日”或“汝”，指“男性”“男儿”。

这就产生了一个疑惑，既然是“母系社会活化石”，那么本应以女性自称其族，摩梭人却为何反其道而行之，以男性自称之？而且它为何与纳西族其他支系以男性称族甚至古羌人以男性称族具有如此惊人的一致性？

三、摩梭社会被众口一致地定性为“母系社会活化石”，但据调查，摩梭社会至中华人民共和国成立之初已进入发达的封建领主制阶段。其社会分“土司”“责卡”“俄”三个阶层。“土司”是其最高统治者，而且实行政教合一的方式；“责卡”是土司的百姓阶层，享有许多人身自由；“俄”阶层则是“土司”的农奴，部分“责卡”也拥有一定的“俄”。正是这种阶级矛盾的存在，永宁地区曾出现过多次“俄”“责卡”等反抗“土司”的阶级斗争——即“农奴起义”。这样的阶级、阶层划分与冲突在母系氏族社会是不可能存在的。也就是说，所谓的“母系性”在其生产关系方面并无或很少有体现。有趣的是，与摩梭人相邻或杂居并被视作已经进入父系社会的藏族、彝族等却在社会发育程度上分别处在低于摩梭人的农奴制、奴隶制阶段，形成了巨大的反差。更有甚者，在宗教上信仰佛教、在生产力与生产关系上处于封建领主制、在家庭婚姻方面已建立起牢固的父系制的普米族亦曾处于被摩梭社会及其土司所压迫、奴役的状态。我们该怎样理解摩梭社会整体形态与家庭婚姻形态的分离性？

四、在家庭婚姻形态上，摩梭社会并非一个平面、一律实行母系制，而是呈多种形式并存的形态：既有一夫一妻制，又有一夫多妻制、一妻多夫制；既有母系制，又有父系制及父系母系交叉制。如 1984 年对永宁 527 个家庭的调查中，父系有 232 户，占总数的 40%；母系有 171 户，占总数的 32.4%；母系父系并存的有 144 户，占总数的 27.6%。[①] 又如 1963 年对拉伯 56 户家庭的调查中，母系有 14 户，占总数的 25%；父系有 18 户，占总数的 32.1%；父系母系并存的有 24 户，占总数的 42.9%。[②] 可见，母系制并非摩梭人家庭婚姻的全部，甚至非主要部分。试问，以偏概全是否能真实揭示摩梭社会的本质并准确把握摩梭文化的精神？

---

① 阿尼密·阿宝：《浅析摩梭人母系形态婚姻及家庭之现状》，载《玉龙山》1987 年第 1 期。

② 郭大烈、和志武：《纳西族史》，四川民族出版社 1994 年版。

五、神话是一个民族历史文化的原点，许多远古文化的秘密就潜在于神话之中。如果说摩梭人的家庭婚姻及至社会形态是“母系社会的活化石”，摩梭人的神话中应记忆有大量的相关文化因子。然而，在摩梭人的神话中，不仅人类最早的始祖是一对夫妻，而且男始祖初志尼宇俄在大洪水之后赴天界求偶还经历了艰难过程。在天界，初志尼宇俄向天神姆汝补夫妇万般祈求，希望将他们的女儿泽翁埃基咪嫁他为妻，但屡遭拒绝，并考以从母虎身上取虎奶，从母狮身上取狮奶，1天之内砍9座山上的树木并1天之内烧完后开垦出来，1天之内将开垦出来的9座山全部播种完，1天之内将所有的荞麦收割完毕等难题。在初志尼宇俄战胜所有艰难，解决了所有难题之后，他终于娶泽翁埃基咪为妻，回到人间繁衍后代。[①] 这个作品在人物关系、人物名称、情节层次上都几乎与纳西支系、纳亥支系中所流传的《创世纪》(又叫《崇搬图》)无异。更重要的是，它所反映的摩梭人的历史起点并非母系而是父系，人们并非“只知其母、不知其父”，而是不仅人间始祖已结为夫妇，连天界的神灵也有夫有妻，夫称“姆汝补”，妻称“良子美”。这件作品所反映的“难题求婚”情节与在山东汉族中所流传的《阿秀的故事》、日本《古事记》中所记载的大穴牟迟与稻羽之八上比卖结亲的故事如出一辙，[②] 全然没有阿注婚姻(又叫“阿夏婚姻”)之浪漫，倒是处处充满杀机，险象环生，哪里能与母系社会的“性自由”联系在一起？

六、不唯神话，在摩梭人的传说中，其始祖为纳木一埃佳若。是他的子孙构成了摩梭人最早的血缘集团“纳乙”，并由“纳乙”继续分裂，产生了6个“尔”，即6个氏族。他们分别是：“西尔”“胡尔”“牙尔”“峨尔”“布尔”“搓尔”。这6个氏族中的3个与见于《东巴经》中的纳西支系四大氏族基本对应，如“西”相当于“树”氏族，“胡”相当于“禾”氏族，“牙”相当于“叶”氏族。而从摩梭人的姓名习俗看，这位纳木一埃佳若当是男始祖，因摩梭男子名字末尾常常缀“若”，而女子名字末尾则

① 李达珠、李耕东：《未解之谜：最后的母系部落》，四川民族出版社1999年版。

② 白庚胜：《东巴神话研究》，社会科学文献出版社1999年版。

常常冠“命”“美”。一个“母系社会活化石”的群体，为何以男性作为他们的各氏族始祖？

七、在宗教上，摩梭人信奉达巴教。达巴教以摩梭先民所崇奉的萨满信仰为基础，融进了大量的苯教因素，形成了独特的信仰体系。[①]这种宗教教徒称“达巴”，均为男性。如果说摩梭社会是“母系社会之活化石”，按一般的原理，达巴教之巫师应为女子，而非男性。因为在母系氏族阶段，女性不仅是家庭的中心，也是社会的中心，而且还是精神的中心，政权与神权应当有机地结合在一起，由女性所掌握。这在一些曾盛行母系制的民族中早已得到确证。如，日本冲绳古称琉球，长期处在母系社会，至今仍留存有种种遗迹。其中之一，便是他们的本土宗教领袖都是女性，称“约达”。汉族古代曾存在母系制，如半坡遗址便属此阶段。据研究，当时的女性是以社会与宗教活动的中心存在。故而，在后来相当长的一段时间内，女性在失去社会中心地位之后仍保有在信仰上的中心地位，最后才降与巫师并立存在，直至完全退位，但至今仍有神婆活动的空间。北方满—通古斯语族在远古盛行母系制，故而最早的萨满信仰以女神为主，萨满亦由女性承担，后来才随着父权制的强化而逐渐变为男性。

如果摩梭人从历史的起点至今一直是母系社会，其家庭与社会、宗教的中心都应由女性所占有，但为何达巴均是男性？这种情况是否自古已然，或是起始于何时？

八、摩梭人的信仰呈二元结构。他们除信仰达巴教之外，主要信仰藏传佛教，而且，藏传佛教信仰始自明代，至今已有600多年的历史。在永宁等地，不仅有扎美戈寺这样规模宏大的黄教寺院，而且家家设经堂，成年男子削发为僧的比例几乎占男性总数的一半以上。佛教信仰与习俗已经贯穿于摩梭人生产、生活的各个方面。即，整个男性集团在摩梭人的精神生活中占有优越的地位。

---

① 白庚胜:《中国纳西族萨满教的归宿》，载《国际纳西学学会通讯》2003年第4期。

按照常见的社会学原理，在氏族社会，尤其是母系氏族社会，人们的宗教信仰应当是巫术崇拜，而非像佛教这样的人文宗教。尽管佛教对摩梭人而言是外来物、舶来品，但对佛教的接受力以及佛教对它的影响力难道不足以瓦解摩梭“母系社会活化石”之基础？诚如是，则“母系社会活化石”之宗教根据何在？

九、在摩梭人的亲属称谓中，“祖父”“祖母”，分别称“ə^{33}sɯ^{33}”“ə^{33}sɯ^{33}”；“父亲”“母亲”，分别称“a^{33}da^{33}”“a^{33}mi^{33}”；“伯父”“伯母”，分别称“ə^{33}v^{33}”“ə^{33}mi^{33}dz^{21}”；“叔父”“叔母”分别称“ə^{33}v^{33}”“ə^{33}mi^{33}”；“姑父”“姑母”分别称“ə^{33} v”“ə^{33}mi^{33}”；“姨父”“姨母”，分别称“ə^{33}v”“ə^{33}mi^{33}”；“岳父”“岳母”，分别称“ə^{33}v”“ə^{33}mi^{33}”；“丈夫”“妻子”，分别称“xa^{33}tʂhv^{33}pa^{33}”“tʂhv^{33}mi^{33}ʂɯ^{33}”；“儿媳”“女婿”，分别称“zo^{33}tʂhvmi^{33}”“mv^{21}xa^{33}tʂhv^{33}pa^{33}”；“侄子”“侄女”，分别称“ze^{21}mv^{33}”“ze^{21}mi^{33}”；“孙子”“孙女”，分别称“ʐv^{33}zo^{33}”“ze^{21}mv^{33}”。① 在此，除了“姑父”“姨父”“岳父”混称及“姑母”“姨母”“岳母”混称之外，其他称谓与本民族纳西支系、纳亥支系，以及其他非母系制的民族的称谓整齐对应，区别井然，哪里有一丝“母系社会活化石”的影子？

十、摩梭人长期处于土司制度之下，作为封建领主，土司实行男权主义，男娶女嫁，并保证嫡长子继承制。土司死后，由其长子继任土司，由次子任总管，由三子任堪布。堪布是摩梭地区最高的宗教首领，由土司之三子担任此职是为了建立政教合一的父系统治体制。在土司集团之中，还包含有官人、伙头等部分，他们是从土司家族中分裂出来的贵族，亦一律实行男娶女嫁制。从历史文献考据，摩梭人这种“男性中心主义”的政治结构早已如此，如《后汉书》就称摩梭人及整个纳西族之先民为“牦牛种”，是羌人首领无弋爰剑曾孙忍之子孙。在秦穆公时代，忍之季父“将其种人附落而南”，其后“子孙分别，各自为种，任随所之”，形成现今西南地区藏缅语族各民族。至于留在湟中的忍及其弟弟

① 和即仁、姜竹仪：《纳西语简志》，民族出版社 1985 年版。

舞，则“并多娶妻妇。忍生九子为九种；舞生十七子为十七种”[1]。可见，羌人在春秋战国时代就已经由男子“世世为豪”，并一夫多妻、“多娶妻妇”、不行母系制及走访婚。秦汉时期活动于川西南地区的“摩沙夷”首领唐菆、槃木，以及白狼王等亦均是男性统治者。

就其直接祖先而言，摩梭人于唐代进入现今所聚居的云南宁蒗彝族自治县永宁一带：“永宁州，昔名楼头睒，接吐蕃东徼，地名答蓝。麽些蛮祖泥月乌逐出吐蕃，遂居此睒，世属大理。宪宗三年（808 年），其三十一世孙和字内附。”[2]其中所述的泥月乌与和字都是男性。他们根脉不绝，自唐历宋、元、明、清稳定地传承，一直延续至 20 世纪中叶仍执掌永宁府的阿土司。

敢问，这样一个绵延 1 500 余年的父系统治集团，怎么会存在于一个“母系社会活化石”之中？家庭婚姻的母系制与政治统治的父系制之间的反差为何竟会有如此之大？

十一、母系社会只能存在于极其低下的生产力状态之下，而摩梭社会的情况恰恰相反，其生产力水平较之周边民族要高得多。至 20 世纪 50 年代初，摩梭社会生产力水平远远高于周边藏族与普米族的农奴社会，其商品经济已比较发达。从唐、宋时代起，贯通滇蜀、滇藏、川藏之间的数条商道就逶迤于泸沽湖周边。到明、清，尤其是清代，以茶马互市为主要内容的滇、川、藏三角地带经济贸易空前活跃，致使永宁出现了多民族贸易集散地皮匠街，吸引了众多的商贾，孕育了资本主义经济的萌芽。在摩梭地区，除了僧侣以及那些残疾者之外，几乎没有赶马帮经商经验的男子。很难相信一个生产力与生产关系都相当发达的群体竟会是“母系社会的活化石”。我们该怎样来认识母系社会与摩梭人生产力之间的不和谐，甚至矛盾性？

十二、就纳西族其他支系与摩梭人的关系而言，居住在丽江、维西傈僳族自治县、迪庆藏族自治州金沙江边、永胜等地的纳西支系，以及

① （宋）范晔、（唐）李贤：《后汉书》，中华书局 1965 年版。

② （明）宋濂：《元史》，中华书局 1976 年版。

居住在迪庆藏族自治州三坝乡的纳亥人都处在稳定的父权制社会阶段，无论在其家庭、婚姻，还是在其社会形态方面都与“母系社会活化石”无涉。而且，纳西族在整体上处于横断山脉地区较发达民族的行列，她发明有文字，拥有从红铜到铁器的金属文化系列，建立有城市，曾建立过地方政权的“麽些诏国”，早已跨入了文明的大门，与许多在中华人民共和国建立之初仍保留有原始生产、生活、社会形态的民族形成了鲜明的对照，为何只有摩梭（纳日）人会在全民族中处于例外，独为“母系社会活化石”而被排斥在文明社会之门外？

十三、摩梭人的婚姻形态之一“阿注婚”长期以来被视为典型的母系社会走婚婚俗。其实，在摩梭语中，“阿注”是“朋友”之义，与性无关，如男伙伴称“注日”、女伙伴称“注命”。那些男女恋人的正确称呼是“阿肖”（也写作“阿夏”“阿屑”）。有趣的是，这一称呼为外来语，准确讲是藏语。甘南藏族自治州一带的藏族就称男女情侣为“阿肖”（“阿夏”“阿屑”）。如果“阿肖”婚是摩梭人的专利，其称呼也应是摩梭语，事实上却完全相反。这是否传递着这样一种信息：“阿肖婚”与“阿肖”一词都与周边民族的影响有关？

综上所述，摩梭人的历史系属、自称、生产关系、家庭婚姻多样性、神话、传说、宗教信仰、亲属称谓、政治制度、生产力、民族内部关系、外来文化影响等都表明：将摩梭社会定性为“母系社会活化石”是不合适的。摩梭人的家庭婚姻，及至信仰中确有一部分母系性，但它绝不是千古不变的延续。

纳西族《猎歌》试辨

《猎歌》是一部著名的纳西族民间叙事长诗。长诗歌颂劳动、歌颂劳动者、赞美崇高的爱情，表现了纳西族人民对美好生活的向往和对自由幸福的追求。因此，它长期以来在纳西族民间不胫而走，口碑相传。

这个作品的最早收集整理者当推纳西族作家赵银棠先生。赵先生在郭沫若同志的直接影响下，从 1943 年起就对本民族古老的东巴神话、民间传说以及民间长诗等进行了系统收集、整理、翻译、研究，写成了第一部探讨纳西族文化史的专著《玉龙旧话》，并于 1948 年付梓出版。该书"'摩挲'民族民歌"部分中的《猎犬》便是《猎歌》的第一个整理作品。然而，对这一优秀作品大规模的、科学的发掘工作还是在云南省解放后才开始的。仅在 20 世纪 50 年代，就有周汝诚（纳西族）、孙剑冰的整理本[①]，和顺良（纳西族）、周良沛的整理本[②]，周良沛的整理本[③]等相继问世。近年来，又发表了杨世光（纳西族）的整理本[④]。这些整理本都各具特色，丰富了我国民间文学的宝库。本文仅就《猎歌》的流传变异及产生时间诸问题做一些探讨，以就教于关心和从事纳西族民间文学研究工作的同志。

《猎歌》被纳西族人民誉为"'欢乐调'三璧"之一。"'欢乐调'三璧"指纳西族民间长诗中以表现乐观进取精神为基调的 3 部著名作品，即《猎歌》、《烧香》、《赶马》（或《伐筝》）。纳西族民间长诗俗称"大

① 载《说说唱唱》1953 年第 7 期。

② 载《云南民族文学资料》1956 年第 1 期。

③ 载《长江文学》1956 年第 1 期。

④ 载《玉龙山》1979 年国庆专号。

调”，计有 18 部之多。它们大都是清雍正元年（1723 年）丽江纳西族地区实行“改土归流”后产生的作品。其中一类是人们根据现实生活素材创作而成，如《文考》《武考》《筑城》《伐筝》《赶马》等。另一类是根据传统作品改造而成，如《挽歌》《婚歌》《游悲》等就是根据东巴经文学作品《崇搬图》（《创世纪》）、《祝婚歌》、《鲁搬鲁饶》等加工而成的。一般说来，这些作品产生的时间及源流还是比较清楚的。但确有一些作品，既难从传统作品中找到它们的雏形，就作品所反映的生活内容看又很难说它们就是“改土归流”以后才产生的作品，《猎歌》就是其中之一。这部作品到底是传统作品的变异，还是设流以后新创作的作品？它最初产生及最后形成于何时？这一切都有待我们进行探讨。

《猎歌》流传在丽江中西部地区，虽有多种异传，但其情节大同小异。1982 年 7 月及 1983 年 7 月，笔者曾两次赴丽江纳西族自治县东部地区及宁蒗彝族自治县的纳西族支系纳日人（摩梭）聚居区进行民间文学资料调查，搜集到一批与《猎歌》有关的重要资料，其中以在丽江纳西族自治县宝山公社搜集到的《吕衣阿舟若》及在宁蒗彝族自治县拉伯公社、永宁公社搜集到的《舅舅送毡》最为完整，也最具有特色。笔者认为，《猎歌》就是在《吕衣阿舟若》的素材基础上再创作而成的，而《吕衣阿舟若》又是在《舅舅送毡》的基础上加工改造而成。这三者有一个内在的联系。为了便于讨论，我们不妨先看看《猎歌》的主要内容：

有一对青年男女真诚相爱，相爱的基础是两人同受封建社会的压迫。男子因是次子，无家业可继承，只好当猎人与山林为伍。女子出身贫苦，靠卖工度日，她同情猎人，买来猎狗精心喂养。猎狗长大后的某日，猎人祭拜山神、猎神后进山狩猎。女子为他准备了进山所需的各类用品。进山后，猎人在山峰看见麂子、獐子在奔跃，但他都未张弓搭箭。当晚，他露宿于高山峡谷。翌日清晨，猎人射伤了马鹿，因林深雾浓，鹿逃犬逐，不知所往，于是，猎人四处寻找猎犬和马鹿。他先遇砍柴人，再遇见牧羊人，最后失望地回到家中。当女子得知其经过后，鼓励猎人重祭山神、猎神，重上高山寻找。后来，他在金沙江边遇到伐木人，伐木人告诉他，猎犬和鹿已奔大理而去。猎人走大理、过昆明，最后在北京绿瑶海（此系想象中之海）边射死马鹿，找到了猎犬。另一种异传中则没有重上山之情节，猎人在遇到砍柴人、牧羊人、割麦姑娘后，在玉湖边射死了马鹿，找到了猎犬，然后，男女双双到集市上去卖鹿心、鹿血及鹿茸。

下面，我们再把《吕衣阿舟若》的故事梗概简介如下：

从前，有姐弟俩连体而生，其母阿舟以刀分之（背间即疤痕）。由于家贫，母亲把女儿早早卖给了别人。不久，母亲去世，只剩下阿舟若一人。阿舟若养有一只猎狗，与之相依为命。光阴飞渡，阿舟若成长为勇敢的猎手。某日，他扛着大弓，带着猎狗去狩猎。他先看见野猫、狐狸的足迹，但皆不猎。他在高高的山巅射伤了一只马鹿，但因涧深雾浓，马鹿及猎狗双双失踪。阿舟若去寻找马鹿，先遇见砍柏人，再看见砍竹人、割麦子的姑娘。他们都说未曾见到马鹿和猎狗。寻到山下，见一富户，猎人询问主人：可见狗与鹿？女主人矢口否认。事实上，鹿肉正被主人用来招待客人，鹿皮悬于梁上。猎人因饥饿不堪，便向主人求饭，不得。午饭时，他排于席尾，但主人从席首开始向客敬饭，到席尾饭肉皆尽。晚间，他又易位于席首，但主人又从席尾开始敬饭，到席首饭肉又尽。这时天已漆黑，阿舟若求宿，但主人不允。阿舟若只好栖身于屋檐下。翌晨，猎人回山，临行时他吟歌道：“天明吹寒风，寒冷不可耐，吕衣阿舟若，自回山中去。”女主人听罢，才知猎人即为胞弟，因她的名字就是吕衣阿舟命。于是，她急追猎人求他留步，但阿舟若执意不肯。阿舟命抓住箭囊，箭囊绳被阿舟若扯断。阿舟命又抓住阿舟若的毡角，言明自己的身份，但阿舟若不信，抽刀断毡而去。阿舟若走后，阿舟命抱愧而死。子女请来巫师“东巴”“达巴”及“喇嘛”为阿舟命超度焚尸，但尸皆不化。子女们只好去打卦问卜，得知非舅舅则不能为。子女们便去寻找阿舟若。阿舟若闻讯后即来奔丧，他掀起死者衣襟，见尸上之背间便确认死者即为阿舟命。阿舟若解下披毡，覆于死者尸上，一引火，尸即焚尽。

由上可见，《猎歌》与《吕衣阿舟若》既有联系又有区别，其相同或相近之处有以下几点：第一，家境贫寒的猎人和他的猎狗；第二，猎人上山时遇到的动物及顺序；第三，猎人射伤马鹿；第四，马鹿与猎狗失踪；第五，猎人下山时遇到的人物及顺序。所不同的是两个作品中找到马鹿与猎狗的结果及方式。很明显，它们之间有一个先后传承的关系，可以说《猎歌》源于《吕衣阿舟若》。下面，我们再看看《吕衣阿舟若》与《舅舅送毡》之间的关系。

《舅舅送毡》流传于纳西族中一个自称“纳日”，汉称“摩梭”的支系之中。这部分人居住在四川省盐源县、盐边县、木里藏族自治县以及云南宁蒗彝族自治县的永宁、拉伯两个公社。其中，永宁是该支系的最主要聚居区。直到云南省解放前，这部分人在家庭婚姻形态上还保留有母系制的残余。摩梭人有一种丧俗，叫“舅舅送毡”。其主要内容是：每当年长的女性死亡，即应由子女火速至舅舅家报丧，舅舅须在翌日晨披毡带刀，捧一篓饭菜肉食前去奔丧。他的主要使命是给死者验尸、敬饭、在死尸上覆毡并处理丧后事务。在此过程中，巫师“达巴”于一旁吟诵《舅舅送毡》这首哀歌，用以解释该丧俗的由来。吟诵时，“达巴”往往声泪俱下，听者哀叹唏嘘，亲朋挚友更是在歌声中沉湎于对死者的无限怀念而不能自持。这种习俗，长期以来相沿不衰。《舅舅送毡》的内容梗概如下：

从前，有姐弟俩连体而生，其母以刀分之（故有刀分之痕迹——肚脐眼）。其后，姐姐被人抢走。不久，母亲又病逝，剩下孤儿红依古库若（又叫红利关伏若）。红依古库若精心喂养家中的猎狗，并与它相依为命。光阴飞渡，红依古库若成长为勇敢的猎手。某日，他扛着大弓、带着猎狗上山打猎。他在深山里射伤了一头野牛，但因涧深雾浓，野牛及猎狗双双失踪。猎手寻找猎狗与猎物皆不获。祭过山神，方知野牛及猎狗的去向。寻到山下一富户，猎人进去打听猎狗与野牛的下落，女主人缄口不语。事实上，野牛肉正在被主人用来待客，野牛皮悬于梁上，猎狗被关进房中。猎人因三天三夜未曾饮食，饥饿难忍，便向主人求饭，但只得到残汤剩羹。猎人求宿，又不允，只好栖身于屋檐下。第二天早晨，备受侮辱的猎人欲回山中。临行前，他悲歌一曲，叙述了自己的身世及此次狩猎的经过，对主人的不义表示愤慨。女主人闻歌，如梦初醒，方知猎人正是自己的骨肉兄弟。于是，她急追而出，求猎人留步。猎人怒火中烧，执意不肯。女主人抓住猎人身上的毡角，言明自己与猎人本是同胞姐弟。猎人并不轻信，抽刀断毡而去。女主人手捧毡片抱愧而死。女主人死后，其子女请“达巴”“喇嘛”为母超度焚尸，但尸皆不化。子女打卦问卜，得知非舅舅则不能为。子女们便翻山越岭找到了舅舅（即猎人），猎人回到山中，遇一蜂绕身而飞，挥刀劈之，蜂身分二而飞，始疑女主人即为姐姐。闻丧后，猎人买白毡，备饭菜前去奔丧。他掀开死者的衣襟，见尸上有肚脐眼，确认死者就是姐姐。哭罢，猎人给死者敬饭、覆毡并引火焚尸，由于女主人的罪过得到了亲人的宽恕，死尸立即焚尽。

这个作品因为与特定的仪式有关，并多由巫师“达巴”念诵，因此其面貌保留比较完整，也更原始。如果把它与《吕衣阿舟若》做一比较，我们就不难发现《吕衣阿舟若》是从《舅舅送毡》中脱胎而出的。由于《吕衣阿舟若》的流传地奉科、宝山地处永宁、丽江之间，从云南省解放前的社会发展情况看，也处在永宁地区向阴江地区过渡的状态之中，所以这个作品也就具有从《舅舅送毡》变异为《猎歌》的承上启下之意义。《吕衣阿舟若》基本上保留了《舅舅送毡》的面貌，其主题仍然是古朴的劝善惩恶，其意是为了维护舅权。维护舅权的实质就是维护母权。作品的情节大同小异，仍然保持了其悲剧形式，这无疑是一种继承关系。这个作品之所以命名为《吕衣阿舟若》也正好证明了这一点。“吕衣”是纳西语“吕西”之音变，丽江一带的纳西人把永宁称为“吕地”，把居住在那里的摩梭人称为“吕西”。显然，在奉科、宝山一带是把这个作品视为从永宁摩梭地区流传进来并反映那里的生活情况的作品的。我们知道，任何一个民间文学作品从甲地传到乙地，都不可能是原作的简单流传，人们必然根据本地区、本民族的社会条件、自然环境及人们的审美观念进行自觉或不自觉的加工改造，使之具有地方色彩和民族色彩。《吕衣阿舟若》与《舅舅送毡》相比较，在内容上大大充实了，在结构上更加对称，某些段落增删了，故事细节增加了，悲剧气氛加强了，反映在作品中的生活内容、自然风物更地方化了，人物刻画更加生动细腻了。应该说作品的这种深度与广度的加强是原作精神的一种发展，这些发展成分恰恰构成了《猎歌》得以产生的基本条件。《猎歌》的基本结构几乎就是《吕衣阿舟若》的前半部分，其题材仍然是狩猎生活，主人公也仍然是一男一女。它们的构造方式也是完全一致的，猎人上山下山都以依次遇到的分布于不同海拔高度的动植物加以表现，颇有纳西族地区立体形态的高原地理特点。应该特别指出的是，《猎歌》中关于猎人丢失马鹿及猎狗后用柏枝、蜂蜜、竹心、麦穗等物祭山神的描写似有不尽合理的因素，因为在纳西族民间诗歌中，大凡后边要出现的事物，必须在先前就有所铺垫，而《猎歌》中的祭物如柏枝等来历不明。但只要我们比较一下《吕衣阿舟若》就可以了解到其来龙去脉了，那就是猎人下山时遇见了砍柏人、砍竹人等。在云南丽江宝山、青海果洛藏族自治州一带流传的《吕衣阿舟若》中，还有猎人下山时遇见割蜂人的情节。这说明《猎歌》相比于其雏形《吕衣阿舟若》《舅舅送毡》，虽已发生了很大的变异，但仍在细节方面留下了它从这两部作品中蜕变出来的痕迹。《猎歌》与《吕衣阿舟若》的区别在于主人公从同胞姐弟变成了情人关系，作品结局从悲剧变成了喜剧，《猎歌》还大胆地切断了原作关于解释“舅舅送毡”之丧俗来历的部分而独立加以发展。可见，这三部作品在流传变异中的一条基本规律是，后来的作品对前一个作品的舍弃越来越大，描写则越来越深刻细致。

如果我们跳过《吕衣阿舟若》将《猎歌》与《舅舅送毡》做直接比较，就可知这两者几乎成了迥然相异的作品。它们之间的变异具体表现在以下几个方面。

主题：《舅舅送毡》的主题只停留在古朴的劝善惩恶思想上，其功能在于宣扬与摩梭人母系制相适应的"天下母舅大"之观念，维护母舅权力。这个作品在客观上通过一个偶然的误会，反映了私有制对人类良知的扭曲和践踏。这个作品结尾处姐姐抱愧而死、弟弟对此给予原谅的矛盾解决方法虽说真实地反映了母系制下摩梭人的道德观念，但它毕竟还是大大削弱了作品震撼人心的悲剧力量。而《猎歌》则不然，作品的矛头直指封建制度。它对封建制度的批判具体表现为对封建家长制及封建家庭的控诉。也就是说，它决不回避现实生活的矛盾。男主人公是这样叙述自己的不幸的："哥长九岁时，分岁划田产。老大是家长，老三得祖房。可怜老二我，无屋又无田，只有小猎犬，伴我慰愁肠。"[①]仅仅由于他是次子就失去了继承遗产的一切权利，可见这是一个多黑暗、多么窒息人的社会！由于在阶级社会中被压迫被剥削的现象大量存在，因而女主人公也不无感慨地唱道："哥是穷阿哥，妹是苦妹子。出门去卖工，帮人割麦子。"[②]这种共同的命运，正是他们相亲相爱、互为救助、共同斗争的基础。可见，作品反映的生活面扩大了，对现实的揭露深刻了。由于恶势力当时还十分强大，作品主题的表现也就不能不用隐蔽象征的手法，正可谓世清则言直，世忌则语隐。一部《猎歌》的真谛不在于狩猎，而在于歌颂纳西族人民对崇高爱情、美好生活的追求向往以及同恶势力百折不挠的斗争。

人物关系：在《舅舅送毡》中，主人公是有血缘关系的姐弟，而在《猎歌》中却成了相亲相爱的情人，这使作品反映的内容更具有普遍意义。其变化原因当然是由于这两个作品流传地区在生活内容、社会形态

① 杨世光整理：《猎歌》，载《玉龙山》1979 年国庆专号。

② 杨世光整理：《猎歌》，载《玉龙山》1979 年国庆专号。

方面的不同。社会生活的不同引起了作品主题思想的变化，人物关系的变化反映主题思想的变化。

情调：《舅舅送毡》是哀歌，歌者是巫师“达巴”，作品充满了悲剧气氛。而《猎歌》则为之一变，全诗充满了昂扬向上的精神，作品结尾也是皆大欢喜的大团圆，使主人公千回百折的斗争追求有了一个乐观光明的结果。

从属关系：《舅舅送毡》隶属于原始宗教及古老风俗，而《猎歌》已从中解放出来，走向生活，走向人民，成为劳动与爱情水乳交融的诗作。它不但可以在婚丧场合演唱，也可以在谈情说爱中和生产过程中吟唱，它的演唱者当然也就不是宗教徒，而是人民。

艺术手法：《舅舅送毡》直到《吕衣阿舟若》的艺术表现手法均为朴素现实主义。到《猎歌》一变而成为浪漫主义，从“敷陈其事而直言之”的客观描写向抒情化、象征化方向发展，并运用了“赋”“比”“兴”等多种艺术手段、艺术技巧，打破了《舅舅送毡》《吕衣阿舟若》的对称结构、重章叠句，使作品在形式上得到解放，变呆板而为自由活泼，更适应于表达丰富多彩的生活内容，使作品在艺术上更臻于完美。

篇幅：《舅舅送毡》仅有 200 余诗行，《吕衣阿舟若》虽有加长，但充其量也不过是 300 多行。到《猎歌》，已发展到 2 400 余行。随着篇幅的加长，作品的容量也相应加大。也许有人认为，从故事情节来看，《猎歌》比前者简单得多，但《猎歌》在其每一个片段中都大大加强了描写，内容得到了扩充。

以上比较告诉了我们什么？首先，我认为最根本的就是《舅舅送毡》《吕衣阿舟若》与《猎歌》之间有一个源流变异关系，从作品的思想内容、艺术手法、表现形式等方面都表明是前二者影响了后者，即《猎歌》是在《舅舅送毡》及《吕衣阿舟若》的素材基础上创作出来的。引起上述种种变异的原因是什么？最主要的就是这些作品流传在纳西族社会发展的不同阶段及相应地区。社会发展的不平衡必然引起同一母题作品的差异性，因为文学是社会生活的反映，它所表现的社会内容与历史的发展基本是一致的。摩梭地区尚存母系残余，社会发展水平较低，因而《舅舅送毡》就染上了浓厚的母系制色彩。如姐弟俩连肚脐而生之说就明显地带有在摩梭社会中曾经存在过兄妹婚的痕迹。写舅父在给死去的姐姐焚尸中的作用是为了宣扬并维护舅权。主人公红衣古库若有母无父，正反映了部分摩梭地区只知其母、不知其父的家庭婚姻形态延续到近代的事实。在处于丽江东边、与永宁拉伯摩梭地区隔江相望的奉科、宝山地区，社会发展水平处在低于丽江中西部又高于摩梭地区的状况。首先，那里已经进入了一夫一妻制阶段，并在云南省解放前就设有学校，办有水银厂，生产力发展水平较高，那里还杂居有汉族、普米族、彝族，纳西族的三个支系纳西、阮可、摩梭也并存于此。这个地区的社会组织处于立体交叉的复杂状态，既有本民族强大的历史传统作为基础，又有先进文化作低层建筑，更有多民族、多支系文化交融性的中层建筑。因此，这个地区的许多风俗习惯与摩梭人有同又有异。这一切反映在《吕衣阿舟若》中就具体表现为作品的人物刻画、故事情节、道德观念、艺术风格等既继承了《舅舅送毡》，又有了一定的变化，从而更接近于《猎歌》。如，在《吕衣阿舟若》中，姐弟连体已从肚脐相连易为背靠着背。变化虽细微，它却是对旧道德的勇敢挑战、对古老的兄妹婚观念的大胆否定。因为兄妹婚配在群婚制社会中并不被认为是违反道德的行为。当社会发展到对偶婚阶段后，人们的道德观念也随之发生了变化，血缘婚阶段的道德观念已经失去了它的合理性而为人们所否定。《吕衣阿舟若》中将同胞姐弟面对面改为背靠着背而生，这显然是新的婚姻道德观念已经产生的重要标志。与《舅舅送毡》相比，《吕衣阿舟若》的人物刻画之细腻生动，故事内容之充实丰富，无一不表明这一地区政治、经济、文化发展的程度。在丽江中西部地区，情况又发生了变化。那里早已进入了封建社会，自清雍正元年（1723 年）“改土归流”后，封建政治、经济、文化都进入了全盛阶段。在道德上，设流以后，礼教渐兴；在建筑上，改设后，渐盖瓦房；在婚俗上，婚礼先通媒妁，娶之日，妇乘肩舆，至，婿揖而入，惟富豪巨族多亲迎者；在葬俗上，改设后屡经教谕，不许火葬，自束河和惊顺母死，殡殓如礼，择地阡葬，题立刻铭，人不见其祸，此风乃渐革矣。丧礼必廷正寝宫，含饭沐浴不离男妇手，小敛后，每逢七日或请缁流道士诵经典，亲属各具酒食相奠馈至葬乃止。葬礼上还披之管弦，奏以细乐，缠绵悱恻，哀伤动人；在文化教育上，“改土归流”以后，汉文化不再为木氏土司所垄断，随着各种书院学堂的纷纷建立，受教育的面扩大了，士子们勤诵读，喜收藏书籍。[①] 这些都必然给予纳西族民间文学以深刻的影响，给它带来许多新的内容。《猎歌》及其他大调正是“改土归流”后纳西族社会的风俗画卷。它们从不同的角度真实生动地记录了当时社会生活的各个方面。然而，“改土归流”虽说结束了土司制度的黑暗统治，但流官统治下的封建地主经济制度也从开始的那一天就逐步暴露出它的凶残与黑暗。因为土司制与流官制的改革并不是一种生产关系的彻底变更，它只是用一种较高的形式取代了较低的形式而已。其黑暗统治在丽江纳西族地区特别突出地表现为封建礼教及其婚姻制度与本民族固有的较自由的婚姻形态之间的矛盾。这种矛盾斗争的结果造成了大量的爱情婚姻悲剧。在云南省解放前流行于纳西族青年中的“游无”，正是这一悲剧的产物。它是青年们在封建礼教压迫下所采取的以生命抗暴的斗争形式。表现在文学作品中，爱情婚姻问题就成了当时最敏感的内容。在近代产生的纳西族民间长诗中，除了《游悲》及“三相会”(《鱼水相会》《柏雪相会》《蜂花相会》)等作品直接描写这些社会问题而外，几乎所有的大调都以男女青年相亲相爱、风雨同舟、互相救助、实现各种生产生活目的为隐喻，象征着他们的爱情与婚姻最终得到实现。它反映了广大农民希望用自己的双手创造幸福生活的强烈愿望。这在当时的历史条件下虽然是一个不可实现的幻梦，但它却启发人们认识封建社会的黑暗，鼓舞人们与不合理的现实做斗争。《猎歌》作为大调中的“欢乐调”之一，也正是如此。

① 光绪《丽江府志·风俗》(作者、出版者、出版时间不详)。

其次，风俗习惯的变化是这些作品发生重大变异的原因之一。具体地说，火葬及其习俗的革除是《舅舅送毡》及《吕衣阿舟若》得以改造成为《猎歌》的重要条件。习俗是社会生活的一部分，它在历史发展过程中形成、变化和消亡，但它又有相对的稳定性。在摩梭地区之所以还流传着《舅舅送毡》这个作品，在很大程度上是由于有与母系制有关的葬俗存在，并且这种葬俗延续到了当代。在摩梭地区，从未受到像“改土归流”那样强制性改革古老风俗之浪潮的冲击。因有其俗，故有其歌。而丽江中西部则不然，自设流后，民间风俗多被汉化，火葬被革除就是最明显的例子。因无其俗，《猎歌》便有可能根据现实生活而不是拘于古风古俗进行加工改造。这种改造的痕迹在这部作品中具体体现为马鹿（或野牛）的去向决定着作品的发展方面。因一只鸟或一头兽的去向而得祸福，这种情况在民间文学中还是比较常见的。如大理过去称“鹤拓”，为何得此名？有一个故事讲的是，因为大理是一个猎人尾追白鹤发现并开拓成田园的。《猎歌》也有相同的特点。《吕衣阿舟若》仍然保持了《舅舅送毡》中马鹿的去向，因而它基本上就是原作的面貌，只有改变了马鹿去向的《猎歌》才大大改变了原作的面貌。马鹿的去向又不是随意的，这是由于当时纳西族地区被大理、昆明、北京等地政治经济中心吸引所决定的。而且，当时由于要获得被认为是最高荣誉的文武进士都要到北京参加考试，因此猎人在北京绿瑶海边猎到马鹿、找到猎狗，实际上是赋予了获得彻底胜利或最大幸福、最大荣誉之意。可以说，如果丽江中西部纳西族地区还存在着母权制社会形态及火葬习俗，作品的这种变异是不可思议的，或者说是根本不可能的。

再次，地域的不同也是这些作品发生变异的重要原因。作品的内容随着流传地区的不同而不同，变异的结果更具有地方色彩。著名的芬兰学派认为在民间文学作品流传变异过程中，语言并非界限，重要的是地域。一条大河，一片沙漠，一座高山，都会阻止一个故事的流传，并使同一故事在不同地域内显现出千姿百态。当然，语言也能使故事发生变异。通常故事流传得越远，其变化也就越大。它是波澜式的后浪推前浪，到某一地区就停滞下来。在没有语言隔阂的同一民族的不同地区，这种地理条件显得尤为重要。从《舅舅送毡》到《吕衣阿舟若》，两个作品经过两次递进变异才形成《猎歌》。其方向是由东向西推进。关于地域对这些作品变异的影响可分为两个方面。其一是所反映的社会状况、生活气息、风土人情、心理特点的变异；其二是山川河流、动物和植物、气候物产等的变异。对于像《舅舅送毡》及《猎歌》那样具有大跨度的两个或若干同一母题作品的流传区来说，这种对作品的改造加工之灵活性更大，人们往往只需要因袭原作的基本素材，或择取其某些片段、情节、人物，就可以做一番脱胎换骨的改造。其结果是变得大同小异，或小同大异，甚至面目全非。

现在，我们要论及的是《猎歌》的胚胎《舅舅送毡》产生于何时、《猎歌》又形成于何时的问题。由于是民间口头文学作品，我们很难准确地把握它们产生的时间。但这不是说我们对此已经无能为力。我们还是能通过对作品反映的内容等的分析，推断出它们产生及形成的大概时间。因为一切民间文学现象都是在一定的时间、空间里产生变化的。况且，民间文学除了绝对的“变”之外，还有相对的稳定性。我们先看看《舅舅送毡》是什么时候产生的。

从生产内容看，这些作品反映的都是狩猎生活，但《猎歌》与《舅舅送毡》所反映的狩猎生活却有着质的不同。《猎歌》所反映的乃是在农业社会中人们失去土地、财产后被迫与山林为伍，而《舅舅送毡》反映的则是在特定社会条件下人们必然采取的一种生产生活手段。可以说，这个作品产生于摩梭人从以畜牧生活为主、狩猎生活为辅的社会向农业社会过渡的阶段。那么，这个阶段大约应当在哪一个时代呢？我们知道，纳西族古称“摩挲”“麽些”“摩沙”，渊源于古代河湟流域的古氐羌系统。章太炎《西南属夷小记》曰：“唐时所谓么些蛮，即羌种之流入者。”许慎《说文解字》释：“羌，西戎，牧羊人也，从人，从羊。”在甲骨文中“羌”写作“上羊、下人”，表示牧羊者。后来，由于部落战争及游牧生活之需要，氐羌系统子孙分别，各自为种，任随所之，或为牦牛夷[①]。据方国瑜先生考证，牦牛夷当是纳西族先民，以牧养牦牛而称其名。这说明远古纳西族社会曾长期处在游牧生活之中。在纳西族民间，直到新中国成立前每家门前均立两石，各刻有老虎、牦牛。老虎是该民族的图腾，而牦牛表示对过去游牧生活的回忆。在纳西族民间故事中，反映游牧狩猎的作品占了相当大的比例。这无一不说明纳西族社会的游牧狩猎生活曾延续到较晚的时候。到底晚到什么时候呢?《中国少数民族》中曾提到："9 世纪，金沙江流域的纳西族社会进一步发展，畜牧经济在部落生活中占据主要地位，牧畜成了商品。铁桥（今丽江一带）的羊群，成千上万地被赶到南诏去贸易。"[②] 9 世纪正是唐末时期。这是丽江一带的情况。在现今摩梭人居住地区的情况又怎样呢?《元史 · 地理志》载："永宁州，昔名楼头赕，接吐蕃东徼，又名答蓝。麽些蛮祖泥月乌逐出吐蕃，遂居此赕，世属大理。"方国瑜先生在《纳西族的渊源、迁徙和分布》中认为，是时应在 5 世纪后期。"楼头""答蓝"即樊绰《蛮书》所谓"三探览"地，现今之永宁坝子。这些都说明，从 5 世纪到 9 世纪间，纳西族各个支系已经陆续定居于现在所分布的地区，其社会正处在发达的畜牧业生产状态之中。到 13 世纪中叶，丽江地区生产状态有了显著变化，从以畜牧业为主变为以农业为主，出现了正如《大元一统志》所载的"民田万顷""地土肥饶，人资富强"的景象。但在以永宁为中心的摩梭人所居之地仍处在以畜牧业为主、狩猎生活为辅向农业生产过渡的阶段。永宁在纳西语中叫"吕地"，意为放牧之地；摩梭语则称为"黑地"，有"憩息之所"或"宿营地"之意。流传于当地的民间传说《永宁坝的来历》说：元初，忽必烈挥戈南下路过永宁，见这里坝子辽阔、水草丰茂，便令军伍在开基河边安营扎寨，牧放战马。如果这是真实的，那么也就是说到元初为止，永宁坝仍是一片草泽，未被开垦。明、清两代，汉文化对纳西族社会产生了巨大而又深刻的影响。据中国社会科学

①（宋）范晔、（唐）李贤：《后汉书 · 西羌传》，中华书局 1965 年版。

②《国家民族事务委员会民族问题》五套丛书编辑委员会撰：《中国少数民族》，人民出版社 1981 年版。

院民族研究所《云南省宁蒗彝族自治县永宁纳西族社会及其母权制的调查报告》记述：清初明末，有小部分四川省的汉族冲破彝族奴隶主的阻拦，逐渐辗转迁徙进永宁边缘地区，投身做纳西族封建领主的佃客，领得允许居住和从事农业耕作的红照。[①] 可见，在明末清初以前，永宁纳西族摩梭人就已进入以农业生产为主的封建领主制。所以，我们可以肯定《舅舅送毡》最迟也产生于明末以前。

从作品所反映的宗教状况看，《舅舅送毡》及《吕衣阿舟若》都渗透着纳西族原始宗教观念，并已有佛教的某些影响。纳西族原始宗教在纳西人中称“东巴教”，摩梭人称“达巴教”。其教义无非是宣传万物有灵、灵魂不灭、祖先崇拜，等等。前者有用象形文字书写的经典，后者只有口诵经。宗教徒一般不脱离生产，是自食其力的劳动者。该教无严格的教规，也无寺规、组织。作品中有关祈求山神、猎神保佑并指引猎犬及野牛（或马鹿）的去向、女主人公在得不到弟弟谅解之前即使烈火熊熊也难焚化尸骨等描写，无疑都反映了有神论、灵魂不灭、祖先崇拜、万物有灵等原始宗教的内容（可以说作品中请喇嘛念经超度的结尾是后来才加上去的，因为它对整个作品无任何作用）。而这对在云南省解放前佛教已在摩梭群众精神生活中占绝对统治地位的永宁地区来说是不可思议的。在永宁，几乎每一家都设有经堂，几乎每家都有一名男子皈依佛门，每逢婚丧祈祷必由喇嘛烧香念经。“达巴”仍有一定的活动市场，如驱神赶鬼、禳灾除病等。但有趣的是，摩梭人中间有这样一种风俗：每当“达巴”做完道场回家，主人总要撒把灶灰驱赶“达巴”，以示日后永绝此患，不让“达巴”重登门庭。显而易见，“达巴教”的地位已低落到了何等的程度！应该说《舅舅送毡》应产生于本民族巫教盛行而佛教尚未传入或刚刚传入摩梭地区之际。这样我们就有必要考察一下佛教是在何时传入永宁地区的。据宁蒗彝族自治县县委调查，早在公元1276年开始便有木里藏族自治县藏人僧侣来永宁传教，先在阿半罗建寺，后

① 中国科学院民族研究所云南民族调查组，云南省民族研究所编：《云南省宁蒗彝族自治县永宁纳西族社会及其母权制的调查报告》，1978年（出版者不详）。

又在真波格罗建寺。公元1556年正式在开平建立九美戈寺院[①]。1276年正当南宋末年，公元1556年是元末。也就是说，佛教在永宁地区始传于宋末。于是，我们可以把《舅舅送毡》最初产生的时间推至宋末以前了。前到什么时候？如果是隋唐以前，纳西摩梭两个支系还未进入现今的丽江、永宁，而是共居于现今的四川省无量河畔。晋人常璩《华阳国志》："县在郡西，渡泸水，宾冈徼、白摩沙夷。"正如以上谈到过的那样，隋唐之际，摩梭支系才进入永宁，纳西支系才进入丽江。《元史・地理志・通安州》曰：丽江（通安州）"仆繲蛮所居，其后麼些蛮叶古乍（年）夺而有之"。叶古年为唐高宗时人。由于隋唐以前两个支系在共同的地域下有共同的社会生活背景，因而也必然会有共同的文化，或者可以说这两个支系的区分只是他们各自隔江而居之后的事。虽然丽江中西部地区汉化得更早、更深刻、更广泛一些，但火葬之俗毕竟延续到了清代咸、同年间。纳西人中间若有诸如摩梭人那样分不同性别而操办丧事的风俗的话，反映这些内容的哀歌也是肯定会应运而生的。即使"改土归流"后葬俗不断被汉化，这些内容无疑会被专事歌舞娱神的巫师"东巴"用象形文字早就记载于经书之中。但直到现今，我们还没有发现在哪一部东巴经典中记载有这个故事，哪怕是改头换面的作品。在丽江中西部地区流传的众多的民间故事中也绝无同样的作品。因此，这个作品似乎只是古"摩挲"系统中"纳日"（即摩梭）一支的文化，而且是在它与纳西支系隔江而居之后才产生的作品，而这是隋唐以后的事。因此可以说《舅舅送毡》这个故事产生的时间最早不超过隋代，最晚不超过宋末。我个人的意见比较倾向于宋代，因为正是在宋代才具备了产生这个作品的各种条件。它们分别是：其一，从以畜牧业为主狩猎为辅的社会向农业社会过渡；其二，本民族巫教处于极盛期而佛教影响极小或绝无的时期；其三，摩梭与纳西两部分人已从古摩挲系统中分离出来并隔江而居。

① 中国科学院民族研究所云南民族调查组、云南省民族研究所编：《云南省宁蒗彝族自治县永宁纳西族社会及其母权制的调查报告》，1978年（出版者不详）。。

《舅舅送毡》经过“拉伯—奉科—宝山”这条纳西、摩梭两个支系政治、经济、文化交流的必由之路传入丽江中西部地区形成了《猎歌》。关于《猎歌》的形成，应该说是在清雍正元年（1723 年）“改土归流”以后，它随着近 200 年来纳西族社会历史的变革发展而不断丰富完善。这在前一部分中已经论及，这里就不再赘述。

话说“大调”

“大调”是纳西族民间文学宝库中的一份珍品，是纳西族民间诗歌发展到特定阶段的产物。

“大调”是相对于短小歌谣而言，指的是18世纪丽江纳西族地区实行“改土归流”以后形成的民间长诗。它之所以被称为“大调”，是因其在表现形式上并非口诵，而是入乐以入调进行演唱，并且每部作品都有相对固定的乐调，如《挽歌》以悲哀苍凉的“喂仁仁”调相伴演唱，“三相会”多用欢乐明快的“喂莫达”调相伴演唱；从作品间的关系来说，过去的歌谣大都是零星片段，是一种自然产生的产物。而大调则不然，它具有系统性，各部作品之间具有联系性，是一种自觉创作的结果；从作品的篇幅上看，过去的歌谣多为寥寥数语之吟叹，而“大调”的规模则异常宏大，多则洋洋洒洒长达3 000行之多，最少也有数百行。可见它堪称为“大”；就作品所反映的内容看，过去的歌谣往往一事一议、一情一歌，而“大调”的内容则是五彩缤纷、光怪陆离，形成了一幅幅生动优美的风俗画，综合反映了近代纳西族社会生活的各个方面；从其艺术手法上看，歌谣比较单一，“谐音”象征等尚未形成使用，而“大调”则各种表现形式应有尽有，许多新的艺术手法都得到了自如的运用。

由上可知，“大调”之所以被称为“大调”，是有其特定的内部规定性的。

人们也许会问：“大调”计有多少部作品呢？在纳西族民间俗称有“十八大调”，即谓“大调”作品有18部。尽管对一些作品的划分还有一些异议，但它们大体上还是明确的。它们分别是：《挽歌》（又叫《白事调》）、《婚歌》（又叫《红事调》）、《猎歌》、《烧香》、《伐筝》、《赶马》、

《蜂花相会》、《雪柏相会》、《起房》、《筑城》、《文考》、《武考》、《游悲》、《牧歌》、《绣花戏牌》、《放鹰》等。据笔者近年来的调查表明，事实上，“大调”作品远非这18部，如在“相会调”中还包括有《青龙明珠相会》《牧象女与牧牦郎相会》《星星相会》《孔雀凤凰相会》《孤鹰孤雁相会》《马鹿水獭相会》《白露水草相会》《麒麟凤凰相会》等。仅在《蜂花相会》中派生出的作品就有《茶花野蜂相会》《园花家蜂相会》《金蜂银花相会》《织花金蜂相会》《岩蜂海花相会》《鸳鸯荷花相会》（纳西语中“鸳鸯”与“蜂”同音）等6部。又如，《鱼水相会》中派生出的作品有《渔竿竹篮相会》《金水金鱼相会》；《筑城》中派生出的作品有《北京筑金城》《南京筑银城》《刺伯筑石城》3部。由此看来，“大调”作品计有40余部之多。

“大调”可大体分成以下三种形成方式：第一，在东巴经典作品的基础上改造加工、丰富发展而成，这类作品有《挽歌》《婚歌》《游悲》等；第二，在民间歌谣传说基础上再创作而成，如《猎歌》最早产生于永宁纳西族摩梭人地区，称为《舅舅送毡》，流传到丽江奉科、宝山地区后被改造成了《吕衣阿舟若》，最后流传到丽江中、西部地区才形成了目前所见到的《猎歌》；第三，根据现实生活创作而成的新作品，如《赶马》《文考》《武考》《筑城》等。它们取材于全新的生活，以反映现实作为最重要的内容，不仅为数众多，而且生动丰富，最具时代色彩，用诗的形式较系统全面地反映了资本主义萌芽在丽江纳西族地区业已产生后的社会状况。它在我国民间文学史上应该占有一定的地位。

“大调”作品的内容极其复杂，既有精华，亦有糟粕；既有神怪色彩，又有现实意义。从总体上看，它们的基调是高昂的，许多作品充满了悲壮的美感，相信人、相信人的创造力、对未来抱以乐观的态度像一条红线贯穿于一切作品之中。如《猎歌》《伐筝》《赶马》等歌颂了劳动和对幸福的追求；《蜂花相会》《鱼水相会》等歌颂了爱情，表现了青年对封建礼教的反抗和对婚姻自由的追求；《游悲》等作品表现了纳西族人民对黑暗的旧社会血和泪的控诉，歌颂了人们对美好生活的追求精神;《文考》《武考》描写了“改土归流”后的文化盛事，洋溢着追求功名、不甘寂寞、力争有所作为的豪情壮志;《挽歌》《婚歌》等再现了古朴淳厚的纳西族民风民情。这些作品都不同程度地夹杂有一些不太健康的思想因素，如宿命论、及时行乐等，但从总的情况看，这些“大调”作品还是值得重视和肯定的。这些不健康的因素，不但不能磨灭“大调”之光彩，而且它使这些作品显得更具特色，显得更加真实生动，也就更为可信。因为任何伟大的作品都不可能是纯粹之物，民间文学作品也必然会打上它所产生及流传的那个时代以及它的创作者的思想烙印。我们没有理由也根本不可能去苛求过去的劳动人民按照现代人的美学思想进行创作。我认为，“大调”是近200年纳西族社会的风俗画卷，是纳西族人民自己创造的“风俗史诗”。

“大调”在艺术上大体有如下特点:

第一，系统性。“大调”虽然内容丰富、题材广泛，但因它们具有整体性与类型性，因而显得繁而不乱、井然有序。它们往往按其题材或是情调组成若干类型，大类型中又包括小类型，各个类型之间又能融会贯通，互为和谐，因而形成了一个有机体——“大调”。它们一般可分成：风俗调，如《挽歌》《婚歌》；相会调，如《蜂花相会》《鱼水相会》；欢乐调，如《烧香》《猎歌》《赶马》；生产生活调，如《筑城》《起房》；文化盛事调，如《文考》《武考》；娱乐调，如《学丝戏牌》《放鹰》。在以上很多类中又包括不少小类，形成了一个大系统中有小系统的状况。这种系统性、类型性是古今中外一切民间歌谣及民间长诗中较为罕见的。对此，笔者将在另文中做专门的探讨。

第二，对称性。对称性既表现在各类型间的关系上，也表现在一部具体作品的章句结构上。如有“三欢乐”就对应有“三相会”，有“红事调”就对应有“白事调”……在具体作品中，几乎每一部作品都无一例外地使用了对称方法。如前一段言天界，第二段必然言人间；如第一句说上古，第二句往往就谈下世。它使这些“大调”作品形成了一种平稳厚实感，具有一种对称美又便于记忆。可以说，这是纳西族古歌谣形式的遗存。

第三，象征性。象征性是“大调”作品的一个重要特点。不了解、不承认这一点，我们将无法找到打开许多“大调”作品之门的钥匙，从而也就无法解开其中的奥秘，并对一些作品从概念出发、从原则出发加以简单的否定。试举一例子，《烧香》这部作品乍一看去，它所表现的无非是一对青年怎样跋山涉水、前去拉萨烧香拜菩萨的故事。但仔细一分析，我们就会惊异地发现，这部作品包含有许多积极因素，而且“烧香”在这里只作为一个借喻手段，一种象征性的活动。因为作品的绝大部分并不是去描写朝圣拜佛，不是表现对佛道的追求、对神佛的虔敬，而是描写一对青年男女互相关心、互相鼓舞，去追求他们的理想和幸福，着重表现他们不屈不挠的精神。可以说，只有后者才是这部作品的真谛，即其象征意义之所在。从表现于宗教的纳西族民族性来看，纳西族在历史上对某一宗教采取的态度往往是信而不笃、为我所用。因此，云南省解放前，在丽江纳西族地区同时并行的宗教除本民族教东巴教外，还有佛教、道教、基督教等。而且，有的人还同时是几个宗教的教徒。也就是说，就客观生活而言，一对青年男女如此虔诚地信仰佛教以至不辞万里前去拉萨是不太可能的，它最多只能证明以拉萨为中心的佛教文化对纳西族文化的影响。如果我们不是从文学作品的象征性去考察这部作品，就有可能用极简单粗暴的方式对此加以否定，而这对这部作品来说该是多么不幸！这种象征手法在《猎歌》等作品中也多有使用。

第四，公式化。这是由“大调”在短短200多年内群然崛起而造成的一种现象。由于作品酝酿的时间较短，使人们只能处于一种对照某一参照范本进行盲目模仿的状态。这本身就证明了这些“大调”作品的不成熟性。而所谓范本，在我看来就是那些记载于东巴经中由东巴们在各种道场上吟诵的经典长诗，如《创世纪》《鲁般鲁饶》等及稍长的、具有叙事性的歌谣。而一旦最初的模仿作品产生之后，它本身又成了新的模仿对象。如“相会调”最初根据传统情歌创作而成，它们当中最早出现的作品应当是《鱼水相会》《蜂花相会》。后来，这两部作品又成了从属于它们的一系列作品的模仿对象。于是，同一类作品往往千篇一律，它们不仅在结构上、风格上几乎完全相同，而且很多情节、很多句子也出现了相似或完全雷同的现象。这种公式化的恶果，就使得有关作品显得异常呆板沉滞，缺乏各自鲜明的特色、缺乏灵活多变性，限制了作品内容及作者思想的自由抒发。这是“大调”的一大不足。

总之，“大调”是纳西族人民对我国民间文学的一大贡献。无论就作为纳西族民间诗歌进一步发展的标志而言，还是从它已取得的成就而论，对“大调”在纳西族文学史上都占有特殊的地位，都应引起足够的重视。

谈谈日本的纳西族文学研究

一

比之欧美，日本的纳西文化研究不能不说是起步迟迟。当西田龙雄于1966年出版《活着的象形文字——纳西族的文化》[①]这部奠基性著作时，欧美学者已经在纳西文化研究园地辛勤耕耘了半个世纪。从20世纪初起，一批批美国、德国、荷兰、法国、意大利等国的学者便深入不毛，踏上了玉龙山下那片神奇的土地。洛克[②]博士更是旅居丽江，“参与观察”纳西文化达20余年之久，终成一代宗师；美国国会图书馆、哈佛大学图书馆、曼彻斯特芮兰图书馆、柏林国家图书馆等早已是东巴经典盈库；在远离纳西族故乡的罗马、海德堡、威斯巴登、海牙到处回响着古拉特、提古勃里、劳佛、胡梅尔、赫尔曼斯、内尔、安东尼·约克瑟等硕学阐述纳西文化奥秘的声音；《麽些研究》于1913年便已问世，《中国西南古纳西王国》及《纳西语英语百科辞典》承上启下，《一个被遗忘的王国》则继往开来，开创了纳西文化研究的繁盛局面。而日本的情况是：直到1980年以梅棹忠夫为团长的日本民族学代表团访问丽江[③]时，还从来没有一个日本学者曾奔走于玉壁金川之间，更没有一双日本学者之手实地收集过一件有关纳西文化的资料。在那座号称“毕集世界民族文化精粹”的日本国立民族学博物馆，至今仍然找不到一册可资陈

① 西田龙雄：《活着的象形文字——纳西族的文化》，日本中央公论社1966年版。

② 洛克，全名约瑟夫·洛克（Joseph F.Rock），1884—1962，原籍奥地利。从1922年到1949年长期在纳西族地区考察纳西族文化，著有多种有关论著、论文，被誉为“国际纳西文化研究之父”。

③ 白鸟芳郎：《云贵川之行》，载《民族学》集刊1980年第12期。

列的东巴经典。

然而，仅仅20多年过去，情况却发生了重大的变化。经过不断积累，日本的纳西文化研究从无到有、从单一到多样，到今天已经形成了一定的规模和声势。尽管还缺少像洛克、雅纳特[①]、杰克逊[②]那样的职业性研究专家，但他们毕竟已经建立起一支以文字学为先锋，以神话学为中坚，以宗教学、民族学为两翼的队伍，为立体地、多角度地接近、探讨纳西文化创造了重要条件。并且，无论是西田龙雄、山田胜美的文字研究，伊藤清司[③]、君岛久子[④]的神话研究，还是斋藤达次郎的宗教研究，生明庆二的音乐研究，志村多喜子的传承研究都取得了一定的成绩。青年学者诹访哲郎[⑤]更是兼文字学、辞书学、神话学、语言学、文化史学研究于一身，成果频出，令人刮目相看。到目前为止，日本学界出版的有关专著已有4部，为数更多的是专题性论文、译文、介绍。中国大陆古文化研究会出版的《纳西族特辑》[⑥]收有论文、译文7篇，对纳西文化进行了综合介绍。从目前的状况看，无论是学科之全，还是学者之众、规模之巨，日本均已跃居国际纳西族学界之首，大有将其中心东迁之势，真可谓“青出于蓝而胜于蓝”。

---

① 雅纳特，联邦德国科隆大学印度东方学研究所所长，与夫人伯莉斯特致力于纳西文化研究，除出版了《纳西族东巴经目录》5卷之外，他们已合作出版了7部纳西族东巴经文摹写本。从1988年起又与我国青年学者杨福泉合作完成了《纳西语—英语词典》等4部著作。

② 杰克逊，(A.Jackson)，法国学者，致力于纳西文化研究，在纳西族宗教、家庭、社会结构研究等方面取得了重要成果。代表作有《麽些巫师经典》《中国西南纳西族的亲属制度、殉情和象形文》《纳西族宗教》等。

③ 伊藤清司，原为庆应义塾大学文学教授，现已退休。曾发表有关研究纳西族神话等论文多篇。

④ 君岛久子，原为日本国立民族学博物馆教授，现在岐阜教育大学任文学部教授，留经介绍许多纳西族神话、故事，并发表过多篇论文。

⑤ 诹访哲郎，已出版发表有关研究纳西族文化论著两部及论文多篇。

⑥《纳西族特辑》，载《中国大陆古文化研究会会刊》1978年第8号，收有7篇有关纳西文化的译文、论文。

二

那么，是什么原因使得日本学界对当时分布于西南边陲、人口不过20万许的中国民族如此醉心？又是什么力量推动着日本的纳西文化研究在这样短暂的时间里得到如此迅速的发展呢？

我认为，这首先是由纳西文化固有的价值所决定的。我们知道，纳西文化由东巴文化、仿汉文化、传承文化三个部分所组成。前者指用纳西象形文字——东巴文记录下来的文化遗产，次者指明清以来由纳西族文人墨客借鉴汉文化书写而成的诗、文、论、著，后者指至今仍存活于纳西族社会中的生活状态、生产形式、语言民俗、口头文学、宗教信仰。其中，以第一部分最具有特色。据统计，纳西象形文共1 400多个单字，被公认为世界上唯一“活着的象形文字”，是我们解开文字产生之谜的宝贵参考。鉴于中日两国都拥有汉字文明这一共性，日本学者对东巴文字的研究格外垂青，以至于在仅出版的四部纳西文化著作中，有关文字的著作就占了3部。而且，日本的纳西文化研究也最早开始于对东巴文字的研究介绍。用东巴文写成的东巴经典共1 500多种，仅残存至今的经典总数就达20 000多册。[①] 它们犹如一部内容丰富的百科全书，生动记录了古代纳西人的生活、思想以及与大自然斗争的经验。可以说，欧美及日本学者对纳西族文化的研究几乎都集中在东巴文化之上。

其次是与日本的文化寻根有关。日本学界的文化寻根进行了很长时间，至今仍然长盛不衰。其先有“南来说”“北来说”“西来说”，分别将南亚渔捞文化、阿尔泰通古游牧文化、中国大陆农耕文化视为大和民族及其文化的源头，尔后形成较一致的看法：日本民族及其文化都不过是以上三种因素的“杂交品”而已。近年来，随着日本迅速发展成世界经济巨魁，日本的民族主义又露端倪，除军国主义不断抬头、企图通过军事手段谋求成为政治大国之外，日本朝野都很重视文化事业，致力于建立文化大国。在这种文化热潮的形势下，出现了两种现象：一是现实

① 郭大烈、杨世光:《东巴文化论集》，云南人民出版社1985年版。

性研究异常活跃。有的学者持“文化相对主义”，强调日本文化的特殊性，借以配合日本政府的“贸易保护主义”；有的学者则面对日美贸易摩擦的严酷现实，宣扬“反文化相对主义”，批判传统文化中的封闭性，呼吁国际化社会的早日到来。二是纯理论的研究亦在更高、更深的层次上得到开展。学者们热衷于在现代化条件下重新审视日本文化，回答什么是日本人，什么是日本文化的精神等重大问题。而仅仅研究自身是不可能对日本文化的多元性、复合性做出科学的说明的。鉴于农耕文化是日本社会赖以存在的命脉这个事实，在日本学者对海外文化的研究中，中国大陆占有极重要的地位。就对中国大陆的研究而言，有一个以汉族为主变为以少数民族为主，从以东南沿海为主变为以西南边陲为重点（甚至出现了“日本人的故乡在云南”之说），对西南民族研究的热点也从苗瑶系扩展到了彝语支诸民族。由于纳西族所居住的云南与日本具有共同的照叶树林文化，由于纳西族和日本社会都有一个从烧田文化到稻作文化过渡的共同历程，由于在中国大陆各种语言中纳西族所从属的藏缅语族语言与日语最具对应关系，由于纳西文化和日本文化中都具有游牧文化与农耕文化相融合的特征，日本学者对纳西文化也就自然产生了亲近感。

至于日本的纳西文化研究能迅速崛起，无非有以下几种原因：

一是战后国际局势的一系列变化。在战前，日本在中国的殖民范围集中在东北、华北、山东一带，对西南地区鞭长莫及，造成了对那里的民族文化的陌生。加之当时他们的“宗师”是德国，远离国际纳西文化研究中心美国，延误了其进程。战后，日本以美国的军事占领为前提，改认美国为“宗师”，在哲学、文化人类学研究方面都受到其强有力的影响，致使日本易于受到以美国为中心的国际纳西文化研究学界的刺激，并易于及时吸收其研究成果。

当历史进入 20 世纪 70 年代之后，中日外交关系的确立，为两国学界在各方面的交流、合作开创了新纪元。日本的纳西文化研究也是以此为前提，变过去靠翻译、利用欧美国家及中国台湾地区出版的有关资料、著作而为直接从中国大陆获取更真实的资料、更大量的成果。自1979年之后，中国推行对外开放政策，纳西族聚居地丽江作为我国首批对外开放地区，先于邻近的许多民族迎来了包括日本学者在内的国际友人。此时的日本学界进一步从过去利用第二、第三手资料的困境中走出，直接深入本土，到纳西族地区调查、收集各种研究资料，直接与纳西族学者进行交流，大大提高了其研究水平。如諏访哲郎、横山广子、百田弥荣子、志村多喜子等年轻学者都有过这样的经历。

二是因为起点较高。日本的纳西文化研究起步虽晚，但因开始于对中国及欧美学者的研究成果之上，所以起点比较高。中国学者的研究材料丰富、论述严谨，而欧美学者的研究不仅先于日本50多年，而且谈论恢弘，方法多样。这些都成为日本学者极好的参考，使他们得以缩短距离，力避弯路，取得较佳的效果。另外，近10年来我国的纳西文化处于繁盛阶段：云南社会科学院在纳西族的聚居地丽江设置了专门性研究机构——东巴文化研究室，纳西文化学会也于1986年成立，以《玉龙山》[①]《丽江文化》[②]《丽江志苑》[③]为代表的有关杂志相继问世，《纳西象形文字谱》[④]《纳西东巴古籍译注》[⑤]等一大批著作已公开出版。这一切给予国际纳西文化学界以极大的方便，日本学者更是“近水楼台先得月”。

三是与近年来我国的纳西文化学者不断走向世界。长期以来，我国的纳西文化走向世界以欧美学者的传播和其所得成果被翻译介绍为主要特点。但是，从20世纪80年代初开始，已经有一批纳西文化学者

①《玉龙山》创刊于1978年，为云南省丽江市文联刊物，除文艺作品外，也登载有关纳西文化研究资料、论文。

②《丽江文化》为丽江纳西族自治县文化馆刊物，创刊于1984年10月，专门刊登纳西文化研究资料、论文，也有部分文艺作品。于1985年停刊。

③《丽江志苑》，为丽江市地方志办公室刊物，创刊于1988年，专门刊登纳西文化史料、论文等。

④ 方国瑜：《纳西象形文字谱》，云南人民出版社1981年版。

⑤ 云南省少数民族古籍整理出版规划办公室编：《纳西东巴古籍译注》，云南民族出版社1986年版。

走出国门，进行国际合作、交流，打破了过去半封闭的状态。纳西族青年学者杨福泉曾经赴联邦德国帮助雅纳特完成了《纳西语—英语词典》《现代纳西语语法》《纳西族文稿（韵文体）句法分析及翻译》《纳西族文稿（散文体）句法分析及翻译》几本著作的编撰工作[①]，在波恩大学任教的杨春蕾（纳西族）博士帮助有关学界完成了方国瑜（纳西族）教授的《纳西象形文字谱》、李霖灿的《麼些象形文字字典》的翻译工作[②]。在日本，先是傅懋勣教授在东京访问讲学，出版了《纳西族图画文字"白蝙蝠取经记"研究》[③]；后有南宁师范学院副院长杨焕典（纳西族）出席1983年9月在北京召开的"第31届国际亚洲北非人文科学会议"[④]，发表了有关纳西语言的论文；笔者亦在留日期间参加了"第33届国际东方学者会议"，并发表论文《纳西文化阶段论》[⑤]，随后又在《日本学报》发表了《黑色与白色的象征性——以纳西族史诗〈东岩术岩〉为中心》[⑥]等文章。可以料想，随着我国对外开放范围的日益扩大，这种交流将会得到加强，更加引向深入。

这些因素综合、交叉地发生作用，使得日本学界博采各国之长，选择最佳途径，利用种种便利条件，在国际纳西文化研究领域取得了令人瞩目的成就。

三

对纳西文学的研究，不过是日本学界研究纳西文化的一部分，但它

① 杨福泉：《联邦德国研究纳西族文化概况》，载《民族文学与现代化》1985年第1期。

② 郭大烈、杨世光：《东巴文化论集》，云南人民出版社1985年版。

③ 傅懋勣：《纳西族图画文字"白蝙蝠取经记"研究》，日本东京大学语言文化研究所1981年版。

④ 杨焕典：《日美纪行》，载《玉龙山》1684年第3—4期。

⑤ 白庚胜：《纳西文化阶段论》，载《国际东方学者会议纪要》第33册（出版者、出版时间不详）。

⑥ 白庚胜：《黑色与白色的象征性——以纳西族史诗〈东岩术岩〉为中心》，载《日本学报》1989年第8号。

又确实是一个重要的部分。其特点是着重于对纳西创世神话的解读、比较研究，其方法又是非文学性的。自西田龙雄首加介绍以来，《创世纪》日译本已达3种之多。它们分别是：君岛久子、村井信幸合译，和志武整理的《人类迁徙记》；村井信幸译的洛克英译本《麽些（Na-khi）族文献中的洪水故事》[①]；诹访哲郎、渡边真树合译的周汝诚汉译本《崇搬图》[②]。最有成就的研究者当推伊藤清司与诹访哲郎。

伊藤清司，著有《日本神话与中国神话》[③]《中国的神兽恶鬼们》[④]等许多著作，论文《古典与民间文学》[⑤]《眼睛的象征——中国西南少数民族创世神话的研究》[⑥]曾翻译发表在我国有关刊物，是一位长期致力于中日民间文学比较研究的学者。他的最大功绩是通过自己卓越的研究，确立了少数民族神话在中国神话学中的重要地位，有力批驳了曾盛行于国际学界的"中国神话贫乏论"，并论述了一批中日故事的源流关系。

伊藤清司的纳西族神话研究开始于1972年。那年4月，他在《日本神话讲座11集·日本神话的比较研究》[⑦]一书中，发表了《日本神话与中国神话：其比较研究的视点》一文。其中，第5节"《古事记》与纳西族的《古代故事》"，第6节"纳西族创世神话诸相"[⑧]便是这方面的最初研究。后来，他又连续发表了《"系谱型"神话诸象——纳西族的创

① 中国大陆古文化研究会编《中国大陆古文化研究》第8集，1978年，收有7篇有关纳西文化的译文、论文。

② 诹访哲郎：《中国西南纳西族的农耕民性与畜牧民性》，《学习院大学研究》丛书16集，1988年1月10日（出版者不详）。

③ 伊藤清司：《日本神话与中国神话》，学生社1976年版。

④ 伊藤清司：《中国的神兽恶鬼们》，东方书店1986年版。

⑤ 伊藤清司著，白庚胜译：《古典与民间文学》，载《云南社会科学》1982年第3期。

⑥ 本文载《中国大陆古文化研究》1980年第9、10合刊。

⑦ 伊藤清司：《日本神话与中国神话：其比较研究的视点》，载《日本神话讲座11集·日本神话的比较研究》，有精堂1977年版。

⑧ 全文共7节。其中，第1节为"中国思想给予日本神话的影响"，第2节为"日本神话、故事的源流"，第3节为"中国神话的复原"，第4节为"伊奘诺伊奘冉与伏羲女娲"……

世神话与木氏历代宗谱》[①],《从口诵神话到记录神话——语部与中国云南省纳西族的东巴》[②],《神话与故事——大己贵神与纳西族的利恩难题求婚故事》[③],《眼睛的象征——中国西南少数民族创世神话的研究》[④]等论文,分别就纳西族创世神话与日本创世神话在类型、存在形态、结构、体系几个方面的类似性做了比较。

在类型上,他认为纳西族创世神话与记载于《古事记》《日本书纪》中的日本创世神话(以下简称"记纪神话")同属"进化型"或"系谱型"。它们所讲述的"混沌→万物诞生→独身神→夫妇神→人祖→民族始神"的内容互相对应,表现出宇宙、社会、历史的高度一体性。[⑤]

在存在形态上,他认为纳西族创世神话与日本"记纪神话"都有一个从口诵变为笔录的过程。它们的一般顺序是先以口头的方式流传民间,然后由神职人员整理集中,用于种种神事祭仪,最后才统一为体系性神话。在其过程中发挥主要作用的是东巴与语部。这两者也具有以下类似点:其一,纳西族的东巴与日本的语部都是神话传说的传承者。他们的职业是世袭的、终身性的。其二,他们从属于族长等地域共同体首长,在其共同体的祭祀等仪式上吟诵神话传说等。其三,他们并非游吟诗人、巡游神人,而是作为辞章传承者的定居农(渔)民。其四,他们除在所属共同体的神圣祭祀中吟诵神话传承之外,在一般性日常生活中也讲传有关神话传承。由这两者笔录而成的东西,在纳西族的场合是东巴经神话,而在日本是"古词"或"旧词"类神话。[⑥]

① 载大林太良《日本文学讲座·神话下》,原题为《"系谱型"神话诸相——日中神话比较》,至文堂1977年版。

② 载直木孝次郎,西宫一氏,冈田精司编:《日本古典文学鉴赏第2卷·日本书纪、风土记》,角川书店1977年版。

③ 本文载《传统与现代》第38号,传统现代社1976年版。

④ 本文载《中国大陆古文化研究》1980年第9、10合刊。

⑤ 大林太良:《日本文学讲座·神话下》,原题为《"系谱型"神话诸相——日中神话比较》,至文堂1977年版。

⑥ 直木孝次郎、西宫一氏、冈田精司编:《日本古典文学鉴赏第2卷·日本书纪、风土记》,角川书店1977年版。

在结构上，纳西族创世神话与日本“记纪神话”都是进化型或系谱型神话与“难题求婚故事”的结合体。在纳西族《创世纪》中，主人公崇仁利恩从洪水中脱身之后，前去天界向天神求婚。在经受了天神的严酷考验之后，他与天女衬红褓白命结合并下凡大地，成了人类的始祖。与之相类似，“记纪神话”也有同样的内容：当大国主命前去出云大神处求婚时，受到了大神须佐之男命的严酷考验，但他经受住考验，解决了一切难题，与大神之女须势理比卖成婚，成了人类始祖。[①]

伊藤清司在承认纳西族神话与日本“记纪神话”都是体系性神话的同时，也指出了两者的差异。他认为，日本的“记纪神话”是一种以天神降临神话为核心，按时间顺序纵向组织而成的体系，它与统一国家政权的存在相适应。而纳西族的神话只是一种氏族社会水平上的体系，这是由于纳西族社会历史的特殊性所决定的。他解释说：纳西族虽然在唐代建立了像越析诏这样的地方政权，但不久即为南诏所灭。元代以后，一直处于历代中央政权的统治之下，本民族独立的政权并没有延续下来。这样，也就没有造成将各地流传的神话整理为统一的民族神话体系的政治条件及要求。另外，从唐代以后，纳西族一直受到藏汉文化的绝对影响，自己的民族精神受到了压抑，致使组织高度体系化神话的土壤一直没有形成。假使纳西族的《创世纪》顺应某种政治需要而继续发展，这部作品的种种异传也就必然集中、重合在一起，被加以组织化、体系化，成为足以与“记纪神话”相匹敌的体系性神话。并且，种种异传亦会以类似于“记纪”中“一书云”的形式记录下来。

比较研究的特点之一，就是通过对比异同现象之分析，对它们给予发生学、传播学的解释。但是，伊藤清司似乎并不屑于这样做。他多次强调说，他之所以将纳西族创世神话与“记纪神话”相比较，完全是为了加深对日本神话的认识，即纳西族创世神话不过是研究日本神话形成过程的一种比较参照而已，绝没有在两者中间寻求源流关系的意思。

他的专题性小论《眼睛的象征意义——中国西南少数民族创世神话

①《传统与现代》第38号，传统现代社1976年版。

的研究》一文写得饶有兴味。在列举了彝族史诗中的例子之后，他对纳西族《创世纪》中那段洪水浩劫之后天神只允许利恩与横眼女婚配，但利恩违背神意与竖眼女婚配生下了妖魔鬼怪，利恩只好再婚的描写中所表现出来的横眼丑而善、竖眼美而恶的观念做了有趣的说明。他说："一只横眼与两只竖眼、同样两只眼睛的竖眼与横眼的差异，可以认为是从非人类社会到人类社会的进化发展阶段，即竖眼象征着妖魔鬼怪、蒙昧和邪恶，而横眼则象征着神、文化和纯正。也可以把这一概念变换为丑与美，恶与善的人伦、道德的价值来叙述。"这实在是非常精当的见解。

正如有的学者所指出的那样，由于占有丰富的资料，伊藤清司的研究显得视野开阔，多有高见。他不仅对纳西族创世神话内容的表层意义，而且对潜在意义、象征意义都进行了深入的探讨。他用历史民族学的方法对纳西族创世神话形成更高层次上的体系的解释也令人耳目一新。然而，我们也明显地感觉到伊藤清司之研究的某些不足。比如，他对"体系"的说明就非常含糊。如果说它指的是神话与社会历史的一体性，其观点就没有什么问题。但如果说它指的是神话内部的体系、神话本身的体系，那么，那种只引《创世纪》不及其余地谈论纳西神话的体系问题的做法就极不科学。另外，伊藤清司一边否认他对纳西族创世神话及"记纪神话"的比较研究是为了探讨其源流影响关系，一边却试图借助与日本神话迥然两异的纳西创世神话说明"记纪神话"的形成过程。人们不禁会发问，这种比较研究到底具有多大的意义？到底能得到多少合乎规律的认识？

真正将纳西族创世神话当作一个主体进行研究的是诹访哲郎。

诹访哲郎，现为日本学习院大学副教授，曾深入纳西族地区进行调查、观察、学习语言，先后发表了许多有关纳西文化的专著专论。其中，以 1988 年出版的《中国西南纳西族的农耕民性与畜牧民性》最具代表性。他的研究摒弃了比较的方法，也不做意义性的解释，而是通过系列性的工作，用结构主义方法去解析纳西族创世神话的结构、基本因素，从而对纳西文化的原质、对纳西民族的形成做合理的说明。他的研究非常严谨，且具有独到之处，特介绍如下：

第一步是研究对象的确定。到目前为止，已公之于世的《创世纪》译本共 8 种。由于译者所持的目的不同，他们的文化教养不同，加之他们各自所依据的底本有别，这 8 种译本面目各异，如果不选择最可信的对象，必然不能得到正确的结论。经比较分析，去伪存真，他采用了周汝诚译本。其理由是周汝诚为纳西族出身的东巴文化研究专家，其译本又是科学版本，上书写象形文，下用国际音标注音，后为对译、意译，还有种种注释，毫无随意删改、添增之嫌。

第二步是对所选定的底本进行日译。事实上，在此之前，纳西族《创世纪》已有两种日译本，但为了避免以讹传讹，他还是花费了相当大的精力对周汝诚本做了全译。翻译本身又具有某种整理的性质。他将这部创世神话分为 13 个主题，每个主题均加以小标题附在相应内容之前。如 A 主题的标题为“从混沌中诞生影子”，B 主题的标题为“白善黑恶的系谱产生于蛋”……在每一个主题中又分几个、甚至几十个小节，分别在译文前标以记号。如标题为“立柱开天地”的 C 主题之下分两小节，标以“C–1”“C–2”。这样做，既便于记忆和研究，也使译文脉络清晰。

第三步是对中国、日本、欧美学者关于这部作品的研究状况做一钩沉，指出其特点，道破其不足，褒赞其优点，借以确定自己的研究方位。例如，他在充分肯定法国学者杰克逊的有关研究采用了中日两国学者所鲜见的方法、从纳西族创世神话中抽出苯教象征主义部分、分析了纳西族创世神话怎样在形成过程中被东巴加以修正增补的情况之长处的同时，也指出了其不足，即杰克逊对受苯教影响前的纳西族创世神话只字不提。

第四步是具体研究。诹访哲郎将自己的研究集中在《创世纪》中从宇宙起源到人祖诞生为止的部分，并将它分为 4 个主题：卵生主题、天柱主题、死体化生主题、混沌主题。他认为，从结构上看，纳西族的《创世纪》“并非一种连续不断、一贯到底的神话，而是由起源各异的几种神话主题重叠而成的”。如：“混沌型主题是汉民族文化，卵生主题是吸收了南方（南亚）文化的苯教文化，死体化生创造天地属西亚文化或中国西南远古文化，天柱主题是披上了佛教色彩的汉文化。”这些神话主题是怎样同时交织于纳西族神话《创世纪》中的呢？作者通过对纳西族语言的分析，发现纳西文化中有两个原质：即农耕及游牧两种文化因素。由此可推知纳西族并非单纯的南下游牧民族，而是土著农耕民族与南下游牧民族的结合。从而，他否定了长期以来所盛传的纳西族为单纯的游牧民族说。与之相应，土著农耕民族拥有以“东亚半月弧”为中心的照叶树林地带古老的“死体化生”主题神话，南下的游牧民族则带入了天柱型及混沌型主题神话，卵生主题神话不过是受苯教及邻近的南亚文化影响所造成。他进而指出，《创世纪》中的崇仁利恩所代表的是游牧文化，衬红褒白命象征的是农耕文化。这一观点在他关于纳西族史诗《黑白之战》的研究中得到了强调。他认为黑代表游牧文化，白代表农耕文化，它们的对立乃是纳西族文化内部两种文化原质的矛盾。

对诹访哲郎的某些观点，我是不敢苟同的。具体讲，他把一部作品中的一对夫妇截然分开，并各作一种文化的代表进行研究的做法让人难以理解、难以接受。有关崇仁利恩赴天界前的活动均与畜牧有关，而从天界下凡后的活动均与农耕相关的说法更是牵强附会。在洪水暴发前的部分不仅有“开天辟地”的描写，而且有崇仁利恩九兄弟耕田耕到神界的内容，怎能说与农耕无关？洪水之后也累累出现了畜牧与迁徙有关的内容，怎能说它所代表的只是定居的农耕文化？另一点是他也将黑与白、农耕文化及畜牧文化在一个平面上组合，强调其对立统一的一面，忽视了它们之间还可能存在的纵向连接关系和转折过程，同时也忽视了普遍存在于人类社会的“黑白二元对立”观念与纳西族神话所具有的共同性。

对纳西族创世神话做过专门研究的还有君岛久子、村井信幸。但是，君岛久子并不把这个作品视为神话，而是视为故事进行研究的。她认为，纳西族《创世纪》属“难题求婚型洪水故事”，那个被人们视为独具特色的、因兄妹成婚而导致洪水泛滥的部分并非纳西族专有，而是彝语支民族中所流传的两种洪水故事类型中的一种。坦率地说，君岛久子的论述好像只是在阅读李霖灿有关论著时所记下的读书笔记。因为她的论点之间缺乏内在的联系，只是就事论事及对李霖灿论文的一些批驳、补充。[①] 村井信幸的研究并没有提出任何观点，他只是为了更准确地把握中国西南少数民族的神话，将纳西族《创世纪》的种种异传与彝族、傈僳族的有关神话做了一番比较并指出了它们各自的特点而已。[②]

日本学界对纳西族民间故事的介绍开始于 1971 年[③]，到了 1988 年才有志村多喜子对它们进行的研究。她的论文《中国云南少数民族纳西族的传承世界》一文，对纳西族的歌手、故事家，对重要传说故事、口传故事中所反映的纳西族的生活做了全面介绍、研究。她指出："纳西族的传承世界，的确是深邃而又广阔，其最大的外因是存在有支撑传承的重层结构，其最大的内因是纳西族人那种作为生息于大自然中的生灵所具有的慈善、优雅。"

不能不承认，日本在对纳西文学的研究中，作家文学是一个薄弱的环节，直到去年，才由牧田英二开始了对作家戈阿干的介绍评论。好在这方面的工作最近正得到加强，据岛根大学文学部教授西胁隆夫称，在他主编的，即将出版的《中国少数民族文学》杂志第 3 期"南方特集"中，已收有对戈阿干等纳西族作家的作品的翻译、介绍。可以相信，随着一代纳西族作家的成长，日本学界对纳西族文学做全面的、整体的研究之局面必将形成。

愿中日两国学者在纳西文化研究领域的合作与交流得到加强，愿国际纳西学早日诞生。

---

① 李霖灿曾在《麽些族的洪水故事》一文中谈到纳西族创世神话中最有趣的是洪水起因与其他民族不同，被说成由兄妹成婚引起洪水。他又讲，天神曾问崇仁利恩"你带来了什么聘礼"？这表明纳西族中曾存在过"买卖婚姻"。君岛久子的这篇论文，除了确定纳西创世神话的类型之外，还否定了李霖灿之说。

② 村井信幸：《中国西南少数民族的创世神话》，载《日本民族文化源流的比较研究讲座 VI "民间传承"》，大阪国立民族学博物馆 1985 年版。

③ 千田九一、村松一弥编：《少数民族文学集》，平凡社 1971 年版。该集中收有纳西族民间故事 8 则。

日本的纳西文化研究新动向

一

日本的纳西文化研究起始于明治三十六年（1903年）。其标志是日本民族学奠基人鸟居龙藏于是年在《学灯》杂志上发表《磨些种族与文字》一文，主要引用汉文献及法国学者拉古伯里等的研究成果，对纳西族的历史、语言、文字做了简要的介绍。

自此之后，由于两次世界大战的影响，日本的纳西文化研究销声匿迹。直到1947年，才有松崎寿和在他的《苗族与罗罗族》一书第7章“中国西南诸种族”中重新提及纳西族的情况。他的研究主要依据美国学者约瑟夫·洛克的有关成果而进行。就目前所掌握的资料看，用“纳西”这两个汉字改称“摩挲”“摩些”“麽西”“麽些”“拿喜”等始见于松崎寿和的《苗族和罗罗族》。

20世纪50年代以后，洛克在欧美世界推出一批批纳西文化研究成果，对日本学界产生了强烈的刺激。1957年，日本内陆亚文化研究会翻译出版了法国学者巴克出版于1913年的《纳西文化》，开始总体地、深入地关注纳西文化。

作为这种关注所引发出的研究成果有西田龙雄于1966年出版的专著《活着的象形文字——纳西族的文化》，以及白鸟芳郎对纳西族历史、语言、文字的介绍。嗣后，在短短的20余年间，先后有桥本万太郎、山田胜美、伊藤清司、君岛久子、諏访哲郎、斋藤达次郎、村井信幸、生明庆二等从语言学、文字学、神话学、传承学、文化学、宗教学、音乐学等角度对纳西文化做立体性研究，出版了《纳西语料》《曾存活的象形文字》《日本神话与中国神话》《中国神话——以纳西族神话为重点》《中国西南纳西族的畜牧民性与农耕民性》等著作，另由君岛久子、白鸟芳郎、伊藤清司主持编辑了《中国大陆古文化研究・纳西族特集》，由诹访哲郎主持编辑了《调查研究报告・纳西族特集》《英语、日语、纳西语小辞典》，由千田九一及村松一弥在《少数民族文学集》中对纳西族民间文学进行了介绍。其中，伊藤清司在纳西族神话研究方面成绩斐然，君岛久子在翻译介绍纳西族民间文学等方面功勋卓著，诹访哲郎在阐释纳西文化结构方面开一代先河。

在这一阶段，曾经先后参加到纳西文化研究热潮中的还有新岛翠、百田弥荣子、牧田英二、志村多喜子、横山广子等青年学者。

二

进入 20 世纪 90 年代之后，日本的纳西文化研究出现了空前兴旺的景象，除第二次世界大战后至 20 世纪 80 年代末从事纳西文化研究的中老年学者仍在频频发表有关成果外，已有吉川文子、荒屋丰等青年学者崭露头角，作为日本民俗学界中坚力量的佐野贤治、矢放昭文、小熊诚、饭岛吉晴、松冈正子、金丸良子、繁原央、繁原幸子、安室知、上野稔以及东洋史专家田中彻、丸山宏、古家信平诸先生都加入了纳西文化研究队伍。在大阪市立大学毕业后就职于日本的中国学者彭飞也正在致力于对纳西族东巴象形文字的研究。

另外，一改往日的分散状态，日本的纳西文化研究开始出现中心及其组织者，这便是筑波大学历史人类学系及佐野贤治教授。佐野贤治现为日本民俗学会秘书长。自 1992 年起，他先后在筑波大学比较民俗研究会组织纳西文化专场讲座 5 次，并在笔者陪同下亲自赴云南丽江、中甸等地考察纳西文化，被聘为云南省丽江县博物馆顾问。1994 年，历经种种努力，他申请到日本文部省提供的海外调查研究基金，与笔者一起组织了规模庞大的中日联合考察团，对丽江城郊的纳西族民俗文化进行考察，取得了一定的成果。1995 年 9 月，他率团赴丽江做补充调查。在他主编的《比较民俗学研究》中，已先后发表中日学者研究纳西文化的6篇文章。他又与笔者合编了《比较民俗学研究·纳西族特集》于1995年8月出版，合编了《西南中国彝族、纳西族民俗文化》于1999年出版。总之，佐野贤治已经成为日本纳西文化研究的实际组织者与领导人，他所在的筑波大学历史人类学系已经成为日本的纳西文化研究中心，他所主编的《比较民俗学研究》已经成为宣传纳西文化的重要阵地。

三

近年来，正趋兴盛的日本纳西文化研究有以下几个特点：

1. 研究课题从概述式向专题化延伸。

过去，日本的纳西文化研究以翻译、介绍、概述为主要特点，除个别学者的成果之外，大都流于肤浅、杂乱。几年来，翻译介绍几乎绝迹，研究课题明显地向专题化延伸，如吉川文子对纳西文化的研究始终围绕着色彩进行，内容充实，提出了许多独到的见解。她的论文《纳西族与“黑”》《纳西族色彩文化的重层性》已由笔者翻译发表于《云南文史》丛刊1994年第4、5期上；荒屋丰的《“异人王”与民俗社会》从纳西族的历史、三多神话的性质、纳西族木氏土司的形成过程、三多神与木氏土司的关系等论述了纳西族王权的基本结构。他的《东巴文化源流研究序说》已由笔者翻译收录于《国际东巴文化研究集粹》一书，原文选译自他的硕士学位论文《中国西南纳西族东巴文化源流研究试论》。这是国际上第一次对东巴文化的本体性研究。斋藤达次郎的《蒙古族叙事诗与纳西族神话比较研究》一文对蒙古族叙事诗与纳西族神话中的母题素进行了分析，还将纳西神话与同语支民族基诺族的神话进行了比较，令人耳目一新。

2. 研究形式从个人探讨转变为集体性攻坚。

日本的纳西文化研究一直以个体作业为基本特色，全然不像蒙古学、藏学那样做群体性的研究。但在最近几年，由于佐野贤治的出色组织，对纳西文化做多学科、多部门的集体性攻坚局面已臻形成。其主要标志是1994年伊始的中日联合考察团对纳西族民俗文化的调查研究。该项目的日方参加者分别来自筑波大学、天理大学、东北大学、京都外国语大学、冲绳国际大学、须贺民俗博物馆等单位，有的是民族学家，有的是民俗学家，有的长于文化语言学，有的专攻宗教学，有的在生态学领域早已成果累累，有的在东洋史学领域建树颇多。进行这种组合的目的在于对纳西文化作总体的、立体的、国际性的把握，以弥补目前国际纳西文化研究中忽视民间传承文化并过分孤立化之不足。

3. 学科从以文字学与神话学为重点转变为以民俗学为重点。

20世纪80年代以前，日本的纳西文化研究无一例外地集中在文字学、神话学，后来才有诹访哲郎的文化学性研究出现。近年来，随着日本民俗学派生出比较民俗学，开始对周边国家的民俗文化予以关注，日本的纳西文化研究亦变为以民俗学为中心。不仅其组织者佐野贤治为民俗学家，其依托对象为筑波大学历史人类学系比较民俗研究会，其阵地为《比较民俗研究》，而且其参加者也大都是日本民俗学会会员。由于民俗泛指保存于民间的一切传承文化，因而便于进行跨专业、跨地区的合作，从物质文化与精神文化两个角度揭示纳西文化的本质。

4. 研究资料从重文献转变为重实地调查。

从1904年至20世纪80年代初，日本的纳西文化研究者几乎无人在纳西族地区进行过田野作业，他们的研究几乎百分之百地依赖我国学者及欧美学者的有关成果。自白鸟芳郎于20世纪80年代初访问丽江以来，已先后有诹访哲郎等一大批中青年学者在纳西族地区进行实地考察、体验，加深了对纳西文化的理解，纠正了欧美及中国学者在纳西文化研究中的一些偏见。他们所使用的资料更具真实性、可信性。

东巴文化研究的世纪回顾

东巴文化是纳西族古代文化的结晶，它因保存于纳西族宗教——东巴教而得名。东巴文化的发生、发展与纳西族的历史共始终。它曾吸吮过中原文化的乳汁，也曾经受过印、藏文化的洗礼，甚至沐浴过爱琴海岸吹来的清风。在中华文明及世界文化的圣殿中，东巴文化独具特色，灵秀千钟，但又从来不是孤立的存在。今天，东巴文化饮誉四海，东巴文化研究作为纳西学的主干日益受到国际性的重视。这无疑是由东巴文化自身的性质所决定的，也是东巴文化所具有的国际意义所使然。

站在新世纪的门槛，回首眺望，我们该对一个世纪，尤其是中华人民共和国成立 50 年来的东巴文化研究历程做怎样的审视?

一、东巴文化的丰富内涵

东巴文化是纳西文化的主要部分，东巴文化研究在纳西学中占有重要的位置。

东巴文化主要包括东巴文字、东巴经典、东巴音乐、东巴舞蹈、东巴绘画、东巴工艺、东巴仪式等七个部分。其中，前六者属于东巴文化体系中的“硬件”，后者属于东巴文化体系中的“软件”，其作用是分门别类地将文字、经典、音乐、舞蹈、绘画、工艺等组织成一个个独立的单元，使之发挥有效的功能。

东巴文字在纳西语中称“森究鲁究”，意为“像木形石”，即见木画木、见石画石，明显表现出它作为象形文字的基本特点与性质。这种文字共 1 400 多个符号，脱胎于原始的图画文字。著名学者董作宾指出：在文字演变的过程中，甲骨文已到少年，而东巴文字仍是儿童。由于与东巴文字一道曾有过灿烂天真的童年的埃及圣书文、巴比伦楔形文字、玛雅文字等都已死亡，日本学者西田龙雄称东巴文字为目前世界上“唯一还活着的象形文字”，即仍有人使用、仍能解读的文字。东巴文字不仅字体象形，而且在书写上遵从自然空间，并常常在文字上添饰色彩，以增强其表意功能，处处留下原始稚拙的气息。

东巴经典用东巴文字书写而成。它们大都是东巴教经典，也有一些是记录作品、账本、书信等的民间文学。它们卷帙浩繁，仅保存至今的就多达 1 000 余种、3 000 余册。东巴经典全面、真实地记录了纳西族先民的生产知识与生活经验，凡政治、经济、军事、文化、历史、宗教、哲学、科技、文学、艺术等无所不包，堪称纳西族古代社会的百科全书。在形制上，东巴经典状如贝叶，以自制土纸——白地纸横向装订，封面题写书名，并饰以八宝等吉祥物。

东巴绘画应用于各种仪式上，所画形象大多为神人鬼怪。它分木牌画、纸牌画、文字画、神像画四种。木牌画大都使用于祭署（即龙）、祭风等仪式，少则数张，多则数十张，一般随用随弃，不得保留。木牌画又分平头木牌画与尖头木牌画两种，前者大都描绘神人形象，后者大都描绘鬼怪形象。据有关学者考证，木牌画与发掘于甘肃、青海地区的古羌人神牌画如出一辙：纸牌画指描绘于五佛冠、东巴经书封面与封底、占卜经典等之上的绘画，所画内容大都为东巴教至尊神、吉祥物等形象。与木牌画的古朴稚拙相比，它更多地受到藏族绘画的影响。文字画指东巴文字本身。由其象形性质所决定，东巴文字便是一种绘画，具有很强的审美价值。翻开经典，但见满纸虫鱼飞动，树木摇曳，各种形象呼之欲出。神像画一般取卷轴形式，布帛上所描绘者为东巴教至尊神及战神、护法神。这种画典雅凝重，色彩华丽，画面丰腴，深得唐卡画之三味。东巴绘画之精品为《神路图》，总长 17 米，画面分天堂、人间、地狱之界，描绘有 360 多个栩栩如生、神态各异的艺术形象。《神路图》一般张挂于丧葬仪式。纳西人相信，依循这条神路，死者的灵魂可以返回到祖灵大地，与祖神共生。用象形文字东巴文书写成的《东巴画谱》更是举世罕见的艺术瑰宝。

东巴舞蹈是东巴文化艺术的重要组成部分，主要用于娱神、驱鬼，分神舞、动物舞、战争舞、法器舞、踢脚舞等五大类四十余种。关于这些舞蹈的场位、动律、技法、道具运用，都记录于《东巴舞谱》这部与《敦煌舞谱》《德寿宫舞谱》《拉班舞谱》齐名的经典之中。难能可贵的是，纳西族先民早已开始对舞蹈理论的探讨，东巴经典《舞蹈的来历》便首开研究舞蹈起源之先河，认为它来源于对动物的模仿。

东巴音乐分声乐与器乐两个部分。东巴声乐指东巴吟诵东巴经典的曲调，约有二三十种。不同的经典往往以不同的曲调吟唱，即使用一本经典，不同的段落也有不同的曲调。东巴器乐指东巴吟诵经典之间歇及跳东巴舞蹈之际，举行东巴仪式之首尾进行演奏的音乐。它们大都节奏单一，谱点简洁，主要用来渲染气氛，指挥节拍，强调起承转合。演奏这些音乐的乐器有体鸣、膜鸣、弦鸣、气鸣等 4 类 16 种。东巴音乐与“丽江古乐”“白沙细乐”“纳西民间音乐”共同构成了纳西族音乐体系。

东巴工艺包括木雕、泥塑、面塑、面具、草编、扎纸、剪纸等多种。其表现对象以神禽、神兽居多，另有一些神灵、鬼怪、法器，造型生动、技巧娴熟、充溢着生活情趣与憨拙。

如果说东巴文、东巴经典、东巴绘画、东巴音乐、东巴舞蹈、东巴工艺等是东巴文化的“硬件”，那么，东巴仪式则可称之为东巴文化的“软件”。正是它将有关硬件组合成一个个独立而又互有联系的单元，进而构造成了庞大的东巴文化体系。东巴仪式共有数百种，有的属于民俗类，有的属于祭祀类，有的属于驱鬼类。

东巴文化的主要传承人为东巴。东巴是藏语借音，其意为“智者”。在纳西语中，东巴称“毕布”，与彝族称巫师为“毕摩”、藏族称巫师为“毕补”基本一致。东巴是纳西文化的集大成者，往往集巫、医、艺、匠于一身，既是生产劳动的能手，又是解惑释疑、传道授业的大师，呼风唤雨、通神感天的高人。东巴一般在家庭内部按父子相续的方式代代传承，也有拜师投学的情况。由于他们的忠实继承、不断丰富、悉心传播，东巴文化才一如长江黄河，初始涓细，“后纳百川”，终成浩荡，穿山破石，一泻万里，汇入世界文化的茫茫大海。

二、国际东巴文化研究素描

中外对东巴文化的研究始于对东巴文物的收藏，至今已经有130多年的历史。1867年，法国传教士德斯古丁斯（père Auguste Desgcodins）从云南寄往巴黎一册11页东巴经摹写本《高勒趣赎魂》，开启了西方世界收藏、关注东巴文化的先声。自此之后，先后有法、英、美、荷、意、西、德等国传教士、文物商、学者、军事观察员等深入纳西族地区搜罗东巴经典在内的东巴文物。鉴于帝国主义国家对我国文化宝藏的掠劫，我国政府亦指派有关部门进行了长达近百年的东巴文物搜集工作。到目前为止，我国北京、南京、昆明、丽江、维西傈僳族自治县、香格里拉及中国台湾等地保存有东巴经典15000多册，美国、德国、法国、英国、西班牙等收藏有东巴经典10000余册。其中，收藏最丰富的是我国国家图书馆、丽江市图书馆、中央民族大学图书馆、美国国会图书馆与哈佛大学图书馆、德国马尔堡大学图书馆。万斯年、李霖灿、方国瑜、和志武、周汝诚、李即善、和发源、和尚礼、戈阿干，以及英国吉尔、梅斯内、福雷斯特、美国传教士安德鲁斯、美国收藏家昆亭·罗斯福、美国学者洛克等都曾为此做出过不同程度的贡献：有的国家对东巴经典的收藏甚至动用了政府的力量，如英国外交部及印度事务部曾委托英国驻中国腾越理事代购并翻译东巴经典，最终于1931年将它们运回英国，收藏于大英博物馆和印度事务部。又如联邦德国于20世纪60年代在康拉德·阿登纳总理的支持下，由德国国家图书馆以昂贵的价格购买到洛克早年赠送意大利罗马东方学研究所的500多册东巴经典，继后再次从洛克处收购到他所收藏的1700多本东巴经原本及照相复制本，终于成为欧洲收藏东巴经典的重要阵地。

对东巴文化的介绍、研究，最早起始于19世纪的法国：1888年，法国学者拉卡珀里尔（Terriem de Lacouperie）发表介绍东巴象形文及其经典的文章《西藏境内及其周围的文字起源》。这首开西方学者介绍、研究东巴文化的先河。1913年，法国学者巴克（J.Bacot）出版了研究东巴文化的第一部专著《麽些研究》。这是作者从1907年到1909年两次实地考察东巴文化的研究成果。书中对纳西族的语言、词汇、语法，纳西族的衣、食、住、行、地理环境、体质特征、婚姻道德等做了较全面的分析，并介绍了370个东巴象形文字。

在西方，于收购东巴文物、研究东巴文化等方面最具盛名的是洛克。洛克生于奥地利，早年迁往美国，后受美国农业部的委托前来东南亚及我国云南采集植物标本。他与东巴文化一经接触，便与之“相恋”终生，直至完全放弃了他曾立命安身的植物学、地理学，最终以无比辉煌的成果，成为国际东巴文化研究的一代大师。洛克于1921年至1949年长期滞留丽江，先后在美国农业部、美国地理学会、哈佛大学等单位的资助下，购买了大量的东巴经典，并将这些数以万计的东巴经典赠送或出售给一些国家的图书馆、博物馆、研究机构、个人，使东巴文化研究一时风靡全球。洛克不仅仅是一个收藏家，他还被誉为“西方纳西文化研究之父”。他终生努力，锲而不舍地耕耘以东巴文化为主体的纳西文化园地，一生著有《中国西南古纳西王国》《纳西语—英语百科辞典》《美国地理学会所藏尼古斯麽些手稿》《德国东方手稿纳西手写本目录》《江边纳西人“日喜”和他们的宗教文献》《纳西人的“那伽”崇拜和有关仪式》《纳西人的祭天仪式》《中国西南纳西人的“开路”丧仪》《中国西藏边疆纳西人的生活与文化》《与纳西武器起源有特殊关系的武士祭丧仪》《开美久命金的爱情故事》《献给中国边疆纳西人的萨满教》《纳西文献研究》《纳西人驱逐使人生病之鬼的仪式》《纳西文献中的洪水故事》《纳西巫师占卜书“左拉”的起源》《纳西巫师所举行的“杀魂”仪式》等巨著及数十篇论文，涉及历史学、文献学、宗教学、文学、目录学、辞书学等各个领域。由于洛克通晓梵文，且聘请精通东巴文化的东巴大师帮助释读东巴经典，在纳西族地区从事田野考察近30年，他不仅立体、全面地清理了纳西文化体系，还明确地解析了东巴文化与汉文化、藏文化、印度文化的关系，解决了东巴文化乃至纳西文化研究的一系列重大问题。

继洛克之后，俄国作家顾彼德（Peter Goullart）也于1941年来到丽江纳西族地区，并留居8年之久，担任“中国工业合作协会丽江办事处”负责人，帮助发展地方民族工业。作为附带性成果，他于1955年在伦敦出版《被遗忘的王国》一书，介绍纳西族的社会、历史、文化、民俗，在西方世界引起轰动。1961年，他又出版了另一部介绍纳西族地区宗教信仰情况的力作《玉龙山中的喇嘛寺》。但是，他基本上不接触东巴及其文化，也不做纯学术的研究，只是以一个作家的眼睛观察纳西族文化，并将它们如实传达给外界。

继之崛起的东巴文化研究者以美国的昆亭·罗斯福，联邦德国的雅纳特（Janert.K.L）、普鲁纳尔（G.Prunner），俄国的列舍托夫（A.M.Reshefov），英国的杰克逊（A.Jackson），挪威的卡瓦尔瓦（P.Kvaener）、哈尔伯梅耶尔（C.Halbmeyer）、勃克曼（H.Bockman），美国的孟彻理（C.F.Mckhann），澳大利亚的兰诗田（Christine Lumb），意大利的克里斯蒂（Celisty）、罗马诺·马斯特罗马特（Romano Mastromattei）、卡尔拉（Roberto Ciarla），加拿大的伊尔·汉妮（Feuer Hanny），法国的伍德沃德（Wood Dward）、丹麦的贺美德（Mette Halskov Hansen），荷兰的霍依卡特拉（Hoekotra）、内斯纳（Nesna），瑞士的奥匹兹（Mickaloppits），泰国的乌莱旺（Uraizan）、高文（Govind Kelkar），日本的山田胜美、西田龙雄、伊藤清司、君岛久子、诹访哲郎、佐野贤治、荒屋丰、岗晋等。其中，以雅纳特、杰克逊、孟彻理、西田龙雄、伊藤清司、佐野贤治最具代表性。

雅纳特原任联邦德国科隆大学印度东方学研究所所长。他曾协助洛克编纂联邦德国所收藏东巴经典目录及撰写有关内容的工作，至1962年10月，已完成《德国东方手稿目录》第七套第一部《纳西手写本目录》第一、二卷的出版工作。在1962年12月5日洛克去世之后，雅纳特继承他的事业，完成了第三、四、五卷的出版工作，这是世界上迄今公开出版的唯一一套编目完整的东巴经典目录。雅纳特还与自己夫人合作，纂写出版了西柏林国家图书馆所收藏的东巴经典八大卷。从1983年1月至

1985 年 1 月，他邀请纳西族青年学者杨福泉赴联邦德国进行合作研究，完成了《联邦德国亚洲研究文集》第七套《纳西研究》丛书中的《现代纳西文稿翻译和语法分析》、《古代纳西文稿翻译和语法分析》、《现代纳西语语法》、《纳西语—英语辞典》等著作。杰克逊任教于英国爱丁堡大学人类学系，他于 1965 年发表《麽些巫术手稿》一文之后，一直对纳西族的东巴文化挚爱无悔，先后发表、出版了一系列的论文与著作，最具代表性的成果为《纳西族的宗教》，于 1979 年出版。这是一部方法新颖、理论性强的学术著作，至今仍是国际纳西文化研究者的必读参考书。杰克逊还是一位国际纳西文化交流的倡导者与实践者，他曾与挪威奥斯陆大学东方语言学系教授勃克曼共同发起组织了国际纳西文化研究会。孟彻理是一位新起的后学，他曾于 1985 年至 1986 年赴丽江纳西族地区进行田野作业，最终于 1992 年完成了博士论文《骨与肉：纳西宗教中的亲属关系和宇宙论》。这是他于 1988 年发表于第十二届国际人类学与民族学会议的论文《骨与肉：纳西传统建筑空间结构中体现的宇宙观和社会关系》的姊妹篇。西田龙雄一直以研究我国藏缅语族语言文字而饮誉国际学术界，他于 1966 年出版了《活着的象形文字・纳西文化》一书，在西方学者未曾涉足的文字学领域做了大胆的尝试。伊藤清司对东巴文化的主要贡献体现在他对东巴神话的系统研究，他的巨著《日本神话与中国神话》中的“中国神话”主要是东巴神话，即，他大大提高了东巴神话的地位，将它作为中国神话的主要部分。这既是客观的，也是很有见地的。因为 1 400 多种东巴经典几乎全部都是神话经典，东巴经典中潜在有一个完整的神话体系及神话世界，这在我国各民族中都是极为罕见的。佐野贤治步入东巴文化研究领域是在进入 20 世纪 90 年代之后，而且切入点选择在民俗学之上。他于近 10 年多次或单独或组织考察团深入纳西族地区调查访问，并在他主办的《比较民俗学研究》上登载了 20 余篇研究纳西文化的论文，尤其是关于东巴文化的文章，在他周围团结了一批关注纳西文化，尤其是东巴文化的学者；他还主持了多次学术讲座，邀请在筑波大学从事博士课程学习的白庚胜主讲纳西文化。1999 年 6 月，他主编的《中国纳西族、彝族民俗调查研究》由勉诚社出版，成为近年来日本学术界研究纳西文化，尤其是东巴文化的辉煌大作。

三、国内东巴文化研究大观

在美国等的一些西方国家和日本学术界致力于纳西文化，尤其是东巴文化研究的同时，我国学者亦艰难开拓，存亡继绝，埋头于东巴文物的收藏、东巴经典的翻译、东巴文化的研究，创建以东巴文化研究为主要内核的纳西学体系，建立有关学术团体、研究机构、博物馆、学术刊物，召开有关学术会议，出版有关学术成果，始终将国际纳西文化，尤其是东巴文化的研究中心置于中国大地，既勇敢地承担起了应有的历史责任，又捍卫了国家与民族的尊严，涤荡了长期笼罩在国际纳西文化研究领域上空的殖民主义阴影。

就东巴经典的收集而言，有感于祖国文化遗产流失海外，或是毁弃于战火、动乱之中，我国学者杨仲鸿、方国瑜、李霖灿、万斯年等或是自行其是，或是受国家图书馆之委托，早在20世纪30、40年代就开始积极搜罗，有效地阻止了东巴经典等文物的继续外流，为国家保存了一大批极其珍贵的文化瑰宝。新中国成立以后，在20世纪50年代进行的全国性少数民族语言文字及社会历史调查中，和志武、和发源、李即善、和即仁、木丽春、周汝诚等先后为收集东巴经典等文物做出了重大贡献。目前保存于中央民族大学图书馆、云南省图书馆、云南省博物馆等处的东巴经典皆搜集自他们之手。在“文化大革命”结束后，丽江纳西族自治县博物馆（东巴文化博物馆）、东巴文化研究所、中甸县文化局、维西傈僳族自治县教育局、中甸县三坝乡文化站，以及戈阿干、和力民、李锡、白庚胜、叶炳林、和尚礼等披沙沥金般地收集万劫之后的东巴经典残存，做出了突出的成绩。如果没有这几代学者的努力，如果这些机构及单位放弃了应有的责任，或许我们今天只能在西方国家的一些个人手中及图书馆、博物馆的书柜里见到东巴经典了。

东巴经典的翻译在东巴文化研究中占有极重要的地位。只有正确释读了东巴经典中的神秘符号，才能正确阐释东巴文化的表层与深层意义。我国学者对东巴经典的成功翻译最早开始于李霖灿。李霖灿于20世纪40年代初来到丽江纳西族地区，直至20世纪40年代末前往台湾。他在东巴和才的帮助下翻译了大量的东巴经典，并于20世纪50年代之后对此加以修订完善，最终出版。它们定名为《麽些经典译注九种》，所采用的科学版本的形式，即原文、注音、意译、注释相结合的形式，大开科学译注东巴经典的先河。他的尝试一直影响到当代，起到了很好的规范作用。20世纪60年代，丽江纳西族自治县文化馆投入巨资对所搜集到的东巴经典进行翻译，先后石印刊行了24种，无论是规模还是参加翻译的人数都比李霖灿所从事的同类工作有过之而无不及。遗憾的是这些译文虽真实无比，但语句稍嫌晦涩。反之，李霖灿的译文流畅顺达，但因他不通纳西语而借助和才一人之力进行翻译，所译内容难免存在一些瑕疵。较好地做到了译文信、雅、达的是20世纪80年代以来由云南省社会科学院东巴文化研究所主持的《纳西东巴古籍译注全集》工程。该工程由纳西族政治家兼学者和万宝主持，调动了数十个东巴参与诵释经典，集中了20多位纳西族出身的中青年知识分子从事译注。经过近15年的努力，他们将1 000多种东巴经典全部翻译完毕。这一浩大的工程是在党和国家的直接关怀下完成的，若没有党的民族团结及民族平等政策、没有社会主义制度，它是断然不能成功的。目前，共计100卷的《纳西东巴古籍译注全集》出版是我国民族古籍整理出版史上的一座丰碑，更是纳西族文化史上旷古罕见的盛事。它为以东巴文化为主要内容的纳西学的确立和发展奠定了无比坚实的资料基础。

与美国等一些西方国家和日本学者对东巴文化的研究主要集中在宗教学、人类学、文献学等领域的情况有所不同，中国学者对东巴文化的研究主要表现在文字学、辞书学、社会学、语言学、艺术、文学、哲学等方面，并涉及宗教学、人类学、神话学、文献学诸领域。关于辞书，最早是由杨仲鸿编撰、完成于1931年的《麽些文多巴字及哥巴字汉译字典》。因种种原因，它最终未能出版发行，但开了编撰辞书之先河。后来，就读于北京大学文科研究所的方国瑜在刘半农等的影响下返回故乡丽江从事东巴文字的学习、调查，编撰成了《麽些文字典》。章太炎为之作序，称“是为先导”，遗憾的是这本书到1981年才得以出版。在东巴文化辞书编撰工作中立下汗马功勋的另一位学者是中国台湾学者李霖灿，他于20世纪40年代完成了《麽些象形文字字典》《麽些标音文字字典》两部巨著，最终于1971年由台湾文史哲出版社出版。嗣后，我国学者赵净修等先后编撰出版了《东巴文化辞典》《东巴象形文常用字词译注》《纳西东巴经专有名词》等辞书，对传播东巴文化起到了一定的推动作用。

在文字学、文学、宗教学、文化学、哲学等方面，我国学术界已出版数十部专著和近千篇论文。其中，最具代表性的有李霖灿的《麽些研究论文集》，傅懋勣的《丽江麽些象形文〈古事记〉研究》《纳西族图画文字〈白蝙蝠取经记〉研究》，和志武的《纳西东巴文化》《祭风仪式及木牌画谱》，白庚胜的《东巴神话象征论》《东巴神话研究》，杨福泉的《原始生命神与生命观》，杨正文的《最后的原始崇拜——白地东巴文化》，郭大烈、杨世光主编的《东巴文化论集》《东巴文化论》，戈阿干的《东巴神系与东巴舞谱》，杨德鋆、和发源、和云彩的《纳西族古代舞蹈和舞谱》，王元鹿的《汉古文字与纳西东巴文字比较研究》等。他们从多方面、多角度立体而深刻地开掘了东巴文化的内涵，代表了国内纳西文化研究的较高水平，体现了中国学者的智慧与实力，他们是国际东巴文化研究的核心力量。

为了更好地收藏、展示、研究东巴文化，云南省及丽江地、县人民政府于20世纪80年代先后在东巴文化的故乡丽江成立了云南省社会科学院东巴文化研究室（1991年改为“东巴文化研究所”）与丽江纳西族自治县博物馆（1999年更名为“东巴文化博物馆”）。10余年来，这两个机构成了对外宣传东巴文化的窗口，它们很好地发挥了各自的功能。如东巴文化博物馆先后接待了近百个国家和地区的学者、专家、政府领导人以及联合国官员，还曾先后派员赴瑞士、加拿大进行东巴文化展览，举办东巴文化讲座，为国争了光。东巴文化研究所则一直埋头于东巴经典全集的翻译工作。有关研究人员还从事大量的田野调查，发表了大量的学术研究成果。尤为重要的是，他们曾在1983年召开东巴达巴座谈会，第一次请居住在滇、川、藏三省区的东巴名师云集于丽江登台献艺，解惑释疑，收到了很好的效果。在这期间，我国学者还在北京市、昆明市、丽江纳西族自治县、迪庆藏族自治州等地成立了许多旨在保护东巴文化艺术、开发东巴文化艺术资源、深化东巴文化艺术研究的学术团体，如中国纳西文化研究会、云南省民族学会纳西族分会、北京东巴文化艺术发展促进会、迪庆州纳西文化学会就是这样一些组织。就在不久前，由白庚胜任会长的国际纳西学学会宣布成立，终于使分散在我国各地与世界各国的有关团体与个人实现了更大范围内的组织与联合。一个全球性继承、发展、研究、开发东巴文化艺术的时代已经到来。国际纳西学学会的成立是对历史发展的一种顺应，也是一种历史的选择。

面临着强势文化的冲击及社会文化的转型，近十几年来，我国的东巴文化研究界开展了多种形式的宣传、开发工作，最大几次行动为1989年在北京民族文化宫举行的“东巴文化艺术展览”、1994年在北京丽都饭店举行的“东巴文化艺术节”、1999年在云南丽江举行的“1999中国丽江国际东巴文化艺术节”。尤其是后者，吸引了十余万人参与，前来观摩的16个国家的外宾达200余名。在开幕式上，一出大型团体表演《东巴魂》，醉倒多少中外观众。在闭幕式之夜，一出《蓝月亮》演出，令无数内外宾竞折腰。会期所安排的会议、音乐、舞蹈、仪式、展览等系列环节，更是全面展示了东巴文化艺术精品，揭示了纳西族的民族精神，大大提高了丽江在国内外的知名度，并为纳西文化在21世纪再创辉煌奠定了坚实的基础，为丽江在新世纪的更大发展寻找到了原动力与新增长点。

就在这一过程中，许多东巴大师为东巴文化在国内外的广泛传播、为学术界解开东巴文化之谜做出了特殊的贡献，他们有和华亭、和泗泉、和才、和文裕、和世俊、和文质、桑尼才、和士贵、和凤书、和诚、和芳、鸠干吉、和正才、和年恒、杨士兴、和学智、和士诚、和开祥、和即贵、习阿牛、和云章、和云彩等大师。与之相对应，我国学术界也成长起一支以纳西族学者为主，兼之以汉族、白族、藏族学者参与的东巴文化研究队伍。他们当中，有的以组织领导能力见长，如和万宝、郭大烈、赵世红、徐振康、林向萧、和尚礼；有的以翻译整理水平著名，如赵银棠、周霖、周耀华、周汝诚、赵净修、李即善、桑文浩；更多的在文字学、文化学、宗教学、哲学、语言学、神话学、民俗学、文献学、辞书学等方面成绩突出，如陶云逵、方国瑜、傅懋勣、李霖灿、戈阿干、陈烈、杨世光、和钟华、姜竹仪、和即仁、和发源、王世英、李静生、王元鹿、喻遂生、赵心愚、李例芬、习煜华、和力民、和宝林、和品正、杨正文、木仕华、杨福泉、白庚胜；有的在收集展示战线建有功勋，如李锡、木丽春、和志武、和尚礼、许鸿宝；有的在传承天地大有作为，如木琛、和晋全、和文光。除学者之外，另有一批音乐、舞蹈、绘画、摄影专家成就辉煌，如宣科、杨曾烈、杨德望、施松建、张春和、王荣昌、赵琦、赵永恒、和云峰、和家祥、兰碧英、许正强、和钟泽、高宇、张桐胜……如果没有这些人，东巴文化艺术断然不能走向世界、奔往未来，一部东巴文化艺术史必然是空洞而又苍白的，因为丰富多彩、生机勃勃的文化艺术史，首先是文化艺术工作者的活动史与创造史。

四、东巴文化研究的一些特点

回顾100多年历史，东巴文化研究呈如下特点：

1. 东巴文化研究事业从诞生的那一天起便表现出十足的国际性特征。东巴经典的收藏与保存、有关学者的分布、对东巴文化传承问题的关注、有关信息与成果的交流与共享等无不表明了这一点。正如以上曾介绍过的那样，对东巴经典的收藏与保存，首先开始于19世纪下半叶的法国，接踵而起的有英国、德国、美国、荷兰、西班牙、意大利等国家。到今天，全世界十多个国家的一些个人、图书馆、研究机构都收藏、保存有丰富的东巴经典。有关以东巴文化为主要部分的纳西文化之研究遍布欧洲、亚洲、美洲四十余个国家，而且各国学者之间的交流交往日益密切。如联邦德国的东巴经典收藏、意大利罗马东方学研究所的东巴经典收藏、西班牙的东巴经典收藏、雅纳特等欧洲学者的育成等都与洛克有直接的关系。目前，瑞士苏黎世大学民俗博物馆馆长奥匹兹教授正在针对东巴文化研究事业的国际性特征，呼吁结成全球性的“纳西东巴经典共享联盟”。

2. 随着时间的推移，东巴文化研究事业呈若干阶段性特征。一般来讲，19 世纪处于准备阶段，侧重于对东巴经典的最初收藏；20 世纪 10 年代至 20 世纪 20 年代为起步阶段，零星的介绍、研究终于发轫，但没有出大家与巨制，研究者之间的交流交往几乎阙如；20 世纪 30 年代至 60 年代上半期属发展阶段，方国瑜、洛克、李霖灿为这一时期的巨匠，《麽些文字典》(《纳西象形文字谱》)、《麽些象形文字字典》、《麽些标音文字字典》、《中国西南古纳西王国》、《纳西语—英语百科辞典》是这一时期的代表性成果；20 世纪 60 年代下半期至 20 世纪 70 年代末为沉寂阶段：虽然仍有列舍托夫、杰克逊、雅纳特等辛勤耕耘，但因中国内地爆发“文化大革命”，而我国台湾学者李霖灿改为从事中国美术研究，加上一代大师洛克逝世后无人填充空白；20 世纪 80 年代，随着中国内地拨乱反正、推行改革开放政策，东巴文化研究迎来复苏的春天，出现了中外东巴文化研究“对话”“接轨”的好势头。丽江纳西族自治县博物馆与云南省社会科学院东巴文化研究室的成立、东巴座谈会的召开、中国纳西文化学会的建立、东巴经典翻译工程的启动、东巴经典遗存部分的抢救收集等，都是这一时期的重要标志性成果；20 世纪 90 年代为繁盛阶段：在这一时期，以召开“1999 中国丽江国际东巴文化艺术节”、“国际东巴文化艺术学术讨论会”、成立“国际纳西学学会”，出版《纳西东巴古籍译注全集》、《纳西文化》丛书、《东巴文化》丛书为代表，以东巴文化研究为主要内核的国际纳西学逐渐形成，建立东巴文化电脑网站、保护东巴文化生态、开展东巴文化教育、实施东巴文化传承工程、推进东巴艺术及工艺开发、积极争取东巴文化赴国外展览交流、结成国际东巴文献共享联盟、建立东巴文化基金组织等成为人们所关注的焦点，纳西学学科建设亦被提到议事日程，有关纳西学的学科结构、学术体系、研究方法、基本理论、学术史都被严肃地提起，大大加快了东巴文化研究从自然到自觉、从零星到整体、从具体到抽象、从应用到理论的转变。

3. 东、西方东巴文化研究各有特色，发展情况并不平衡。从时间起点上讲，我国晚于西方国家半个世纪，日本东巴文化研究起始于 20 世纪 50 年代以后，印度、泰国学者的关注更是迟至历史进入 20 世纪 90 年代之后；从研究特色讲，西方学者长于结构模型、理论批评、演绎推理，而东方学者则更谙熟个别研究、考据训诂、比较分析；就研究领域而言，西方学者侧重于宗教学、文化学、人类学、文献学等方面，东方学者则热衷于文字学、语言学、文学、艺术、社会学、辞书学、哲学、翻译学等方面。当然，以上这些差异也不是绝对的，它们之间多有交叉与重叠，尤其是东方的东巴文化研究起步虽晚，但它所表现出的强劲势头非西方所能比拟。东方学者，特别是中国学者的创造性劳动，正在使东巴文化变成一门国际显学。

4. 东巴文化研究事业的发生、发展一直与国际政治及有关国家的社会变革同呼吸共命运。东巴文化之所以在 19 世纪下半叶首先受到欧美，尤其是法国的注意，这是与当时的国际形势分不开的。那时，帝国主义列强推行殖民地政策，从 1840 年发生的鸦片战争之后，使我国逐渐沦为半殖民地半封建的国家。与此同时，与我国相邻的越南、印度等国家也先后被法国、英国等所殖民地化。在帝国主义国家进一步瓜分我国的过程中，由于纳西族所居住的云南离越南最近，法国便先于欧洲其他国家染指云南，先后派科学家、探险者、传教士、军事人员考察云南各地的地理、人文，从而获得了最早与东巴文化相接触的机会。继之，英国也不仅仅满足于对印度的占领，而是将黑手继续伸向了西藏、云南，从而也出现了其学术界对东巴文化的关心。其后，不甘屈居于法国、英国之后的德国、美国、荷兰、意大利等国亦通过种种方式向云南渗透，引发了欧美帝国主义国家对东巴文化的浓厚兴趣。虽然不乏正直的学者在其间发生积极作用，但刚刚起步的国际性东巴文化研究，的确是文化侵略的产物，的确笼罩着殖民主义的阴霾。这样，中国学者早期对东巴文物的收藏、对东巴文化的研究，也就具有反对侵略、捍卫民族尊严与国家主权的政治意义。中华人民共和国成立以来，我国的东巴文化研究也一直与社会变革密切相关。20 世纪 50 年代，党和国家致力于建设统一的多民族国家，先后组织民族识别工作以及少数民族语言文字、社会历史调查，东巴文化受到一定的重视，许多东巴经典正是在当时被大量收集入库。没有这一阶段的工作，丽江纳西族自治县文化馆于 20 世纪 60 年代上半期主持的东巴经典翻译工程就无立足之本。从 20 世纪 60 年代中期至 20 世纪 70 年代末，中国大地被“文化大革命”的风暴所裹挟，东巴文化遭到致命打击，东巴被斗、东巴经典大量被毁、东巴仪式被全面禁止、东巴文化研究被迫中断。只有在结束了“文化大革命”的灾难之后，东巴文化才在奄奄一息中得到抢救、复苏，东巴文化研究才重新开始，并出现兴旺景象。这样，国外东巴文化研究者才重新获得了来自中国的成果与资料，重新获得了与中国学者交流的机会，重新有可能深入纳西族地区考察东巴文化的存在情况，重新获得了推动东巴文化研究事业发展的信心。同时，中国学者也从国外学者那里接受了新的信息、新的理论、新的方法、新的手段，使国际东巴文化研究首次出现了大合流的现象。

5. 东巴经典的收藏与翻译始终是东巴文化研究的重要内容。纵观国内外东巴文化研究历程，东巴经典的收藏与翻译一直受到研究者的重视。这是因为东巴文化的主要载体为东巴经典，神秘丰富的东巴文化全息系统储存于东巴经典之中。于是，东巴经典成为东巴文化研究的主要资料。有了资料，才可能建筑庞大的学术大厦。在开创东巴文化研究事业的初级阶段，东巴经典的收藏，即东巴文化的资料收集显得更为重要。这迫使著名的东巴文化研究者往往又是卓有成就的东巴经典收藏者。翻译对东巴文化研究的重要，在于记录东巴文化内容的东巴文是一种神秘符号，它不是音素文字，也不是拼音文字，而是一种古老的象形文字，还带有浓厚的图画文字印迹。这种文字的形、音、义并不完全定型，其书写顺序并不固定，有的文字符号只起提示作用，即一字多音、多义，乃至代表几十个语音、语义，绝非掌握了象形文本身就可以阅读经文、阐释经义。只有得到精通经文与象形文的东巴的帮助与合作，貌似离乱的经文才会展示出它动人的风采。因此，任何一个严肃的东巴文化研究者都应该是在收集了大量的东巴经典之后求助于著名的东巴进行翻译注释等工作，努力掌握与了解东巴文化的真实内容。如洛克与李霖灿都是在一代东巴大师的帮助下才破译了大量的东巴经典，从而取得了举世瞩目的成就。显然，洛克与李霖灿既是东巴文化的研究者，又是东巴经典的收藏者与翻译者。所以说，许多东巴并不只是普通的巫师，他们的翻译也是对东巴文化研究的一种参与，称他们为纳西族的知识分子是当之无愧的。我以为，收集与翻译之所以与研究相重叠，收藏者与翻译者、研究者的三位一体，完全是由东巴文化的特性，由东巴文化研究学科的年轻性所造成的。因此，在某种意义上，从事东巴文化研究要挑起比从事其他学科研究更沉重的担子，要掌握比从事其他学科研究更多的知识与技能。按照以往的经验，只有那些将收藏、翻译、研究有机地结合在一起的学者，才能焕发出其学识的与人格的双重魅力。当然，随着东巴经典被全部破译以及东巴文化越来越接近非活态的书库书斋文化，东巴文化研究的这种三位一体性也正在逐渐淡化。

综上所述，从 1867 年起，东巴文化研究经历了从无到有、从小到大、从单纯的收藏向集收藏、翻译、研究于一体，从个别性研究到多方位、立体性研究的发展过程。今天，东巴文化面对社会转型与文化转型，经受着前所未有的挑战，同时也引起了旷古罕见的关注。我们相信，它既然能够闯过无数的风雨、走过坎坷的道路创造了曾经有过的辉煌，那么，在全世界有识之士的共同努力下，在科学技术最新成果的参与下，东巴文化研究事业没有理由止步不前，更没有理由放弃对祖国文化与人类文明的责任。它，有必要开拓前路；它，能够也应该在新世纪再创辉煌。

藏族苯教对东巴神话的影响

东巴神话是纳西族的书面神话，它用被誉为“世界上唯一活着的象形文字”记载于纳西族东巴教经典之中。其内容宏富、神灵体系严整，堪称中华神话宝库的瑰宝。

无疑，东巴神话产生于纳西族古代的社会生活以及纳西族先民认识自然、适应自然、改造自然的生产过程。它所反映的是纳西族先民的生活趣味、生产活动，以及自然观、社会观、审美观。但是，东巴神话在其成长、发展时期也先后饱受过印度文化、藏族文化、中原文化的浸润。所以，东巴神话并非是单质的，与其他民族绝缘的文化现象，纳西文化的多元性及开放性在其中得到显著的表现。

在众多的外来文化对东巴神话的影响中，苯教的作用尤显重要。这是因为苯教为藏族土著宗教，存在并盛行于佛教传入藏区之前。当佛教传入藏区并与苯教发生冲突，继而在佛教取胜、苯教失败之后，逃入西藏东南地区的苯教对东巴神话之直接依存的纳西族东巴教的形成发展产生过巨大的作用。本文试就苯教对东巴神话的影响进行一些探讨，以求教于有关专家学者，力求为东巴神话的研究以及纳西族与藏族有关宗教文化关系的研究开拓新的领域。

一

据东干喇嘛三世东干洛桑却吉尼玛（1737—1802）所著《宗教水晶镜》介绍，苯教曾经历过三个发展阶段。（1）笃本时期：当时，苯教内容仅止于下镇魔鬼、半神，上祀长寿神；祈愿家庭幸福；崇拜黑色。（2）迦本时期：它在笃本时期苯教信仰之基础上频繁地举行贡牲仪礼，崇尚黑色。（3）久本时期：指9世纪被禁止后于11世纪复兴的时期，其教义已经深受佛教影响，改尚白色。大量的历史记载及事实表明，苯教传入西藏东南纳西族地区的时间正是在9世纪之后，即吐蕃、南诏：大唐呈三足鼎立之势，纳西族先民"麽些人"在这三大势力夹缝之间生存的时期。

在苯教初入纳西族地区之际，由于语言隔阂以及纳西族先民所信奉的原始巫教的顽强抵抗，苯教徒的布道十分艰难。为了立足及开拓生存空间，苯教徒在一个完全陌生的环境中做了艰苦努力，一是对纳西族先民固有的信仰做苯教式的诠释，二是将苯教经典口译成纳西族先民"麽些人"之语言进行传播。在此过程中，采集纳西族先民"麽些人"之传说、故事、神话对苯教教义进行解释，以及用苯教经典中的传说、故事、神话等通俗易懂地传布苯教教义成为苯教徒的重要任务。随着时间的流逝，久居纳西族地区的苯教徒融化在纳西族社会之中，久传于纳西族地区的苯教教义被纳西族先民所接受，纳西族巫师也从最初的反感、反抗发展到对苯教的适应与接受，完成了以苯教教义改造、丰富固有原始巫教的转变。于是，东巴教油然形成，东巴神话初具规模，并最终导致了后来由东巴教徒发明象形文字，记录庞大的东巴教经典，使原来的口传神话变成了书面神话。

正是这种苯教与纳西族先民固有的原始巫教的混融性，东巴教才改称巫师为"东巴"，才奉苯教之祖登巴喜饶为自己的教祖，东巴才着苯教徒服饰、使用苯教法器、举行众多苯教仪式、悬挂众多苯教神像画、信仰大量的苯教神灵……英国学者杰克逊曾指出："东巴与苯教徒的确相似，他们都穿同样的礼服，同戴与佛教徒相同的象征佛教的五片花瓣冠。苯教徒在除恶魔时使用以五根铁枝为饰的头饰，另外还使用在藏传佛教中经常出现的礼仪用具。东巴对此如法炮制，两者的仪式也大多相同，东巴教中包含与苯教神灵有密切关系的众神。东巴们还原封不动地使用苯教的符号，拥有秘密书写而成的经典，并在仪式上且歌且舞。”[①]

需要特别指出的是：“东巴”一词即是藏语 Tonpa 的借用，而在东巴教形成之前，纳西族先民称巫师为“呗卜”（Pybu），正如同属彝语支的彝族称巫师为“毕摩”、傈僳族称巫师为“贝婆”、哈尼族称巫师为“贝玛”一样。“东巴”一词在纳西语中不可解释其意，而在藏语中它是“智者”之意。另外，东巴教祖丁巴什罗亦与苯教教祖登巴喜饶为同一人。在发音上，“除了末尾子音脱落外，它们几乎是同音语”。“从语义看，Tonpa 为‘智者’，gshen（什罗、喜饶）为‘氏族’之意”[②]。据称，登巴喜饶实有其人，他大约生活在与孔子大致相同的公元前 700 多年前，而且他是西域出身的圣人。卡尔迈·桑本旦就曾在《嘉言库·西藏苯教史·导论》中指出：说苯教最初是在喜饶在世的时候传入西藏，那是他从大食的俄茂隆仁传来的。据苯教教徒的传统说法，那地方在大食。由于藏族的史诗和传记文学一直认为它在西方，因此，西方学者曾含含糊糊地认为是波斯。[③]在藏族的传说中，登巴喜饶又被称为甲哇喜饶、那巴唐青吉比登巴喜饶明崩青，前者为“胜利圣人”之意，后者有“万能令智圣人登巴喜饶”之意。人们一般认为藏历十二月三十日是他的忌日，因此苯教徒要于是日为他念诵《赤玛门巴汝吉让多班伦多》以示怀念。他开创的苯教分两大教派：其一为格业，严守 250 条戒律，传教者不得结婚；其二为桑阿，有父传子的世袭制度，教徒可以结婚。在西藏日喀则西部的雅鲁藏布江北岸，至今还生活着一位自称登巴喜饶后代的苯教大师希甚·诺布旺坚。此人自称是登巴喜饶的第 400 代后裔[④]。

---

① 杰克逊：《纳西族的宗教——对纳西族仪式经书的分析评价》，荷兰海牙，1979 年。转引自诹访哲郎《中国西南纳西族的农耕民性与畜牧民性》，载《学习院大学研究》丛书 16，1988 年。

② 荒屋丰：《东巴文化源流序说》，载白庚胜、杨福泉编译《国际东巴文化研究集粹》，云南人民出版社 1993 年版。

③ 王尧编：《国外藏学研究选译》，甘肃民族出版社 1983 年版。

④ 戈阿干：《滇川藏纳西文化考察》，载丽江县政协文史资料委员会编《丽江文史资料》第七辑 1989 年版（出版者不详）。

在东巴神话中，丁巴什罗又叫特诺，或里萨敬久。他原是一位天界战神，为了拯救人类他才投胎降临大地。他怀孕于母腹共 9 个月又 13 天，出生时选择了母亲的右肋。出生之初，但见“天空吉星高照，四方祥云缭绕，百鸟云集，百兽欢舞，百姓欢声雷动，都来朝贺十世单传圣祖的诞生”。之所以称其为“十世单传”，是因为丁巴什罗有九世祖先，他们分别是：金所从补、从补牛日、牛日多寒、多寒本纳、本纳阿为、阿为久牢、久牢巴构底、补劳托物、托物金补[①]。

丁巴什罗与登巴喜饶有如下对应关系：（1）在名称上，丁巴什罗又称东巴什罗，与“登巴喜饶”具有较整齐的语音对应关系，“丁巴什罗”或“东巴什罗”当是“登巴喜饶”之转音；（2）在形象上，丁巴什罗与登巴喜饶均五官丰齐、额头宽大、鼻下人中深邃、手指长于常人；（3）在诞生形式上，丁巴什罗与登巴喜饶均生于母亲右肋；（4）在事迹上，登巴喜饶一生有 12 业绩，丁巴什罗亦有 12 业绩；（5）在与魔鬼的争斗上，登巴喜饶从丹珠乌默洛前往西藏传教时与占据本日山的乔巴拉里做争斗，并最终取胜。丁巴什罗亦在下凡途中与一个叫督若乔巴拉里的恶魔争斗，最终由丁巴什罗降伏了乔巴拉里。正如东巴经《大祭风 · 请神保佑舞谱》中所言：“像丁巴什罗那样跳一下呀，把毒里巧巴拉利（也译作“乔巴拉里”）压下去。”[②]

事实上，登巴喜饶与丁巴什罗都与印度教中的帝释有相同的因素，如帝释也生于母亲之右肋，而且他也像丁巴什罗那样在母腹中就与母亲对话、与兄弟发生口角。在诞生之后，帝释与丁巴什罗、登巴喜饶都被魔鬼劫持，但最终战胜魔鬼。帝释的一生与魔鬼争战不止，最后位列印度教天神之首位，并被改造成佛教的保护神。丁巴什罗与登巴喜饶亦终生与魔鬼争战，后来分别被尊崇为东巴教教祖或苯教教祖。在东巴教

① 杨正文记录整理，年恒、更嘎等口述：《东巴什罗法事一览》，载《中甸县志通讯》1989 年第 2 期。

② 和即贵解读，和庆元翻译：《庚空都知绍》，云南省社会科学院东巴文化研究室 1983 年版。

中，有关丁巴什罗的经典十分丰富。据和志武先生整理的《纳西象形文东巴经目录》记载，东巴经中有关于丁巴什罗的经典51种。东巴教中还有关于祭祀丁巴什罗及其妻子拉娜的仪式等多种。

二

除了丁巴什罗之外，东巴神话中还有一系列与苯教有关的神灵及神禽、神兽形象，前者如优玛、署等，后者如神龟、休曲神鹏等。下面，我们试对这些形象做些分析比较。

1.优玛：优玛是东巴神话中的兽体战神。在《庚空都知绍》这部作品中，它长翅、生熊头、身如狮、穿豹皮裤、着虎皮衣。[①]在《分清神和鬼、分清白石和黑石》中，还称它长有象鼻[②]。优玛生于白蛋，它在历经太阳、月亮、风、云、鹏、龙、狮、豹、虎、熊、章鱼等各孵抱3天之后破壳而出，故而采天地之灵气，集日月之精华，蕴神禽、神兽之威力于一身，变化多端，攻无不克，战无不胜，专门遵从至尊神之旨意除鬼驱魔、匡扶正义。“优玛天将眼珠转三下，恰似星星彗星亮闪闪；优玛嘴里长牙击三下，恰似天空打雷响轰轰；优玛舌头伸三下，恰似天空彩虹长又长；优玛头毛散三下，恰似高山风吹杉林响；优玛尾巴甩三下，恰似高山顶上刮狂风；优玛全身抖三下，所有鬼和魔，怕得发了抖，惊得打颤。”[③]优玛之数量众多，不仅有主帅巴威优玛、五方优玛，而且还有“360个优玛”之说。

类似优玛之神灵在与纳西族同属一个语言支系的彝族、傈僳族、哈尼族等民族中并不存在。而在与纳西族相毗邻的藏族之苯教中，却有一种叫“威尔玛”（Werma）的神灵与东巴神话中的优玛息息相通。在

---

① 和即贵解读，和庆元翻译：《庚空都知绍》，云南省社会科学院东巴文化研究室1983年版。

② 和云彩讲述，李即善翻译：《分清神和鬼、分清白石和黑石》，云南省社会科学院东巴文化研究室1982年版。

③ 和牛恒读经，和志武翻译：《东巴经典选译》，云南人民出版社1994年版。

藏语中，“威尔玛”是“白光”之意，寄居于弓箭之上。它亦生于蛋：“古昔，神、赛、白用神变力，从虚空之天宫之中，以五宝形成一卵。卵以己力开裂，蛋壳变成护身盔甲，外衣变成御敌兵器，蛋清变成勇士威壮剂，内皮变成隐匿的堡宅。晦暗堡宅戮曲穆宗，劫夺太阳明亮光芒。从蛋黄之中，变成一具神法力之男子。”在形象上，威尔玛生有狮头猞猁耳，愤怒面相大象鼻，水獭嘴巴虎獠牙，长剑双腿小剑翅，有如意宝的头饰。关于其变体与数量，也有与优玛异曲同工之对应：“威尔玛与神形成一体，就成降魔神威尔玛；威尔玛与念成一体，就成退敌念威尔玛；威尔玛与大鹏成一体，就成驱龙之鹏威尔玛；威尔玛与狮成一体，就成威尔玛三勇士三兄弟；威尔玛勇士成猛阵，抵众九万九千强。”在一些藏文文献中，称从蛋中诞生的威尔玛战神有黑魔战神、尊上穆战神、先知果战神、先知天女战神、降魔堡寨战神、水界风战神、黑头人战神，以及由“穷”魔形成的战神、根本世界战神、九欲形成的战神、无敌战神三兄弟、父母系战神、人系战神、世界形成战神等共十余种。威尔玛亦是大智大勇，“似‘白’神，摧妖魔，褊狭妒人人，凡事无惧情。毁极热，执极冷，没人毁其天界堡宅，无所惧，威尔玛之躯，是雍仲本教的命息，降服仇敌和生障魔的帮手，这就是威尔玛勇士的四典籍”[①]。

如做比较，可知“优玛”是“威尔玛”的转音，它们在卵生、复数、多种禽兽合体、能变生多种禽兽、战神性都相似或相同。可以肯定的是，纳西族东巴教及其神话对藏族苯教及其神话的吸收与接受造成了优玛与威尔玛的共通性。

2. 署：署在东巴神话中是极重要的存在。署在东巴神话中有多种翻译，有的译作“蛇”，有的译作“龙”，有的译作“山神龙王”，有的音译作“署”。其形象特征是人身蛇尾，类似汉像砖中的伏羲、女娲。关于署的种类和数量，《开坛经》称分 5 类，第 1 类为天署，共有 99 个；第 2 类为地署，共 77 个；第 3 类为山署，共 55 个；第 4 类为河署，共 33 个；第 5

① 谢继胜：《藏族战神小考》，载马昌仪编《中国神话学文论选萃》，中国广播电视出版社 1992 年版。

类为村寨署，共有 11 个。另外还有五方署，以及云中之署、虹中之署。五方署分别以黑、白、绿、黄、花（杂）五色作表色[①]。署的生活习性是好净、食素。署社会一如人类世界，等级森严，秩序井然。在署王署木都公盘及其妻子署美纳布之下，设有署髂署哥斯沛、署官丁居丁资、署吏丁巴、署民、署奴，以及 9 个被称为"署夺"的署鬼、4 个被称为"窟干"的署魔。

署之来历有多种解释，《开坛经》称它起源于蛋："创物主米利董神曾吐唾沫于安盘山，由此化育出 3 滴白露。白露变成黄海，黄海变成米利达吉海。1 只金龟游于其中，分别在白海螺巢、绿松石巢、墨宝石巢、黄金巢、花珠巢中下蛋，这些蛋化育出了不同色彩的署。"[②] 在《休曲苏埃》中，称人与署同祖，为同山不同海之兄弟。后来，兄弟分家，大自然归署所有，社会界为人所有。分家之后，署不断扩大自己的领地，侵犯人类的利益，而人类亦不断改造自然空间，进行开垦、采伐、狩猎，引起了两者之间的冲突。署便降洪水、冰雹、蝗虫、疾病等制服人类。最后，在丁巴什罗的调解下，署同意人类适量开垦、狩猎、采伐、畜牧，但要求人类承认它对自然界的支配权，并负责为署医治创伤，提供牦牛油、麦面、牛油、柏叶等祭品，人还向署庄严承诺：只开渠引河，不污染水源；只种草植树，不乱砍滥伐。围绕着处理署与人之间的矛盾，东巴教中保存有有关经典 80 余种。

与署相类似之龙信仰也存在于苯教之中。龙在藏族苯教中称"Se"或"seb"，一般称"卢"（klu）。卢亦是一种人身蛇尾之神灵，据说与古老的蛇崇拜有密切的关系。事实上，"Se"或"seb"之发音与纳西族东巴神话中的"署"近音，它只是卢中的一类。比如苯教神话中的女卢王叫"卢摩"（klumo），与纳西族东巴教及其神话中的女署王"吕母"（LiJimun）在发音上相似，其神性基本相同。另外，纳西族东巴神

① 约瑟夫·洛克：《论纳西人的"那伽"崇拜仪式——兼谈纳西宗教的历史背景和文字》，载白庚胜，杨福泉编译《国际东巴文化研究集粹》，云南人民出版社 1993 年版。

② 和士诚讲述、白庚胜整理：《三个东巴的口述自传》（未出版）。

话中将署分为五个族群，它们分别叫“尼”（znyi）、“堆”（Dtn）、“撒大”（Ssaw-daw）、“吕”（Klu），它们都住在大地上。据《十万白那伽》《本波的一首赎罪歌》等苯教经典记载，苯教的卢亦有严格的等级制度、严密的社会组织。正如东巴神话中的署在人身蛇尾之外，还有马头蛇尾、虎头蛇尾、牛头蛇尾、牦牛头蛇尾、水牛头蛇尾、龟头蛇尾、蛙头蛇尾、水怪头蛇尾、象头蛇尾、雄鹿头蛇尾之形象一样，苯教中的卢亦有动物的形象[①]。

3.神龟：神龟在东巴神话中称“含时罢美”，或简称“罢”[②]。《祭“仁”神经》称其卵生，住在含依巴达神树旁，游于米利达吉神海中，生下五色的“仁”神与“趣”神。在《东巴舞谱》中，神龟还是从天界女神盘孜萨美处习得舞蹈并转传给人类的舞祖。但是，它在东巴神话中最重要的是扮演了化生五方、五行、五色、八位、十天干的角色。据《碧庖卦松》这部神话作品记述：人类祖先崇仁利恩与衬红褒白命因子女罹病而遣白蝙蝠赴天界向盘孜萨美女神求取占卜经书。在归来的途中，白蝙蝠出于好奇打开经箧，致使箧中所有的经书四处飘散，其中的一部分掉入米利达吉神海，被金龟吞食。白蝙蝠回天无力，只好求盘孜萨美显灵。于是，盘孜萨美女神派二位神射手下凡，射死了神龟。结果，龟体化生为大地，龟头吐火（血）、龟尾溢尿（水）、龟身化土，穿于龟体西边之箭镞变成铁（金）、拖于龟体东边之箭杆变或木……[③]

同样的神话流传于藏族社会之中。古时候，一只神龟游于神海，并常栖于海上神树。一次，栖于神树上的神龟被文殊菩萨发现。文殊菩萨由东向西张弓放箭，射死了神龟，并使之从神树上掉落，呈头朝南、尾朝北倒于神海。由于龟头吐血，血与火皆红色，因而以之定南方为火，为红色；由于龟尾流尿，水色为黑，因而以之定北方为黑色；由于箭镞

① 约瑟夫·洛克：《论纳西人的“那伽”崇拜仪式——兼谈纳西宗教的历史背景和文字》，载白庚胜、杨福泉编译《国际东巴文化研究集粹》，云南人民出版社1993年版。

② 白庚胜：《东巴神话象征论》，云南人民出版社1998年版。

③ 白庚胜：《东巴神话研究》，中国社会科学文献出版社1999年版。

为铁（金），铁色白，因而以之定西方为白色；又由于龟体化土，土色黄，因而以之定中央为土，为黄色[①]。正因为这样，藏族才以龟体定台城。显然，在这部作品中，佛教色彩十分浓厚。从佛教在征服苯教的过程中吸收了众多苯教因素的情况考虑之，其原型或许是苯教神话。当然，我们也可做这样的设想：由于传入纳西族地区的苯教是久本时期的苯教，即已受到佛教深刻影响的苯教。因此，就东巴神话中的神龟及其信仰而言，它所保留的并非苯教中的原生型，而是次生型。

不仅有关神龟的神话作品相似，就连称龟为"罢"音在纳西语与藏语中也有相近之处。如藏语书面语称龟为"rusba"，藏语巴塘方言称龟为"$la^{13}be^{55}$"，藏语拉萨方言更称龟为"$ry^{13}pe^{55}$"，[②]与东巴经《崇仁利恩解秽经》中称龟为"拉布"几乎完全对应。应该承认：纳西族东巴神话中的神龟形象及其信仰是受藏族苯教及其神话之影响而形成的。不过，它也有自己的特点。

4. 休曲：休曲是东巴神话中的神鸟，属战神、保护神之列。它又被译作"鹏鸟""大鹏""神鹏""大鹏神鸟"。休曲之别称为"斯普沃安盘"。休曲在东巴神话中的事迹不多，仅止于与狮、龙等作为护法神守护含依巴达神树。真正展示休曲神威的作品为《鹏龙争斗》（又称《休曲苏埃》）：在人、署分家之后，休曲奉丁巴什罗之命捉拿威力无比的署神，并将它拖出神海，盘绕于居那若罗神山之上。署神自恃庞大，对休曲口出狂言："你虽然把我的身体拖到居那若罗山上绕了三匝，但我还有一截身体没有被你拖出来。"休曲针锋相对："虽然把你拖到居那若罗神山上绕了三匝，但我的气力还没有用掉一半。"最后，休曲制服了署神，使之接受丁巴什罗的调解，与人类重归于好。除此之外，休曲还被描绘于东巴教木牌画与纸牌画之上，其形象为双翅劲展，双目怒睁，铁喙叼署身，钢爪攫署之头尾。

在藏族苯教神话中也有这样一只神鸟，它被译作"金翅大鹏"，藏

① 此神话是由中央民族大学藏学研究院副教授拉姆女士为笔者提供的。

② 黄布凡主编：《藏缅语族语言词汇》，中央民族学院出版社 1992 年版。

语称“曲”，它与纳西族的神鸟“休曲”在发音上有对应关系。所谓的“曲”，也就是“鸡”，恰与纳西语中的休曲之别称为“斯普沃安盘”相对应，“安盘”，也就是纳西语之“雄鸡”。由此可见，纳西语的“休曲”为藏语之借词，而“斯普沃安盘”是对藏语“曲”之意译。不仅发音相似，而且纳西族的“休曲”与藏族之“曲”之造型也完全相似，其功能也基本相同。在苯教神话中，被译作“金翅大鹏”的“曲”也是征服恶龙、护卫人间、维护自然秩序与社会秩序、保持自然力与社会力量相平衡的神祇。这表明，东巴神话中的“休曲”形象及其神话都是传自藏族苯教及其神话的。

三

我们之所以列举一些例子表明藏族苯教对东巴教及其神话的单向性影响，是因为在与藏文化的交流中纳西文化一直处于弱势，一直受到压倒性的影响。由于人口稀少、居住地域狭窄，远古时代的纳西族社会发育程度较低，其内部缺少更新原生文化的能力，其外部并无强有力的异文化冲击。只有在苯教为代表的藏文化对纳西族社会产生影响之后，纳西族文化才得到较高层次的整合，东巴教及其神话才得以形成与发展。从整体上讲，苯教对东巴神话产生的作用大致如下：

（一）苯教为东巴神话提供了思想营养

在前东巴教时代，纳西族神话基本上以图腾崇拜、生殖崇拜、自然崇拜为基本内容。由于苯教传入后，神灵崇拜的因素随之增加，东巴神话中的神灵体系也骤然丰富，除过去的自然神、生殖神、生产神、生活神之外，平添了至尊神、战神、护法神等系统。另外，在前东巴教时代，纳西族并无高度哲学化的二元三界论。苯教传入后，纳西族先民的抽象思维能力大增，把握世界的水平急剧提高，认为世界本于善恶二元，万物均在它们的对立统一中相互消长，或是进化发展，或是倒退消亡。宇宙空间有三个层次之分，上界居神，中界居人与署，下界居鬼；平面空间分为五方，即东、西、南、北、中。这一切，在《崇搬图》《董术战争》《鲁般鲁饶》《庚空都知绍》《鹏龙争斗》等作品中都有详尽的表现。

（二）苯教为东巴神话补充了素材

由于东巴教接受了许多苯教仪式及其教义，以这些仪式及教义为中心的神灵、神话源源不断地补充到东巴神话之中，使东巴神话比前东巴教时代的神话更加丰富多彩，所反映的生活面更加扩大，所表现的思想更为深刻。美国学者洛克曾经指出："人们还所知甚少的苯教大仪式'堕'（lto 或 gto）必定是与纳西族的'堕拿肯'相同的仪式。"另外，"纳西人有关那伽崇拜的文献可以上溯到藏族的原始苯教"。[①] 不唯这些，有关东巴教的超度什罗仪式、超度拉姆仪式、祭署仪式、加威灵仪式、求福泽仪式、祭战神仪式等都明显传自苯教。无疑，与这些仪式有关的苯教经典中所记载的神话为东巴神话提供了大量的素材。

（三）苯教促进了东巴神话的体系化

在前东巴教时代，纳西族神话的体系性较差，适应于当时部落林立、互不统摄的社会情况，神灵之间的联系自然脆弱，神话体系相对幼稚。在苯教传入之后，东巴神话的体系十分井然，其内容均按二元三界五行五方观加以组织，实现了思想观念的一体化；其神灵体系按至尊神系统、战神系统、神禽神兽系统、教祖神系统、鬼怪系统、护法神系统加以构建，每一种系统之下又分若干层次的小系统，总括于以至尊神为核心，以战神和神禽神兽为辅佐，以教祖神次之，兼统署、鬼的总体系中；其作品由零零星星的口诵短篇发展为若干作品相组合的长篇，不仅众多的短篇神话围绕一个主题、一个事件在一个大作品中得到统一，而且多部宏大的作品又以一个主要作品为核心传承于一个特定的东巴教道场，使这些作品在更高的层次上实现了体系化。

（四）苯教强化东巴神话的象征

在前东巴教时代，纳西族神话就已经存在象征，但体系性较差。在苯教传入之后，神山、神龟、神树、神鸟、数字、色彩、神石、神门、神

① 约瑟夫·洛克：《论纳西人的"那伽"崇拜仪式——兼谈纳西宗教的历史背景和文字》，载白庚胜、杨福泉编译《国际东巴文化研究集粹》，云南人民出版社 1993 年版。

桥、眼睛等的象征在东巴神话中光怪陆离、缤纷绚丽，不仅固有的象征获得了新生，新产生的象征亦异彩纷呈，如二元式或五行式的象征手段得到大量的运用，使神话意义的表现显得更为隐蔽，更加深沉。如果不对象征符号的语音、语义、表层意义做深入的分析比较，不将象征符号与有关的信仰、艺术等联系起来，便难以理解潜藏于深层的象征意义。

（五）苯教的影响使东巴神话在艺术上走向成熟

在前东巴教时代，纳西族的神话均为口诵作品。由于受口语的限制，这些作品不仅篇幅短小、情节单一、形象不够鲜明丰满，而且语言朴实，并没有注重更多的艺术技巧与形式美。在苯教传入之后，东巴神话从口传神话变为书面神话，许多作品开始定型。在篇幅上，许多作品从过去的短篇向长篇发展；在形象塑造上，开始调动白描、心理描写、肖像刻画等多种技巧；在语言上，一改过去平白明快的叙述语言，大量使用排比句，有的甚至连续使用十几个或几十个排比，造成铺天盖地、势如波澜，或缠绵悱恻、细雨连连的艺术效果。如果没有苯教书面语言的影响，纳西族古老的神话语言是难以有如此重大的发展，形成如此富有特色的东巴神话语言特色的。

种种情况表明，藏族苯教对纳西族东巴神话的影响是深刻的。这种影响不仅涉及神话形象、题材、内容、观念、象征、语言、技巧，而且还关乎神灵体系、神话体系。可以毫不夸张地说，如果没有苯教的影响，古老的纳西族神话就不可能升华为东巴神话这样一个丰富多彩的神话世界。当然，东巴神话也是苯教神话与纳西族古老的神话相交融的结果，其中也包含有许多发展的因素。若论及苯教及其神话的来源，似还与中亚地区的拜火教及印度古代的原始宗教有密切的关系。因此，东巴教及其神话还以苯教作为媒介，间接受过中亚文化及印度文化的影响。本文中所介绍的神龟、休曲、优玛、丁巴什罗、署等都可以在中亚或印度找到其原型。随着藏族苯教研究工作的不断深入，以及印度、中亚与西藏之间文化关系史的逐步明朗，纳西族东巴神话的神秘面纱将不断被揭开，苯教与东巴神话之关系亦必将大白于天下。

《黑白战争》与《叶岸战争》比较研究

《黑白战争》是纳西族史诗，记载于东巴教经典之中。由于它反映的社会内容丰富、文学成就突出，一直受到国内外学术界尤其是文学研究界的高度重视。

自20世纪50年代以来，不断有学者对《黑白战争》的社会意义进行探讨，如云南省民族民间文学丽江调查队编写的《纳西族文学史（初稿）》[①]，和钟华、杨世光主编的《纳西族文学史》[②]等，都一直把它视作纳西族古代氏族战争或部落战争的反映，甚至有人根据纳西族自称"黑族"、普米族自称"白族"的情况，称《黑白战争》所反映的是纳西族与普米族的历史战争[③]。然而，近年来国际藏学界在苯教研究资料中的突破，为我们展开了另外一个重新认识《黑白战争》之来源的天地。

据在英国出版的桑木旦·G·噶尔梅撰写的《概述苯教的历史及教义》一书披露，在《敦煌写本中的吐蕃巫教和苯教》中，记载有一部在内容和结构上都酷似《黑白战争》的作品——《叶岸战争》。其基本内容如下：

在远古时代，分布着"叶"与"岸"两个世界。"叶"为神界，称"叶杰默巴"；"岸"为魔界，称"岸杰卓巴"。两界之间有一条分界线，其上

① 云南省民族民间文学丽江调查队：《纳西族文学史（初稿）》，云南人民出版社1959年版。

② 和钟华、杨世光主编：《纳西族文学史》，四川民族出版社1992年版。

③ 胡文明：《普米族与纳西族的关系——对〈黑白之战〉的一点浅见》，载《国际东巴文化艺术学术讨论会论文》1999年版（出版者不详）。

长有一株神树，它既不是果树，也不是植物，长着丝绸树叶，纯金果实。果汁是甘露，树皮是布，荆棘是武器。上界神灵恰乌羊喀骑一只山羊、手持一支白羽神箭登上“叶”界的德喀山顶时，即已意识到这株神树将带来“叶”与“岸”的战争，而且预言“叶”必将战胜“岸”。

后来，战争爆发，双方发生一系列的战斗。“叶”主向天界神灵叶钦扎拉求助，并得到帮助，终于获取最后胜利，俘获了“岸”方首领岸米那波，并使其妻子玛尔漠沦为奴隶。

接着，玛尔漠与神结为夫妻，并生下儿子格科。不久之后，玛尔漠抛下丈夫与儿子返回“岸”界。于是，格科杀死了自己的母亲，从而污染了“叶”界。这样，“叶”界便不得不向女神南木吉贡祈求消除污染，净化毒海中的毒物。女神南木吉贡所赐予的唾液变成了药物和海水，产生了甘露和“参”，它们成为消解“岸”毒之药物。①

虽然我们仅能从桑木旦·G·噶尔梅的有限介绍中了解《叶岸战争》的梗概，不能详知这部作品的细节，但这已经足以让我们对它与《黑白战争》的相似性及其源流关系深信不疑。它们的相似性表现在以下几个方面：

一、两部作品结构基本一致

除《黑白战争》之开头部分附有二元五行五方五色以及黑白两界的起源外，两部作品结构基本一致，都从两界的互相隔绝状态讲起，继而展开以争夺神树为起点的战争情节，其中有代表神灵一方的首领向天界神灵求助并征服代表妖魔一方及其首领的内容，有神方之男子与魔方之女子交媾生下混血儿的内容，最后是胜利者向天界神灵祈求除秽药物净化被污染的大自然的结尾，以强调作品的意义在于净化污染，维持二元性宇宙结构和世界秩序，保证神灵、人类、正义、善良的主导性存在。

① 桑木旦·G·噶尔梅著，向红笳译：《概述苯教的历史及教义》，载《国外藏学研究译文集》第十一辑，西藏人民出版社 1994 年版。

二、两界性质完全一致

在《叶岸战争》中“叶”指的现实世界，代表神灵；而“岸”则指的是虚幻世界，代表魔鬼。这里，虽然没有明确用色彩加以表象，但从苯教经典中基本都用白色表示现实世界及神灵、用黑色表示虚幻世界及魔鬼的模式看，“叶”无疑表象为白，“岸”无疑表象为黑，“叶岸战争”也可以用色彩形象化地理解为“黑白战争”。事实上，纳西族的《黑白战争》或《黑白之战》《黑白争斗的故事》等也不过是翻译整理者所起的篇名，它在东巴经典中被称作“$du^{11}æ^{11}su^{11}æ^{11}$”，或被译作《董术战争》《懂述战争》《东埃苏埃》《敦和庶的故事》《东岩术岩》等而已。其中，“董”“懂”“敦”“东”都是“du^{11}”的音译汉字，“术”“述”“庶”“苏”都是“su^{11}”的音译汉字，而“战争”“争战”“斗争”“战”等都是“du^{11}”的意译。可见，“du^{11}”与“su^{11}”是两个类似于“叶”与“岸”的世界，前者代表神族，后者代表魔族。“董”或“懂”“敦”“东”界其色白、其性善、其质实，而“术”或“述”“庶”“苏”界其色黑、其性恶、其质虚。这一性质在作品中是这样表现的：

黑蛋起变化，出现了术部族的黑天和黑地、黑日和黑月、黑星和黑宿、黑山和黑壑、黑色的树木和石头、黑色的水和渠、黑色的犏牛和牦牛、黑色的马和牛、黑色的山羊和绵羊。

作为这一世界的主宰的米利术主产生在此之前：

最初，在还没有出现术部族的黑天、黑地的时候，最早从上方出现了原始的声音，从下方出现了原始的气体；原声和原气作变化，出现了黑晃晃的天地；黑晃晃的天地作变化，出现了英格鼎那恶鬼；英格鼎那作变化，出现了米麻塞登鬼；米麻塞登鬼作变化，出现了米利术主；米利术主作变化，出现了黑海。从黑海里，出来一个乌黑闪光的美女。美女出世后，无人给她取名字，米利术主为她取名为格饶纳姆。米利术主有了白天在一起商量、夜晚相互体贴、做活时相互帮助、可同上高原放牧的伴侣。米利术主与格饶纳姆两人结合做一家，生下了安生米危。从此……米利术主的9个儿子，建起了9个黑石村寨；米利术主的9个女儿，开辟了9个黑石地方。

与“术”的世界相反，“董”的世界是这样演化而成的：

最初，从上方出现了原始的声音，从下方出现了原始的气体；原声和原气作变化，出现了闪亮的绿色光；绿色光作变化，出现了白晃晃的天地；白晃晃的天地作变化，出现了佳声和佳气；佳声和佳气作变化，出现了沙利威德神；沙利威德神作变化，出现了美利董主神；美利董主神作变化，出现了董神的白海。清晨一大早，美利董主神，到白色的大海边去洗手洗脸……美利董主用眼泪合金银，在手中搓动，丢进了海里。第二天清晨，从白色的神海里，出来一个碧绿闪光的美女。美女出世后，无人给她取名字，美利董主给她取名为注祖金姆。从此，美利董主有了个白天在一起商量，夜晚相互体贴，做活相互帮助，可同上高原放牧的伴侣。美利董主和注祖金姆结合做一家，生了董若阿路。从此，董部族有了白色的高天和大地，白色的太阳和月亮，白色的星宿，白色的山壑和水渠。美利董主的9个儿子，建起了9个白石村寨；美利董主的9个女儿，开辟了9个白石地方。①

我们暂时还不知道《叶岸战争》中是怎样具体描写“叶”界与“岸”界的起源的，但是据苯教经典《什巴卓浦》中对现实世界与虚幻世界的来历的描写，“叶”界及其主宰者叶米那与“岸”界及其主宰者岸米那波各应表象为白色与黑色。《什巴卓浦》是这样叙述现实世界与虚幻世界

① 和士成解读，和力民翻译：《董术战争》，载云南省少数民族古籍整理出版规划办公室编《纳西东巴古籍译注》（三），云南民族出版社1989年版。

的来历及其起源的：

很久以前，有一个名叫南喀东丹却松的国王，他拥有五种原本物质。赤杰曲巴法师从他那里把它们收集起来放入体内，说声“哈”，风就吹起来了，风以光轮的形式旋转，产生了火，火的热气和凉风交合产生了露珠，露珠上又逐渐形成尘埃，尘埃被鼓荡的风吹落，堆集起来，形成了山和地，世界就这样被创造出来了。五种本原物质又产生出一个“亮卵”和一个“黑卵”。赤杰曲巴法师用法轮敲击亮卵，击出的火光形成了托塞神，向下射去的光则形成了达塞。从卵的中心生长出一个长着青绿色头发的白人，名叫桑波奔赤（现实世界之王）。格巴梅本耶波让黑卵于黑暗王国中爆炸，黑光上开（升），产生了愚昧和迷惑；黑光下射，产生了迟钝和疯狂。从卵的中心跳出一个带黑光的人，他名叫闷巴赛敦那波（虚幻世界之王）。[①]

由于“叶”与“岸”的关系也是现实世界与虚幻世界的关系，因此，可以断定“叶”之性质为光明、善良、智慧、清醒、敏捷、慎重，所代表的是神灵；而“岸”则与之相反，其性质为黑暗、丑恶、愚昧、迷惑、迟钝、疯狂，所代表的是魔鬼。这与《黑白战争》中的黑界（术或述、庶、苏）之属性为黑暗、丑恶、愚昧、迷惑、迟钝、疯狂与白界（董或懂、东、敦）之属性为光明、善良、智慧、清醒、敏捷、慎重的情况是完全一致的。这种属性也决定了“叶”与“岸”、“黑”与“白”战争的归宿：“神应战胜魔，善应战胜恶，人既不能冒犯神，也不能冒犯恶魔。”[②] 其实，神与魔的战争所折射出的就是人类社会的矛盾与冲突。

① 陶占琦：《从神话经典及其所涉文化因素看东巴教与古苯波教的关系》，载《西藏研究》1998 年第 4 期。

② 桑木旦·G·噶尔梅著，向红笳译：《概述苯教的历史及教义》，载《国外藏学研究译文集》第十一辑，西藏人民出版社 1994 年版。陶占琦：《从神话经典及其所涉文化因素看东巴教与古苯波教的关系》，载《西藏研究》1998 年第 4 期。

三、战争起因都是为了争夺神树

藏族苯教经典《叶岸战争》中“叶”与“岸”发生战争的原因之一是他们争夺长于交界线上的树，《叶岸战争》称这株神树既非果树也非植物，长着丝绸树叶，纯金果实，果实是甘露，树皮是布，荆棘是武器。《黑白战争》中“黑”与“白”发生战争的原因之一，也是“黑”与“白”争夺长于交界线上的宝树。这棵宝树的来历如下：

> 最初从上方出现了原始的声音，从下方出现了原始的气体；原声和原气作变化，变成了一滴白露珠；这滴白露珠作变化，变成了三滴白色露珠；这三滴白色露珠作变化，变成了董神的白色海；白色的神海里，长出一棵细如头发丝的神树。这棵奇异的神树，生长在神地与鬼域之间。想要争得这棵神树，都来窥探它，董部族和术部族也都来窥探它。夜半三更里，术部族的头目商量要砍伐它；清晨，董部族的头目商量要培育它。这棵神奇的树，开着金花和银花、结着松石宝石果。为了得到这棵神树，董部族也来看守它，术部族也来看守它。董部族和术部族都说守护了花守护了树。董部族和术部族之间，开始了争花夺树的斗争，由此而出现了争执，出现了械斗和战火，出现了战亡和死后举行超度仪式，开始了部落之间战争的历史。①

这株神树在杨世光整理的《黑白之战》中被称作“含英宝达树”（又称“含依巴达神”）。它的特点是：“一天长三次，一夜粗三次，含英宝达树，长成摩天树。树分十二枝，生出十二属；枝生十二叶，分出十二月。叶是绸缎叶，花是金银花；珍珠结成串，宝果压枝丫。”② 据整理者介绍，其本为香格里拉市拉同里村乐巴和东光之口述作品，以及丽江东巴和

---

① 和士成解读，和力民翻译：《董术战争》，载云南省少数民族古籍整理出版规划办公室编《纳西东巴古籍译注》（三），云南民族出版社1989年版。

② 杨世光整理：《黑白之战》，载《玉龙山》1980年第一期。

芳、和正才所口述并由李即善、周汝诚、赵净修翻译之原始资料，还参证了口头传说。因此，包括对“含英宝达树”的描写在内，《黑白之战》整理本还是“力求忠实于经典记载和口传面貌”，在情节和人物面貌、性格等方面是比较真实可信的。这种真实性在和云彩读经、和明信翻译的《替身道场·董神与术神战争之经》[①]以及和正才讲述、李即善翻译的《懂述战争》[②]中都得到了有效的证明。这两部作品都称这株神树为“含仪宝达”，或“含以宝塔”。它们都是长着绸缎的叶子，开着金花银花、结着宝石果子，以十二枝定十二月及十二属相。都称术鬼要砍倒它，董神要保护它。他们两界发生战争的原因之一就是争夺这棵神树。显然，这三个作品都没有明确指出神树长在“黑”“白”交界线上，而称生长于“米利达吉”神海中，但从白天由“董”守护、晚上由“术”加以守护等描写判断，它是位于“昼”与“夜”之交界、“白”界与“黑”界之交界的。

总之，从神树的性质、所处方位、果叶枝皮等形象，作为财富之象征的战争诱因等特点看，《叶岸战争》与《黑白战争》具有明显的一致性。神话的出现及存在，使“叶”与“岸”之间、“黑”与“白”之间的战争不仅仅局限于神话性、象征性的神与鬼之战、光明与黑暗之战，而且具有了现实战争的内容与意义，也比较真实地揭示了战争的本质，合理地解释了战争的起源。这也是我们称《黑白战争》为史诗而不是神话的根据之一。

四、战争过程存在着相当对应的传承关系

战争过程：在“叶”与“岸”的战争和“黑”与“白”的战争过程中，有关战争结果之预言、神族求天界神灵助阵、战争双方之男女交合生子等内容都相当对应，似乎存在着一定的传承关系。

关于战争结果的预言，《叶岸战争》中被形象化为上界神灵恰鸟羊喀骑着一只山羊、手持一支白羽神箭登上“叶”界的德喀山顶，不仅意

① 和云彩读经，和明信翻译：《替身道场·董神与术神战争之经》，中国社会科学院世界宗教研究所、云南省社会科学院东巴文化研究室翻印，1984 年。

② 和正才讲述，李即善翻译：《懂述战争》，丽江县文化馆石印本，1963 年。

识到“叶”“岸”战争的不可避免性，而且预言“叶”必然战胜“岸”。对此，《黑白战争》并无有关情节。这是因为这部作品一开篇便在讲述“白”方之主米利董主之来历时便明确称他是由“佳声佳气”所化生的萨英威德善神，而“黑”方之主“米利术主则来源于恶声恶气”所化生的恶鬼英格鼎那、米麻塞登，他们在本质上就是“实”与“虚”、“神”与“鬼”、“善”与“恶”、“白”与“黑”的对立性存在。按东巴教的教义，这两种力量的斗争与冲突是不可回避的，而且也会有暂时的挫折与迂回，但从根本上讲，斗争与冲突的结果必然是“实”战胜“虚”、“神”战胜“鬼”、“善”战胜“恶”、“白”战胜“黑”。因此说，此时无声胜有声，“黑”与“白”之间所具有的内在逻辑关系，已经规定了战争以及“白”战胜“黑”的必然性。它与《叶岸战争》中的恰鸟羊喀之预言具有异曲同工之妙。

就战争过程中神族（“叶”与“白”）向天界神灵求助的内容而言，《叶岸战争》表现为“叶”主求得天界神灵叶钦扎拉之帮助，从而战胜了“岸”，并俘虏了“岸”主岸米那波及其妻子玛尔漠。《黑白战争》对此的描写最为丰富，它首先强调了“白”曾经被“黑”所扫荡致败的前提，突出了天界神灵对“白”战胜“黑”具有的决定性意义。因为“黑”与“白”虽然曾经均衡性存在，但已经受到削弱，处在“白”弱“黑”强的状态，只有借助天界神灵的力量，重新平衡“黑”“白”力量，才能摧毁“黑”方的 81 个“寨子”和 9 道门。经过大祭师依世补左、至尊神萨英威德与美利董主商量，“白”方从天界请来的是盘神、桑神的兵，高神、吾神的兵，沃神、恒神的兵，360 位优玛神以及鸡头白猴所率领的成千上万精兵良将。其中，优玛神威力最大、所立战功最为显赫。

在和牛恒读经、和志武翻译的《东埃术埃》中，从天降临助阵的神灵还有东格，以及“千万只神鹏、凤凰、白鹰、白鹤、白豹、白虎、白犏牛、白牦牛、穿山甲”。它们攻破的防线也远比《董术战争》多得多，共计 9 座山、12 座堡垒、5 方守军。这 9 座山及其攻防情况是：白狮攻陷黑龙所守之山，绿穿山甲攻陷黑虎所守之山，金孔雀攻陷黑蛇所守之山，黄虎攻陷黑蛙所守之山，白豹攻陷黑狗所守之山，能工巧匠攻陷黑石刺所守之山，神射手攻陷黑竹刺所守之山，大锯攻陷黑牛角所守之山，宝剑攻陷黑风所守之山；这 12 座堡垒及其攻防情况是：黄虎攻克鹿头饿死鬼所守之堡垒，白狮攻克牛头土地鬼所守之堡垒，白肚熊攻克马头口舌是非鬼所守之堡垒，白脸水獭攻克绵羊头水鬼所守之堡垒，长牙白豹攻克山羊头仄鬼所守之堡垒，白脚骏马攻克牦牛头毒鬼所守之堡垒，公牦牛攻克犏牛头绝后鬼所守之堡垒，红虎攻克狗头偷盗鬼所守之堡垒，白鹰攻克鸡头替罗鬼所守之堡垒，花白水獭攻克鱼头龙五鬼所守之堡垒，白鹏攻克蛙头秽鬼所守之堡垒，金孔雀攻克蛇头火鬼所守之堡垒；五方守军及其攻防情况是：白狮消灭守东方的黑虎、吊饶斤布（也译作“单饶金补”）和木鬼，青龙消灭守南方的黑龙、时知斤布（也译作“施知金补”）和火鬼，黄虎消灭守西方的黑龙、勒欺司普（也译作“勒启司普”）和铁鬼，黄象消灭守北方的黑骡、奴子斤布（也译作“奴祖金补”）和水鬼，由绿穿山甲消灭黑牦牛所守之中央堡垒左门，由橙色虎攻破黑虎所守之中央堡垒右门，由白头黑身狼攻破黑山羊所守之中央堡垒头，由公豹攻破灰黑色狗所守之中央堡垒腰，由花白水獭攻破黑鱼所守之中央堡垒脚。最后，全歼了“千千万万的术兵术马，镇压了鬼酋肯毒当尤和安日左布，镇压了鬼王米麻生登和更饶那母，镇压了冤主术酋美令术主”。①

这其中，优玛神与东格神都是天界神灵，而且属战神或护法神，已经有许多证据表明他们都是苯教神灵。如，优玛在苯教中称“威尔玛”，其来历、形象、性质、作用都与《黑白战争》中的优玛没有两样。在名称上，“威尔玛”发音为“werma”，与优玛发音“yuoma”相近，似有对应关系；在起源上，优玛生于卵，威尔玛亦生于卵。威尔玛的特点是“生有狮头猞猁耳；忿怒面相大象鼻；水獭嘴巴虎獠牙，长剑双腿水剑翅；在鸟

① 和牛恒读经，和志武翻译：《东埃术埃（东族和术族的战争）》，载和志武翻译《东巴经典选译》，云南人民出版社 1994 年版。

和大鹏的两角之间，有如意宝的头饰；没人起名，因而无名”[①]。之所以这样，他具有狮、猞猁、大象、水獭、虎、剑、鸟、大鹏等的威力，能变幻成这些动物、器物的形象，并发挥相对应的功能。这与优玛是何等的相似。

优玛亦是卵生，东巴经典《庚空都知绍》称，优玛之父为萨英威德神，其母为威舟洪姆神，他们交媾生下一个白蛋——优玛之原身。这个白蛋历经太阳、月亮、风、云、鹏、龙、狮豹、虎、熊、章鱼等各孵抱三天之后，优玛之肉身破壳而出。“从此，东方产生了敬套优玛，南方出现了扭牛优玛，西方出现了突蚩优玛，北方出现了银世松沽优玛，属土的中央出现了波格优玛。”[②]在和志武译的《东埃术埃》中，最早诞生于白蛋的是“优玛主帅”，名叫“宝威优玛”，他有五个名字，分别是益世所贡、妞牛、敬套那安、宝威、通赤[③]。正因为曾被许多自然物与动物所孵抱，所以，优玛卵中生出了面如日月的优玛、头如青龙的优玛、头如猛虎的优玛、翅如大鹏的优玛、头如苍狼的优玛、头如章鱼的优玛、头如熊的优玛、身如狮的优玛、穿豹皮的优玛、穿虎皮的优玛……[④]对于优玛之威力，《东埃术埃》中也有精彩的描写：“优玛天将眼珠转三下，恰似星星彗星亮闪闪；优玛嘴里和牙击三下，恰似天空打雷响轰轰；优玛舌头伸三下，恰似天空彩虹长又长；优玛头毛散三下，恰似高山风吹杉林响；优玛尾巴甩三下，恰似高山顶上刮狂风；优玛全身抖三下，所有鬼和魔，怕得发了抖，惊得打颤。”[⑤]

① 谢继胜：《藏族战神小考》，载马昌仪编《中国神话学文论选萃》，中国广播电视出版社 1994 年版。

② 和即贵解读，和庆元翻译：《庚空都知绍》，云南省社会科学院东巴文化研究室 1983 年版。

③ 和牛恒读经，和志武翻译：《东埃术埃（东族和术族的战争）》，载和志武翻译《东巴经典选译》，云南人民出版社 1994 年版。

④ 和云彩讲述，李即善翻译：《分清神和鬼、分清白石和黑石》，云南省社会科学院东巴文化研究室 1982 年版。和牛恒读经、和志武翻译：《东埃术埃——东族和术族的结仇战争》等归纳而成。

⑤ 和牛恒读经，和志武翻译：《东埃术埃（东族和术族的战争）》，载和志武翻译《东巴经典选译》，云南人民出版社 1994 年版。

从以上这些对比中可以发现，纳西族的优玛也就是藏族苯教中的威尔玛。按道理，《叶岸战争》中的叶钦扎拉应当是威尔玛神之属的天界神灵。

《黑白战争》中的东格神也应当是一位苯教战神，因为东格神之名多为藏语，无法用纳西语加以解释，只是限于目前所挖掘的苯教资料有限，尚没有发现与之相对应的神灵。据《多格绍·本绍》记载，多格数量众多，号称有360种天上的多格，360种地上的多格。其谱系如次：其祖父为黄金高山，其祖母为绿松石大海，父亲叫道周超绕，母亲叫超去翅母。多格神共有9个贤明的兄弟，9个贤明的姐妹。较著名的有日影所化生的尼把兴命，月影所化生的尼把纳所，风云所化生的赵蒙命，水火所化生的尼听库吾以及豪俄、尼恩、敏字、白头、青头、尼赵、英势、贡势、眼明、劳多、古世、俄号、赵世[①]、明累勾补、沙堆端优[②]等多格。这一卵生模式以及谱系显然是苯教式的，它必有所本，否则不会如此严整。如果说《叶岸战争》中的叶钦扎拉与优玛无涉，那么，他至少应该是一位类似多格的天界神灵。

在《叶岸战争》与《黑白战争》所描写的战争过程中，都有战争双方之男子与女子婚媾而生下子女之说。在《叶岸战争》中，有关内容是这样表现的：在“叶”方攻陷“岸”方之后，岸米那波之妻被“叶”主所俘获并沦为奴隶，与“叶”主婚媾生下儿子格科。但是，玛尔漠抛下丈夫与儿子返回“岸”界。这里《黑白战争》对此的描写富有自己的特色，称“黑”与“白”双方男女之婚媾生子发生在“黑”（术）方之女牟道格饶纳姆与“白”（董）方之子董若阿路之间，前者是米利术主之公主，后者是米利董主之公子。就其时间而言，出现于“黑”“白”双方第一次战争之后，而且，这次婚姻的失败成为“黑”“白”双方第二次战争的起因和“白”战胜“黑”的起点。这部作品是这样描写的：在“黑”（即术）方为

① 和芳讲述，周汝诚翻译：《多格绍·本绍》，丽江县文化馆石印本，1964年。

② 和即贵解读，和庆元翻译：《请神求助》，载云南省少数民族古籍整理出版规划办公室编《纳西东巴古籍译注》（三），云南民族出版社1989年版。

报杀子之仇攻占“白”（即董）方土地之后，米利董主夫妇逃往天界，而他们的爱子设计杀死米利术主之子安塞米委的董若阿路，则躲入海底的舅舅家中。为了抓到杀子凶犯，米利术主巧施美人计，让自己的女儿牟道格绕纳姆扮演这出戏的主角。结果，牟道格绕纳姆不辱使命，用自己的美色诱骗董若阿路上钩，并把他逮至“黑”方。在狱中，他与牟道格绕纳姆婚媾，生下了一对子女——董若号巴、术命韶遮。由于米利术主恐惧女儿与董若阿路感情日笃使董若阿路逃亡，就把董若阿路杀死在黑海边。至于那一对子女的命运，从子随父系、女随母系的原则，董若号巴回归董方，术命韶遮皈依术方。用米利术主的话说，就是董若号巴和术命韶遮两个，董若号巴说董是胜利的宗族，投靠董部族去了；术命韶遮说术也是胜利的宗族，投靠术部族来了①。其中，并没有捉到由于“黑”方杀害了董若阿路而污染了“白”方的天地，但它却成为“白”方翦灭“黑”方的根本理由。因此，仍可视之为另外一种形式的“除秽”。

不可否认的是，尽管《叶岸战争》与《黑白战争》在敌对双方男女婚媾生子这一情节上有很多细节差异，但其基本框架相类似，显然存在一定的影响关系。而且，这种影响关系通过苯教对东巴教的影响而得到建立。

五、两个战争都是为了强调净化天地

在作品立意上，《叶岸战争》与《黑白战争》都不是为战争而战争，而是为了强调净化天地、消除污秽。据《敦煌写本中的吐蕃巫教和苯教》可知，苯教的许多仪式都以净化作为开始，并在净化的仪式中追溯到神话中的世界起源。《叶岸战争》就是因为“叶”与“岸”的冲突过程中由格科杀死母亲玛尔漠，造成了对“叶”方的污染，因而要由“叶”方向上神灵祈求净化物质进行消除。靠着女神南木吉贡杰的帮助，即由她的唾液变成药物与海水，进而产生甘露和“参”，“岸”方的毒及被

① 和士成解读，和力民翻译：《董术战争》，载云南省少数民族古籍整理出版规划办公室编《纳西东巴古籍译注》（三），云南民族出版社 1989 年版。

污染的“叶”方的天地最终被净化。“据说，‘参’可以清除‘叶’‘岸’之战带来的污秽。如果一个人遭受污染或患有疾病，也依然如此行事。”

纳西族《黑白战争》也在其结尾部分渲染有除秽的内容，称米利董主割下仇敌家的牦牛角，制作胜利的号角；掏出仇敌的心脏，供养胜利神；取出仇敌的鲜血，为胜利神除秽。这里，并没有明确指出污秽的原因，但我们还是可以推知它所指的是双方交战。通过除秽，米利董主及“白”方心欢情畅，耳闻佳音。这与《叶岸战争》中的除秽内容有相通之处，都是为了强调消除污秽，使世界恢复到纯净状态的重要性。在这一点上，它们具有否定现实世界而企求原始纯净状态的思想倾向。

《黑白战争》中并无类似《叶岸战争》中的南木吉贡杰这样一位掌管除秽药物的神祇，因此也就没有向其祈求药物的情节。但是，在东巴经典《迎净水》中，却有一位类似南木吉贡杰的女神——盘孜萨美。这位神灵高居 18 层天界，曾经在月亮逃入白云之中后用笤帚扫去 9 层白云，使月亮重新出现在天宫，而且还曾参与居那若罗神山的修造，教导人们将太阳拴在山左之铁柱上，将月亮拴在山右之铁柱上。同时，她还是一切占卜经典的主宰者。但是，使她在众神中别具风采的主要原因还在于她是一位掌管圣水的女神。据《迎净水》记述：当天空中有 9 日曝晒之际，盘孜萨美令沙衬吉补与本衬吉姆化育圣水，然后用 5 个指头放下 5 滴圣水，使从日宫放出的一滴白水落在白螺山上，使从月宫里放出的一滴绿水落在绿松石山上，一滴黑水落在墨玉山上，一滴黄水落在黄金山上，从星球里放出的一滴杂色水落在杂色玉石山上，流水从此自高山出。它不仅成了灌溉、饮用的水，而且也成为除秽之圣水[①]。从这点可以看出，《黑白战争》受到的苯教经典的影响不止一部，而是融合了多种经典成分。

正如从《叶岸战争》与《黑白战争》中都可以发现的那样，“秽”与“净”是非常重要的一组二元对立统一观念。所谓的“秽”就是“污染”，所谓的“净”就是“洁净”。人们认为恪守礼法、敬天尊神、心术纯正就

① 和芳讲述，周汝诚翻译：《迎净水》，丽江县文化馆石印本，1964 年。

是“净”，就是“洁净”。因此，“净”所指的是开天辟地之初就已由造物主颁定的自然与社会秩序、规律。由于人为的与自然的因素干扰了这种既定的秩序、固有规律，人们就必将造成“污染”、礼崩乐坏、天怒人怨、山崩地裂、瘟疫流行，人们就要致力于消除污秽、恢复秩序、重归规律。显然，这种“污染”是物质加精神、自然加社会的，这种“洁净”也是包括了物质与精神、自然与社会两个方面的内容的。

对于“污染”的原因，苯教有关经典列了以下几种：“吃马肉，徒手触摸赤裸的尸体，把一个人的汗水和‘岸’国女人的汗水混合在一起，和谋杀过人的女人同床共寝，穿谋杀过人的男子的衣服。”[①]东巴教中的“污染”原因也多种多样，如《崇搬图》中有四：一是人类祖先行兄妹婚，从而引起秽气冲天，天神发怒；二是崇仁利恩三兄弟侵犯神灵的利益，耕地耕到了神的领地，致使神灵决定惩治心地善良的崇仁利恩以外的两兄弟；三是崇仁利恩进入天界求婚，打破了“圣”与“俗”的界线，引起污秽，致使天神的家中充满“生人味”，羊不入圈，狗不安寝，子劳阿普不得不月夜磨刀，决计杀害闯入天界的“生人”崇仁利恩；四是崇仁利恩夫妇从天界迁入人间之后，因不行祭天礼就作交媾而引起秽气，致使他们不会生育后代，只有在派白蝙蝠打听到有关秘密并祭天之后，秽气消除，他们才生下了藏族、纳西族、白族的祖先。[②]在《鹏龙争斗》中，由于人类不断扩大自己的活动领域，到属于署的自然空间中开荒、打猎、捕鸟、砍树，同时因为署不断侵占人类的生活空间，就连一个马蹄印中都建了 9 个村庄，才引起秽气，双方尖锐冲突，只好靠天界神灵征服署王，并为两者调解矛盾。[③]在《多格飒》中，由于富豪偷了穷人家的牦牛，由于黄鼠偷了动生（也译作“董色”）两兄妹的线团等而引起污秽，只好

① 桑木旦·G·噶尔梅著，向红笳译:《概述苯教的历史及教义》，载《国外藏学研究译文集》第十一辑，西藏人民出版社 1994 年版（作者不详）。

② 和芳讲述，周汝诚翻译:《崇搬图》，丽江县文化馆油印本，1963 年。

③ 桑木旦·G·噶尔梅著，向红笳译:《概述苯教的历史及教义》，载《国外藏学研究译文集》第十一辑，西藏人民出版社 1994 年版（作者不详）。

请多格神从天界下凡，杀死了秽鬼与脏鬼。[①] 在《普称乌璐》中，因“普称乌璐在东方的冒米玻罗山下，开了新的荒地，挖沟引水，建立新的村庄”，从而冒犯了龙王，使得普称乌璐发烧生病，秽气冲天。于是，普称乌璐便请来丁巴什罗进行禳除。[②] 在《古生土称和亨命素受的故事》中，米利亨主住在不洁净的人间。有一天，他选了一个好年好月吉日，赶着牦牛和犏牛去山神司汝捏麻所居住的高山，那里没有狗拉过屎，没有人走动过，洁净一片，只因米利亨主的闯入而受污染。于是，司汝捏麻向米利亨主施放了疾病。[③] 这样的例子在东巴经典中不胜枚举。

归纳而言，东巴经典中的污染有的是因为违反人性所致，有的是有失礼仪所造成，有的是抗拒神意引起，有的是搅乱既有的秩序所产生，其结果也多种多样。除了上述所举例子中的自然灾害、疾病、战争、不育之外，还有情死、歉收、口舌是非等。作为污秽之直接实施者，一般被视作“秽鬼”。秽鬼长蛙头，生活于脏水阴沟之中。其起源谱系是：由恶声恶气交合产生的英格鼎那鬼生下一对黑蛋，黑蛋孵化出富金唉纳鬼，富金唉纳又生下九对黑蛋，分别孵化出了此、尤、塞、老、毒、仄、猛、恩、骤、支等鬼怪。其中，骤鬼也就是秽鬼。[④] 作为更具体的秽鬼，《杀猛妖的经书》中有这样的叙述：崇仁利恩与衬红褒白命在杀死分别与自己的妻子与自己的丈夫相好的猴、猛恩鬼之后，秽鬼从这些死尸上产生。它常与天界恶神可兴可乐狼狈为奸、作害人类，具体为：让蔓菁生腐烂病，让稻谷生白穗病，让小麦生黑穗病，让大麻生虚壳病，使牲畜不旺，庄稼歉收，使人不会生育，使人致病，使众神动怒，令天上乌云密布，让犁耙生锈。[⑤] 也就是说，秽鬼主要是可兴可乐恶神、恶龙等的

① 和芳读经，和志武翻译：《多格飒》，载和志武翻译《东巴经典选译》，云南人民出版社 1994 年版。

② 和正才讲述，赵净修翻译：《普称乌璐》，丽江县文化馆石印本，1963 年。

③ 和芳讲述，周耀华翻译：《古生土称和亨命素受的故事》，丽江县文化馆石印本，1964 年。

④ 白庚胜：《东巴神话研究》，社会科学文献出版社 1999 年版。

⑤ 和芳讲述，周耀华翻译：《崇仁利恩解秽经》，丽江县文化馆石印本，1964 年。

意志的执行者。由于秽鬼与此、尤、塞、老、毒、仄、猛、恩、支等是与盘、桑、高、吾、沃、吾、恒等是根本对立的存在，因此，要克制秽鬼，必须请盘、桑等众神降临。除了盘、桑等旧神体系中的神灵之外，住在天界的至尊神系统中的丁巴什罗、多格以及火红色高山上的松托嘎日优玛等，都是秽鬼的最大克星①。

有关为除秽而找药物和圣水的内容并不出现于《董术战争》之中，这是《黑白战争》与《叶岸战争》的区别之一。不过，与《叶岸战争》求药物除秽相似的内容却屡屡见诸东巴教经典之中，如《古生土称和亨命素受的故事》结尾就附有这样的内容：由于米利亨主令亨命素受与古生土称杀死了山神司汝捏麻，导致秽气冲天，使米利亨主发烧头疼。为了给父亲治病，亨命素受请巫师作法并施除秽药水，产生了极好的效果："这样，美利亨主不病了，不热不冷了，亨命素受五谷丰登、生活富裕了，听到好消息，流水满塘了。"这部作品中还有一大段有关除秽药物起源的文字说明。②

六、结论

通过以上比较，我们基本可以判定《叶岸战争》与《黑白战争》在结构、战争双方及其关系之性质、战争起因、战争过程、作品立意等几个方面都有惊人的对应。这种对应不应该看作是偶然的，而应该视为具有某种源流关系，即纳西族的《黑白战争》接受了藏族的《叶岸战争》之影响。造成这种结果的原因就是保持有《黑白战争》这个作品的东巴教曾经压倒性地受到过苯教的浸润和改造，致使有些东巴经典成了苯教经典的翻译作品，有些经典则借助纳西族固有的故事传说等宣传苯教教义，也有一些经典是东巴教祭师混合若干苯教经典，并适当添加了本民族文

① 和即贵解读，和庆元翻译：《请神求助》，载云南省少数民族古籍整理出版规划办公室编《纳西东巴古籍译注》（三），云南民族出版社 1989 年版。

② 和芳讲述，周耀华翻译：《古生土称和亨命素受的故事》，丽江县文化馆石印本，1964 年。

化因素而成者。由于苯教最早源头也不是发生在藏区，而是印度或更遥远的中亚地区，因此，若做进一步的溯源，《叶岸战争》当有更古老的起源，《黑白战争》的比较空间当更为广阔。

《黑白战争》虽明显脱胎于《叶岸战争》，但它已经纳西族化，具有鲜明的纳西族特征，因而成为人们公认的纳西族英雄史诗。

揭开“玉龙第三国”的秘密

一

作为一种社会现象，殉情曾广泛存在于世界许多民族之中。每对人间至爱受到压抑、窒息的地方，都是演出这幕悲剧的舞台。刘兰芝与焦仲卿去也，空余一首哀恸千古的乐府绝唱；梁山伯与祝英台走了，化成两只翩飞的彩蝶；罗密欧与朱丽叶归罢，何处寻找他们的芳迹？无数大和青年的忠贞，平添了许多悲壮的色彩。

丽江虽曾是个“被遗忘的王国”，纳西族却并不因此为殉情悲剧所冷落。翻开光绪《续云南通志》，一段血淋淋的记载便会跃然纸上：滚岩之俗，多出丽江府属的夷民。原因：未婚男女，野合有素，情浓胶漆，伉俪无缘，分袂难已，即私谋合葬。各新冠服，登悬岩之巅，尽日酬唱，饱餐酒已，则雍容就死。携手结襟，同滚岩下，至粉身碎骨，肝脑涂地，固所愿也。

同样的内容也见于刘曼卿女士的《康藏轺征续记》，俄人顾彼德的《被遗忘的王国》，美国学者洛克的《开美久命金的故事：译自纳西象形文字手稿的纳西族爱情故事》[①]，英国学者杰克逊的《中国西南纳西族的亲属制度、殉情和象形文》，中国学者李霖灿的《麽些族的故事》。直到中华人民共和国成立前夕，这一悲剧还大量地、活生生地存在于玉龙山下的村村寨寨。如在1949年前丽江纳西族自治县长水乡每年都有三四

① 约瑟夫·洛克:《开美久命金的故事：译自纳西象形文字手稿的纳西族爱情故事》，载《法兰西远东学院学报》第39卷第1期。译文前的序言部分介绍了殉情以及东巴主持的有关道场。

对恋人殉情。其中，1924年有三对情人同缢于一树。1945年，又有8对青年男女一并绝命。[①] 在拉市坝的蒙世大山上长有一株“情死树”，每年都有数8对爱侣缢死于其上。[②] 在丽江山乡，几乎没有一个家族能够幸免于这一灾难，从而引起人们惊叹纳西族地区是“全世界最大的自杀之都”。

无疑，这一惨烈无比的悲剧，强烈震撼了许多中外学者的心灵。有人怨，为那些早夭的青春扼腕挥泪；有人叹，为那些少男少女们“不自由、毋宁死”的精神魂摇魄动；有人怒，对那扼杀无数年轻生命的黑暗现实发出了激愤的呐喊！

继之而起的是人们对迫使青年们与人世决绝之原因的探究。先有顾彼德与洛克关于“恋爱自由与婚姻不能自主相冲突，加之东巴的作用，使殉情得以产生并加剧”[③] 的解释；后有李子贤、冯寿轩等关于“爱情与婚姻相脱节，加之受剥削压迫而酿成其不幸”[④] 的见解；近来又出现了杰克逊与诹访哲郎关于“纳西族在改土归流后从母系社会剧变为父系社会，致使母权制受到压抑乃至削弱、丧失，造成了女性殉情者之出现”[⑤] 的新说。

这些观点都侧重于社会性因素，阐述了客体对主体的影响，深刻分析了政治、经济、婚姻诸制度对殉情所产生的重要作用。但是，由于他们都忽视了从精神性因素方面揭示凝结于这一悲剧的集合性意识。尽管我们已经从这些卓越的研究中感知到了推挤恋人们慷慨赴死、含笑九泉的动力，却对吸引他们的力量依然一无所知。因而，已做出的种种说

---

①《纳西族社会历史调查》，云南民族出版社1983年版。

② 丽江地区文化局、民委、群艺馆编：《纳西族民间故事集成卷》第1辑1988年版（出版者不详）。

③ 参见《被遗忘的王国》和《开美久命金的故事：译自纳西象形文字手稿的纳西族爱情故事》。

④ 中国社会科学院云南少数民族文学研究所编：《云南少数民族文学资料》第2辑，1981年（出版者不详）。

⑤ 郭大烈、杨世光主编：《东巴文化论》，云南人民出版社1991年版。

明，并不能解释纳西族地区在社会制度、婚姻制度发生根本变革后的20世纪50年代、20世纪60年代乃至70年代仍有殉情现象发生的事实①；不能回答纳西族的殉情为何会形成一种包括殉情本身以及有关宗教仪式、禁忌、文学在内的殉情文化，东巴主持的有关宗教活动为何会对殉情起到推波助澜的作用；也不能回答纳西族的殉情为什么会规模如此之大，历时如此之久，并伴有集体自杀现象诸问题。关于母权制被削弱乃至丧失导致女性殉情者出现之说，虽似林中的响箭，自有不同凡响之处，却也忘记了一个最基本的情况：纳西族青年的殉情，绝非女性单方面的自杀，而是男女双方的共同毁灭。以改土归流为纳西族母系社会与父系社会之分水岭更似天方夜谭！

事实上，纳西族青年的殉情是一种以婚姻自主权被剥夺为前提，以对现实社会的绝望，对现行秩序、伦理、价值观的否定为起点去追求美好理想的弃世行为。正如枝头的苹果落地除了其本身所具有的质量及空气的压力之外，主要还由于地心吸引力所致，纳西族青年的殉情也自有一种吸引他们“视死如归”的力量——“玉龙第三国”。这是一个美丽的诱惑！要深刻理解潜藏于殉情现象之下的深层文化意义，我们就不能不首先揭开“玉龙第三国”的秘密，看看它在纳西族的信仰史上占有什么地位，看看其中积淀着多少远古文化的遗留物。

二

在纳西族文学中，反映殉情的作品丰富多样，不仅有用象形文字写成的东巴经典《鲁般鲁饶》《辛资恒资》《初布游布》及民间口头长诗《游悲》《逃到美好的地方去》等韵文体作品，而且还有数十件散文体故事、传说、短歌等，形成了一个规模庞大的殉情文学。韵文体作品都无一例外地描写了一个爱情的乐园——“玉龙第三国”。

① 如1962年发生过一对男女青年火烧得月楼后，在象山殉情之事件。笔者于1973年及1975年分别目睹过殉情身亡者。

那里有斑虎会耕田呵，
那里的马鹿可驮骑呵，
那里的山驴会做工呵，
那里的风可以使唤呵，
那里的云可做衣裳呵，
那里没有蚊子苍蝇呵，
那里没有疾病痛苦呵！
那里没有恶语毒话呵！①

主此境者为游子阿祖（以及构土西刮）神，她主司东、西、南、北、中五方情死鬼首领，能解除爱的束缚，让求助者实现爱的理想。她“表独立兮山之上，云容容兮而在下”②，不断呼唤着人间的善男信女：

你到这里的云霞世界来居住吧，
你到这里来饮高山的清流吧，
你到这里来把“殉情花”插满头吧，
你到这里来骑红虎、来牧白鹿、来取鹿乳吧，
你到这里来织天上的白云、地上的白风吧！③

多少世纪以来，许多热恋中的情人正是在这春风拂面的细语低吟中，踩过“生死石”，奔赴玉龙山，走向彻底解脱之路，以喜剧的形式，完成了惊世骇俗的人间悲剧。倾听东巴经师悠长的沉吟，沉浸于民间歌手哀婉的歌唱，每当云出霞灭，人们似乎还能看到徘徊于山河林间的千古冤魂；每当风起涛过，我们还仿佛能听到他们悲怨的啼泣。

① 赵银棠译：《鲁般鲁饶》，载《边疆文艺》1957年第10期。

② 屈原：《山鬼》，载朱熹《楚辞集注》，上海古籍出版社1979年版。

③ 李霖灿：《麽些族的故事·情死经之一段》，载李霖灿《麽些研究论文集》，“国立故宫博物院”1984年版。

对于死者，由于来自婚姻、政治、经济的压力，社会共同体已经成为一种否定性的存在。现世的秩序，不吝于对人性的禁锢；苦难的生活，成为孱弱的生命所难以承受的重荷：

凡是人类居住的地方都是很痛苦的，
找到了早饭又得不到晚饭。
所有的牧人，
虽然是自己从牛身上取到了奶汁，
但自己是一滴牛奶也吃不到；
所有的猎人，
虽然是自己下活扣捉到了野兽，
但自己是一点兽肉也吃不到；
所有的农人，
虽然是自己从农田里收到了五谷，
但自己是一顿饱饭也吃不到；
所有的牧童，
虽然是自己从羊身上剪到了羊毛，
但自己是一件暖和的衣服也穿不到。①

是谁占有了这些劳动成果？是什么使劳动者与劳动产品产生了如此重大的分离？那当然是那些“不稼不穑”“不狩不猎”，却在仓里囤满粮食、院里挂满美味珍馐的“君子”“硕鼠”。

两相对照，“玉龙第三国”是一个与现实根本对立的世界，无论在空间上和时间上都充满了神奇性与圣洁性，于生理和社会两个方面解决了人类在现实生活中所不可能解脱的普遍烦恼。它是一个理念性的存在，一个用五官不能感知的“死灵世界”。如果将它与现实做一比较，就会

① 李霖灿：《麽些族的故事·情死经之一段》，载李霖灿《麽些研究论文集》，“国立故宫博物院”1984年版。

得到如下结果：

“玉龙第三国”	现实
圣	俗
善	恶
爱	憎
美	丑
富裕	贫困
自由	专制
永恒	短暂
健康	病痛
净	秽
音乐	恶语

这样的空间在文化人类学中称为“他界”，它既可能是纯观念性的存在，也可以是物理性的实指。前者被视为死后的世界，指神灵、祖先、死者等所居之地。后者则与死无必然联系，往往实指相对于某一社会共同体生活范围之外的区域。

他界的存在方式可分为纵向及横向两种：纵向分天上他界、地上他界、地下他界三种。天上他界如基督教的“天堂”、佛教的“极乐世界”及表现于许多民族神话与故事中的“天界”；地上他界如《桃花源记》中“桃花源”等；地下他界如佛教的“地狱”，我国汉族的“黄泉”，日本的“常夜国”等。横向他界实际上是地上他界的横向延伸，分海上他界、林中他界、山中他界三种。海上他界如《列子·汤问篇》中的“蓬莱”“方壶”“峤山员”等仙岛；林中他界如兹巴岛上的“帕朗”“美拉普”；山中他界如我国昆仑山、天姥山上的“仙境”，以及日本的恐山“灵界”。就一具体民族而言，他界既可能表现为复数，也有可能呈单一样态，还有可能将原分属于若干相异文化系统的他界融为一体。

严格讲，“玉龙第三国”属于山中他界，是一个观念性的存在。人与它的交往，必须以死为前提，以灵魂为生命的表现体。当然，在殉情者看来，生与死并非存在与毁灭的关系，死只意味着一个生命实体的生活场所从彼转入了此，只是此比彼更处于优越的地位。在自然宗教那里，能进入这种他界与否仅以是否正常死亡加以确定。而在高级宗教那里，它是由像弥勒这样的神佛根据死者生前的善恶进行判定的。与此相异，纳西族青年人他界是基于主动性死亡——殉情，并不受伦理观念的裁决，也不表现为被动性的自然死亡。就“玉龙第三国”的表象看，既带有从非正常死亡者所居灵界分离出来的痕迹，又明显带有受佛教净土思想影响的印记。

三

那么，“玉龙第三国”为何会表现为山中他界？它是怎样形成？又为什么会呈现出介乎于原始他界与高级宗教他界信仰的中间形态？

存在决定意识，一个民族将什么样的空间视为他界与其所赖以生存的地理环境具有重要关系，在文化的发轫时期尤其是这样。在漫长的历史发展中，与纳西族相伴始终的并不是大海，也不是平原，而是像昆仑山、贡嘎山、玉龙山这样一些崇山巨岳。它们曾经对长期从事山地畜牧的纳西族先民的原初心灵以极大的刺激，对纳西族的山岳信仰及山中他界的最初形成产生了重要的启迪。我们尚不知道纳西族的原始农业起源于何时，但它的出现无疑大大加强了纳西族对山的依赖。因为对农业而言，水与光乃是两大重要的能源。水源于山，山高则水长，山清则水秀。对水的需求极易转化为对山的崇拜。

形成山中他界的第一步是万物有灵论。茫茫洪荒，民智初开，原始人类推己及物，视自然万物各有灵魂所主，均有常人感情。这便是东巴经典《创世纪》所描写的“树木会走路，石头会说话”的时代。面对山岳所具有的怪异性、神秘性、静寂性、变化性，人们亦同样将灵魂移植于其上，萌生了最初的山灵，并随之诞生了类于人、又高于人的山神。直到近代，纳西族坚持认为每一座山都有一个独立的神格存在，具有善恶并存于一身的一般性特征。或受其护佑，或遭其制裁，悉取决于人们对他的态度是否虔诚。当然，一般的山神只是一个模糊的概念，正如灵魂是一种不可捉摸的抽象物一样。举一个例子：纳西族将祖坟造于山间，在每一片墓地稍上处，人们都要设一石以祀山神，祈求墓地的安宁，但这些尊者无具体表象可识，亦无事迹可考，甚至谁也说不清其性别。与其说是神，还不如说只是普通的山灵。只有一些名山才具有各自独特的形象，且有显尊的地位。在永宁地区，干木女神为四方之尊。干木山山顶的浮云是她的秀发，山腰的丛林是她的腰带，山间的野花是她的装饰，山下的泸沽湖是她的双脚。她不仅主宰那里的人畜繁衍和作物丰歉，也决定青年男女的爱情婚姻。有趣的是，与那里的阿注婚相对应，她与四川的"瓦如普纳山"、四川盐源的"阿底比儿雪山"、丽江的玉龙雪山等男神过从甚密，保持着阿注关系。每年农历七月二十五日，邻近几十里内的人们，尤其是青年男女都要云集山下，举行"转山节"，祭祀女神。

就纳西族的情况看，形成山中他界的第二步应该是山与神相分离，使山仅仅成为神灵的活动场所，而神灵则可以超越山岳空间。在这一阶段，比之先前，人们的认识范围不断扩大，人们的活动范围变得宽广，社会集团间的联系得到加强。这使人的主体意识被渐次唤醒，自然界在人们的头脑中缓缓趋向清晰和条理化。反映在口头文学中，传说与故事从神话中嬗变而出，并与之处于并存的状态。人们的认识空间开始出现了内与外、现世与他界、圣与俗、善与恶、自然与文化等的严格界限。山与山神相分离的结果是：神得以变形，或升华为其他神灵、异类，不再囿于山岳空间，走游四方，显灵八面。与之相对应，山亦不再是神的本体，人及各种异类均可出入于山中的世界。随着社会的高度集中化，这种山岳甚至可以被奉为宇宙的中心、天地的连接点，山中的世界也被神化。东巴经典中的居那若罗山的诞生，大概就是其产物。

据史诗《创世纪》称，在开天辟地之后，"所有精壮的男人，运来一块块巨石，运来一堆堆黑土，运来一背背金银、碧玉和白海螺"，用人工建成了居那若罗神山。"山的一面砌金，山的一面砌绿松石珍宝，山的一面砌木石，山的一面砌泥土”，四周为狮、虎、象、大力士神等所守护[①]，一派“日月危颠通、阴阳割昏晓”的气派。尽管有人猜度它是昆仑山的化身，有人推测它是须弥山的写照，还有人将它断言为贡嘎山，但其存在基础或接受基础，无疑是纳西族古老的山神信仰。

从种种资料看，在“玉龙第三国”产生之前，纳西族就已经有山中他界观念存在，其中最具代表意义的是居那若罗山上的灵界。东巴经典《辛资恒资》描写居那若罗山等“上方”世界为双手不沾水、身上不负重，撒一次种子一世吃不完，活一辈子穿不完一件衣服，蜜汁美酒飘清香；冬天的严霜不打青草，夏天的鹧鸪欢鸣不已，秋天的鲜花开放不败；鹿角可以接牛角，猪鬃可以织锦缎的“快乐”之地。[②]《迎请精如神》也说，“那里的天是黄金做，地也是黄金做；金童和玉女，用金碗做饭吃，金杯当酒杯”[③]。这个世界并非为神灵所虚设，也非常人所能涉足，而是祖灵所居之所，只有亡魂能步入其中。

在纳西族民俗中，人死后都要由巫师东巴主持丧仪，其中一个重要内容就是为死灵“开路”，为其指引回归祖灵所居之地。日本学者齐藤达次郎曾根据洛克所收集的材料对此做过详细的介绍：

……祭司准备一张用白羊毛毡所覆盖的桌子。其上置有特制的刀刃，但见银光闪闪。它表示世界山，纳西人把它称为居那若罗山。其尖端被雪遮盖。用像雪一样的棉花作为假拟的白云的代替物在山状刀刃的四周围成圆形。用右手把松枝插入棉花中，这些表示含英巴达树（愿望树）。两边各插一面旗帜，可视为居那若罗山背后的日月之象征。[④]

---

① 和芳讲述，周汝诚翻译：《崇搬图》，丽江县文化馆石印本，1963年。“创世纪”为“崇搬图”异译名。

② 和芳讲述，周汝诚翻译：《辛资恒资》，丽江县文化馆石印本，1964年。

③ 王世英译，载云南少数民族古籍整理出版规划办公室编《纳西族东巴古籍译注》（一），云南民族出版社1986年版。

④《纳西族特辑》，载《中国大陆古文化研究会会刊》第8号，上智大学白岛研究室1978年版（作者不详）。

在由李霖灿先生收集丽江鲁甸乡的一份送魂路线中，亡魂所经凡间102站，其终点也是居那若罗神山。据考察，这102站并非虚幻的拟定，而是实际可考的地名。它们与有关正史、野史中所记载的纳西族的迁徙路线完全吻合。如，纳西族东巴和文裕就曾从事过这种实证工作，他曾“由巨甸、丽江、永宁、木里，一直到无量河中游一带”，直到语言不通，无法前进时才转回丽江[①]。

将他界视为祖灵所在地正是许多迁徙民族所共有的文化现象。在古代日本，人们也同样将山中他界视为祖灵所聚之所，“恐山山麓的村民们相信，人一死就要登上此山”，因为恐山为灵山[②]。只是恐山为实在的山，居那若罗山为观念性的山。

从《辛资恒资》看，居那若罗山上的灵界似乎已经受到了外来文化的重大影响，不再是原初他界那种对现世的复制。作为二次性“生存”空间，它远比现世优越，能够减轻劳动强度，保证收获以及人身安全，免除种种来自自然和社会的危害。从其表象看，非常接近佛教经典中的“弥勒世”与“极乐世界”。

再回过头来看“玉龙第三国”，我们就会发现它是从以上所介绍的居那若罗山之他界脱胎而成的。玉龙山则是居那若罗山的实在化。因为人们认为玉龙山与居那若罗山均是高大无比的山灵，其上均有一个美丽的世界，那里同是超生命的灵魂所居之地，对玉龙山和居那若罗山的描写几乎完全一致。此外，在赵银棠译的《鲁般鲁饶》中，众情死鬼所居之十二崖子坡在玉龙雪山；而在《辛资恒资》及《创世纪》中，十二崖子坡处于居那若罗山。在和发源译的《鲁般鲁饶》中，开美久命金吊死于居那若罗山上的一棵桑树；而在《初布游布》中，开美久命金与朱普羽勒排殉情于玉龙山中。长诗《游悲》也是这样。显然，它们之间具

① 李霖灿：《麽些族迁徙路线之寻访》，载李霖灿《麽些研究论文集》，“国立故宫博物院”1984年版。

② 樱井德太郎：《恐山的地藏与女巫》，载《山岳宗教与民间信仰之研究》（《山岳宗教研究》从书之六）（作者、出版者、出版时间不详）。

有可以互换的一面。当然，这并不是说它们完全一致，事实上，它们之间仍有种种差异。如居那若罗山为观念性的存在，是神山、宇宙山、灵山，而玉龙山只是一座实在的山；如居那若罗山上的灵界为祖灵所居之地，“玉龙第三国”则仅是情死者的乐园；前者为正常死亡者之所归，而后者为非正常死亡者之归宿；进入居那若罗灵界呈一种自然形态，而奔赴“玉龙第三国”则要以自杀作为手段。相比之下，居那若罗神山及其灵界是玉龙山及其“玉龙第三国”所不可比拟的。问题在于在殉情文学中为什么会出现居那若罗山及灵界与玉龙山及其“玉龙第三国”相重合的情况？这很可能是纳西族在政治上受外民族压抑越来越深，在宗教上佛教越来越趋于统治地位，使处于弱势的东巴教进一步吸收佛教、苯教教义来丰富自己所造成。如果没有极乐世界和弥勒世观念等的引入，至高无上的神山及灵界就不可能贬值，并实在化为一座普通的山，不可能将一个只有正常死亡之灵魂才能前往的灵界与非正常死亡——殉情后的灵魂所去之境相混同。而这正是纳西族文化处于又一次转折、纳西族固有文化不断走向衰亡的体现。殉情之哀，当然也就成了民族之哀。无论从哪个角度讲，它都是彻头彻尾的悲剧。

四

对纳西族这样一个以高山大川为屏障、顽强生存于众多文化集团间的弱小民族来说，一定的封闭性、排他性是保持自己独立文化、增强内聚力的重要条件。这种封闭性最易导致对交界的敏感，并将它视为祭祀的空间。以上所谈到的内与外、生与死、圣与俗、阴与阳、敌与我、善与恶、文化与自然等都无不以此作为标志。交界是秩序的象征，也是整个宇宙的平衡轴。

在民间长诗《游悲》中，有一大段关于殉情者进入“玉龙第三国”前在“游石”前与游子阿祖的交涉以及在北岳庙祭神的内容。开美久命金与朱普羽勒排在决意殉情之后，先由朱普羽勒排去“游石”前向游子阿祖申诉人间之苦，表明与之决绝之意。待获准后，他将自己的名字刻于

“游石”之左，将开美久命金的名字刻于“游石”之右。在殉情之日，他们双双来到玉龙山下的北岳庙，向庙中的神灵祭拜，祈求路途平安。然后，他们来到“游石”前，向游子阿祖敬献礼物，申请进入“玉龙第三国”。等游子阿普一一确认他们的名字之后，“游石”启开，他们终于走进了向往已久的乐园。①

这里的“游石”及北岳庙意味着什么？游子阿祖与北岳庙所供之神具有什么性质？在北岳庙的祭拜与对游子阿祖的献礼具有什么文化意义？

首先，我们来看看“游石”与北岳庙各处于什么位置。纳西族的民俗空间可分为家庭、社会、自然、观念四种形式。从《游悲》的描写看，“游石”处于“玉龙第三国”与现世之间，即社会空间与观念空间的交界。北岳庙建立于玉龙山与山下村野之间，即社会空间与自然空间之间的交界。

在许多民族中，交界处都是具有圣性意义的存在，是人们祭祀的空间。《摩奴法典》规定，古印度人要在交界处掩埋装有灰、骨、毛、翼、炭等物的壶。② 日本则要建寺宇，立地藏石像。③ 在我国似乎表现有人牲祭祀。如白川静曾介绍过中国古代杀异族人，尤其是异族首领埋葬于交界处的若干例子④。孟姜女故事中关于范喜良的尸体被筑于长城的内容也应该是这种信仰的反映。纳西族史诗《黑白战争》也反映了同样的内容：“董”与“术”是两个根本对立的部族，他们间的交界处为居那若罗山，或米利达吉海中的含英巴达树。“董”之首领叫米利董主，“术”之首领叫米利术主。米利董主之子董若阿路造斜了“术”的天地之后星夜逃回，在“董”“术”交界处设铁签、铜弩等，杀死了尾随而来的安塞

① 和成典讲唱，白庚胜整理翻译：《游悲》，尚未公开发表。

② 迭朗善译：《摩奴法典八・二五〇—二五一》，商务印书馆 1982 年版。

③ 井本英一：《交界祭祀空间》，平河出版社 1985 年版。

④ 白川静：《汉字百话》《汉字的世界》等，转引自井本英一《交界祭祀空间》，平河出版社 1985 年版。

米委——米利术主之子，并将其尸体埋葬于交界处的沟底[①]。这里，所杀者虽是首领之子，却具有与首领同等的意义。

在纳西族的史诗、神话中，交界处被破坏往往引起礼崩乐坏、天灾人祸，人类社会也因此产生新的转折、建立新的秩序。在《创世纪》中，引起洪水泛滥的原因是兄妹相奸、秽气冲天，它使天神发怒，降下洪水以处罚凡夫俗子，但其直接契机却是崇仁利恩九兄弟耕地耕到了神界，人类侵犯了神的利益。这使神对人的惩罚有了借口。洪水泛滥意味着群婚时代的结束，对偶婚时代的到来。在《黑白战争》中，“董”“术”两界黑白分明，泾渭不乱，只因“董”的白鼠与“术”的黑鼠打通了界山——居那若罗神山，才使“董”的阳光照进“术”的天地，由此衍化成一场规模浩大的部族战争。战争的结果是两界对立局面的解除、两地共融时代的出现。

因此，“游石”与“北岳庙”是边界的标记，又同时是进入他界之门。《初布游布》中有数行描写开美久命金、朱普羽勒排与门神“董”“塞”相别，发誓永不回头的情节，表现了门及其门神在纳西族信仰史上的重要地位。过去，几乎每个纳西族人家的门口都要竖两石以为门神，纳西语叫“午鲁”，左为阳，叫“董”；右为阴，叫“塞”。这对门神还出现在庄严的祭天坛门口，其俗与汉族五代时将写有“神荼”“郁垒”两位神灵之名的桃木悬挂于门上的做法相通——它们都是为了“压邪”。“改土归流”之后，纳西族亦将汉民族的贴春联与门神画之俗如法炮制，对门作了进一步的神圣化。

纳西族曾长期从事“无君长、无常处，逐水草而居”的游牧生活，家庭成为一种最牢固的社会实体。尽管建立过像越析诏这样的方国，但纳西族从来没有形成过具有国家规模的政治组织。因此，以家长制为中心、以血缘关系为纽带的家庭、家族、氏族秩序便相当重要。家庭既是基本的生活单位，又是稳定的生产单元，还具有极强的放大功能，是

① 和正才讲述，李即善翻译：《懂述战争》，丽江县文化馆石印本，1964 年。《黑白战争》是其异译名。

组织大范围社会共同体的基础。一旦战争需要，它还可以构成军事组织的一个部分。无论从其社会意义还是从空间信仰的角度看，纳西族的家庭都是一个被浓缩了的宇宙。在这有限的空间里，人们实践着全部的生活意义，并进行着对生命、对宇宙的深沉思考。如纳西族的正房中都树有“擎天柱”，人们在家中长幼有序、尊卑有分。这些都是对此的最好说明。

对家而言，其外是一个充满了风雨寒暑、毒蛇猛兽、妖魔鬼怪、社会集团间利益冲突的物理性他界，而家之内则充满了安全、和平、宁静、幸福。为了有效地抵御、阻绝来自外部世界的危险、恐怖，人们对于连接家之内外的出入口——门便施以咒术性行为，使之神圣化。日本有将小孩尸体埋于门下之古俗，殷人曾在门口以奴隶为牺牲（李济《安阳发掘》）。家门的放大就是村口、城门口、他界入口。在巴比伦，城门上建有女王之墓，印度王子死后要在城门上停尸三天。我国民间也有在正月将蒲草人、蒿草人悬挂于城门的习俗。

我想指出的是，开美久命金、朱普羽勒排与“董”“塞”神的诀别、他们在北岳庙的祭拜以及在“游石”前与女神的交涉都具有祭祀出入口及其神灵的意义。可以说，殉情的必由之路是以家庭为起点，以“玉龙第三国”为终点对家庭、社会、观念三种空间的突破。这种突破的社会意义就是对渗透着封建毒汁的家庭，对封建社会的政治、经济、婚姻诸制度的叛逆以及对美好理想的追求。

正如上面所看到的那样，在交界的出入口承担守护任务的是门神、道祖神、寨神等保护神。其作用是双重的，正如门既是出口又是入口一样，这些神祇既抵御着外来的威胁，也阻止内部世界的随意性外向行动。许多民族又都以石头为其代替物。如弥勒佛为交界处的护卫神，其最早的表象也是石头。就纳西族而言，无论是门神、村口神、道祖神等都表现为石头。“玉龙第三国”与现世之间交界的象征物也是一块石头——“游石”。在我看来，游子阿祖的原始意义也应该是保护神，正如纳西族家门口的“塞神”，他们的表象也应该是石头，而构土西刮则应该是如同“董神”那样的阳性守护神。就表面看，北岳庙的情况似乎特殊一些，但从其潜在意义看也是与之相通的。

据史书记载，唐开元二十七年（739年），南诏王皮逻阁迁都太和城并改元。上元明年（770年），南诏王异牟寻始封玉龙山为北岳，并建庙，[①] 庙中所供为三多神，因此，纳西语称北岳庙为“三多阁”。三多是玉龙山的化身，他跨白马、持白矛、披白甲、须眉银白，是一位保护神、战神。在纳西族民间，有关三多的传说颇多。其中之一云：早年，木土司家一个牧羊人常见玉龙雪山下有一奇石，在遍地积雪之季，惟其干燥如故，其四周亦然。于是，他想将它背回家中。不料，行至三多阁村，突然晨鸡啼鸣，石重千斤，难以动弹。木土司知道此事后，特建庙祀之。可见，堂堂“北岳定国安邦景帝”[②]原本不过一块稍微奇异的自然石而已。

我们已经说过，北岳庙处于玉龙山这个自然空间与山下社会空间之间的交界。因此，它既是交界的标志，又是一个出入口。将这些与有关三多的传说综合起来考虑，就可以推断三多之本意也应该是交界守护神。即在建庙之前，对三多的崇拜就已经存在于纳西族民众之中，只是三多尚无后期之表象，其名亦也许不是三多，他也许只是一块普通的自然石，只是众多守护神灵中的一个。他以这样的身份荣升为显赫的战神，完全是由于丽江在唐代处于南诏与吐蕃交界处、在明代处于西御“番虏”的藩篱、依附于明帝国这样的国家级政治组织所致。烽火连连，用兵不断的社会现实，使之具备了战神性；南诏王及忽必烈、木土司等的种种神化使之取得了独尊的地位；外来信仰文化的影响，则使之具有足以与格萨尔王、关公等相媲美的形象。《游悲》中的开美久命金与朱

① 和在瑞：《唐代纳西族的古建筑——北岳庙》，载丽江县政协文史组编《丽江文史资料》第2辑1986年版（出版者不详）。忽必烈入滇途经丽江，封玉龙山为“大圣雪石北岳定国安邦景帝”。

② 和汝恭：《恩溥三多》，载丽江县政协文史组编《丽江文史资料》第2辑1986年版（出版者不详）。

普羽勒排在北岳庙的祭祀是一种民俗层次上的信仰行为，即祈求三多准许他们进入玉龙山界，进而平安到达“玉龙第三国”。

揭开笼罩着玉龙山顶的帷幕，在我们眼前展现出的是什么样的秘密？“玉龙第三国”为山中他界，它是纳西族悠久的山岳空间信仰的产物，也是民族文化交流的结果。殉情是社会所迫使然，同时也是精神信仰所造成。它有自己的历程，构成自己的系统，又非孤立的存在。作为带有悲剧性宿命的纳西文化的特殊一环，它与纳西族的种种民俗文化互相联系、互为因果。正因为这样，它才会呈现出不同于世界任何民族的样态，并在其存在基础——产生殉情的政治、经济、婚姻诸制度彻底变革之后，仍然按其既定方向进行惯性运动，产生“余波”现象。

揭开“玉龙第三国”的秘密给我们带来的启示是什么？将“玉龙第三国”这样的存在斥为“迷信”弃之不顾，的确具有“一劳永逸”的“伟大”之处。但是，它无助于我们去了解民众的精神空间，不可能使我们解明“迷信”之所以成为“迷信”的原因。而我们人类今天的进步及科学在相当长的历史阶段是以这些“迷信”作为出发点的。对于人类文化，哪怕是“迷信”，哪怕是鬼怪，我们都决不能从现成的概念出发，以平庸地重复某种伟大的理论为满足，而应该借助、利用一切有效的方法，一切有用的素材，进行合理的、科学的、体系性的说明。否则，一切冠之以“科学”的“研究”都只能是自欺欺人的无聊游戏。

《黑白之战》象征意义辨

一

打开纳西族东巴经典《东埃术埃》，即《黑白之战》，一个神奇的世界便豁然出现在人们面前：

浩浩远古，以居那若罗神山为中心，分布着“董”“术”两个部族。董部族所居之地为白天、白地、白日、白月、白星，连山川河流、飞禽走兽都是洁白璀璨，一片晶然。术部族所居之地则是黑天、黑地、黑日、黑月、黑星，山川河流、飞禽走兽等都无一不是漆黑如夜，墨色沉沉。①

这就是“黑”“白”两个泾渭分明、互为敌对的部族。

最初，他们互相隔绝，老死不相往来，“飞鸟也互不相飞”。后来，封闭状态被打破，他们之间发生了规模浩大的战争，直至术部族被完全消灭，而胜利者——董部族相延不衰，成了当今的纳西族。②

这就是“黑”“白”两个部族之间进行战争的基本内容。

根据“董”即“白”，“术”即“黑”，战争以“董”战胜“术”，也就是

① 和芳、和正才译述，李即善、周汝诚合译：《懂述战争》，丽江县文化馆石印本，1962年。

② 和芳、和正才译述，李即善、周汝诚合译：《懂述战争》，丽江县文化馆石印本，1962年。

“白”战胜“黑”的推理，有关这部史诗的研究者们都异口同声地指出：《黑白之战》所象征的就是光明战胜黑暗，正义战胜邪恶。白色是纳西族所崇尚的色彩。

如仅以一种整理本为例，这种判断无疑可以成立。因为在《创世纪》等许多作品中，天、地、神、人、善、美等的来历无一不与白色有关，而黑色则成了邪恶、鬼怪、灾祸、污秽等的象征。并且，在现行的纳西族民俗观念中，尚白亦已占主导地位。然而，当我们将《黑白之战》的各种整理作品做一比较，并将它们置于整个纳西族文化系统和更为广阔的民族文化交流背景做一分析，就会发现“黑”“白”观念所包含的文化内容远比哲学性的象征更为丰富，更为深沉。

二

目前并行于世的《黑白之战》整理本共五种，可归为以下两类：

第一类，为争夺日月而战：

1. 杨世光整理的《黑白之战》。①

2. 周慰苍译、赵银棠整理的《东岩术岩——黑白争斗的故事》。②

3. 和正才译、木易搜集整理的《黑白之战》。③

第二类，为创造日月而战：

1. 和芳、和正才译述，李即善、周汝诚合译的《懂述战争》④。

2. 久高恒读经、和志武记译的《动埃苏埃——动族和苏族的结仇战争》⑤。

---

① 杨世光整理：《黑白之战》，载《玉龙山》1979 年国庆专号。

② 周慰苍（霖）译，赵银棠整理：《东岩术岩——黑白争斗的故事》，载《边疆文艺》1957 第 7 期。

③ 和正才译，木易搜集整理：《黑白之战》，载《民间文学》1985 第 5 期。

④ 和芳、和正才译述，李即善、周汝诚合译：《懂述战争》，丽江县文化馆石印本，1962 年。

⑤ 久高恒读经，和志武记译：《动埃苏埃——动族和苏族的结仇战争》，载和志武编译《纳西东巴经选译》（出版者、出版时间不详）。

令人惊讶的是，在这些整理本中，人们对“黑”“白”所持的态度不尽一致，甚至完全相反。如，在第一类整理作品中，杨世光本及赵银棠本都认为“黑”“白”两个部族的战争是因“黑”（术）部族抢夺“白”（董）部族的太阳月亮而引起，持褒“白”抑“黑”的态度。木易本则持扬“黑”抑“白”的态度，称“黑”部族之所以要去争夺日月，是为了打破“白”部族对日月的垄断，战争的结果也被描写成“黑”部族解放了日月、使之共同照耀着“黑”“白”两界。当然，木易本的真实可信程度还令人怀疑。在以下的讨论中，我们仅以杨世光本、赵银棠本及第二类整理作品为比较、探讨的对象。第二类整理作品中并没有争夺日月的情节，战争的起因在于“董主”之子阿路在其父亲“董主”的威逼之下背信弃义，故意造斜了“术”部族的天地，并下铁扣害死了尾随而来的“术主”之子安生米委。非常有趣的是，在这类作品中，“董”地的日月光辉透射进“术”地，乃是两族“白鼠”及“黑猪”等共同打通界山造成的。阿路与安生米委也不像他们的父辈那样决然对立，他们有一个从真诚友好到对立为仇的发展过程。在战争过程中，阿路与“术主”之女给饶次姆相偶居，生下了他们的孩子，即“董”“术”两个部族血统相融合的后代哈扑罗他、哈扑罗沙。战争的结果虽取了与第一类作品相同的方式，也就是“白”部族战胜“黑”部族的方式，但这类整理作品更倾向于“黑”“白”相融合性，更注重于它们之间的发展过渡。在这里，“黑”与“白”并不是截然不同的是非、善恶的对立物。由于这两个整理本中的译述者都是著名的东巴经师，记录整理者也是多年从事东巴经翻译工作的专家，加之李即善、周汝诚本为科学翻译版本，和志武收集自东巴教圣地——云南省香格里拉白地乡，它们更多、更真实地保留了这部作品的本来面目。

如果对这两类整理作品做些比较，就会发现它们有以下共同点：

（1）对“黑”“白”两界的描写完全一致。

（2）“黑”“白”为两个敌对的部族。

（3）“黑”“白”战争的性质为复仇。

（4）战争规模及其场面的描写大体一致。

（5）战争的结果是“白”战胜了“黑”。

这些共同点正是《黑白之战》成为一部统一的史诗的必要条件。同时，它们之间也有一些明显的差别。如：

（1）战争起因不同。第一类是为争夺日月而战；第二类是因“董主”之子阿路不守信用，以及“术”部族为报杀子之仇而战，并且没有争夺日月的内容。

（2）作品对“黑”“白”的倾向性不同。第一类整理作品不是抑白扬黑，就是抑黑扬白；第二类整理作品则有过渡，较中和，“董”虽取胜，但对它作了某种程度的谴责。

（3）手法不一。第一类整理作品重于艺术化、哲学化，带有整理者做过一系列“合理化”的痕迹，情节复杂，节奏上起伏大，不同的色彩与相应的象征意义得到统一；第二类则重于道德化、历史化，较为真实，情节较单一，色彩与作品倾向性无必然联系。“黑”“白”与“是”“非”、“善”“恶”相游离，与“光明”“黑暗”相脱节。

（4）战争结果有差异。在第一类中，杨世光本、赵银棠本以“董”彻底战胜“术”而告终，木易本则以“术”解放日月、两族共和而结束。在第二类中，在肯定“董”战胜“术”的前提下，强调了“黑”“白”的局部共融性。

由此可见，各种整理本在基本相似的情况下，其内容、情节、倾向性等方面都有较大的差异，“黑”“白”也或与“善”“恶”等观念相合，或与之相违，并没有统一的、确定的内涵。显然，我们并不能不顾它们之间的差异，以个别代替一般，先任选一者作为范本研究，然后再以此为根据对整个作品做出不符合客观存在的判断。试想，如果杨世光本、赵银棠本的“黑”“白”确实是“黑暗”与“光明”的象征的话，那么，李即善本、周汝诚本及和志武本中的“黑”“白”又象征什么呢？

三

黑格尔曾经把史诗比作“民族精神标本的展览馆”[1]，就是因为史诗是全民族精神的艺术展现。它之所以具有这种特性是与它在漫长的民族文化发展长河中形成，并以“百科全书”的方式全面反映这个民族的历史文化分不开的。因此，当我们把史诗当作一种对象加以认识时，除了需要认真分析作品中所反映的各种文化内容之外，还需要将它置于整个民族文化背景之中，去探讨纳西族史诗《黑白之战》与整个纳西族文化系统中的“黑”“白”观念。而史诗并不是揭示其文化意义和民族精神的有效方法。

下面，我们先来看看纳西族语言中的有关情况，因为民族语言对保持民族文化传统、增强民族内聚力具有重大的作用。由于语言中的语法结构及基本词汇的变化往往落后于时代的变迁，因而一种民族语言中往往储存有一种民族文化兴衰的真实信息，可以为我们的研究工作提供最为宝贵的材料。

“黑”在纳西语中读“纳”。“纳”之引申义为“尊”“贵”“伟大”等，如暴雨叫“很纳”，大山叫“居纳”，大海叫“恨纳”。这几个词中的“纳”已经分别具有“猛烈”“巍峨”“浩瀚”的意思。这似乎透露出纳西族曾经有过尚黑的历史。“纳西”这个族称本身就是对此的最好说明。按字面解释，“纳”即“黑”，“西”即“人”，其引申义为“伟大的民族”或“尊贵的民族”。

不难语言，在纳西族习俗中也保留有许多曾经尚黑的痕迹。在滇西北地区，许多民族的妇女都喜欢身披羊皮为饰。如白族、普米族等都视毛色纯白为美，但纳西族则认为毛色越黑便越显贵美。元人李京在《云南志略》中记载，当时的纳西族妇女的装饰为“皂衣跣足，风鬟高髻”。明杨升庵在《南诏野史》中也记述了纳西族妇女在装饰上尚黑的特点：

① 黑格尔：《美学》第三卷下，载《诗的分类·史诗》（作者、出版者、出版时间不详）。

“戴黑漆尖帽，短衣长裙。”除妇女服饰外，男子服饰上也反映了同样的特点，顾炎武《天下郡国利病书·宁番卫》引《云南志》曰：纳西族男子“内着黑大编毡，外披衣甲”。从这些不同时代的不同文献资料看，尽管纳西族服饰几经变化，但其尚黑特点却并没有随着服饰质地、款式的改变而改变。据李霖灿先生实地调查，可知云南省香格里拉市白地村的纳西族还要在祭天归来的路面上遍撒青松毛，以示恭敬。这是因为“青”与“黑”通，汉语中不也把“青天”又称为“玄天”吗？因此，撒青松毛之俗亦是尚黑遗风。

让我们再来看看与纳西族有同源关系的民族。纳西语属汉藏语系藏缅语族彝语支，与彝族、羌族、藏族等的古代文化最为接近。据刘尧汉先生介绍，彝族有“黑彝”“白彝”之分。怒族也和纳西族一样，与彝族的关系最为密切。他们自称“怒苏”，“怒”为“黑”，“苏”为“人”，正好与彝族自称“诺苏”，“诺”为“黑”，“苏”为“人”的情况相对应。当然，“这并不是说他们导源于黑色人种，而是怒族尚黑，以黑为贵”[①]。尽管羌族现已尚白，但在历史上也曾尚黑，任乃强先生在《羌族源流探索》中介绍说，羌族也视黑色为尊贵之色。可见，尚黑曾是氐羌文化，尤其是彝语支文化的共同特征之一。这表明，恩格斯关于“我们越是深入地研究历史，就会越多地发现起源相同的民族之间的差别是更加少的”这一论断是多么正确。当然，随着社会的变革、发展，随着同一语族、语支内民族的分化，以上的尚黑习俗也产生了较大的变化，有的民族实现了由“尚黑”到“尚白”的转折，有的民族则将它顽强地保持到了现代。纳西族属于前者。那么，是什么力量促使纳西族所崇尚的色彩有了如此重大的转折？这种转折的文化意义又是什么？

四

正如有关学者所考证的那样，纳西族先民为氐羌系统的一部分，在

① 中国科学院民族研究所云南少数民族社会历史调查组编：《怒族简史简志合编（初稿）》（出版者、出版时间不详）。

夏、商及周初活动于河湟流域，过着“无君长、无常处”的游牧生活。她从公元前4世纪起不断往西南迁徙，在汉晋时已活动于今天的川西地区。隋唐之际，纳西族各支系陆续进入目前所居住的云南省丽江市、香格里拉市、宁蒗彝族自治县等地，其最前锋曾延伸至宾川县，建立了著名的越析诏。这种不断迁徙、不断改变生活空间的历史，使纳西族文化不断打破自然隔离，与斯基泰文化，夏、商、周文化，巴蜀文化，南诏文化，汉、藏文化进行直接接触、交流，进行有益的选择，形成了进取、开放的基调，以及复合多元的特点。需要指出的是，纳西族在迁徙的间隙还有过生活地域相对稳定的阶段，从而具备了修复乃至再造文化体系的必要条件。我认为这些正是纳西族文化实现大转折的根本动力之所在。

毋庸置疑，在从尚黑到尚白的过渡中，宗教因素起了非常重要的作用。我们这里所指的宗教是藏族苯教及佛教。第一阶段是苯教，第二阶段是佛教。早在汉晋，纳西族作为白狼部落之一，与藏族有过频繁的交往，定居于现居住地区之后，这种交往得到了进一步加强。就历史渊源而言，纳西族和藏族都与氐羌系统有关，因而具有许多共同的文化因素。这些都为苯教对东巴教的形成产生奠定了基础。在吐蕃时代，佛教在藏族社会中得到迅速传播，与传统宗教苯教产生了尖锐的对立。为了有效地抵抗，苯教将许多佛教教义吸收入自己的教义之中，佛教也为突破藏族社会对自己的心理隔离，即原始观念、心态结构、民俗等的隔离，将苯教的许多神灵招为护法神，促进了佛苯互融，并把“黑苯波”改造成了“白苯波”。由于苯教不断失势，只好逃避到边远地区，如与纳西族相接壤的地区继续负隅抵抗，[①]这就与纳西族的原始宗教直接接触，刺激了东巴教的形成、发展。史学界一般把东巴教形成的时间上推至唐末宋初。在宋代，佛教在与纳西族相毗邻的白族、藏族社会中已占有绝对统治地位。处于这两个民族区域之间的纳西族的情况可想而知。现特转引和志武先生所举之数例如下：

①［意大利］杜齐：《西藏中世纪史》，中国社会科学院民族研究所民族史室、民族学室翻译编印（出版时间不详）。

1. 东巴教之“东巴”即“苯波”之音译。

2.“东巴”所戴五佛冠与苯教相同。

3. 东巴教始祖“丁巴什罗”为藏语音译，“丁巴”之意为“祖师”，“什罗”为“辛饶”之转音。“辛饶”为苯教始祖，据说与孔子、释迦牟尼同时生于西藏自治区阿里地区札达县畏莫隆仁。

4. 东巴教三大神中的萨英威德、英古阿格为苯教神，后被招为佛教护法神。[①]

凡此种种，不一而足，真正重要的是苯教教义对东巴教教义所产生的影响。据善慧法日在《宗教流派镜史》中介绍，苯教将“一切外器世间与有清世间”都视为“由卵而生”，并认为“万物为气数及白在天等所造”。“卵生”“气数”“白色”正是东巴教宇宙学说的支柱。且不谈《创世纪》中的描写，仅就《黑白之战》开篇的“黑”“白”两个部族本源说而言也有同样的内容：佳音佳气产生了白露，白露变成了白蛋，白蛋产生了五行，五行中的水经数度变化产生了“董”部族与“术”部族等。到此，我们不是可以解开纳西族为何改尚白色的原因以及《黑白之战》这部史诗中为何将战争结果规定为“白”战胜“黑”的意义了吗？

继苯教之后，东巴教尚白观念的形成深受佛教的影响。在我国许多民族中都普遍存在有这样一种文化现象：在佛教传入前大都尚黑，而在佛教传入后则改尚白色，而且，哪个民族最先接受佛教，其改尚白色的时间也就越早。藏族是这样，羌族也是这样。

佛教崇尚白色。佛教传入中国当在汉代，其流传路线为：第一条，“印度—中亚—敦煌—中原”；第二条，“印度—马来半岛—江浙”；另一条认为是从印度传入东南亚，然后，从东南亚尤其是从越南传入广西、云南。[②] 第一条路线正好通过纳西族远古活动地区，只是由于过早迁往西南方，纳西族失去了最早接受佛教文化的机会。但是，在唐宋时代，

① 和志武：《东巴教和东巴文化》，载郭大烈、杨世光编《东巴文化论集》，云南人民出版社 1985 年版。

② 张士楚：《在历史的地平线上》，人民出版社 1986 年版。

纳西族所居住的今丽江、香格里拉、宁蒗彝族自治县等地成了佛教从西藏传入云南及四川的必经之地，从东南亚传入的小乘佛教也不断北上，步步走近与纳西族相邻的地区，加速了佛教在纳西族社会中的传播，也深化了白色在东巴教中的主导作用。元初，忽必烈入滇，曾封率先归附的纳西族首领阿良为“茶罕章官”，意为“白色地方的官”，由此看来，当时白色在纳西族社会中取得了统治地位。明、清两代，佛教在纳西族地区达到繁盛阶段。木氏土司曾在所辖境内大兴土木，修建了许多寺庙殿宇，并曾为拉萨大昭寺刻印大藏经一百零八卷。明熹宗皇帝也曾一次性赐予木氏土司六百余卷大藏经。这一切不但巩固了白色在东巴教中的地位，而且使尚白信仰在宗教以外的民间习俗中不断渗透、扩大。

除宗教之外，政治、生产形式、地理条件等也对加速尚黑到尚白的转变产生了积极的作用。在东巴教酝酿阶段，纳西族处于吐蕃与南诏之间，有时称臣于前者，有时归附于后者，而这两个政权的统治者为巩固自己的统治，通过政治上的保护支持，使佛教在自己的统治地区迅速传播。如南诏统治者曾封许多僧侣为“国师”“师僧”。到与东巴教形成的时间相当的宋代，大理国的许多官员更是从僧人中选拔而出，许多国王也相继逊位为僧。[①] 这就迫使纳西族在政治上与白族、藏族社会实现认同的同时，也加强在所崇拜的色彩上的认同，从而有利于自己的存在发展。这种情况在《黑白之战》中也有反映。在开篇的黑、白等各部族的起源中，“盘”部族、“桑”部族与“董”部族都起源于白蛋，而且“盘”部族与“桑”部族也都拥有白日、白月、白星，居住在白色的天地之间。而“盘”指的正是藏族，“桑”指的正是白族。[②]《创世纪》中不也是把藏族、白族、纳西族同视为人祖崇仁利恩及衬红褒白命的后代吗？

在迁入现居住区之前，纳西族先民一直从事畜牧生产，并主要驯养

① 中国科学院民族研究所云南民族调查组、云南省民族研究所编：《白族简史简志合编（初稿）》（出版者、出版时间不详）。

② 和志武：《崇搬统》，载和志武编译《纳西族东巴经选译》，云南省社会科学院东巴文化研究室1983年版。

牦牛。因此，纳西族先民在汉代被称为“牦牛夷”。牦牛的熏色皮毛在纳西族先民的生产生活中占据了重要的地位。人们对于牦牛皮毛的需要，使“黑”不仅作为一种单纯的色彩而存在，而且含有了审美内容、文化意义，并最终导致了对它的崇拜。然而，迁入现居地区之后，纳西族便开始了向农耕生产的缓慢过渡，对畜牧业的依赖日益减少，而农副产品在生产生活中的作用却日益加强，使尚黑信仰及其原生文化受到极大的动摇，为随着苯教、佛教文化的影响刺激形成次生文化——东巴文化而实现色彩崇拜上的改黑从白做了必要的经济准备，使纳西族先民具备了必要的心理承受能力。因此，我们又可以称《黑白之战》中的“白”战胜“黑”是纳西族社会从游牧社会向定居农耕社会过渡，并由农耕生产最终占据主要地位的历史变迁的折光反映。

另外，纳西族生活空间的几次重大变化，以及目前居住地区的地理条件也有利于其色彩崇拜从“黑”到“白”的过渡、转折。从种种资料表明，纳西族深受汉族阴阳五行学说的影响。这与纳西族在远古与夏、殷、周等民族有过频繁的交往以及道教对纳西族近代文化的影响有深刻的关系。在汉族五行学说中，五行与五方、五色等是一个统一体，即东为木为青，西为金为白，南为火为赤，北为水为黑，中为土为黄。纳西族从遥远的北方迁到滇西北及川西地区，不正与这种由方位变化而引起的由“黑”色到“白”色的变化相对应的吗？纳西族目前所居住的横断山脉到处是雪山、飞瀑，玉龙山与哈巴山终年积雪、四时皎洁，古人叹之曰“千里寒威望”，虎跳峡十里缓冲瀑布白浪滔滔，白水台景观更是满目银光。这些熠熠生辉、璀璨如瑜的风光景色与东巴经典及民间故事中所表现的尚白观念达到了高度的和谐。可以说，许多表现尚白的东巴经文学作品及民间文学作品正是在苯教、佛教的影响下在目前所居住的山川景物的诱发之下产生的。如“三多”被视为纳西族的保护神，他穿白衣白甲，身跨白马，手持白矛，与玉龙雪山浑然一体。因此，“三多”又被说成玉龙山的化身。很难想象一种与居住地区自然地理相脱节的文化怎样得以存在、发展。在我看来，自然与社会、观念等完美统一、和谐正是一种文化生命力之所在。所以,《黑白之战》这部史诗中的有关色彩观念不是与纳西族生活空间的变迁及目前所处地域的自然地理完全无关的。

综上所述,我们并不能仅以一种整理本为依据,孤立地、静止地分析《黑白之战》这部史诗作品,而应将各种整理本之间的异同做一比较分析,然后再将这部作品置于广阔的文化背景,尤其是纳西族历史文化长河之中,动态地把握其丰富的文化内容,从而正确揭示“黑”与“白”所代表的文化意义。我认为,这部作品很可能是东巴教徒们以当时的氏族战争为背景,汇总了本民族从远古流传下来的或是从其他民族中传播进来的太阳神话、英雄短歌、悲恋转生型故事而形成的。纳西族在历史上所经历过的宗教征服、政治依附,与白族、藏族两个民族的经济文化交往以及生活空间、生产形式的改变等都对这个作品,甚至是整个东巴文化的产生、发展、丰富起到了十分重要的作用。在不同的整理本中所表现的对“黑”“白”的不同态度,以及最后以“白”战胜“黑”的相同方式所反映的正是纳西族从原生文化过渡到次生文化的逻辑关系以及次生文化对原生文化的扬弃过程。因此,在这部作品乃至整个纳西族文化中的“黑”所代表的是纳西族先民作为氐羌系统一个部族而存在时的原生文化,其内容为:在北方地区从事游牧生产、信仰与整个氐羌系统相同的原始巫教等;而“白”所代表的是纳西族分离为单一民族之后的次生文化,其内容为:在西南地区从事定居的农耕生产,在苯教及佛教的影响下,以原始巫教为基础创造了东巴教。

纳西族的虎神话及其信仰

对虎的信仰，普遍见诸藏缅语族各民族之中。近年来，国内外学术界已陆续介绍了有关彝族、哈尼族、傈僳族等的虎信仰情况，而作为藏缅语族重要成员的纳西族的虎信仰却迟迟得不到有效的发掘，从而影响了人们对藏缅语族虎信仰的总体认识。为了弥补这一缺憾，本文试就纳西族的虎神话及其信仰作一清理，以期对藏缅语族乃至中国虎文化的研究有所参考。

一、东巴神话《虎的来历》简介

虎在纳西语中称“拉”（la^{33}），与阿昌语称虎为“罗”（lo^{31}）、白语称虎为“罗”（lo^{42}）、怒语称虎为“罗”（lo^{33}）、普米语称虎为“罗”（lo^{35}）、彝语称虎为“拉”（la^{56}）、基诺语称虎为“罗莫”（$lo^{55}mo^{33}$）、哈尼语称虎为“哈拉”（$xa^{31}la^{31}$）、拉祜语称虎为“拉卡贝”（$la^{53}qa^{53}pm^{31}$）相同或相似。这表明：纳西族与藏缅语族许多民族的虎信仰具有共同的语源基础。

在纳西族神话中，有关虎信仰的内容不乏其有。其中，最著名者当数用象形文字写成的《虎的来历》①。这个作品详细讲述了虎的祖先、虎的诞生过程、虎的外形特征及其来历、虎威及其震慑力，堪称纳西族虎信仰之集大成者。其内容大致如下：

天上的青龙是虎之祖父，地上的白脸猫是虎之祖母。虎之父叫昌斯革布，虎之母叫吕斯革母。

① 和正才讲述，周耀华翻译：《虎的来历》，丽江县文化馆油印本，1963 年。

虎头由天赐，虎皮由地给；虎肺由日赐，虎肝由月给；虎胃由石赐，虎肉由泥土给；虎气由风赐，虎血由水给；虎心由铁赐，虎眼由星给；虎声由青龙赐，虎爪由雕给；虎胆由白牦赐，虎耳由豺狗给。

虎身最初无斑纹。虎腮、虎脸、虎耳、虎头、虎背、虎臂、虎肋、虎腰、虎腿、虎尾、虎眼眶上的斑纹，都是乌鸦因感激吃到老虎吃剩的各种兽肉而描绘报谢之。斑纹为虎威之象征。

后来，黄蜂偷去 1 道虎纹，故而黄蜂身上有虎纹；马偷去了 1 声虎啸，因而马嘶如虎啸；蛙偷去了 1 只虎爪，因而蛙蹼如虎爪。

虎额之斑纹如明珠，它能给人长寿；虎脸之斑纹显慈善，它能使东巴长命；肩膀上的斑纹似宝物，它赐予超度长寿艺人的经师；左肩上的斑纹如快刀，它是灵巧的象征；右臂上的斑纹如镜子，它赐予人们美丽、富裕和昌盛；腰间的斑纹如月亮，它与月光争辉；左腋下的斑纹如金犁，它足以开天辟地；左腿上的斑纹如金板铃，它供丁巴什罗使用，右腿上的斑纹如金击子，它供“造巴”经师使用；尾马上的斑纹如铁钗，它是克敌制胜的法宝。

老虎曾与崇仁潘迪为友，帮助他与西方魔王勒钦斯普抗争。崇仁潘迪去世后，老虎被套嘛本里杀死以超度崇仁潘迪。

老虎头朝东而死，皮被分成 99 份。米利董主分到 1 份，因而杀死了米利术主，获得盖世英名；9 个常胜男儿分到 1 份，因而杀死了 9 个“止徐”鬼，获得盖世英名；哈族 9 个男儿分到 1 份，因而杀死了 9 个术鬼，获得了盖世英名；由老丁多分到 1 份，因而杀死了 7 个“猛”鬼，获得了盖世英名；牢补妥妥分到 1 份，因而杀死了“毒”鬼的黑牦牛，获得了盖世英名；妥构古汝分到 1 份，因而杀死了 9 个“妥麻”鬼王，获得了盖世英名；普罗牢布分到 1 份，因而划开了神与鬼的界限，获得了盖世英名；崇仁利恩分到 1 份，因而射死了牦牛和老虎，获得了盖世英名；崇仁利恩之长子（藏族）分到 1 份，因而会骑风驰电掣的骏马，获得了盖世英名；崇仁利恩之次子（纳西族）分到 1 份，因而摧毁了 99 座敌堡与 99 座山岩，获得了盖世英名；崇仁利恩之季子（白族）分到 1 份，因而会修建瓦房，获得了盖世英名；高勒趣分到 1 份，因而生四个能干的儿子，获得了盖世英名……

二、《虎的来历》文化意义释读

面对如此丰富的内涵，我们该对《虎的来历》的文化意义做怎样的解释？我以为，这部作品首先是纳西族虎信仰的一个部分，它以神奇的想象、生动的语言，对原初之虎信仰与艺术的二重表现做了形象的描写。它所刻画的是深深渗透有人们精神信仰的崇拜对象乃至图腾。正因为是崇拜对象与图腾，因而，它从外形到内涵都是完美的，无论是生还是死，虎都是威严的。

应该说，虎之祖系是高贵的：父系之祖为天上的青龙，母系之祖为地上的白脸猫；虎之肉身构成是神圣的：其头、皮、肺、肝、骨、肉、气、血、心、目、声、爪、胆、耳等，皆由大自然所赐，使之集天地之灵气、日月之精华于一身；虎之形体是俊美的：它的腮、脸、耳、头、背、臂、肋、腰、腿、尾、眼眶等都布满美丽、威严的斑纹；虎之灵力是多样且强大的：它的额上、脸上、肩胛上、臂上、腰上、腋下、腿上、尾上的斑纹，或能赐人以高寿，或能制敌于死地，或能开天辟地，或与日月争辉，或能给人以智慧与力量，或能给人以美丽与富裕，或可当经师之法器，或可做克鬼之法宝。即使在它死后，诸神因获其皮而得盖世英名，人祖因获其皮而成万古英雄……

这样的描写与表现，使《虎的来历》中的虎从一般动物升华为尽善尽美、威力无穷的膜拜对象，与纳西族宗教、语言、民俗、文艺当中的虎崇拜相统一与和谐。到底是什么力量促成了这种崇拜？其奥秘只能通过纳西族先民的自然观、道德观以及人类对自身的认识加以揭示。

动物崇拜是见诸一切民族原始时代的文化现象。这是由动物与人类的关系为自然界与人类的基本关系这一特性所决定的。人不但每天都与动物世界打交道，而且动物还成为原始人类最主要的生活资源，人们对脂肪、蛋白、纤维等的需要都主要通过渔猎、驯养野兽来实现。实际上，与人发生关系的动物亦并非均质，它们也按进化的谱系加以排列。在山中的所有动物之中，虎以其形体之硕大、行动之矫捷、秉性之凶猛、力量之巨大成为兽中之王。它的存在，不但严重地影响到其他兽类的存在，而且也对人类的生存造成了威胁。于是，老虎所具有的独尊性、威胁性、形体的优越性，造成了纳西族先民对它的敬畏。应该说，敬畏是崇拜的核心内容。当氏族性群体意识不断觉醒，当纳西族先民的寻源追本思想渐次萌发之际，对虎的崇拜还升华成了图腾，即人们以虎作为自己的部落或氏族的符号，以此与其他群落相区别。纳西族有多种图腾，如牦牛、熊、羊、狗等都与虎一起充当过这种角色。这并不足为怪，其原因是纳西族是一个由多种图腾集团结构而成的群体。这些崇拜物在纳西族中成为图腾的显著特点表现为如下几点：

（一）它们往往是宇宙万物的化生者

如东巴经《崇搬图》中就记述有牦牛化生宇宙万物的过程：当牦牛被神灵宰杀之后，“其头变天，其皮变地，其肺变为太阳，其肝变为月亮，其肠变为路，其骨变为石，其肉变为土，其血变为水，其肋变为岩，其尾变为树，其毛变为草”。其头定北方、其尾定南方。[①]不仅牦牛，金龟与羊也有类似的化生情况，只是金龟所化生者为五行、五方，似是对外来神话的接受结果。[②]在《刺母孟土》中，这种化生原理还以逆向的方式转赋予人偶身上，称人偶制成之后，由太阳赐肺、由月亮赐肝、由石头赐骨、由泥土赐肉、由水赐血、由盘神赐眼，由董神赐头与脚、由塞赐手、由桑神赐牙、由亨神赐心，最终使本无生命的木偶获得灵与肉，得以回到祖灵世界。[③]很明显，木偶获得灵肉的模式与牦牛化生宇宙万物的模式并无二致，只不过一者取了宇宙万物化成，而另一者取了化生宇宙万物的形式而已。

① 和芳讲述，周汝诚翻译：《崇搬图》，丽江县文化馆油印本，1963年。

② 和正才讲述，李即善、周汝诚翻译：《碧庖卦松》，丽江县文化馆油印本，1964年。

③ 和士诚读经，李静生翻译：《刺母孟土》，载云南省少数民族古籍整理出版规划办公室编《纳西东巴古籍译注》（二），云南民族出版社1987年版。

《虎的来历》也与《刺母孟土》一样，取了万物化成的方式，称虎之头由天赐，虎之皮由地赐，虎之肺由日赐，虎之肝由月赐，虎之骨由石赐，虎之肉由泥土赐，虎之气由风赐，虎之血由水赐，虎之心由铁赐，虎之目由星赐，虎之声由青龙赐，虎之爪由雕赐，虎之胆由白牦牛赐，虎之耳由豺狗赐。比较《崇搬图》与《刺母孟土》《虎的来历》，无论是化成式还是化生式，都有相对固定的化生（化成）关系，每种化生、生成式只不过随着化生、生成主体或为牦牛，或为老虎，或为亡偶而做了相应的益损而已。如：日与肺、月与肝、石与骨、水与血、土与肉、地与皮、星与日、风与气、路与肠等的互相化生关系比较固定，只是在同为动物的《崇搬图》中的牦牛与《虎的来历》中的老虎之形体及其宇宙万物化成关系中，前者多了路与肠、岩与肋、树与尾、草与毛的转换，后者多了日与目、铁与心、青龙与声、雕与爪、白牦牛与胆、豺狗与耳、风与气等的转换。这些对应性转换，完全出自形似与通性两种原理。形似指形状相似，如虎耳与豺狗之耳形状相似。通性指性质相通，如虎胆大与牦牛胆大相通等。《虎的来历》与《刺母孟土》中取了与《崇搬图》相反的自然万物化成老虎或人偶形体的方式。其原因是这两个作品，尤其是《刺母孟土》的产生时代远离《崇搬图》的产生时代，即：《崇搬图》产生于图腾时代，而《刺母孟土》与《虎的来历》则产生于祖先崇拜时代或故事传说时代。不过，在它们二者的身上仍然留存有图腾崇拜的遗迹。

由上可见，纳西族的图腾物或是化生宇宙万物者，或是集宇宙万物于一体，具有气质上的超迈性、精神上的庄严性、形象上的伟岸性、起源上的独尊性。没有这些特点，牦、虎、羊等就不能成为超乎一般动物崇拜的图腾物在纳西族先民的心灵中引起强烈的震撼，并唤起纳西族先民的崇敬之情。

（二）它们往往具有与男祖、女祖或泛泛的人祖同一的意义

老虎也是这样。在《崇搬崇莎》这部作品中，详细记述有人类起源的谱系，它在后来被明代纳西族统治者所借用，载入著名的《本氏宦谱》之中。其基本内容是：

草古天能古，草倖地能倖，草羡古甫古，古甫古吕古，古吕气吕古，气吕露吕古，露吕六点古，一点海娘丁，海失海羡古，海羡刺羡古，刺羡天羡古，天羡从从，从从从羊，从羊从交，从交交羡，交羡比羡，比羡草羡，草羡里为为，里为糯于，糯于伴普，伴普于，于高来，高来秋，叶、束、何、买。[①]

在这个冗长的谱系中，从“草古天能古”到“海失海羡古”，讲述的是天生人卵、地孵人卵、人卵发热、继而化露、露滴大海的过程；从“海羡刺羡古”起至“交羡比羡”为止，讲述的是动物诞生的谱系。其中，首先出现的是“刺”，亦即虎，接着依次出现的是“天”（即牛）、“从”（即山羊）、“羊”（即羊）、“交”（即马）等。只有从“比羡草羡”开始，才讲人类起源谱系。根据这个父子连名制组织而成的谱系特点推测，“比羡草羡”可视为人类祖先“草羡里为为”（又称“崇仁利恩”）之父。当然，也有的认为从“天羡从从”起，便是人类的祖先。[②]但是，无论如何，虎是被明确无误地视作最早出现的动物，几近人类的极古祖先。故，方国瑜先生在其巨著《纳西象形文字谱》中有纳西族民间有“虎为人类始祖”之说。

关于虎与人祖之间的关系也可以从《崇搬图》中得到证明。在这部作品中，人类的女祖衬红褒白命原为天女，其父母为天神，或称“子劳阿普”，或称“子劳阿祖”。这里的“劳”亦即《木氏宦谱》中的“刺”、《虎的来历》中的“拉”，皆指虎而言。在东巴文中，“子劳阿普”与“子劳阿祖”均写作老虎状。如果人们不视虎为祖，这样的字形及语音语义对应是难以想象的。

凭着虎与人类祖先的同一关系，纳西族古代盛行以虎为姓的习俗。如四川盐源左所土司为纳西族纳日人，他们的姓就是这样：“夷人自名为喇喇人，以别于汉”，“喇喇，虎也”。“解放前，左所土司及其所管辖

① 白庚胜：《东巴神话研究》，社会科学文献出版社 1999 年版。

② 白庚胜：《东巴神话研究》，社会科学文献出版社 1999 年版。

的 480 户纳日人都姓喇（虎）”[①]。“不惟左所，中所土司亦以虎为姓，如明洪武年间任土千户的有喇兀，如从清康熙年间任土千户的喇瑞麟到 20 世纪 40 年代被黑彝奴隶主杀害的喇成杰为止的土千户喇君荣、喇用中、喇廷相、喇英翰、喇文清、喇邦左、喇淑统等便是这样。”[②] 在云南宁蒗彝族自治县纳西族纳日人中，“永宁土司以虎为祖根，禁止百姓杀虎”。又，云南丽江木氏土司属纳西族古四大支系中的叶氏族，一般称叶氏族之第一代祖先出自老虎，被称作“叶本叶拉”[③]，在光绪《丽江府志》中，甚至载有人化虎之传说：“相传元初，白沙里木都牟地性刚勇，偶抱愤事，卧于磐石上，须臾变化，咆哮跃走，今迹存石上。”

由于人祖与虎具有同等的意义，因此《虎的来历》中有人类祖先崇仁潘迪生前与虎为友，死后由虎送往祖地的内容。不过，由于《虎的来历》并不是原生神话，故虎送人祖归祖灵世界采用了虎被“套嘛本里”这个猎手杀死的形式。这样，或许有人会对虎为纳西族先民图腾说提出质疑：难道人们能射杀自己的图腾吗？对此的回答是肯定的。无论在亚洲还是在美洲与非洲的许多民族中，都有猎杀并食用图腾物之习惯。人们认为，猎杀并食用图腾物，可以将图腾物之能力施加于自己的身上，并终生得到图腾物的护佑。这与披虎皮为衣即可获得虎的灵力的想法是一致的。如我国的鄂温克族以熊为图腾，但这并不妨碍他们射杀熊类。只不过在猎杀熊类之后，鄂温克猎手们要为其举行祭祀仪式并呼天抢地，如丧考妣。那些能猎获熊类的猎手不仅不用为伤害了图腾物而负任何责任，反而会被人们奉为真正的英雄。一个成年男子是否成长为一名真正的猎手，在很大程度上取决于他是否有能力猎获像熊、虎这样与图腾信仰有关的大型动物。

在《虎的来历》中，专门讲述了分虎皮的内容，称原初虎被射杀之后其皮被分为 99 份，众多的神灵与人祖、经师各分得一份而杀敌降魔、

① 郭大烈、和志武：《纳西族史》，四川民族出版社 1994 年版。

② 郭大烈、和志武：《纳西族史》，四川民族出版社 1994 年版。

③ 郭大烈、和志武：《纳西族史》，四川民族出版社 1994 年版。

建功立业，获取盖世英名。在这里，“99份”只是一个概数，它因纳西族以阳数（奇数）“99”表示数量之多。真正重要的是“分虎皮”。“分虎皮”有什么文化意义？“分虎皮”的目的何在？就前者而言，它首先是纳西族古猎俗的一种反映。在古代，猎人恪守“见者有份”的古规，每猎到猎物，不仅参加狩猎者要均分一份，而且狩猎归途中所遇之人及村中各户都要各送一份。否则，人们认为以后的狩猎会一无所获。这是一种建立在原始共产主义制度之上的平均分配观念。在这种观念支配下，独占成为最大的耻辱，共享成为最大的美德。“分虎皮”还意味着分虎威，将虎的灵力施加在众人的身上。这是因为老虎并非个人图腾，而是属于某氏族的全体成员，享受虎图腾的护佑成为该氏族每个成员共有的权利。由于灵魂不灭观念的影响，人们相信每块虎皮之上都附有虎的灵魂、虎的威力。所以，如同鄂温克人要在猎到熊类后在本氏族内均分一份熊肉一样，将虎皮均分亦意味着共同分享图腾物之灵力与恩惠。有关分虎皮的目的在《虎的来历》中并不明言，但从其他民俗及神话判断，其最直接的目的可能是为了制作虎皮衣。

虎皮加身，实际上就是人虎同一、虎为人祖的历史重演。这也是纳西神话中常见的变型意义之所在。如优玛战神以其卵被老虎所孵抱而头与皮如老虎，具有猛虎的威力[①]。不仅老虎，在纳西族神话中，某种神灵或鬼怪变身为某种动物后就必然具有相应的习性、能力、作用。据《懂述战争》记载，纳西族先祖米利懂主曾率部与述部作战，他与部下九员战将所披的都是虎皮衣。[②] 在《崇搬图》中，纳西族先民“俗重虎皮”的古俗得到形象生动的反映：当崇仁利恩在天界被子劳阿普以挤虎乳的难题为难之后，他前往高山深入虎穴，披虎崽之皮以欺骗母虎取回虎乳，彻底击破了子劳阿普欲置他于死地的阴谋。不仅如此，他在娶到天女衬红褒白命后，也是身披虎皮，以胜利者的姿态重返人间，建造了美

① 和正才讲述，周耀华翻译：《虎的来历》，丽江县文化馆油印本，1963年。

② 和正才讲述，李即善翻译：《懂述战争》（上、下），丽江县文化馆石印本，1963、1964年。

丽的家园，生育了藏族、纳西族、白族三个民族的祖先。[①] 据说，纳西族四大古氏族叶、束、何、买的祖先高来秋也是一位身披虎皮的顶天立地的英雄。

三、虎信仰遗存

我们说过，《虎的来历》依存于纳西族丰富的虎信仰而存在，它不过是这种信仰的一个部分。这里，让我们从语言、地名、习俗、政治组织、医药等几个方面看看纳西族的虎信仰遗存，以加深对《虎的来历》中的虎形象及虎崇拜的理解。

（一）语言

在一个民族的文化中，语言是最稳定的因素。尽管语言中的词汇也在发生变化，但它的变化总是比经济因素、社会制度等的变化缓慢得多。语言中的基本词汇具有极大的稳定性，它比刻在大理石上的碑文以及镌于铜柱上的铭文更持久地传承远古文化的信息。就虎信仰而言，纳西语中亦保存丰富。如纳西语称“健康”为“拉劳”（$la^{33}a^{33}$），“拉劳”之直译为“虎虎”，意译相当于汉语中之“虎虎生气”，表明在纳西族古代审美中虎即是健壮的象征，一个人的健康状态正与虎之常态相类。又如纳西语中有“世上最初无贤能，贤能皆向虎学成”[②] 之谚语，意味着纳西族先民对虎的审美从生理性升华到了精神的、道德的层次，其内涵与《虎的来历》中所体现的虎崇拜一脉相承。与此相类似的语言还有“拉矢敢没矢”与“精久拉拉堆”。前者之意为“虎死不倒威”，包含着对身虽死但魂不灭、威力永在的老虎的赞美、敬畏；后者之意为“人间大地猛虎啸”，表示虎与人同在、虎与人构成大地奇观。

（二）地名

在纳西族居住地区，以虎命名的地名颇多，有的以虎命名山河，有的以虎命名区域，有的以虎命名村落，有的地名还以虎的活动为主线作

① 和芳讲述，周汝诚翻译：《崇搬图》，丽江县文化馆石印本，1963 年。

② 郭大烈、和志武：《纳西族史》，四川民族出版社 1996 年版。

连锁性的命名，处处表现出对虎的崇拜。以虎命名的山河有澜沧江、虎跳峡、腊普河等。澜沧江流经的横断山脉处分布着许多纳西族。“澜沧”实为纳西语，意为“老虎跳跃”，指该江奔流于高山峡谷间，水流湍急，但江面不宽，老虎亦可以跃过。云南丽江玉龙雪山与香格里拉哈巴雪山之间的金沙江峡谷被称为“虎跳峡”，它的纳西语地名为“澜沧阁”，因其江面狭窄、且江中央有一“虎跳石”（澜沧鲁）而称之。传说，古时候有虎经此“虎跳石”往来于峡谷两岸。又，在云南省维西傈僳族自治县有一条称“腊普”的河流，据《云南省维西县地名志》介绍，“腊普”为纳西语，意为“虎巢”。以虎命名的区域有如下几处：四川盐源县为纳西族纳日人所居故地，纳西语称“拉托”；位于其旁的泸沽湖在纳西语中被称为“拉托海”，“拉托”之“拉”为“虎”。在唐代，现今云南宁蒗彝族自治县永宁境称“探览”或“三探览”，疑“探览”为“览探”之误，而“览探”亦即“拉套”之转写，为当时之麽些语。除此之外，云南永胜县在明代设“澜沧卫”，“澜沧”一词亦是纳西语。永胜在当时受纳西族木氏土司统治，其境内至今居住有纳西族。“澜沧”之意乃是“老虎跳跃”。在云南省丽江市及宁蒗彝族自治县，以老虎命名的地域比较集中，如拉市乡之纳西语名“拉市”（新虎），如宝山乡之纳西语名“拉伯”（出虎），如白沙坝南端之纳西语名“拉课”（剖虎）等。需要说明的是，石鼓之纳西语名“拉巴”，与虎崇拜无关，因为“拉巴”乃是藏语“罗婆”的变音，它是唐代藏族对现今石鼓一带的称呼。“罗婆”在藏语中为“神川”之意，正与《唐书》又称金沙江为“神川”以及吐蕃政权曾在唐代设“神川都督府”于现今丽江巨甸至石鼓一带的情况相对应。

以虎命名村落的情况在纳西族地区相当普遍，如四川省木里藏族自治县纳西族居住地区有两处：其一是俄亚乡“老罗”村，其意为“老虎走过的地方”；其二是屋脚乡“纳布”村，“纳布”即“拉布”之音变，其意为“老虎来过的地方”①。云南德钦县纳西族居住地区有一处即拖顶乡

① 木里藏族自治县地名领导小组编印：《四川省凉山彝族自治州木里藏族自治县地名录》1986年版。

“拉路各”村，其意为“老虎来过阿村”[①]。云南香格里拉纳西族居住地区有6处：如上江乡“拉科村”，其意为“剖虎的地方”；如上江乡“拉首古”村，其意为“老虎出没之地”；如上江乡“拉来锡”村，其意为“老虎叫的地方”；“拉日洛”村，其意为“老虎箐”；如虎跳峡乡“拉彪址”村，其意为“虎多的地方”；如虎跳峡乡老虎箐村，“据传，古时箐中有老虎常出没，故名”。[②]云南省维西傈僳族自治县纳西族居住地区有4处：如塔城乡“拉可”村，其意为“宰虎”地，“据传，曾在此地猎分过虎肉，故名”；如永春乡“拉哈”村，其意为“虎栖地”；如永春乡“拉弄各”村，其意为“老虎过往处”；如永春乡“拉日”村，其意为“虎路村”。[③]在嘉靖十四年（1535年），滇、川两省处理盐井卫东左、前二所与云南永宁、丽江府协议中出现的与虎（“剌”）有关的地名有：剌乌瓦村，剌肉瓦村，剌儿乌村，剌可瓦寨，剌兹瓦村，剌灭瓦村。[④]在四川省盐源县纳西族支系纳日人居住地区有两处：如盐海乡“纳哇”村，“纳哇”即“拉哇”，其意为“有老虎的村子”；如瓜别乡“纳垮”村，“纳垮”即“拉垮”，其意为“老虎脚印”。[⑤]

在云南丽江，以虎命名村落的情况更加繁多，而且连锁性强。如黄山乡五台村之纳西语名为“拉趣坞”，在金山白族乡与七河乡交界处有“拉帽久”村，在拉市乡有“拉遮买”村，在白沙乡南端有“拉课”村。据说，纳西族木氏土司曾指定五台村人驯养老虎，但老虎因不慎出逃，木氏便让该村赔偿。故，“拉趣坞”之纳西语含义为“偿还老虎村”。这只老虎出逃之后，五台村人匆匆追赶寻找，终于在“拉冒久”发现了它。经追赶，老虎从七河乡翻南山遁入拉市乡，最后在拉市乡“拉遮买”村被捉拿、杀死于离城不远处的“拉课剖尸”。“拉冒久”之意为“发现老

① 德钦县地名志办公室编印：《德钦县地名志》1986年版。

② 中甸县人民政府：《中甸县地名志》1984年版（出版者不详）。

③ 维西傈僳族自治县人民政府：《云南省维西傈僳族自治县地名志》1987年版（出版者不详）。

④ 郭大烈、和志武：《纳西族史》，四川民族出版社1996年版。

⑤ 盐源县地名领导小组编印：《四川省凉山彝族自治州盐源县地名录》1985年版。

虎逃窜之地”，“拉遮买”之意为“捉到老虎处”，“拉课”之意为“剖虎之地”。[①]

同样的现象存在于巨甸镇。相传，巨甸武侯箐一带原是老虎生息之地，故在纳西语中称“拉竹罗”，其意为“多虎密地”。一次，一只老虎下箐到金沙江边觅食被猎人发现，老虎被猎人追至箐西后逃之夭夭，故此地被称为“拉匹股”，其意为“丢失老虎处”。这里的山村相应称为“拉匹股”村并沿用至今。在老虎失踪后，猎人一直沿箐沟寻找，终于在一个地方重新发现并捕获到它，因而此地叫“拉魔姑”，即“抓虎处”。后来，猎人将老虎拖至一个较平坦的地方将它一杀了之，此地便被称为“拉可落”，其意为“剖老虎峡谷”。目前，巨甸镇路西办事处下仍存“拉魔姑”村与“拉可落”村。[②]

与虎有关的村落名在云南丽江还有以下多处：宝山乡的“拉汝”村，“拉汝”之意为“虎崽”；大具乡的“拉本”村，“拉本”之意为“虎村”；大具乡的“拉尤堆”村，“拉尤堆”之意为“送虎之地”；黄山乡的“拉撒直”村，其意为“老虎四散之村”，其地曾设集市，故用“直”（“街市”）称之；大东乡的“亩拉课”村，其意为“剖虎下村”……总之，从这些村名推测，它们的背后肯定各自隐藏着一些动人的故事，或是特殊的信仰、古老的生态环境。

（三）习俗

在婚姻、建筑、游戏、服饰、文艺等纳西族民俗中，虎信仰得到淋漓尽致的表现，它们与东巴经典中所记载的虎神话相映成趣，构成了光怪陆离的纳西族虎文化。

在婚姻民俗中，纳西族称媒人为“米拉补”（$mi^{33}la^{33}bu^{31}$），其意为“叼女子的虎”。据东巴大师和士诚介绍，它缘于云南香格里拉白地村纳西族东巴贡塔所讲的一个故事：往古之时，在一个山村中住着一对父子。由于家境极穷，儿子已到婚龄但无力提亲。一天，一只老虎来到

① 和笑春讲述，白庚胜记录整理（未发表），1995年。

② 苏家政：《老虎与地名的传说》，载《丽江报》，1997年6月23日。

他们家问道："你们靠什么度日？"父亲答云："靠在村中财主家打工度日。"老虎又问："你们都打什么工？"父亲回答说："砍柴、挑水样样干。财主家三个公主穿的是绫罗绸缎，我们穿的是麻衣，吃的是猪狗食。"老虎听后对父亲说："我给你儿子找个媳妇，要不要？"父亲听了说："我家太穷，谁家姑娘肯嫁到我们家？"几天之后，财主家的大公主突然被老虎叼走，又被悄悄叼到那对父子家。老虎对大公主说："你家太富，他们家太穷，你就好好在这里当儿媳妇吧！如不听话，我定要把你活活吃掉。"大公主一听，吓得要死，只好安心当儿媳妇。她让丈夫取出织机，每天纺织不止，并让丈夫将织的绸缎拿去卖钱，从此全家的生活一天胜过一天。一天，绸缎卖到财主家，财主问："这是不是偷的？"穷儿子说："这是我媳妇织的。"财主家的二公主、三公主看过绸缎，发现它们与大姐过去所织者一模一样。财主问起他怎样娶到媳妇，穷儿子老老实实相告老虎叼来媳妇的情况，终于使财主明白了自家的长工竟成了自己的女婿，只好承认这门亲事。于是，穷父子的日子一天天变好。因为是老虎成全了财主家大公主与穷儿子的姻缘，人们从此称媒人为"米拉补"[①]。

在建筑民俗中，纳西族习惯于在房门两旁各立一石，它们分别称"董神石""塞神石"，也称"阳神石""阴神石"或"老虎石""牦牛石"。东巴画卷中的门神形象是董神骑于老虎身上，塞神骑于牦牛身上。董神为男神，属阳，塞神为女神，属阴，因而这三种称呼是相统一的。门神的主要功能当然是守护家宅安全。

在游戏民俗中，各处纳西族儿童中都流行"母虎护崽"游戏。其具体内容为：一人扮母虎站于前，一群人扮虎崽按顺序牵拉成一队列随于后。游戏开始，一人扮"恶兽"努力避开"母虎"而去捕捉"虎崽"，"母虎"则竭尽全力护佑"虎崽"。"虎崽"要依次紧跟"母虎"活动，以免落入"恶兽"之手。一旦其中一只"虎崽"被逮，此局游戏结束，新的一局游戏开始。

① 和士诚讲述，白庚胜整理：《三个东巴的口述自传》（未出版）。

在服饰民俗中，据说纳西族先民好披虎皮。到了晚近，随着老虎数量的急剧减少乃至灭绝，虎皮之供给数量也随之锐减。于是，无论官还是民，以虎皮为衣已经不再可能，祖传的虎皮只能作为权力与地位的象征秘不示人，仅在特定的场所加以展示。这在云南宁蒗彝族自治县永宁纳西族纳日人中得到有效证明：每年正月初一、初二，土司要在祭祖时取出秘藏的虎皮供于椅子上，让官属及百姓、家奴拜谒。至初三，所供虎皮被重新收藏起来。

在文艺民俗中，首先是纳西族东巴舞蹈中多有模仿老虎征服恶兽的内容。另外，纳西族民间传承有多种与虎有关的传说、故事、寓言，如《虎豹互相描皮纹的故事》，讲述虎纹与豹纹的来源；如《十二生肖的故事》[①]，讲述老鼠与牛列于虎等动物前之原因；如《有名无实的猎手》[②]，讲述猎虎的故事；如《虎跳峡的传说》[③]，讲述虎跳峡之所以得其名之缘起；如《兔子与老虎》[④]，讲述兔子与老虎斗智斗勇的故事……当然，这些民间文学作品中，老虎的形象比较复杂，全然不像神话、语言、婚姻、建筑、服饰、游戏等民俗中那样庄严，大多演变成为凶暴、愚蠢的象征，或是一般性野兽。这显然是在人的地位提高，虎的尊严丧失，虎与神、虎与祖分离以后产生的作品。

（四）就社会组织而言，虎也在纳西族的生活中曾发挥重要的认同作用

如四川盐源县境内从明代起就由中央王朝推行卫所制度，设立了“五所、四司”。其中，左、右、中、前、后五所的纳西族支系纳日人土司以虎相认同，有“五所原从一虎分、爪牙头尾及斑纹”之说。1983年，

① 李霖灿：《麽些研究论文集》，“国立故宫博物院”1984年版。

② 和即仁收集整理：《有名无实的猎手》，载中共丽江地委宣传部编《纳西族民间故事选》，上海文艺出版社1984年版。

③ 和即仁收集整理：《有名无实的猎手》，载中共丽江地委宣传部编《纳西族民间故事选》，上海文艺出版社1984年版。

④ 中国科学院民族研究所、云南省历史研究所编印：《云南省宁蒗彝族自治县永宁纳西族社会及其母权制的调查报告》1978年版。

笔者曾亲赴那里考察，据当地巫师介绍，不仅盐源境内的土司按虎之爪、牙、头、尾、斑纹加以组织，而且当地民间自古还有远古“摩挲”实为一虎，所产九崽分别迁往前所、后所、中所、左所、右所、永宁、蒗蕖、丽江、叶枝等九地成为当地土司之说。目前，已经很难考察明代丽江纳西族土司的军事民主制组织情况，但在民间一直传称它取的是“九虎十八彪”制。即，以木氏为最高权力，其下分设九个军政部门，再在其下各设两个部门，共成十八个部门。在生物学分类中，虎与彪同科，故而《虎的来历》中称虎之母系祖先为地上的白脸猫。总之，虎是一种政治权力及其体制的标志。

（五）医药

纳西族有利用虎皮、虎骨等救死扶伤的悠久历史。以虎皮为褥子即是其中之一。以虎皮为褥子不仅与以虎皮为衣一样具有虎皮加身、与图腾合一的意义，而且还有医疗健身的作用。人们认为，长期垫用虎皮褥子，可以祛寒除风。与之相通，纳西族先民大量饮用自己泡制的虎骨酒，为达到滋阴明目、健脑强身的目的。

我们可以从以上种种事例中发现，纳西族的虎信仰体现于物质、精神、制度等各个方面，其规模之大、涉及面之广、历时之长，都无不表明虎在纳西族文化中绝非受到一般崇拜的动物，而是特殊的信仰物、图腾物。没有这样的信仰基础，像《虎的来历》这样的神话作品是断然不能产生的。

四、虎信仰之成因

构成一个民族某种信仰的因素往往是多种多样的，但在这诸多因素中发生主要作用的只有一个或几个。就纳西族虎信仰的形成原因而言，一与纳西族的居住环境有关，二受纳西族的历史传统制约，三由纳西族古代生产方式所决定。

人类的居住环境大约分山地、平原、草原、沙漠绿洲、岛屿等几种类型。在远古时代，不同的居住环境孕育了不同的文化类型。因为就文化的本质而言，它不过是人与自然相适应、人与自然构建特定关系的产物而已。纳西族是一个典型的山地民族，除极小一部分占据有平坝之外，其四个支系都与山地为伍。即使那部分占据平坝的纳西族，他们亦依山麓而建村寨，既利于农耕，又便于狩猎与牧放，很少将村寨建于平坝中央。就宏观背景而言，纳西族分布于横断山脉、位于云贵高原与青藏高原的结合处。这里，山高林密，峡深谷大，众多的江河恣肆汪洋，海拔高差竟达数千米之巨。在这奇妙的地表上，动物资源富集，生物品类繁多，构成了特殊的山地生态群落。在这个生态群落中，虎为“百兽之王”“镇山之主”。它是山地的最高主宰，山地是它的广阔天地及用武之所。唯在重峦叠嶂之中，虎的勇与力才能表现得淋漓尽致，也只有危峰深壑，才能任虎啸叫、凭虎跳跃。

自纳西族先民离开草原进入山地之后，就与虎建立了复杂的关系，围绕着对山地及其生物资源的控制权，人虎之间斗智斗勇。作为万物之灵，人自然将征服老虎视作征服山地的最高成就。于是，人们或是认知其习性，或是创制降伏它的工具，或是发明猎获它的方法，或对它的形体进行审美，或编织有关它的种种神话故事，从而在物质和精神两个方面构筑起了丰富的虎文化。虎信仰乃至虎图腾便是这种虎文化的升华。

就历史传统而言，信仰虎、崇拜虎似是古羌人的共同文化。据史料记载，伏羲出于西羌，其形象除在大量的汉砖中被描绘为人身蛇尾之外，还被表现为虎体，恰与古羌系许多民族以虎为祖、以虎为神、以虎为图腾的情况相吻合。直到今天，作为古羌人后裔的彝族、傈僳族、白族、哈尼族、基诺族、拉祜族、土家族、白族等当中仍残存有种种尚虎信仰及习俗。这种虎文化遗存在与纳西族同属一个语支的彝族及傈僳族尤为明显。如彝族旧称“罗罗”，其意为“虎”，表明彝族先民以虎为祖。在彝族史诗《梅葛》中，还视老虎为化生宇宙的图腾，称神虎死后其脑髓变成盐，其皮变地，其眼变星星，其血液化为水，其硬毛化为树，其软毛化为草，其肠化为江河，其心肝五脏变矿物，其左膀变日，其右膀变月，其尾巴上的虱子变五谷。① 可见，这种化生的原理与纳西族的《虎的来历》中的化成原理如出一辙，只是《梅葛》的化生更详细一些。在彝族及傈僳族地区，也有以虎命名山、水、村落、区域，甚至傈僳族中至今还有以虎命名的氏族。可见，纳西族与彝族、傈僳族等古羌人后裔都有共同的虎文化起源。当然，随着这些民族的交流交往日益频繁，他们的虎文化也发生了异流发展，表现出各自的特色。《虎的来历》之所以采取了与《梅葛》逆向的化成方式，就是因为在记录这部作品之初，纳西族社会已经完成了从图腾崇拜向祖先崇拜、英雄崇拜的过渡。但是，无论这种化成之流发生多大的变异，它的"胎记"始终难以磨灭。

纳西族先民曾游牧于西北草原，因此，它的生产对象主要是动物，驯养、狩猎、牧放成为他们的主要生存依据，其交通、饮食、御寒，甚至部落战争、宗教仪式等都需要大量的动物资源。这种生存方式在纳西族先民进入西南山地之后相当长的一段时间都没有发生根本性的变化。许多资料都确凿无疑地表明，直到 20 世纪初，纳西族的生产形态仍然是半农半牧。在这种背景之下，纳西族的主要生产对象并非土地、植物，而是动物，纳西族先民的主要审美对象也首先是动物。这一点在纳西语中表现尤为鲜明，如"精巧"称"厄"(ɣɯ^{33})，直译为"牛"；"能干"称"若"(ʐua^{33})，直译为"马"；"美丽"称"直"(dʐʅ^{33})，直译为"豹子"；"善"称为"古"(gv^{33})，直译为"熊"。由于虎为百兽之王。在这众多的动物审美中，虎便成为重中之重，有关这方面的语汇也就最为丰富。

总览我国少数民族的动物信仰乃至图腾，草原以狼为主，丘陵以狗为主，山地以虎为主，雪域以牦牛为主，水滨以龙蛇为主。这都与有关民族的生产生活密不可分，即，狼是维系草原生态并影响畜牧业的关键因素；狗是丘陵地区狩猎生活的活态工具。并且，通过传稻种传说等，狗与半猎半农的产业形态紧密相连；虎作为山地的主宰之一，既是山地

① 云南省民族民间文学楚雄调查队:《论彝族史诗〈梅葛〉》，载《文学评论》1959 年。

民族的征服对象，又是山地民族的生活依靠；牦牛以其硕大的身躯、耐寒的品性、修长的体毛、优质的乳汁、威武的犄角、佳美的肉脂等成为雪域民族生产生活不可或缺的存在；龙与蛇是水滨民族精神生活的主要维系，因为它们主水，从而也就主宰着农业的丰歉、鱼虾的多少。作为典型的山地民族，纳西族不能不选择老虎作为自己的崇拜动物乃至图腾，这种客观规定性是不依人的意志为转移的。

一切都表明，纳西族拥有以虎信仰为核心、以虎神话为代表的文化。它既与藏缅语族其他民族的虎文化息息相关，又有自己的特色；它既保存于有形文化之中，也体现于的无形文化之中。在纳西文化发展的各个层面上，虎都是不可或缺的存在。我们了解了虎与纳西文化之间的关系，解明了虎在纳西文化精神深处的潜在作用，那么，无论是以性为中心层次，还是以战为中心层次、以和为中心层次的纳西文化都将认识得更加深刻、更加准确。

纳西文文献

一、纳西族基本情况

（一）人口与分布及称谓

纳西族，现有人口 326 295 人（2010 年人口普查数），分布在我国西南边陲的横断山脉深处。西藏自治区境内的盐井纳西族民族乡，四川境内的盐源、盐边、木里藏族自治县，云南境内的丽江、香格里拉、维西傈僳族自治县、宁蒗彝族自治县、永胜、华坪、鹤庆、剑川、德钦、兰坪白族普米族自治县等地，分别有纳西族各支系居住。其中，云南丽江为其主要聚居区，于 1961 年成立纳西族自治县。

纳西族有多种他称，汉族古籍称“摩挲”或“麽些”，白族称“蒙磋”，普米族称“年米”，藏族称“姜”，傈僳族称“罗姆”。“摩挲”之名始见于晋人常璩所著《华阳国志》；“姜”之名见于藏族古文献，英雄史诗《格萨尔王传》中就有著名的“姜岭之战”；而“蒙磋”“年米”“罗姆”等至今仍在白族、普米族、傈僳族民间使用。

纳西族的自称因支系而异，有的自称“纳西”，居住在丽江、永胜、华坪、维西傈僳族自治县、德钦、盐井纳西族民族乡、木里藏族自治县、兰坪白族普米族自治县、鹤庆、剑川、香格里拉桥头及金江；有的自称“纳亥”，居住在香格里拉三坝纳西族乡；有的自称“阮可”，居住在香格里拉白地吴树湾及丽江奉科部分地区；有的自称“纳日”，居住在宁蒗彝族自治县、盐边、盐源；有的自称“玛丽玛萨”，居住在维西傈僳族自治县部分地区；有的自称“鲁鲁”，居住在丽江西部山区；有的自称“探览”，居住在丽江太安探览坝。“纳西”与“纳亥”“纳日”是纳西族的主体，也是古“摩挲”人的主要后裔，他们均以“纳”（黑）相认同，与彝语支其他民族以黑命名族称并崇尚黑色的古老信仰相通；“阮可”之意为“江边”，可知他们是住在江边河谷地区的古“摩挲”人后裔；“玛丽玛萨”被有的学者解释为“木里摩挲”之转音，即较晚近才从木里迁入维西的摩挲人[①]；“鲁鲁”又写作“卢卢”，疑与“罗罗”相通，当是融合于纳西族中的彝族支系；“探览”是当时从永宁移入丽江太安的“纳日”人，因唐宋时代汉藏史籍多称现今的宁蒗彝族自治县永宁坝为“三探览”或“答刺”，因而称之。将“纳西”确定为古“摩挲”后裔之共同族称，始于1954年。它是在进行认真、科学的调查识别后由国务院认可公布的。

（二）有关纳西族古籍文献形成与发展的重要历史事件

纳西族在远古时代属氐羌人，曾活动于河湟流域，从事“逐水草而居”的游牧生产生活。夏商时代即已参与创造中华文明。秦汉时代，作为纳西族直接先民的摩挲人，已经活跃于大渡河至金沙江上游的广大地区，其社会形态处于部落联盟阶段，残酷、频繁的部落战争是当时社会的基本特征。当时，摩挲人主要经营畜牧业，并进行与之相关的商贸活动，原始农业有了长足的进步。在征服与反征服、统一与反统一的长期较量中，超部落联盟的民族共同体逐渐形成，相对统一的民族语言与民族文化亦日趋成熟。

在此时期，随着中央王朝对西南地区的统治范围不断扩大，摩挲人与“两汉政权”，尤其是东汉政权有了更多的来往，与之建立了较松散的政治联系。公元74年，在历经无数次战争与议和之后，与纳西族先民“牦牛夷”关系致密的白狼部落终于臣服朝廷，并有献诗三章之举措，以表达“慕义向化”“长愿臣服”之心。这三首诗分别叫《远夷乐德歌》《远夷慕德歌》《远夷怀德歌》，被总称为《白狼歌》。据历史学家方国瑜考证，在《白狼歌》共44句、176个汉字所注白狼语中，计有90余字仍与现代纳西语词汇音义相同或相近，其比例高于它与普米语、彝语、西夏

① 和志武:《纳西东巴文化》，吉林教育出版社1989年版。

语、傈僳语、藏语等的对应程度。这表明白狼部落与纳西族先民牦牛夷“摩挲人”具有十分密切的亲属关系。可以说,《白狼歌》乃是最早记录在汉文献中的藏缅语族各民族先民尤其是纳西族先民的文献资料。

纳西族历史发展的另一个重要时期出现在隋唐。当时，除了一部分摩挲人仍留守原居住地之外，一支摩挲人渡金沙江长驱南下，在现今洱海以东的宾川建立了强大的麽些诏；一支摩挲人在叶古年率领下攻占“仆繲蛮”世居之地——现今的丽江坝；另一支摩挲人在泥月乌的指挥下夺取了现今的宁蒗彝族自治县永宁坝，形成了整体南下、锋芒直逼滇洱地区农耕民族的态势。与此同时，在历经数百年的征战之后，松赞干布于喜马拉雅山麓建立起强大的吐蕃王朝。在苍洱地区，发轫于巍山地区的蒙氏集团亦以武力统一六诏，建立起西至现今缅甸、南至现今越南、东至现今四川西南、北至现今金沙江南岸的南诏。随着国家的重新统一与经济文化的空前繁盛，唐王朝亦企图恢复“两汉”以来的大一统天下，不断对云贵地区相机用兵，而且还以成都平原为跳板，对云贵地区进行种种经济文化的渗透。这三大政治军事势力时而合纵，时而连横，彼此间的矛盾斗争波澜壮阔。被夹击于这些势力之间，纳西族先民既饱受了战争的创伤，也练就了夹缝中生存的本领，并尽享处于多种文化交流地带的便利，不断将北来的苯教文化融入传统文化，而且还通过南诏间接接受汉文化因素，创立了东巴教的雏形，为稍后出现的纳西文文献提供了存在基础以及表现内容与形式。

宋代，南诏已被段氏大理国所代替。无论就其军事实力还是经济实力而言，大理都远远不能与南诏相提并论，它几乎完全丧失了对纳西族先民的有效控制。这时，吐蕃随着势力的衰微而重处于四分五裂的状态，无暇向南用兵。南宋王朝更是埋头于摆脱内忧外患，无力垂问西南。在这种比较宽松和平的周边环境条件下，纳西族先民的民族性得到了一定程度的弘扬，纳西族先民居住地区的生产经济得到了恢复与发展，纳西族先民的精神文化得到了整合与再造。其结果，东巴教及其文化获得了空前的生机。故，史书称其时有异人麦琮“造本方文字”之圣举，诗传其时有法师于东巴教圣地——白水台“守弘能”之美事。

自1253年元世祖南征大理，1254年任命纳西族先民首领麦良为“茶罕章管民官”以来，以丽江为中心的纳西族先民居住区重归于中央王朝统治之下，结束了自南北朝以来时而独立、时而半独立的历史，与中原文化开始了新的接触与交流，如王沂、李京等名士曾于元代先后游历滇西北纳西族先民居住地区，留下了《麽步诏》《雪山歌》《过金沙江》等诗章。有资料表明，丽江在元代即设汉学。

然而，纳西文化与汉文化的直接、大量接触始于明代，并以世袭丽江知府木氏集团的主动引进和学习为主要特色。木氏集团不仅在其内部办汉学、创作汉诗文，而且邀请内地工匠、道士、医官、学人进入丽江等地，以传播先进的技术与文化，给纳西文化注入了活力。经过数代人的努力，木氏集团中涌现出木泰、木公、木高、木青、木增等一批有成就的诗人、作家、艺术家、学者，开创了纳西族汉文文献创作之先河。另一方面，纳西文化与藏文化的交流也在更高的层次上进行。木氏集团通过与藏传佛教噶举派的有效合作，成功地统治新占领区的藏族民众，并在其境内大兴庙宇、制作壁画，广泛宣传藏传佛教教义，还曾集资鸠工，刊刻藏文经典《甘珠尔》，为弘扬佛教文化做出重要贡献。木氏虽尊汉文化为正统，但对本民族传统文化也采取了保护性措施，不仅宫中设专职东巴，而且还籍东巴神话编纂家谱，以强调其统治之正当性与神圣性。这样，开始于宋代的纳西文文献并没有湮灭于汉文化及藏文化的冲击之下，反而还得到传承以及补充、丰富，以东巴教及其文化为代表的传统文化依然在纳西族民间处于主导地位。可以说，纳西族社会在明代是一个汉文化、藏文化、纳西文化并存并互相融合的历史时期，也是一个纳西人同时创作汉文文献、藏文文献、纳西文文献的历史时期。

清雍正元年（1723年），经过长期酝酿，清王朝在丽江纳西族地区实行“改土归流”，迫使纳西族社会的政治、经济、文化、教育、习俗诸方面进行封建性的改革，与内地实现一体化。其结果是，绵延数百年的土司统治土崩瓦解、封建庄园兼军事民主制式的生产关系被废除，纳西族社会的生产力得到了极大的解放。随着打破木氏集团对汉文化的垄断，学校教育如雨后春笋般兴起。短短一百多年间，先后有不少纳西族中举及第，成为进士、翰林、举人，并被擢拔为中央到地方的官吏。这些官吏有不少人是著名的诗人、词家、学者、艺术家，他们的文艺创作及学术活动，进一步丰富了纳西族的汉文文献宝库，而且使之处于不断充实的趋向。在民间，随着大批汉族移民的纷至沓来，以及移风易俗的强制推行，东巴教及其文化的存在基础受到动摇，一边是汉式民俗的不断普及，另一边是传统文化的不断萎缩。当然，出于惯性，在那些远离丽江城区及城郊的山乡，东巴教及其文化仍有生命力，只是丧失了旧有的创造活力。1840 年鸦片战争以来，我国一步步沦为半殖民地半封建社会，纳西族居住地区因其地处滇、川、藏交界处之特殊性，开始受到英国、法国、美国、德国、意大利、荷兰等帝国主义国家的觊觎，不少外籍传教士、军事人员、旅行家、动植物学家及人类学家等先后染指纳西文文献，致使其大量流失海外，同时也孕育了国际性的纳西文化热。

民国年间，纳西文文献的命运日趋恶化：丽江纳西族自治县人民政府曾下令禁止举行东巴仪式；一些行政官员以改革习俗为名，削弱东巴教传统文化，东巴象形文被讥为“牛头马面之字”。在此期间，纳西文文献流失海外的现象越来越严重。同时，国内亦有不少学者开始关注东巴教及纳西文化的命运，万斯年、李霖灿、张琨、傅懋勣、闻宥、董作宾等先生都分别在收集、翻译、研究东巴经典及纳西文化诸方面各有建树。尤为可贵的是，纳西族本身也出现了像方国瑜、杨仲鸿、赵银棠、和泗泉、周汝诚、和正才这样一些卓有成就的研究家。其中，和泗泉为东巴，赵银棠为女性。由于他们的共同努力，我国的纳西文文献及纳西文化研究事业从无到有、从小到大，日趋兴旺发达。

1949 年，纳西族地区喜获解放，纳西文文献及纳西文化迎来了全新的时代。经过 20 世纪 50 年代初期的民族识别以及 20 世纪 60 年代初成立丽江纳西族自治县，纳西族为中华民族大家庭中平等的一员，纳西文文献及纳西文化真正成为中华文化宝库中的一部分。党和政府不但拨出专款，扶持收集、翻译、研究纳西东巴文献的事业，而且还先后在云南丽江建立云南省社会科学院所属的东巴文化研究室（现丽江市东巴文化研究院）、丽江所属的东巴文化博物馆等专门机构，积极支持纳西东巴文献的出版事业，以及纳西文化的国际交流，帮助建立纳西学。至今，1 000多种纳西东巴文献已经全部翻译完毕并逐步出版，数十种有关研究著作先后问世。

（三）新中国成立前的社会发展进程中特有的民俗与文化

由于种种原因，纳西族社会的发展并不平衡。至新中国成立时，丽江、永胜、剑川、鹤庆、维西、香格里拉、盐源、盐边等地的纳西族已经处在发达的封建社会。其中，以大研古城为中心，丽江纳西族社会中已产生较发达的商品经济。在盐井、德钦等地，由于受藏族的影响，那里的纳西族仍处在农奴制社会，经济文化都相对落后。在宁蒗彝族自治县永宁等地，封建领主制根深蒂固，并在家庭婚姻形态方面盛行走访婚等形式。

纳西族的民俗文化丰富多彩，较著名的有祭天、殉情、祭署、走访婚等，现分述如下：

1. 祭天。纳西族各支系均盛行祭天，并有“纳西蒙毕若”之称，意为“纳西族为祭天之子民”。祭天当起源于古老的天体崇拜，后随着纳西族的信仰从自然崇拜转变为祖先崇拜，它也被改造成了祭祖仪式之一。只是这里的“祖”不仅仅是民族的或支系的、氏族的、家族的“祖”，而且还是人类之“祖”。祭天以家族为单位，并有氏族之别，一般分“普笃”“古珊”“古哉”“古许”等祭天群。这无疑与纳西族古代的氏族社会相对应。祭天的时间为正月初，但具体时日因祭天群之不同而稍有不同。祭天坛一般设于村落周围，大多分内坛、外坛，其间用壕沟相阻隔，仅留一个出入口连通。行祭时，要在内坛正北方植松、柏、栗为神木，以牛、羊、猪为三牲。祭献分生祭、熟祭两种。主持仪式者为东巴，称“虚孙”，其主要任务是组织祭拜天神、向天神贺年、品尝祭天酒、射杀仇敌、求福泽等仪式，并念诵有关经典，其中最重要的经典是讲述天地起源、人类起源、祭天来历的《崇般莎》。祭天之直接目的是向天神乞求新的一年健康、平安、幸福。它所起的作用是回顾历史、温习传统、加强凝聚力，唤醒归属意识。

2. 殉情。在丽江一带纳西族中，曾长期风行殉情，并形成了一种特殊的殉情文化。一般称殉情为“改土归流”之附产品，是官府强制推行封建礼教及婚姻制度以残害青年男女之恶果。其实，它还有更复杂的社会及信仰、文化背景等原因。最早的殉情当产生于纳西族社会从对偶婚向一夫一妻制过渡阶段，不过是在“改土归流”之后愈演愈烈罢了。殉情有多种方式，或自缢，或投水，或滚崖，或服毒，不一而足。其规模也有多种多样，以一男一女最常见，还有同性朋友或异性伙伴集体自杀之事件，最多时竟有 8 对男女同时殒命。殉情地点大多选择在玉龙山麓，或是能瞭望到玉龙山之处，人们相信玉龙山顶存在一个叫“玉龙第三国”的爱情乐园。那里，常年鲜花开放，四季歌声不断，马鹿为耕，老虎为骑，雉鸡司晨，没有苍蝇，没有蚊子……这一乐园的大门只为忠于爱情者打开。发现子女殉情之后，双方父母要托人四处寻找，并在寻找到死者的地方草草掩埋尸体，然后举行大祭风仪式，以安慰死者，帮助亡魂顺利进入“玉龙第三国”，以免亡魂对家庭与社会进行报复。这一仪式亦由东巴主持，其程序为迎请天神下凡，尽杀情死鬼、忍鬼、风鬼等，并念诵《鲁般鲁饶》，以讲述殉情及祭风仪式的起源，最后将亡魂及殉情者之祖朱普羽勒排与开美久命金之偶像一并从风流树上送往彼岸。

3. 祭署。祭署仪式在每年春天举行，另在发生旱灾或水灾、雹灾时随机进行，意在祈求风调雨顺、五谷丰登、六畜兴旺、无病无灾。署一般被译作“龙王”，在东巴象形文中，画作人身蛇尾。据说，署与人本是同父异母兄弟，后来二者分家，自然空间归署所有，社会空间归人所主。故，自然界中的风、雨、雷、电及山、川、草、木、飞禽、走兽等无不由署主宰。后来，双方发生矛盾，署不断扩大自然空间，毁坏了人类所主宰的村庄、田地，降下了病灾；人亦过度开垦荒地、捕杀野兽禽鸟、砍伐树林、污染河流，侵犯了署的利益。结果，人类求丁巴什罗教祖神下凡调解冲突。最后，双方约定，当人类缺乏生活资料时，可以适当垦荒、砍伐、打猎，但不能污染河流、滥捕乱伐；作为报偿，人类为署治病，并举行仪式谢恩，供各种祭品以为谢礼。祭署仪式分3天举行，第1天迎署，第2天祭署，第3天送署。祭坛设于泉旁河岸。仪式上，要由东巴诵多种经典，最重要的经典为《龙鹏争斗》。好净、恶杀牲、主水是署的性格特征。这个仪式，实际上反映了人与自然的依赖关系，强调了保护环境、人与自然和谐相处并均衡发展的重要性。

4. 走访婚。与丽江一带纳西族青年遭受封建婚姻制度之迫害的情况相反，在永宁纳西族纳日人中，其婚姻长期取走访婚形式，即男不娶女不嫁，两性之间的交往不受财产、地位、礼教之制约，纯粹出于感情上的投合。这种关系既可维持终生，也可匆匆离散。男女情人之间生下的孩子归女方抚养，世系按母方计算，家庭财产之继承者理所当然是女子。有的学者据此认为，永宁纳日人之家庭婚姻形式当是原始母系社会的残存，或称"活化石"。其实，大量的事实表明，纳日人的走访婚是其家庭婚姻发展到一定阶段后因一些特殊的原因导致的婚姻变体，而不完全是古代社会的"遗留物"。

二、纳西族语言与文字

（一）语言系属与特征

纳西族主要使用纳西语，也有一小部分操藏语或汉语、白语。纳西语属汉藏语系藏缅语族彝语支，其语音特点是辅音分清浊，且以浊辅音居多，浊音中往往有鼻冠浊塞音与塞擦音之分；韵母分单元音与复元音，元音不分松坚，这在彝语支语言中是比较少见的。另外，元音之末尾不缀辅音。其音节或由声母与韵母相结合而构成，或由韵母单独构成；每个音节都有固定的声调，声调共4个，即高平调、中平调、低降调、低升调。其中，中平调与低降调出现频率较高，高平调次之，低升调最低。其词汇最显著的特点是拥有丰富的量词。在语法方面，其基本语序为"主语—谓语"，或"主语—宾语—谓语"。纳西语的句子有单句、复句、完整句、省略句、直陈句、疑问句、祈使句、感叹句等几种形式。

（二）文字的起源与发展

纳西族的文字情况比较复杂，一方面，有传统文字东巴文、哥巴文、玛丽玛萨文、阮可文；另一方面，又有创制的拉丁字母拼音的纳西文。由于宗教及民族杂居的原因，一部分纳西族地区还使用藏文。另外，从明代开始，汉字即在纳西族社会得到运用，而且，其规模不断扩大。目前，汉字已在实际生活中取代了诸民族文字的地位，成为使用人数最多的文字。

1. 东巴文。东巴文因其用来书写纳西族宗教东巴教经典而得名，共有 1 300 多个单字。对于这种文字的性质，学术界众说纷纭。日本学者西田龙雄称之为“活着的象形文字”①。章太炎则称其为以象形为宗、兼以形声会意的文字②。李霖灿认为，它“正界于图画与文字之间”，是“较原始图画文字更为晚近之一种文字”③。方国瑜指出，东巴文“已由图画文字进入象形文字”④，傅懋勣将其视为图画文字与象形文字的混合体⑤。和志武的观点是：东巴文为“介乎图画字和表意字之间的象形文字符号”⑥。王元鹿的看法为：东巴文“应是一种兼备表音表意成分的文字”，即“意音文字”⑦。尽管尚残存图画文字的某些特点，并兼有表音文字的某些特点，但从总体情况看，东巴文属于象形性表意文字。

关于东巴文的起源，诸家也有争论。徐中舒认为东巴文、汉文可能同源，它们之间的分离应当是远在殷商之前⑧；和发源主张东巴文产生于3

---

① 西田龙雄：《活着的象形文字——纳西族的文化》，中公新书 1966 年版。

② 章太炎：《麽些文字》，载《制言》第 62 期 1940 年 2 月。

③ 李霖灿：《麽些象形文字字典 · 引言》，“国立中央博物院”专刊乙种之二，1944 年。

④ 方国瑜：《纳西象形文字谱》，云南人民出版社 1981 年版。

⑤ 傅懋勣：《纳西族图画文字〈白蝙蝠取经记〉研究》，东京外国语大学亚非语言文化研究所 1981 年版。

⑥ 和志武：《纳西东巴文化》，吉林教育出版社 1989 年版。

⑦ 王元鹿：《汉古文字与纳西东巴文字比较研究》，华东师范大学出版社 1988 年版。

⑧ 徐中舒：《论巴蜀文化》，四川人民出版社 1982 年版。

世纪以前[1]；李霖灿推定其产生最早当不能过唐，最晚亦在明成化之前[2]；董作宾认为创制东巴文当在宋代[3]；方国瑜的观点是11世纪中叶已有纳西文字写经之说，可以近信[4]；林向萧指出“至迟也应该在公元3世纪至7世纪之间”创制东巴文；和志武之观点为：东巴文创制于隋末唐初，至11世纪时开始书写东巴经典[5]；英国学者杰克逊另持己见：东巴文产生于17世纪末。由于缺乏更多的证据，特别是缺乏考古资料的证明，目前尚难断定东巴文创制的具体年代，尚需要继续探讨。

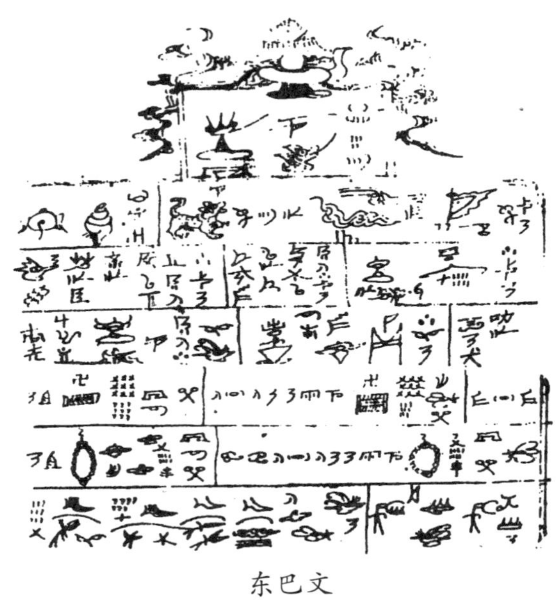

东巴文

对东巴文的结构，方国瑜曾根据汉字六书原理并根据东巴文自身的特点，分为依类象形、显著特点、变易本形、标识事态、附益他文、比

① 中国民族学会编：《民族学研究》第八辑，民族出版社1986年版。

② 李霖灿：《麽些象形文字字典·序》，“国立中央博物院”专刊乙种之二，1944年。

③ 李霖灿：《麽些象形文字字典·引言》，“国立中央博物院”专刊乙种之二，1944年。

④ 方国瑜：《纳西象形文字谱》，云南人民出版社1981年版。

⑤ 和志武：《纳西东巴文化》，吉林教育出版社1989年版。

类合意、一字数义、一义数字、形声相益、依声托事等10类。[①] 西田龙雄则分为象形、指事、会意、形声、注音、假借、表音7种，他认为注音字是与形声字、表音字不同的一种类型。[②] 可见，前者将造字法与用字法合一而解之，而后者虽从造字法解释其结构，但没能将东巴文与哥巴文严加区别。李霖灿对东巴文的分析侧重于基本字的变化性，认为东巴文具有自身变化与附加变化两种形式，自身变化下分倾斜、倒置、开裂、削减、延伸、扭转等类型；附加变化下分点、线、色、放大等4种类型[③]。

2. 哥巴文。哥巴文是一种表音文字，一个字表示一个音节。美国学者约瑟夫·洛克认为，哥巴文应该产生于东巴文之前，但并没有指出两者产生的具体时间[④]。杰克逊赞成洛克之说，进而称这种文字当产生于11世纪[⑤]。我国学者一般认为东巴文产生在前，哥巴文产生在后，因为从文字发展史的角度看，一般是形字在前，音字在后，另外，哥巴文有不少是东巴文的简化，并有一些汉字变体。所以，哥巴文的出现应是7世纪以后。哥巴文在纳西族文字发展史上具有重要的意义，但尚不完善，如字体不固定，往往一音数字，不标声调，有时较难区别、确定其字意。因此，不仅流传范围不广，而且用它书写的经典仅有数百册。

3. 玛丽玛萨文。玛丽玛萨文因使用者为纳西族支系玛丽玛萨人而得名，流传于维西傈僳族自治县拉普等地。玛丽玛萨文共105个单字，皆从东巴文中派生而出。其特点是一个单字代表一个音字，类同哥巴文，主要记录玛丽玛萨人的生产、生活内容。如果说东巴文与哥巴文是主要记录宗教经典的文字，那么，玛丽玛萨文则是一种世俗性极强的文字。

4. 阮可文。阮可文以其使用者为纳西族阮可人而得名，其字形基本

① 方国瑜：《纳西象形文字谱》，云南人民出版社1981年版。

② 西田龙雄：《活着的形象文字——纳西族的文化》，中公新书1966年版。

③ 李霖灿：《麽些象形文字字典》，“国立中央博物院”专刊乙种之二，1944年。

④ 约瑟夫·洛克：《中国西南古纳西王国》，哈佛大学出版社1947年版。

⑤ 方周瀹：《纳西象形文字谱》，云南人民出版社1981年版。

与东巴文相同，亦有部分独立的文字，主要用来记载宗教经典。用这种文字写成的《阮可超荐经》便有33本之多。阮可人一般居住在木里藏族自治县俄亚，香格里拉白地、洛吉、东坝，丽江奉科等地。

三、纳西文文献概况

（一）纳西文文献的形成与发展阶段

纳西文文献主要以纳西族的民族宗教东巴教作为自己的存在基础，东巴教祭师东巴为纳西文文献的重要传承人，东巴教教义为纳西文文献的基本思想内容。没有东巴教，也就没有纳西文文献。反之，没有纳西文文献，东巴教也就不会体系完整、经久不衰。东巴教与纳西文文献的这种特殊关系，决定了纳西文文献的基本性质：它主要是宗教经典，主要为宗教服务。

然而，东巴教并不是像佛教、伊斯兰教、基督教、天主教、道教那样的人文宗教，也与原始宗教有所区别，它是一种原始宗教向人文宗教过渡的宗教形态。因而，它虽以神秘主义为主要特色，巫术主义为其基本特征，但也保存了丰富的古老文化，对我们认识古代社会及先民的精神世界具有启发作用，并非完全是“毒害人民的鸦片”。这样，作为东巴教及其文化之载体的纳西文文献也就具有作为纳西族古代社会及古老文化之百科全书的意义。

东巴教之前身，当是原始的巫教。它不仅与我国北方地区少数民族的萨满教有一定的共通之处，而且在其本质上与世界性的巫教息息相通。一方面，它们都是人类最早创造出来的文化成果；另一方面，它们都是人类生产能力、思维能力、社会组织能力幼稚和低下的产物。洪荒初开，人们既感知到了自然力量的存在以及对人类的制约，同时又无力去战胜自然、认识自然，也不能认识自身及其社会。于是，认为自然万物均有灵性存在，或对其顶礼膜拜或对其进行处罚对抗，并且无论是崇拜与对抗，都采用超自然力的方式。东巴教中的祭天、祭地、祭风、祭署、祭星、祭灶、祭山等无疑表现的是对原始时代的天体崇拜、土地崇拜及对风、水、星、火、山等自然现象及自然物的崇拜，反映了人们认识自然、征服自然、与自然和谐相处的愿望。在认识人类自身与人类社会方面，当时人们尚不能将自己与自然界完全分离，视自己亦是出自某种动物、植物、自然物、自然现象，从而产生了图腾崇拜。由于种族的延续成为重大问题，原始人类还盛行生殖崇拜，以表达求生存、求繁衍的愿望。纳西族先民向未知挑战，主要表现在占卜方面。众多的占卜方法，乃是在凭借超自然力，企求超越时间与空间的心理支配下产生的。贝卜、羊骨卜、草卜、石卜、松枝卜等都是其表现形式。在东巴教之前身还作为巫教而存在之际，纳西族先民尚无文字从而也就当然没有书面文献，其经典是以口头的方式进行传承的。

那么，东巴教及其书面经典——纳西东巴文献是怎样产生的呢？正如“东巴”一词为藏语借词（意为“智者”）所表明的那样，东巴教的形成除纳西族社会历史本身的发展原因外，还与藏族宗教的影响有很深的关系。

就其内因而言，经过长期的发展，纳西族先民的意识形态不断发生变化。随着纳西族社会的生产形态从游牧向农耕过渡，母系制转变为父系制，过去的氏族向部落、部落联盟乃至民族演进，其信仰从原有的自然崇拜进入祖先崇拜乃至神灵崇拜阶段，一种比巫教更高层次的宗教形态——东巴教获得了产生的内在力量并逐渐形成。就其外因而言，隋唐时代，与纳西族相邻的吐蕃王朝境内曾发生重大宗教斗争，曾经在西藏境内处于统治地位的苯教因吐蕃王松赞干布“兴佛灭苯”而遭受灭顶之灾，苯教徒中的不少人避入藏东地区，在纳西族、羌族、普米族等先民中继续传教，试图东山再起。但是，这些苯教徒在异民族及异教徒中的布道是困难的，一是由于当地存在强大的巫教势力与之对抗，二是因为存在语言隔阂。不改变这种局面，便不能保证苯教的有效传播。在此情况下，苯教徒借助苯教的体系井然及歌、舞、乐、画、法器之丰富，经典之完备等进行传教。另一方面，还积极收集改造当地的神话传说，进而以此宣传苯教教义。就纳西族等土著民族而言，面对比传统巫教更高层次的苯教，首先是进行排斥。这些土著民族在排斥无效之后，开始接受苯教的部分教义，将其融入自己的信仰体系。在苯教与巫教的交流已经达到一定的深度之后，人们开始用苯教改造旧有的巫教，继而将一些苯教经典翻译成本民族语言，使之成为本民族文化的一部分。因此，苯教称“苯波”与纳西族东巴教之别称“贝补”基本同音；东巴教亦以苯教教祖“登巴喜饶”为教祖神，并称之为“丁巴什罗”；东巴教的法衣、法器与苯教完全一致；东巴教中之护法神、战神、至尊神几乎都引自苯教；东巴教教义中的二元三界五方宇宙观几与苯教无异；东巴教经典中不仅出现大量的藏语借词，而且还有以东巴文记写的多部藏语经典。

这里，需特别提及的是东巴文的产生问题。还在远古时代，纳西族先民便在巫术仪式上使用各种符号代表神秘性的象征，或在摩崖上绘制各种图画，或反映人们的生产生活，或表达某种宗教愿望。但是，这些巫术符号与岩画符号不仅数量有限，而且笔画繁杂，还不具备文字的性质，也不具有文字的体系。更重要的是当时的原始巫教不仅仪式简单，而且所用经文均是便于记忆的短小口诵经，故无文字加以记录之必要。而在东巴教逐渐形成之后，情况发生了重大变化，除了固有的口诵经典不断丰富、篇幅不断增加之外，苯教经典也被大量地翻译成纳西语加入东巴经典系统，一些口诵经典及苯教经典的变体形式还源源不断地产生。这样，口语越来越显示出其在传承东巴教教义方面的局限性，必然提出了将丰富多彩的东巴教经典进行文字化的要求，于是，东巴文字便应运而生。所谓的东巴文字，实际上就是从旧有的巫术符号及岩画符号中抽象出一批基本字体，然后对其进行各种变体以衍生新字、增加字数，还通过注音、转借等多种手段增强文字表现力，甚至从藏文中借用一些符号而形成文字体系。作为一种文字系统，它从产生到形成与相对完善经过了较长的时间。

在东巴文字体系形成之后，纳西族文化史上才出现了严格意义上的文献。我们今天所看到的数万卷东巴经典实际上包括了这样几个部分：一是对前东巴教口诵经典的记录；二是对受苯教、佛教、道教影响而产生的东巴教新经典的记录；三是对苯教经典的翻译；四是后世东巴的部分创作；五是对部分民间口头神话、传说、故事、歌谣等的记录。

应该说，东巴文在东巴教发展史上具有不可磨灭的功勋，用东巴文书写的东巴经典更是东巴教教义的重要载体。

（二）文献的分类

至今为止，已有多人用多种方法对纳西文文献进行分类。

1. 李霖灿将美国国会图书馆所藏东巴经典分为祭龙王经、祭风经、超度经、替身经、延寿经、退口舌是非经、占卜经、音字经、若喀经等9大类。①

2. 和钟华、杨世光主编的《纳西族文学史》则将东巴经典分为祭天经、祭龙王经、延寿经、解秽经、祭家神经、祭村寨神经、祭五谷六畜神经、祭山神经、祭祖先经、求嗣经、祭猎神经、放替身经、解禳灾难经、祭水怪猛妖经、开丧经、祭死者经、祭风经、祭短鬼经、退口舌是非经、驱瘟神经、占卜经、道场规程经、零杂经等24类。②

3. 和志武先生则使用十分法，将东巴经典分为祭山神龙王经、除秽经、祭风经、消灾经、开丧经、超荐经、祖师什罗超荐经、大退口舌是非经、求寿经、零杂经。其中，前4类又各分大、小两类，超荐经下分10小类，零杂经下分30小类。③

4. 东巴教祭师自己也对东巴经典进行分类。据东巴大师和即贵先生介绍，可将东巴经典分为四大类。

第一类叫“尼虚俄虚奔”，译成汉语为“祭神灵仪式及其经典”，其下分祭天、祭村寨神、祭家神、祭祖、祭快乐神、祭胜利神、求寿神、祭谷神、祭畜神、求子嗣、求雨、祭署、祭猎神、祭三多等多种仪式及其经典。

① 李霖灿：《美国国会图书馆所藏的麽些经典》，载李霖灿《麽些研究论文集》，“国立故宫博物院”1984年版。

② 和钟华、杨世光主编：《纳西族文学史》，四川民族出版社1992年版。

③ 和志武：《纳西东巴文化》，吉林教育出版社1989年版。

第二类叫“古虚阔虚奔”，译成汉语为“镇鬼禳灾仪式及其经典”，其下分大祭风、小祭风、禳煞星、禳反常鬼、除秽、送瘟君、招魂、抵灾、祭土皇退口舌是非、除绝后鬼、禳祸鬼、禳倒霉鬼等仪式及其经典。

第三类叫“失本务本奔”，译成汉语叫“祭奠亡魂仪式及其经典”，其下分开丧、超度等仪式及经典。其中，超度仪式又分超度将官、超度长寿者、超度什罗、超度什罗夫人、超度牧人、超度木匠、超度铁匠、超度难产者、超度贤人、超度夫妇亡灵、超度暴死者等仪式及其经典。

第四类为占卜经书，它一般独立于各种仪式而存在。①

可见，李霖灿的九分法是按仪式与文字双重标准做的分类；和钟华、杨世光的二十四分法兼顾到了仪式及经书本身的存在形式，且比较全面周到；和志武的十分法也比较全面，最突出的特点是大类下分小类，但零杂经类所占比例过大，对超荐类的划分也值得商榷；和即贵所介绍的东巴祭师自己的分类体例完备，对象明确，仪式与经典分类的统一性强，因而最具实用性与科学性。只需稍加整理补充，它即可作为权威性分类。

考虑到纳西文文献虽以东巴经典为主，但尚有哥巴文经典、阮可文经典、达巴文经典、玛丽玛莎文文献、日喜文文献，而且纳西文文献虽以宗教经典为主，尚有一些书信、账本、契约等情况，笔者将在此提出总体性分类体系，其基本原则是按文字、内容、对象、仪式（形式）等层层下分，做到统而有之，兼而顾之，有纲有目，有分有合。

在文字层次上，纳西文文献可分成东巴文文献、达巴文文献、哥巴文文献、阮可（若喀）文文献、日喜文文献、玛丽玛莎文文献五大类。

按内容划分，东巴文文献、哥巴文文献、阮可文文献均属宗教类，玛丽玛莎文文献及一小部分东巴文文献属世俗类。按对象对此进一步细分，宗教类可分成祭神、镇鬼、慰灵、占卜、规程五类文献，世俗类可分成书信、契约、账本三类文献。所谓“神”，既指狭义的神灵，也指至

① 和即贵讲述，白庚胜著：《三个东巴的口述自传》（未出版）。

尊神、自然神、战神、祖神、生产神、生活神、生育神；所谓“鬼”，既指精怪，也指妖魔、鬼蜮、恶神；所谓“灵”，指死者之亡灵；所谓“规程”，也就是诸如“画谱”“舞谱”等“冬模”（规范或典范谱典）；所谓占卜，分事占、梦占、图占、物占、动物占、植物占、天象占等多种。如果对以上类别再做细分的话，神灵类又可分迎神、送神等仪式及其文献。这里的神灵指董神与塞神、萨英威德神、恒丁窝盘神、英古阿格神、盘孜萨美神、五方神、至尊神等；自然神类又可分祭祀天神、地神、山神、火神、署星神、风神；战神类可分为祭祀胜利神、优玛神、三多神；祖神类可分为在春祭、夏祭、冬祭中所祭祀的人类始祖神，民族始祖神，氏族始祖神；生产神类有祭祀畜神、谷神、猎神等；生活神类可分为祭祀家神、村寨神、快乐神、灶神、门神等；生育神类可分为祭祀求寿、加威灵等仪式中被祭祀的华神。与之相对应，就镇鬼而言，精怪类可分为杀猛恩、除秽等；妖魔类可分为退口舌是非、禳灾、禳反常鬼、禳绝后鬼、禳倒霉鬼、禳瘟君、禳难产鬼等；鬼蜮类如放替生等；恶神类如抵灾等；慰灵类可细分为祭风与开丧、超度等。其中，超度又可细分为一般性超度、超度丁巴什罗、超度拉姆、超度武将、超度贤人、超度木匠、超度铁匠、超度男长寿者、超度女长寿者、超度美女、超度盲人、超度牧人、超度麻风病死者、超度夫妇同亡者等；开丧分开路、洗马等。

以上这些类别都有与之相对应的经典，经典之数量从一部至数部、十数部，甚至数十部不等。世俗类文献，大约包括书信、契约、账本、民歌等种类。但是，前三者多见于玛丽玛萨文文献中，后者则多见于东巴文文献之中。当然，东巴文文献中亦有一些书信、契约、账本，只是数量较少而已。值得一提的是，以上对纳西文文献的分类与再分类是与东巴教仪式、纳西文文字形态等完全相对应的。

（三）重要文献介绍

纳西文文献是纳西族古代社会及古老文化的百科全书，凡社会、宗教、民俗、哲学、天文、医药、文学、艺术等无所不包。它还是研究纳西族古代语言的极好材料，其内涵十分丰富。

1. 社会

纳西族是一个古老的民族，其社会发展先后经历了蒙昧、野蛮、文明三个阶段，纳西文文献对此有十分丰富生动的反映。就婚姻形态而言，《迎东格神》《创世纪》等经典提及远古时代行兄妹婚的事实。排斥血缘婚是困难的，但从《斯巴贡布与斯巴吉姆》看，纳西族先民还是艰难地迈开了这具有决定意义的一步。在《创世纪》正文中，我们所看到的是非常稳定的一夫一妻制，而且家庭婚姻已经从以女性为中心转变为以男性为中心。《黑白战争》中的婚姻成为当时部落政治的组成部分，男女之间只有部落的婚姻，没有个人的婚姻与爱情可言。更有甚者，《鲁般鲁饶》中的婚姻已经渗透有封建制度的毒素，父母之命、媒妁之言，酿成了惨重的婚姻悲剧——殉情，现实中难以实现的爱情梦想，只能寄托于一个虚幻的乌托邦——“玉龙第三国”。以上这些，实际上是一部活生生的纳西族婚姻史。

至今为止，纳西族同所有古老民族一样，普遍经历了原始社会、奴隶社会、封建社会，这些都在纳西文文献中一一得到生动的体现。许多经书称，人类初始本无争斗，人与人之间平等相处，没有剥削，也没有压迫。后来，人们为财产而争斗，为儿女而争斗，整个世界鸡犬不宁，人与人之间有了主与奴之分、王与民之别，被压迫阶级处在水深火热之中。如《哈斯争斗》中便曰：“哈族他们家，使有提布、提那、提爪三个奴，富裕出自奴隶之血汗，却不给穿一件麻布裳；主人塔英老姆呀，反让奴隶穿上薄蓑衣。”[①] 在被统治阶级压迫的同时，统治者却穷奢极欲，过着百无聊赖的生活，《贩马》及《挽歌》中便有对此生动的描写。那三位贵妇人，“养马套金鞍，一天骑三次，去游山玩水，也不纺毛线，也不织麻布。手掌白生生，不砍一根柴，脚板白花花，不背一桶水”。由于生活优裕，她们甚至去买寿岁，企求长生不老。《展自》等作品，无疑是反映封建社会内容的，但此类作品相对较少，表明纳西族进入封建社会的

① 和志武：《纳西东巴文化》，吉林教育出版社 1989 年版。

时间不长，封建文化孕育得不充分。

就社会生产而言，原始采集、狩猎、畜牧以及后来的定居农耕、商贸等都在纳西文文献中有大量的记述。其中，尤以狩猎与畜牧的内容较丰富。《普称乌璐》《高勒趣招魂》《亨命素受与古生土称》《崇仁利恩解秽经》等都是对远古狩猎生活的表现；《马的来历》《贩马》等，显然是以古老的游牧生活为基础创作而成的；《哈斯争斗》表现了在原始采集之基础上建立起来的原始农业；《粮食的来历》《迎净水》等文献，更是对兴修水利、开垦田地、收种庄稼的直接反映；像《买卖寿岁》《贩马》《马的来历》等作品中弥漫着商贸活动的气息。

2. 宗教

由于纳西文文献主要是东巴教经典，因此反映宗教内容的作品在纳西文文献中占绝大多数。在此，仅仅叙述那些反映宗教观念、宗教仪式、宗教教祖、宗教斗争等情况的文献。

宗教的核心是信仰问题。从纳西文文献的有关记载看，纳西族古代信仰万物有灵，崇拜自然万物，崇拜图腾及祖先，崇拜神灵。《崇搬图》等作品称：宇宙之初，树木会走路，石头会说话，上方的“好声”与下方的“好气”会交媾，无论是山、水，还是禽、兽，无不有人的习性与感情，这是万物有灵观念的形象反映。纳西族先民崇拜自然万物，而且认为它们各有神灵所主，比较著名的有：天体崇拜，见诸于《祭天古歌》《崇般莎》等作品之中；大地崇拜，见诸于《堆本》等作品之中；树木崇拜，见诸于《向长寿树求福经》《神鹏栖长寿树经》《献木偶面偶经》等；太阳崇拜，见诸于《迎请太阳经》等；石头崇拜，见诸于《分清白石、黑石经》等；风雨雷电崇拜，见诸于《祭风雨雷电神经》等；星体崇拜，见诸于《祭星宿经》等；山岳崇拜，见诸于《建什罗神山经》等；水崇拜，见诸于《恨补》《迎净水》等；火崇拜，见诸于《烧天香经》《燃灯经》……纳西族古代崇拜老虎、牦牛，并以此作为自己的图腾。有关以老虎为图腾的内容见诸于《虎的来历》这部作品中。在此，老虎被视为蕴天地之灵气、集日月之精华的神物。有关以牦牛为图腾的内容记载于《崇搬图》等作品中，那头化生天、地、日、月、山、川、草、木等的“野牛”当指牦牛。

祖先崇拜在纳西族的信仰中占重要地位，并且，祖先的外延也比较宽泛。如《祭男女神除秽经》及《请阴阳神虔祝经》中的男神与阳神，同指男造物主董神。反之，女神与阴神则同指女造物主塞神。他们又常常被称为人类始祖。被直接称为人类始祖的是崇仁利恩与衬红褒白命，有关他们从天而降，生育藏族、纳西族、白族三个民族的祖先，开创人类社会的故事，记载于《崇搬图》《崇般莎》《崇仁利恩传略》《除秽·人类迁徙传略》《崇仁利恩与可罗可欣是非节略经》等之中。纳西族古代分叶、树、禾、麦四大氏族，作为这四个氏族共同祖先的高勒趣（又叫“哥来秋”），他是崇仁利恩的五世嫡孙，有关他的情况在《哥来秋传略》《高勒趣招魂》等作品中有专门的记述。此外，《祭东主经》中的东主（又叫“董主”）为东（董部族）之祖先，《叶支超荐经》为叶氏族祭祀本氏族祖先的经典。也有一些纳西文文献中的祖先泛指抽象的祖先，如《祭祖经》《冬月祭祖经》《六月祭祖经》等便是这样。反之，《祭祖献饭送祖经》中的“祖”则局限于斋主之“祖”，其意非常狭窄。

神灵在纳西族信仰中数量众多，分工严密，体系庞大，常见的有至尊神、职能神、自然神、战神、生产生活神等。至尊神居于天界，为董神、塞神、萨英威德（也译作“萨英阿登”）、亨氏吾盘、英古阿格、盘孜萨美等，他们的事迹见载于《迎净水》《迎萨英阿登》《白蝙蝠取经纪》《阴阳神之传略》等文献之中。《崇搬图》称，最早由白鸡所下的9对白蛋，分别孵化出了盘、桑、高、吾、俄、恒、固、斯、量、筹、主、丁、本、扒等神灵。其中，“盘”被奉为藏族神灵，“桑”被奉为白族神灵，“俄”被奉为纳西族神灵，“高”被奉为战神，“吾”被奉为谋略神，而“恒”则为外来神之总称，“固”为能工巧匠神，“斯”为大智慧神，“量”为计量神，“筹”为营造神，“主”为王神，“丁”为官神，“本”为祭师神，“扒”为巫神，他们都具有特定的职能。自然神有天神、地神、山神、水神、树神、石神、火神等。他们基于自然崇拜而产生，但都已从自然崇拜中得到升华，成为具有独立神格的神灵。如，《祭三多经》中的三多，原是以玉龙山为神身的山神，但已带有明显的保护神特征。又如署神原是水神，但在后来已经不再囿于湖海河泉，而成为整个自然力的象征，这在《鹏龙争斗》中有生动的描写。《创世纪》中的天神、《祭星神经》中的星神、《祭阿萨命风神经》中的风神阿萨命等都无不是这样。战神系统基本上都引自苯教与佛教，外来性十分突出。他们虽生活在天界，但常作为至尊神之使者应人类的企求而下凡，以惩恶扬善、镇妖除魔。其数量千计，形态各异，既有人体形象，也有兽体禽体形象，有的还集多种兽禽形象于一身，或高度夸张神身某一部分的数量与能力。常见的战神有《迎麦布精入神经》中的麦布精入（也译作"麦布精如"），《迎九头神经》中的九头神庚空都知，《迎朗久敬久神经》中的朗久敬久，《罗报塔苟神经》中的罗报塔苟，《东格护法神经》中的东格（也译作"多格"），《迎四头武神经》中的四头武神卡冉，《迎塔丁龙丁神经》中的塔丁龙丁，《迎左体尤麻经》中的左体尤麻，《迎本丹神经》中韵本丹，《守鬼奇神十八尊》中之众神灵，《迎通赤尤麻经》《迎美史尤麻神将经》《迎巴吾尤麻神将经》中的通赤尤麻、美史尤麻、巴吾尤麻等。

围绕着纳西族先民的狩猎、畜牧、农耕，纳西族东巴教中存在有许多与之相关的神灵，他们的土著性鲜明，但有的已经逐渐被外来的有关神灵所代替，纳西族固有的谷神在东巴画中已经易位于藏族的谷神诺妥森。《祭畜神经》与《祭牛经》中的畜神与牛神、《祭谷神经》中的谷神、《祭猎神经》中的猎神等，都属于生产神的范畴。在他们身上，凝聚着物质资料生产者的理想与愿望。如同生产神一样，纳西族先民的生活领域也都各有相应的神灵，如家庭有家神、村寨有村寨神、灶台有灶神、大门有门神等。这些神灵分别在《祭家神经》《祭村落神经》《祭灶神经》《请阴阳神除秽经》等文献中有专门的记述。

根据二元对立的原理，与神灵体系相对应，东巴教中存在一个完整的鬼怪体系。而且，几乎每一个神灵都有一个相对应的鬼怪。在《崇搬图》中，最大的鬼怪为黑蛋所化生的英格鼎那，他与白蛋所化生的英古阿格神灵相对立。英格鼎那生下的 9 对黑蛋孵化出的鬼怪有毒、仄、猛、恩、祠、妞、忍、每、当、拉、此、尤等，正好与英古阿格所生的9对白蛋孵化出的职能神相对应。“毒”为魔；“仄”为仇鬼；“猛”为饿鬼；“恩”为水鬼；“祠”是泛称的鬼；“妞”为泛称的怪；“忍”是一种有翅的鬼，专食人尸；“每”为飞怪；“当”为恶鬼；“拉”为无头鬼；“此”为吊死鬼；“尤”为情死鬼。除此之外，东巴教中有数以千计的妖魔鬼怪，绝大多数妖魔鬼怪的名字、身世、谱系等都在东巴经典中有所记载。仅见于《赶火鬼经》《送倒霉鬼经》《祭水妖饿鬼经》《驱瘟魔经》《赶无礼鬼经》《镇压祸害鬼》《祭素食鬼经》《口舌鬼来历经》《祭女魔王固思玛经》《毒鬼来历经》《火狱鬼来历经》《祭绝后鬼除秽经》《祭笨鬼除秽经》《破米色鬼经》《送孽鬼经》《杀猛厄鬼经》《送拦路鬼经》《吊死鬼、情死鬼经》《祭煞鬼经》《招恶鬼之魂经》《偿毒鬼债经》《送情鬼乘骑经》《大祭仄鬼经》《恶鬼来历经》《擒仇鬼、建鬼庄经》等之中的鬼怪数量就十分惊人。如果说神灵所象征的是自然界与人类社会中的积极力量的话，那么鬼怪所代表的则是自然界与人类社会中的消极力量。对于这种异己的力量，人类需借助神力、法力、人力克服之。

东巴教仪式繁杂，这里，只谈纳西文文献对这些仪式之起源的解释。

东巴教仪式虽然庞杂，但最主要的、最常见的只有祭天、祭风、祭署、祭祖、祭家神、禳灾、超度、除秽、求子、求寿、祭谷神、祭猎神、祭村寨神等。至于为何要举行这些仪式，纳西文文献中都有解释。如《崇般莎》对祭天的起源是这样讲述的：人类祖先崇仁利恩与衬红褒白命从天下凡后，最先不知男女交媾之道，故长期不育。他们便派使者回天界向天神子劳阿普夫妇询问原因，然后根据天神之指点进行男女交媾，生下了3个儿子，但起初3个儿子并不会说话。于是，崇仁利恩夫妇又一次派使者上天界询问其原因，方知是不懂行祭天之礼所致。在举行隆重的祭天大典之后，3个儿子终于开口说话，成了藏族、纳西族、白族3个民族的祖先。从此以后，祭天仪式便经久相传。对于祭风，《鲁般鲁饶》的解释是：男女青年殉情之后，其亡灵变成怨魂，随风作乱，无所依凭，故要举行祭礼，将其亡魂送往“玉龙第三国”——一个美丽的情死者的世界，既示安慰，也加震慑。祭署仪式的起源记载于《鹏龙争斗》之中。“署”又译作“龙”，是一种水性十足的神灵，因水以各种变体形式存在于自然万物之中，所以龙也就成为自然万物的主宰。人类生于自然、取之自然、用之自然，与署具有密切的关系。人类祭署就是祈求自然力之积极性恩惠，以抑制自然力之消极性灾患。

丁巴什罗原是天界战神，为了解救深受魔灾的人类才转生于凡世。诞生之初，他即战胜了众鬼的种种迫害。后来，他回天界学经，并在不久后率弟子下凡，以计擒获混世女魔固松麻，为人类除了大患，绝了魔根。最后，他被淹死于居那若罗山下的黑海之中，其灵魂则重新返回天界。有关他的记载，见于《祖师什罗身世经》《解女魔王纠缠经》等之中。它们充分表现了丁巴什罗战妖斗魔的一生，以及非凡的法力与大智大勇。除丁巴什罗之外，东巴教还有一位叫阿明的教祖。据说，他是实际存在的人物，幼时曾经在西藏当马夫，暗自学会了许多藏传佛教经典。后来，他逃回家乡白地，在白水台对面的灵洞中修行并招纳弟子，为普通百姓排忧解难，创立了东巴教。他曾修行的灵洞至今称为“阿明灵洞”，他的故乡白地也被奉为东巴教的圣地。《向阿明先辈东巴求威灵经》《阿明永楞祭羊卜经》等，都对阿明有一些记述。就丁巴什罗与阿明什罗的关系而言，前者是教祖神，而后者则是直接教祖。

在历史上，宗教之间的争斗是十分尖锐残酷的。在纳西族地区，宗教冲突主要表现在佛教与东巴教之间。这里所说的佛教主要是藏传佛教中的噶玛噶举派，此派属于密宗。《什罗祖师传略》中的丁巴什罗与天界喇嘛斗法，《多巴神罗和密勒日巴的故事》所反映的正是佛教与东巴教之间的斗争。前者称丁巴什罗在天界与众喇嘛一道学经，结果众喇嘛蔑视丁巴什罗。一气之下，丁巴什罗使用法术弄乱喇嘛之经典，众喇嘛只好认错服输，并剪下一只袖子、脱下裤子赔罪。显然，这是佛教与东巴教相接触，东巴教处于劣势地位的情况下，处于自卑与压抑心境中的东巴对自己的美化。后者通过讲述丁巴什罗与佛教大师米拉日巴比赛攀登神山的故事，承认东巴教的劣势，解释了东巴教圣地之所以僻居白地山乡的原因，即丁巴什罗失败之后，丧失了原有的教区，只好逃至白地。这个作品似乎出自佛教徒之手，但它也在东巴教徒中传述。

3. 民俗

由于东巴教还没有发展成典型的人文宗教，故而没有统一的宗教组织，没有固定的庙宇，没有统一的教义与教规，也没有完全脱离物质生产的神职人员。它是一种山野宗教，深深扎根于民俗文化的土壤之中。许多仪式既是宗教的，同时也是民俗的；许多经典既是宗教文献，同时也是宝贵的民俗资料。比如，纳西族有正月祭天、二月祭署、六月火把节、七月祭祖等传统民俗活动。这些活动恰恰都由东巴主持，都诵读有关的东巴经典，都举行有关的东巴仪式，都演出有关的东巴歌舞，因此，它们的性质是双重的。我们可以将东巴经典《崇般莎》《鹏龙争斗》《迎请祖先》等直接视为古老的民俗文献。民俗虽然具有相对的稳定性，但也处于不断的发展变化之中。而它们一旦被文字记录下来，就被永久地定型化，致使许多现实中业已消失的民俗在东巴经典中保留如故，成为我们了解纳西族古礼古俗的重要依据，这一点在人生仪礼方面尤为显著。纳西族古有穿裙礼与穿裤礼，它们是人生仪礼的一种，一般在儿童长及 13 岁时举行，表明他从此长大成人，既负有成人的各种责任，也可以享受成人的各种权利。这种仪式在现实生活中已经不复存在，但在《吉用须吕》等经典中有一些零星的记载。在一些讲述丁巴什罗生平的经典中，也称这位教祖神曾在 13 岁时行穿裤子礼。又，纳西族现行死后土葬，但在历史上一直行火葬，而且要在行火葬后的第 2 年为死者进行超荐，将用松木制成的亡偶存放在亡偶洞中。另外，在祭奠时还要举行洗马仪式，送死者回到遥远的祖灵世界。这一葬俗在《行火葬礼经》《献冥马》《指路经》《崇搬图》《超荐・人类迁徙传略》《超荐经》《超荐・送祖安神经》等中有丰富的表现。正如以上所述的那样，纳西文文献对某一民俗活动的反映往往还具有系列性，如祭天民俗中要诵读的经书有《祭天・解秽经》《献牲・人类迁徙记》《祭天・熟献祝福经》《祭天・放牲经》《射箭打靶仪式经》《破敌杀仇经》等。这些经典全部结合在一起，便是对祭天古俗的综合表现，每本经典代表祭天仪式的每一个细节。

占卜是纳西族民俗的一项重要内容。纳西人好占，几乎达到了无所不占的地步。对于占卜的起源，东巴经《白蝙蝠取经记》中有生动的说明，称人类本无占术，后因人祖崇仁利恩与衬红褒白命之子哥盘若金、之女开美久命金患病，把白蝙蝠赶往天界，向掌管占卜的女神盘孜萨美代为问卜，女神赐予许多占卜经典。结果，这些经典因白蝙蝠出于好奇打开经箧而飘落四方，如左拉卦书飘落在印度，竹片卦书飘落在傈傈族居住地，鸡颈卦书飘落在鲁鲁人居住地，海贝卦书飘落在白族居住地，炙羊肩胛卦书飘落在彝族居住地，图片卦书飘落在藏族居住地，另外 360 种则飘落到米利达吉神海中，并被金色巨龟所吞食。后来，此龟被射死，纳西人找回了被龟吞食的卦书。仅据李霖灿考察，至近代仍保存于纳西族民俗生活中的占卜方法便有以下几种：左拉卦法、掷海贝卦法、抽图片卦、羊髀卜、鸡颈骨卜、鸡头卜、石卜、鸡蛋卜、五谷卜、箭卜、异事卜、香卜、巴格图卜、梦卜、星卜、四十二石卜、竹片卦、掷骰子卦等。[①] 反映有关占卜民俗及占术的纳西文文献有《寻人卜书》《掷贝卜书》《推看吉凶书》《推算九宫书》《推算凶星书》《合婚择吉书》《推算甲子书》《巴格卜课》《推算"精畏"五行书》等数百种。

4. 哲学

所谓哲学，就是有关世界观的学问。纳西文文献包含丰富的哲学内容。在世界的本质问题上，《崇搬图》认为，物质是根本，声与气的交合，衍生出了自然万物，包括神灵鬼怪。《黑白战争》称，最基本的物质形式为金、木、水、火、土五行，而且，这些物质处于不断运动的状态，所有的物质之间具有一定的联系性。对宇宙与人类的关系问题，《古生土称与亨命素受传略》《崇搬图》《都萨峨突的故事》《祝婚歌》等都称：先有天地自然，然后才有人类及人类社会，与《周易·序卦》"有天地，

① 李霖灿：《麽些族的占卜》，载李霖灿《麽些研究论文集》，"国立故宫博物院" 1984 年版。

然后有万物。有万物，然后有男女”的宇宙观相吻合。那么，自然界又是怎样形成的呢?《崇搬图》《董术战争》等认为，自然界的形式是一个由虚构到真实、由影子到实体、由低级到高级、由简单到复杂的演变过程。当然，有的文献中也提到董神与塞神“分置万物”的问题，带有神灵创造世界的色彩。但是，只要我们了解了“东神”是阳气的神格化，而“塞神”是阴气的神格化，那么，就可以发现即使是神创说也是以物化说作为其基础的，它闪耀着朴素唯物主义的思想光辉。对于宇宙的结构，《庚空都知》《崇搬图》《安铺余资命》《小祭风·请排神、威风神》等称其“呈三际五方态”。“三际”即纵向空间分三层，高层为天界，中层为地界，低层为地下界。其中，天圆地方，天界及地下界均分层次，天界有 18 层或 33 层之说，地下界也称有 18 层之多。这大概是受佛教影响所致。至于东、西、南、北、中五方，是贯穿于天界、地界、地下界的。

关于人类的起源，《多巴神罗身世》《崇搬图》等认为是“声”“气”所生;《什罗祖师传略》提出为水中所生,《创世纪》则坚持卵生，像《驮送给金布马超度吊死鬼》(上卷)、《龙鹏争斗》等还分别视人类与猴、署等共同胎生。

世界的本源是什么？这在《崇搬图》《董术战争》等当中有生动的说明。即：世界本源于真与假、实与虚、阳与阴、男与女、美与丑、善与恶、光明与黑暗等二元关系。这二元之间的关系并不仅仅是对立的，它们之间还相互依存，在一定条件下还可以相互融合与相互转化。仅就黑白所体现的二元关系而言，在《点着金银火把，寻找失踪了的胜利者》《崇搬图》中，黑与白处于对抗性关系；在《高勒趣招魂》中，互相争斗的白蛇与黑蛇得到高勒趣的调解而重归于好；在《多格绍·本绍》中，原来神地黑暗、鬼地光明。后来，由于神灵派使者盗火，鬼地反而黑暗，神地则变光明；在《什罗祖师传略》中，丁巴什罗施法术弄乱众喇嘛的经书，正是借助了黑风与白风的共同作用。而在《黑白战争》中，属于黑部族的格饶纳姆与属于白部族的董若阿路共同生下了融合有黑白两部族血液的子女董若哈巴与术命韵遮。

5. 天文

纳西文文献中记载有大量的自然科学知识，其中以天文最为完备。它们虽被披上了神秘主义的面纱，但无疑是纳西族先民认识自然的思想成果。纳西文文献中的天文知识之所以完备，是与东巴教重视占星术紧紧地联系在一起的。星相的变化与季节气候的变易相关，而季节气候的变易又直接影响着人们的生产生活。于是，从星相的变化推算时序的迁移以及人们的祸福吉凶便成为纳西族先民精神生活中的大事，从而有了对星相的认识以及崇拜。在《祭星宿》这部作品中就有这样的句子："二十八星宿都好的这一天，祝愿主人这一家，儿子出天花，天花出得好……全家长寿平安，诸事顺利。"还有这样的句子："初一晚上逢星宿头不好，初二晚上逢星宿眼不好，初三晚逢星宿手不好，初四晚上逢丕把星（彗星）不好……"[①] 除了《祭星宿》之外，有关天文的著名文献还有《星轮》，它专门用二十八星宿推算时间及祸福，具有占星经的性质。所谓二十八星宿就是二十八颗具有显著时间特征的星星，它们分别叫豪猪尾星、蛙嘴星、黑雷星、马星、蛙沫星、塔星、六星角星、红眼星、六星身星、三星角星、三星身星、亮星水边星、亮星水尾星、雉鹰星、碱泉星、猪嘴星、猪背星、猪油星、鹰星、蕊星角星、蕊星耳星、蕊星颈星、蕊星身星、蕊星胃星、蕊星花星、蕊星胛星、蕊星脚星、豪猪头星。[②] 由于天文往往与历法联系在一起，这二十八宿用来记日，每一颗星记一日，循环不已。对于二十八宿与日之相配排列，朱宝田、陈久金两位先生在《纳西族的二十八宿与占星术》一文中指出，它"是为了预报月亮的方位，而预报每日月亮所在方位的目的，则是为了依据该日月亮所在的星宿来判断日子的好坏"。与月亮从某星座离开又绕回该星座之一周构成的恒星月相对应，纳西族以 28 天为一个月亮运行周期，比 27.5 天为一周期的恒星月略长一些，一年之内仅有两天的误差。另外，北斗星、北

① 和开祥读经，李之春记音初译，李丽芬订译：《祭星宿》，东巴文化研究所编印（出版时间不详）。

② 和志武：《纳西东巴文化》，吉林教育出版社 1989 年版。

极星、启明星、长庚星、彗星、行星、流星、陨星等在纳西文文献中也屡有出现。

崇拜星体的信仰在纳西文文献中多有表现，如《给星宿敬香经》《请星宿经》《给星宿献牺牲经》《送星经》《抬星经》等便是按顺序朗诵于祭星仪式上的东巴经典。不过，随着纳西族的信仰从自然崇拜转变为神灵崇拜，祭星仪式也质变成一种求福泽、祈富贵长寿的仪式。因此，该仪式上还要诵一部叫《求富贵、迎福泽》的经典。

6. 医药

纳西文文献中的医药知识十分丰富，《崇仁潘迪找药》中记载了纳西族先民发现药物的过程：崇仁潘迪在父母双亡之后因思亲心切而决计去寻找药物，决心让双亲起死回生。但是，来到药山后，他竟不知何为毒草毒泉、何为药草药泉。后来，他看到斑鹿啃一些草、喝一些泉水而倒地；又因啃另一些草、喝另一些泉水而康复，终于辨清了什么是毒草、毒泉，什么是药草、药泉。从目前所掌握的资料看，纳西文文献所记载的药物有动物药物、植物药物、矿物药物三种，并对它们有专门的记载，如云南省社会科学院东巴文化研究院曾发现《药经》残卷，云南中甸县三坝乡文化站也收集有有关药物方面的经典。但是，大量的药物、药方、医疗方法等则是零零星星地记载于《为山神龙王点药经》《祭贤者点药经》《为长寿神胆药经》《为神主点药经》《求神胆药经》《为神将点药经》《长寿药经》等之中的。常见的药物有数百种之多，针、灸、拔火罐、敷、包、服、切除、点等治疗法频频出现，痢、晕、疯、瘟、麻风、惊悸、中风等疾病多有提及。由于长期处于氏族征伐、部落战争的状态，外伤是医治的主要对象，故有专门性经典讲述其治疗方法以及所用药物。① 在东巴看来，大自然及神灵亦都与人类一样有灵性，有喜怒哀乐，从而也就有疾病，需要进行药物的治疗，主要以巫术性的治疗为主。同样，人类致病的原因不仅是出于肉体机能的紊乱与衰弱，更主要的是由于神

① 这是云南中甸县三坝乡文化站站长和尚礼先生于 1993 年向笔者讲述的除秽仪式。

灵惩罚或鬼怪作祟。所以，巫术性的治疗也同样施于人类。应该说，巫术性治疗具有某种类似心理治疗的特点与作用。

7. 文学

文学在纳西文文献中所占的比重最大。就其形式而言，可分为神话、传说、史诗、故事、歌谣等多种。有趣的是，它们均取诗体。而且，其存在方式也较复杂，有的作品单独成册，讲述一个完整的事件，有的作品则与其他的数个甚至数十个作品联合成册，较松散地表现一组人物或事件。在它与宗教仪式的关系上，往往是一个仪式诵读一组固定不变的东巴经，其中就有不少文学作品。即许多文学作品及文学作品群共同出现于一个仪式。如祭署仪式上要诵读的经书有《请神经》《董神塞神除秽经》《烧天香经》《求神威灵经》《除秽开坛经》《请董神经》《驱赶秽鬼经》《给木偶饭食经》《牺牲品之来历经》《崇搬图》《碧扒卦松》《斯巴贡布》《崇仁利恩》《鲁美猛厄志作》《打兕抄饶》《都那打足志作》《术志董志》《沙达苏汝志作》《术岩、董岩志作》《尤麻绍》《尤麻敢土敢贝》《溃子命》《普称乌路志作》《鹏龙争斗》等60余部。其中,《崇搬图》《碧庖卦松》《斯巴贡布》《术岩、董岩志作》《普称乌路志作》《鹏龙争斗》等都是著名的文学作品。与之相反，也有一部具有文学性的经典同时诵读于若干仪式或与有关经典进行重组的情况。如《崇搬图》这部作品既诵读于祭天仪式，也诵读于丧葬、禳灾等仪式。

（1）神话。创世神话、起源神话、爱情神话、征服神话、战争神话是纳西文文献中所见的几种神话形式。创世神话主要以《崇搬图》（又称《崇邦统》或《创世纪》）为代表，主要表现自然界、人类及其社会的起源，反映秩序的建立过程是其基本特色。宇宙之初，混沌茫然。上方之声与下方之气相结合，始有黑、白二鸡。黑鸡生黑蛋，由此孵化出妖魔鬼怪；白鸡生白蛋，由此孵化出神灵人类。后来，九男神开天、七女神辟地，并建神山以镇地擎天，杀野牛化生日月星辰及山川河流，完成了开拓生存空间之大业。接着，人类遭受洪水洗劫，仅有人祖崇仁利恩死里逃生，并与从天下凡的天女衬红褒白命邂逅。两人一见钟情，决定结为夫妻。但是，他们完婚的过程并不顺利，多次经受生死考验，后来才战胜天神子劳阿普返回大地，建立人类社会。这类神话还散见于《董术战争》《崇般崇莎》等作品之中。这种神话场面恢宏、气势雄伟、时间跨度巨大，所反映的是有关宇宙及人类存在的重大题材。

起源神话在纳西文文献中不仅数量众多，而且具有神话历史化的倾向。这类神话或以单篇的方式加以记述，或散见于综合性较强的东巴经典之中。前者如《虎的来历》《马的来历》《什罗来历》《九头魔来历》，后者如《鲁般鲁饶》中所记述的刀斧的来历、银子及其饰品的来历、金子及其饰品的来历、宝石及其饰品的来历、玉石及其饰品的来历、海螺的来历、革囊的来历、溜索的来历、祭风的来历、木牌的来历等神话片段。由于纳西族先民好疑古问古，几乎没有一种事物、现象、器物没有出处与来历，而这些出处与来历又无一不是用神话加以表现的。

《崇搬图》中的崇仁利恩与衬红褒白命的爱情故事及《古生土称与亨命素受的故事》中所描写的古生土称与亨命素受的爱情故事，《鲁般鲁饶》中所描写的朱普羽勒排与开美久命金的爱情故事等，都是爱情神话的代表作。崇仁利恩与衬红褒白命的爱情与他们再造人类社会的伟大理想联系在一起，故而历经千难万险亦不可动摇。古生土称与亨命素受之间的爱情则与人类同龙的斗争结合在一起，古生土称这个英雄不怕山神与龙王，为了替亨命素受之父报仇，只身前往山中与龙王搏斗，博得了亨命素受的爱。当古生土称被仆人用法术致昏之后，亨命素受毅然前去解救古生土称，不但揭穿了仆人的骗术，而且还一同战胜了龙王。他们的爱情建立在生产生活中的互相尊敬、互相支持、互相信任之基础上。在《鲁般鲁饶》中，朱普羽勒排与开美久命金虽真诚地相爱，但因双方家庭的反对，他们的爱情在现实生活中得不到实现，只能双双殉情，用生命去追求理想与爱情，充满了悲壮的美感。

征服神话中的被征服对象，既指自然，也指鬼怪，但主要指鬼怪，因为鬼怪恶神所代表的就是自然暴力及瘟疫疾病等。《高勒趣》《俄英都努杀猛妖》《许瓦增古盗火》《多萨殴吐》《鹏龙争斗》《崇仁利恩解秽经》

《杀猛妖》《普尺阿鲁传略》《萨英威德飒》《什罗飒》《麦布糖人飒》《尤麻飒》《庚空都知飒》《卡冉飒》等都属于征服神话。这类神话中的主角，有的是人，有的是神，有的是教祖，有的是神禽神兽。这些主角皆大智大勇，闪烁着英雄主义的光彩，凝聚着人们征服自然的强烈愿望。

以战争为题材的神话亦有不少，有的表现神鬼之战，有的表现人鬼之战，有的表现部族之间的战争，有的表现人类与恶神之间的战争。战争神话的一个共同点是，在双方的战争中代表正义的一方必然胜利，代表邪恶的一方必然失败。此类作品有《鲁盘鲁展埃》《阿格阿毛埃》《直埃》《分清神和鬼》《分清白石和黑石》《哈埃斯埃》等，其中，最著名的是《哈埃斯埃》。这部作品是这样讲述的：哈与斯分别是居住在神山左右的两个部落，为了争夺财产，斯族向哈族悍然发动进攻，哈族奋起反击。斯和哈斗争，战三天三夜，决不了胜负。后来，哈族借助盘兵、桑兵、高兵、吾兵、沃兵、恒兵发起反攻，终于荡平了斯族。

（2）传说。比之神话，传说更具有历史的真实性，它所反映的大都是曾经存在过的真实事件与人物，它所描写的是实际生活，因而，真实而亲切、朴素而生动便成为纳西文文献所载传说的基本特色。如果对这些传说做一分类，大约有祖先传说、仪式传说、习俗传说、器物传说、史事传说等，其中有些作品与起源神话相交叉，难做明确的区分。祖先传说以《高勒趣招魂》为代表。高勒趣是纳西族四大氏族的共同祖先，其父亲叫俄高勒，为人类祖先崇仁利恩与衬红褒白命的第四代孙。在高勒趣的时代，原始的农业已经出现，但仍兼营畜牧业，并以狩猎进行补充。由于他们父子俩种下的麻种被鹿、獐、熊、野猪、雉鸡所糟蹋，高勒趣便与父亲翻山越岭，射杀野兽飞禽。但是，父亲不幸死于非命。在失去父亲之后，高勒趣悲痛欲绝，决心去寻找父亲的灵魂。父亲的灵魂难以转生，但寻父招魂这一行动，足以展示高勒趣仁爱诚孝的内心世界。《耳子命》讲述了农业的起源：起初，人们以放牧为生，没有粮可煮，也无地可耕。后来，有人走到英古山，上山去开荒，并继而发明了犁耕，开始播种小麦。在小麦成熟后，又创造了镰刀、粮架、连枷、簸箕、斗升、粮柜、储仓等，以收庄稼、脱壳加工、计量入库。最后，人们配制酒粬，发明煮酒器具，浸了千石粮，煮了百石粮，九股山泉水，泡酒用山泉，终于酿制成了美酒。[①] 有关仪式起源的传说可以以《祭风神阿萨命》为代表：据说，达勒阿萨命本是一位居住在金沙江边达勒村的女子，她被父母嫁给石鼓青恒阁。出嫁之日，当她骑马过拉市坡时，忘了父母的叮嘱回望故乡，突遇白风与黑风作祟，将她吹至肯赤岩上亦成了风神。从此以后，她与阿时命、阿黑命、白丁命、达孜命、化拓命、阿史六弟兄等风神、云神、山神狼狈为奸，常常向人间施放风雨冰雹，令人间瘟疫横行、庄稼歉收。于是，人们举行小祭风仪式祭祀达勒阿萨命等风神云神，以祈求五谷丰登、人畜平安。此类传说，数量很多。对于历法的来历、五行的来历。《求取祭祀占卜经》中都有记述：吞食占卜经典的金龟被射，箭镞穿龟体而指西，故西为铁（金）；箭杆仍有一部分留东，故东为木；龟被射死后倒地并头朝南方口吐鲜血，因而南方为火（东巴文中因火与血同为红色，故有互换性）；龟尾朝北并溢出尿水，故北方为水；龟体化土，故中央为土。至于历法，则由生于神海之神树所定，其树 12 枝，每枝 30 叶，全树 360 叶，故每年 12 月，每月 30 天，全年 360 天。《请神求神》中则连续讲述了东巴教法器白海螺珠串、金黄板铃、绿松石法鼓、金黄法鼓、黑玉石法鼓、白海螺号以及白头盔、铠甲、大刀、白矛等的来历，有一定的神幻性，但将它们的来历与生产劳动结合在一起讲述，仍有传说的特点。

（3）故事。动物故事、寓言故事、笑话、生活故事、爱情故事等在纳西文文献中多不胜举，如《青蛙和乌鸦的故事》《十二生肖的故事》《分寿岁的故事》《哈拉古补》《买卖寿岁》等都是其名篇。《青蛙和乌鸦的故事》不但解释了乌鸦的羽毛之所以是黑色的原因，而且还通过青蛙对乌鸦的捉弄，揭露了青蛙愚而又诈的本性。《十二生肖的故事》颇具辩证性：牛与鼠为谁排在十二生肖之首而论争不休，最后通过比大小、比

① 和志武翻译：《东巴经典选译》，云南人民出版社 1994 年版。

过河快慢而确定鼠排首位，表现出人们对智慧的崇拜。《分寿岁的故事》写得饶有兴味：远古时代，洛神在开天辟地后为万物分寿岁，结果，10万岁被石头所得，万岁被水所得，千岁被树木所得，百岁被鸡所得，30岁被马所得，20岁被牛所得，15岁被狗所得，人类只得5岁之寿。后来，鸡觉得自己寿命过长而要换短，人则觉得自己寿命过短而要换长。洛神便为鸡与人交换了寿岁。即人寿以百岁为限，鸡寿以5岁为限。《哈拉古补》记载于东巴经《高勒趣、哈若尼恩、哈拉古补送木偶替生赎罪经》中，主人公哈拉古补用在手上扎火把的方式捉弄鬼怪思衬哈麻。他让思衬哈麻的手被麻秆上所燃的火烧焦。接着，哈拉古补又带着1口破土锅、1只公鸡、1根已烧过的剩柴去思衬哈麻家做客，并把破土锅架在灶上点火烧水，将公鸡拴在柴火上。后来，水被烧开，公鸡耐不住炎热而踢翻了土锅，锅里的开水烫死了千千万万的思儿思女（思衬哈麻的儿女）。这是一个十分典型的不怕鬼的故事。《买卖寿岁》又被译作《苦凄苦寒》，具有很深的寓意。其具体内容为："有三个最富有的女人，家住无量河水边。金银满柜，珠玉满箱，肩不背水桶已经三年了，手不搓麻线已经三载了。一日黎明，晨鸡乱啼，仆童贪睡，呼喊不起，女人自负背水木桶，手持黄木水瓢，下至河边，取水储用。影子落在水中，倒影映入眼里，以为衰草斑白，俯瞰草犹未生，或系星光闪烁，仰视晨星早落。再三谛视，始悉自身鬓毛如霜，行将老死！于是水桶抛于路上，水瓢掷于路下，无心取水，悲戚还家，日夜啼泣，不能自已。闻跨金江南去，有大都市白沙、丽江、大理，人间万物，皆可购得。遂负金银珠宝，结伴南下，欲买人间寿岁。行至白沙，绕街三匝，见金银珠宝，皆有交易，欲买寿岁，了无购处。行至大理，绕街三匝，见山珍海珠，皆有交易，欲买寿岁，了无购处。闻最南方最大的都市昆明，不惮途远，跋涉前往。绕街三匝，见人间万物，皆有交易，唯买寿岁，了无购处，心大悲催！希望既绝，遂以眼泪洗面，大哭还家。出昆明城，登碧鸡关，坡高路长，攀登维艰，既至坡顶，略作歇息。俯瞰昆明，不胜依依！忽见滇池水边，垂柳盈抱，当初来时，绿枝依依，今将离去，木叶黄落！心中悠然有所触悟，万物兴衰，皆有自然规律，人处万物之中，岂能独特例外，生死正常事耳，何用忧挂！遂将全身悲哀，一齐抛下，相与大笑，忻然还家。”[①] 在这里，用一种荒诞的手法讲述了一个普遍的道理：生死自然事，规律不可违。它虽带有明显的佛教色彩，但具有很强的自觉创作的特点，其内容充溢着对人生的达观。

（4）史诗。史诗一般分创世史诗、英雄史诗两种，它是用诗的形式对史实的表现。因此，它往往选材重大，气势宏伟，最能体现一个民族的民族精神以及某一个时代的本质特点。与我国史诗分布格局中南方多创世史诗、北方多英雄史诗的情况相异，纳西文文献中同时记录有创世史诗与英雄史诗。由于创世史诗与创世神话在内容上相交迭并已做过介绍，这里主要介绍纳西族的英雄史诗《黑白战争》。

《黑白战争》又被译作《董术战争》《东埃术埃》《东岩术岩》《懂述战争》《黑白争战》等多种，它是东巴教驱鬼、禳灾、退口舌是非等仪式上必不可少的经典。史诗一开始就气势非凡，从尚无天地日月、仇恨战争起笔，大大加深了时间的深度，给人以旷远超迈之感。紧接着，讲述五行的来历，以及由五行衍生出盘、桑、高、吾、恒、董、署、仄、术等部族的内容，以及其中的董与术两个部族围绕保护还是砍伐神树而发生的纠纷、冲突。这实际上是在点明战争的起源，即：一切战争都起源于对利益的争夺。对于董与术两界，史诗是这样描写的：董部族有白天、白地、白日、白月、白星、白山、白水，其主米利董主之9子建了9个白石村寨，其9女辟了9个白石地方；术部族有黑天、黑地、黑日、黑月、黑星、黑山、黑水，其主米利术主之9子建了9个黑石村寨，其9女建了9个黑石地方。在董与术之间，屹立着一座神山。一次，董界的白鼠与术界的黑猪獾同时穿通神山，使董界的光明从洞中透射进了术界。于是，米利术主之子安塞米委请求米利董主之子董若阿路为术界创造白色的天、地、日、月……但是，米利董主绝不允许儿子为敌国造福，出计让董

① 李霖灿：《麽些族的故事》，载李霖灿《麽些研究论文集》，“国立故宫博物院”1984年版。

若阿路造斜术的天、地、日、月，并且，为防止术部族派人追赶而在交界处设铜刺弓弩以待之。董若阿路按父亲之指点行事，在造斜术界之天、地、日、月后匆匆逃回。

安塞米委发现阴谋后急急追赶而来，不幸在交界处受铜刺弓弩之伤而死去。这样，为报杀子之仇，术部族兵临董界，几乎将其荡平。米利术主还派女儿给绕纳姆诱杀藏于深海的董若阿路。米利董主夫妇得知儿子被杀的消息后，亦重整旗鼓向术部族复仇，取得了决定性的胜利。参加术部族战争的还有毒鬼、仄鬼、单鬼、老鬼、快手鬼、快脚鬼、大力鬼、善飞鬼、善跳鬼、蛇头火鬼，蛙头秽鬼、单饶金补鬼、施知金补鬼、勒启斯普鬼、奴祖金补鬼、牛头突鬼、绵羊头猛鬼、鹿头单鬼、犏牛头绝后鬼、狗头瓦鬼、鸡头导拉鬼、鱼头署王、马头季鬼，还有铁头黑狗、乌龙、黑虎、黑角牦牛、黑熊等。术部族以米利术主为最高统帅，以米麻塞登、纳旨左补为副统帅，以肯毒丹尤、纳异胜土为将军，使用的武器有矛、弓、箭、大刀、签、三叉戟、弩、铠甲、头盔；设有 81 个碉堡、9 道防线、4 方守军、4 道铁门，各 9 座鹿头骷髅暗堡、牛头骷髅暗堡、绵羊头骷髅暗堡、犏牛头骷髅暗堡、山羊头骷髅暗堡、牦牛头骷髅暗堡、狗头骷髅暗堡、鸡头骷髅暗堡、鱼头骷髅暗堡、蛙头骷髅暗堡。另外，所有的暗堡前插上铜签铁签，所有的暗堡后挖壕沟并灌上水，暗堡之左由牦牛守护，暗堡之右由老虎守护。术部族既打进攻战，也打守卫战。与之相反，参加董部族战争的还有盘兵、桑兵、高兵、吾兵、沃兵、恒兵、鸡头白猴、骑虎优麻、骑狼优麻、骑金孔雀优麻、骑熊优麻、骑蛇优麻、骑龙优麻、长翅优麻、生纹优麻、长蹄优麻。为董部族当侦察兵的有白鹤、白鹰、白云、白风，有被派去迎请优麻的骑大白雕的白蝙蝠，骑白马的拉补拉沙。董部族以米利董主为最高统帅，以萨英威德为副统帅，以依世补左为军师兼祭师，所使用的武器也是矛、弓、箭、弩、大刀、签、三叉戟、铠甲、头盔等。董部族先防守，归于失败，后进攻，取得胜利。由于董部族表色为白，而白色在东巴教中具有光明、正义、善良等象征意义；又由于术部族表色为黑，而黑色在东巴教中具有黑暗、邪恶、凶残等象征意义，因此，董部族战胜术部族，也就意味着光明战胜黑暗、善良战胜邪恶、正义战胜凶残。可以说，《黑白战争》这部史诗是对纳西族古代部落战争、部族战争乃至民族战争的曲折反映，是我们研究纳西族古代战争起源、战争思想及武器、战略、战术、军事组织制度等的宝贵资料。

（5）歌谣。纳西文文献中还记载有大量的短小歌谣，它们大都散见于各种经典之中，只有在《挽歌》《祀苦》等诵读于丧葬及祝婚仪式上的经典中才有比较集中的记载。这些歌谣内容丰富，有的是祝词，有的是咒语，有的是祷辞，有的是生产歌，有的是谚语。其中，祝词祷辞所占的比重相对大一些，如每部东巴经的最后几乎都有这样的祝词："祝愿主人这一家，病者痊愈，延年益寿，冷者得暖。"[①] 有的比之更长一些："祝愿主人这一家，消灾禳祸、无病无痛、没有寒冷、没有惊怕、耳边听到平安愉快的好消息，流水满塘，延年益寿，吉祥如意！"[②] 在《开坛经》中，还有"原始时，无耕织，人未生，月未出"这样一些古歌谣。它们虽然短小，但语言古朴精炼，是我们研究纳西族古代社会的重要材料。如《马的来历》之卷首祝词中就有这样一首歌谣："好男显威姿，丽江王族裔；贤者名声大，不必来正名。"[③] 正是通过这首歌谣，我们才了解到木氏土司对东巴教的影响力。另一首《牧歌》则清远豪迈，让人们了解到纳西族古代曾存在过的物候历："高山牧羊人，歌声永不断，草木著四时，炊粮源源来。"这些歌谣的确具有教育的、审美的重要价值，值得引起足够的重视。

① 和即贵解读，习煜华翻译：《日仲格孟土迪空》，载云南省少数民族古籍整理出版规划办公室编《纳西东巴古籍译注》（三），云南民族出版社 1989 年版。

② 和云章解读，和力民翻译：《求取祭祀占卜经》，载云南省少数民族古籍整理出版规划办公室编《纳西东巴古籍译注》（三），云南民族出版社 1989 年版。

③ 和志武：《纳西东巴文化》，吉林教育出版社 1989 年版。

8. 艺术

就纳西文文献中的艺术内容而言，一般有以下三种存在方式：一是在某些东巴经典中偶然提及个别艺术现象，如《鲁般鲁饶》在叙述朱普羽勒排及开美久命金爱情悲剧的过程中，对口弦的起源做了形象的说明。二是某些经典专门讲述艺术的起源，如《舞蹈的出处与来历》是一部讲述舞蹈起源的经典，称舞蹈是人们受“金龟”的启示，模仿“金色神蛙”的动作而产生。又如《跳仁忍的来历》，连续叙述了阿忍命始创“仁忍蹉”唱腔、“喂玛达”唱腔、“呀号哩”唱腔、“唔史蹉”唱腔、“唔生生”唱腔之过程。三是某些经典专门规定一些艺术规范，如《东巴舞谱》《东巴画谱》就是这样。而且，这些“谱”往往是既有总谱，又有分谱。如《东巴舞谱》是总谱，《祭风木牌画谱》及《祭署神画谱》是分谱。分谱的数量众多，几乎每种需要大量使用木牌画的仪式都有专门性的画谱。如果不是这些画谱对成百上千的鬼、神、禽、兽、草、木、山、石等进行规范，东巴教绘画艺术的统一性就无从得到保证，从而，东巴教绘画艺术也就不可能很好地加以传承。这里，我们重点介绍《东巴舞谱》。

《东巴舞谱》在纳西语中叫“蹉模”，记录了73种舞蹈的规范，其动作、场位、路线、动律、道具等都得到十分准确的表现。如果将谱中所记述舞蹈做一分类，即成动物舞、神舞、战争舞、法杖舞、灯花舞5种。动物舞叫“商依蹉”，跳于求长寿、求威灵等仪式上，蛙舞、鹿舞、虎舞、牦牛舞、孔雀舞、鹏鸟舞、大鹃舞、白鹤舞、黄鹰舞、雄狮舞、大象舞、豪猪舞、骏马舞、白羊舞、犏牛舞、青龙舞、飞蛇舞等为其基本内容。神舞叫“普老蹉”，几乎每个东巴仪式都必跳无疑，只是每个仪式只跳相应的神舞，如超度东巴仪式跳什罗舞、祭风仪式跳卡冉明久舞、禳灾仪式跳尤麻舞。神舞又分“恒蹉”与“高老蹉”两种，“恒”即狭义的神，“高老”为护法神。在“恒蹉”中，以萨英威德舞、英古阿格舞、恒丁窝盘舞、丁巴什罗舞、五方神灵舞最著名。护法神舞有请鹏龙狮舞、优玛舞、卡冉久明舞、恒英根空舞等。战争舞叫“高蹉”，大都以对战的方式表现神鬼之战或人妖之战，并以神、人的胜利而告终。法杖舞叫“孟统蹉”，跳于开丧、超度仪式，往往与战争舞相结合而舞，主要目的是以神杖为死者开路，在杀净路上所遇之鬼后，将死者送往神界；灯花舞叫“报巴蹉”，在东巴之配偶亡故后跳，又叫老姆女神灯花舞，主要道具为一灯一花，故称灯花舞。

（四）质料与版式

纳西文文献指用各种纳西文字书写成的文献资料。其中，以用东巴文写成的东巴教经典最多，约占总数的95%。因此，又常以“东巴经”一词代指所有的纳西文文献。

东巴经用纳西族民间自制的土纸——白地纸装订而成，纸面宽8厘米—9厘米，长23厘米—29厘米。其格式是：每一页大致分三行，每行分两三个段，每段之间用竖线加以间隔，书写按从左到右的顺序进行。经书的厚薄按其内容而定，有的寥寥数页，有的则达数十页之多，有的还分册装订。每一类经典往往用木板制成的书夹分上下合紧，然后用麻绳或皮绳扎实，放在经台或楼上，或置于灶台上方的隔板上，令火烟熏染，以防虫蛀及受潮。

东巴经的书写工具有竹笔、铜笔、毛笔几种。竹笔制作简单，在砍来直径约7毫米的毛竹后将竹竿熏干，然后，将其断成长15厘米—20厘米的笔杆，一端横切，另一端则斜削，以充书写之用。铜笔的长短形制与竹笔无异，但使用人数极少。毛笔与汉式毛笔相同，显然是在汉文化传入纳西族地区之后才用作东巴经书写工具的。

东巴经往往按封面、首页、正文等分别予以装饰。封面大都绘有八宝图案，并或竖或横地书写该经典的名称以及所属类别。它们大多以黑墨描写，但也有彩饰者。经典的首页一般描绘有与所述内容有关的彩色画像，有些经典通篇以鲜艳的彩色书写，以求美观。

哥巴文经典、达巴文经典、阮可文经典、玛丽玛萨文经典之款式、书写、保存，大致与东巴文经典的情况相似，只是它们并不像东巴文经典那样大量使用彩色。

（五）文献的收藏与传播

纳西文文献产生、存在于中国大地，但对它的学术性收藏却是首先由西方人开始的。1840 年鸦片战争之后，中国一天天沦为半殖民地半封建社会的国家，帝国主义列强开始肢解中国的山河。纳西族居住地因处在滇、川、藏三省交界处，战略地位十分重要，先后有法、英、美、意、荷、德等国的传教士、探险家、军事人员、学者等对纳西族居住区的自然情况与社会情况进行考察，并发现了纳西文文献的存在。

1867 年，法国传教士德斯古丁斯将一本仅有 11 页的东巴经典从云南寄往巴黎，向西方学术界第一次介绍了纳西文文献的真实情况。这部东巴经典叫《高勒趣招魂》，成为西方所收藏的第一本纳西文文献。在 19 世纪 80 年代至 19 世纪 90 年代，一位名叫阿里埃斯·亨利的旅行家曾经在纳西族地区收集东巴经典，并于 1898 年将它们整理出版。1904 年至 1922 年，英国植物学家乔治·福莱斯先后 5 次深入以丽江为中心的滇西北地区考察植物资源，兼而收集东巴经典，于 1922 年将其中的 135 册出售给英国曼彻斯特约翰·芮兰兹图书馆，使之成为世界上收藏东巴经典最多的图书馆。7 年之后，英国外交部与印度事务部委托英国驻中国腾越（今云南省腾冲市）理事代购东巴经典，先是收集到 55 册，后又收集到 125 册，并于 1933 年将这 180 册东巴经典运到英国，现收藏于英国大英博物馆及印度事务部。

在美国，约瑟夫·洛克于 1921 年 2 月起，先后受美国农业部、哈佛大学、哈佛燕京学社、美国国家地理学会、檀香山博物馆等机构的派遣，在滇西北等地区收集植物标本、考察地质情况、收集东巴经典、调查纳西文化，直至 1949 年才最终返回美国，旅居丽江纳西族地区达 28 年之久。在有关单位的资助下，他成功地购买到 38 000 多册东巴经典，或馈赠，或出售给一些图书馆、博物馆、研究机构、个人等进行收藏。最为遗憾的是，在第二次世界大战期间，由于日军飞机轰炸，一艘载有洛克寄往美国的东巴经珍本的轮船被击沉于印度洋，使数千册纳西文文献毁于一旦。继洛克之后，美国罗斯福总统之长孙昆亭·罗斯福于 1944 年在丽江纳西族地区收集到1 861册东巴经典。其中，仅占卜经典便多达75种。昆亭·罗斯福将1 073册东巴经典出售给美国国会图书馆收藏，另有88册出售给哈佛燕京学社保存。

德国对纳西文文献的收藏开始于20世纪60年代初。他们在阿登纳总理的支持下，由联邦德国国家图书馆动议收集东巴经典，并首先将洛克赠送给意大利罗马东方学研究所收藏的500多册东巴经典悉数买下，然后又从洛克处收集到他个人所收藏的1 700多册东巴经典原本及照相复制本，成为国际上仅次于美国国会图书馆和哈佛大学博物馆的纳西文文献收藏中心。

近十几年来，前来纳西族地区旅游、考察、探险、访问的西方人士众多，其中一些人士不惜用重金购买仍然残存于边远山村的东巴经典。目前所知，仅辗转至西班牙的东巴经典便多达1 000余本，流入其他西方国家的东巴经典也在1 000册以上，形成了20世纪又一次纳西文文献的对外流失。迄今为止，收藏于国外有关图书馆、博物馆、研究机构及个人手中的纳西文文献可以统计到的有10 000余册，遍及美国、德国、法国、意大利、荷兰、奥地利、澳大利亚、加拿大、西班牙、俄国、英国。我国学者对纳西文文献的收集、收藏，始于20世纪30年代。从某种意义上讲，这是在西方人士热衷于收藏东巴经典及研究纳西文化之背景下进行的。

最先从事这项工作的是纳西族学者方国瑜。1934年，方国瑜受国学大师刘半农之委托，从北京回故乡云南丽江收集东巴经典，目的是研究东巴文字，编撰有关字典。后来，由于陶云逵、芮逸夫、闻宥、吴泽霖、傅懋勣等民族学家的考察以及介绍，纳西文文献的知名度日显。1939年，为开雪山画宗而游历至丽江纳西族地区的李霖灿与纳西文文献结缘。他在民国政府教育部的资助下，首先系统地学习东巴文字。自1941年7月起，他受中央博物院（现南京博物院）筹备处之委托，有计划地收集东巴经典。他还曾与周汝诚一起帮助万斯年为北京市图书馆（现首都图书馆）收集东巴经典。现收藏于南京图书馆、首都图书馆、故宫博物院的东巴经典大多是由李霖灿或李霖灿协助万斯年等收集而得的。

国内对东巴经典的收集、收藏以中华人民共和国成立后最为卓著，仅丽江自 20 世纪 50 年代至 20 世纪 60 年代便先后收集到 4 000 余册；中央民族大学曾派和志武、和发源、陈福全在丽江、维西、香格里拉 3 地收集到约 1 000 册；云南省博物馆曾派朱宝田在香格里拉白地、四川木里藏族自治县俄亚收集到 300 余册；云南省图书馆亦于 20 世纪 50 年代派专人在丽江收集到 600 余册。在“文化大革命”结束之后，国内又掀起一个收集、收藏东巴经典的热潮。在 20 世纪 80 年代初，丽江市东巴文化研究院在丽江大东、宝山、鸣音等地收集到 500 余册，香格里拉三坝乡文化站在本乡境内收集到 650 余册，维西傈僳族自治县文化局在其境内收集到 360 余册，纳西族学者戈阿干在丽江等地收集到近 1 000 册。另外，零星收藏于个人手中的尚有近 1 000 册。这里，谨将国内外所收藏纳西文文献列表于下：

国内收藏情况

地点	收藏者	数量
北京	首都图书馆 中央民族大学图书馆	3 000 余册 约 2 000 册
南京	南京图书馆	约 1 000 册
台湾	“故宫博物院”	1 300 余册
云南	丽江市图书馆 香格里拉三坝乡文化站 丽江市东巴文化研究院 云南省图书馆 云南省博物馆 维西傈僳族自治县文化局 云南作家协会戈阿干	约 4 000 册 650 余册 600 余册 600 余册 约 300 册 360 余册 约 1 000 册
		总计约 14 000 册

国外收藏情况

国家	收藏者	数量
美国	哈佛燕京学社 国会图书馆 赫伦梅勒收藏本（个人） 洛克赠送的私人收藏本	约 1 000 册 3 038 册 约 4 000 册 约 25 册
英国	芮兰兹图书馆 林登博物馆 印度事务局图书馆 大英博物馆 曼彻斯特博物馆	约 105 册 15 册 约 50 册 91 册 1 册
法国	吉梅特博物馆 巴黎东方语言学院 国家图书馆	约 10 册 25 册 6 册
德国	马尔堡大学图书馆 柏林国家图书馆	1 115 册 2 000 余册
荷兰	莱顿收藏本	约 10 册
西班牙	个人收藏本	1 000 余册
		总计约 12 436 册

纳西族的酒文化

纳西族的酒文化源远流长，早在唐人樊绰所著《云南志》中，就称当时的纳西族先民“男女皆披羊皮，俗好饮酒歌舞”。对纳西族先民这种“好饮酒歌舞”的习俗，宋、元以来的有关史书及诗文中屡述不绝，如元人王沂的诗作《麽步诏》中便有“泸南地多瘴，麽步风俗美……四座且勿喧，酒酣可以起”的描写；明代纳西族诗人木公、木高、木青等诗歌中也有与之有关的作品。在清人余庆远游历云南维西地区后写成的《维西见闻纪》中，称当地纳西族先民“麽些步人”还有“元日，头目以酒饭劳之（百姓）”的习俗。而且，因酷爱饮酒，谷麦未熟，农家即“以值预售其半。及熟，则治衣酿酒，不计餐，坐食之”……

纳西族的酒文化内涵丰富，不仅包括酒起源传说、酒俗、酒器、酿酒工艺，而且还包括大量的饮酒歌谣、诗文，还牵涉到与酒有关的习俗、歌舞、祭祀、战事、农耕、宴饮。因此，了解纳西族的酒文化，无疑是了解纳西文化的一个重要环节。纳西族酒文化的精神，亦即纳西文化精神的某种本质性显露。

一、释酒名

酒在纳西语中有多种称谓，一般称“日”（zʅ^{33}），也称“安吉”（æ^{33}tɕi^{31}）或者“阿劳”（a^{33}lər^{31}）。考其语源，“日”与彝语称酒为“日”（zʅ^{33}）或“直”（ndʐ^{33}）相同或相近。如喜德彝语称酒为“dʐɯ^{33}”，巍山彝语称酒为“dʐɯ^{33}”，南华彝语称酒为“dʐɯ^{33}bæ”[①]。可见，纳西语称酒为

① 黄布凡主编：《藏缅语族语言词汇》，中央民族学院出版社 1992 年版。

“日”与彝语称酒为“日”或“直”同出一源，极可能是彝语支民族分离为若干民族之前所共同使用的祖语。如果考虑到纳西族形成独立的民族发生在汉魏之际的历史情况，那么，纳西族酿酒的历史至少也在汉魏之前。

至于“安吉”，“安”之意为“谷物”，在东巴象形文字中写作“ ”，或简写为“ ”。前一个字“画稻描麦之形，以之泛指一切五谷”；后一个字“以麦为代表，下有颗粒，以示众多之意。其麦芒微下垂，以此及其下之颗粒为识别”[①]；“吉”之意为“酸”。将“安”与“吉”合在一起，表示酒为“用谷物制成的酸汁”。可见，最早制成的酒含酒精度很低，不过是用发酵的谷物酿成的酸汁而已。这种酒至今仍在民间酿制，在纳西族东部方言区纳日人中称“苏里玛”，在纳西族西部方言区称“日署”。

“阿劳”一词多在与藏族毗邻地区的纳西族中使用。查有关藏语资料，知藏语书面语称酒为“arag”、拉萨方言为“a^{55}”、巴塘方言为“$a^{55}ra^{53}$”、道孚方言为“ara”、贵琼方言为“$a^{35}ra^{55}$”，它们均大都发“阿劳”音。所以，纳西语称酒为“阿劳”是对藏语的一种借用。

究其语源，藏语称酒为“阿劳”似与汉族古代称酒为“醪”有一定的关系，因为“醪”读 láo，在语音上似是对“阿劳”的一种省略，而在语义上，“阿劳”与“醪”均指汁滓混合的酒。《后汉书・樊儵传》中便有“又，野王岁献甘醪、膏饧”之句。李贤对它的注释是“醪，醇酒，汁滓相将也”。到了后代，“醪”也引申为浊酒，如唐代诗人杜甫就在《清明二首》中写有这样的诗句：“钟鼎山林各天性，浊醪粗饭任吾年。”[②]

比较“日”与“安吉”“阿劳”之间的关系，“日”与彝语称酒为“日”同“阿劳”与藏族称酒为“阿劳”、汉族称酒为“醪”相近，只有“安吉”才是与周边民族相异的词汇。而且，纳西语本身能解明“安吉”之本意却不能解明“日”“阿劳”之本意。故，似可做这样的推断：“日”是纳西

① 李霖灿：《麽些象形文字字典》，台湾文史哲出版社 1972 年版。

② 辞海编辑委员会编：《辞海・语词分册》（下），上海人民出版社 1977 年版。

族在彝语支民族共同祖先中从以前使用的词汇分离出来的；“安吉”则是比较新近才产生的词汇，它与纳西族从游牧民族转变为农耕民族的历史紧紧地联系在一起；而“阿劳”一词与纳西族先民从川西地区迁入现居住地与藏族毗邻而居，并发生经济文化交往相关。从时间层次上看，应当先有“日”一词，后出现“安吉”一词，而“阿劳”是在出现“安吉”一词后才从藏族社会借用过来的。

二、酒与东巴文化

东巴《经铺余资命》（也译作《农耕缘起纪》）生动记述有纳西族酒文化的起源，称 90 个青年在开荒种地、发明农耕之后，上高山采酒药花，然后由一个名叫开每老庚的女能人发明了酿酒。其具体过程是：开每老庚用冷水洗净酒药花，将它搓上米粉放入箩中，并用蒿枝催化发酵。两天三夜后，箩中之米粉发出了甜味，流出苦水，制成了酒曲。接着，又制作浸泡粮食的工具，并将掺和了酒曲的粮食放入甑子内蒸馏，使之酿出酒汁。当时粮食出酒率很低，浸了 1 000 石粮食，才煮了 100 石酒，约为 10 ∶ 1。据这部东巴经记载，酿出的酒再盛入坛子，坛口须用掺以松脂的细沙密封①。

东巴经中还记述有许多与酒文化有关的内容，如下。

（一）制酒工艺

纳西族酿酒需使用酒曲发酵，人们一般称曲为“酒药”，纳西语称“吉”（dzi^{33}）。纳西族的粬用一种叫“酒药花”的草本植物与谷物淀粉掺和制成，分三角形与蛹形两种，前者用东巴文写作“△”：“此三角形之酒药也。见于‘若喀’地域之内，彼地之酒药，皆作三角形也。”②后者用东巴文写作“ↀ”或“ↀ”，“酒药也，用发酵。”③“曲”在汉族古代称“曲蘖”，《礼记 · 礼运》中有“犹酒之有蘖也”之说。对于“曲蘖”，《尚

① 和正才讲述，李即善、周耀华同译：《安铺余资命》，丽江县文化馆石印本，1964 年。

② 李霖灿：《麽些象形文字字典》，文史哲出版社 1972 年版。

③ 方国瑜：《纳西象形文字谱》，云南人民出版社 1981 年版。

书·说命》释其用途曰："若作酒醴，尔惟曲糵。"显然，这种被视为酒母的"曲糵"与纳西族的"吉"之作用完全一致。从字体结构看，"糵"字由"薛"与"米"构成。说明它也是由薛（一种草名）与米或谷物掺和制成的酒母——曲。在东巴文中，酒药花写作"[东巴文]"，当是"糵"之属的草本植物。

曲的作用就是通过发酵而培养微生物促成从谷物到酒浆的转化。因为，曲中含有大量的活酸微生物或酶类。纳西族先民对此化学意义并不能做理性的、科学的认识，只能用神幻的方式进行反映，《酒丹》就是这样一个故事：古时候，玉龙山下住着一个贫困的卖酒老妇。一天，一位神仙路过酒店，当他了解到老妇的苦境后，将一料酒丹抛于店后的水池飘然而去。从此，整个水池变成了琼浆玉液，酒香扑鼻。老妇人便每天挑水池中的美酒出售，生意越来越兴隆，过上了幸福的生活。但是，三年之后，因老妇为富不仁，神仙又一次来到酒店并取走酒丹，使酒店重归萧条、破败[①]。

在酿酒工艺中，发酵是一个重要的工序，其具体内容是将掺有酒曲的谷物放入箩或瓮中，然后在其上盖以蒿枝或松枝捂熟。对此，东巴文也有形象的描绘，以瓮发酵写作："[东巴文]"。"发酵也。瓮中有物，蒿枝覆其上"。以箩发酵写作："[东巴文]"。"箩中有物，松枝盖其上"。发酵在纳西语中称"庇肯"（$p'y^{11}kw^{33}$）[②]。

经过蒸馏、发酵之后的谷物留在甑子中成为酒糟，东巴文写作"[东巴文]"，或"[东巴文]"。酒糟在纳西语中读"苯"（pe^{33}）。[③]它主要用作喂养家畜，尤其是猪的饲料。

酿好的酒称"日"，东巴文写作"[东巴文]"。"酒也，从酒从碗。"[④]即，盛于碗中，用管吸吮之汁称之为酒。其实"[东巴文]"不仅读作"日"，也读作

① 中共丽江地委宣传部编：《纳西族民间故事选》，上海文艺出版社 1984 年版。

② 方国瑜：《纳西象形文字谱》，云南人民出版社 1981 年版。

③ 方国瑜：《纳西象形文字谱》，云南人民出版社 1981 年版。

④ 方国瑜：《纳西象形文字谱》，云南人民出版社 1981 年版。

“安吉”或“阿劳”。

（二）酒器

出现于东巴文中的酒器有三类：一是酿酒器物，如发酵用的陶瓮写作“”[1]或“”[2]，如发酵用的竹篓写作“”[3]；二是饮酒器物，如酒碗写作“”[4]或“”[5]，酒盅写作“”[6]，饮酒用吸管写作“”“”[7]“”[8]；三是储酒用的器物，如酒坛写作“”[9]，酒罐写作“”“”。从其形制看，它们有的是铜器，有的是陶器，有的是木器，有的是瓷器。其中，有许多与目前仍流行于纳西族民间的酒器在造型一致。因此，它们的产生时期大都与现代相去不远。

（三）饮酒方式

从“饮酒”写作“”，或“”[10]、“”[11]、“”[12]的情况看，纳西族先民饮酒取坐姿（“”）与站姿（“”）两种，而且使用吸管。吸管因坐饮或站饮之不同而有长短之别。鉴于不是从嘴对碗或杯直接饮用，用吸管饮酒也就被称“咂酒”。关于吸管，一般称“虹管”，如有一首民歌唱道。

① 李霖灿：《麽些象形文字字典》，文史哲出版社 1972 年版。
② 方国瑜：《纳西象形文字谱》，云南人民出版社 1981 年版。
③ 方国瑜：《纳西象形文字谱》，云南人民出版社 1981 年版。
④ 李霖灿：《麽些象形文字字典》，文史哲出版社 1972 年版。
⑤ 李霖灿：《麽些象形文字字典》，文史哲出版社 1972 年版。
⑥ 张琨：《阅读麽图经手册・用品法器》，未公开出版。
⑦ 李霖灿：《麽些象形文字字典》，文史哲出版社 1972 年版。
⑧ 李霖灿：《麽些象形文字字典》，文史哲出版社 1972 年版。
⑨ 李霖灿：《麽些象形文字字典》，文史哲出版社 1972 年版。
⑩ 李霖灿：《麽些象形文字字典》，文史哲出版社 1972 年版。
⑪ 其简化为“”。见李霖灿：《麽些象形文字字典》，文史哲出版社 1972 年版。
⑫ 方国瑜：《纳西象形文字谱》，云南人民出版社 1981 年版。

……

金竹弯虹管，

想引美酒呀！

青瓷小坛中，

黄酒有情哟，

愿上虹管否？[1]

之所以称吸管为虹管，是因为它状如彩虹。和志武先生对此做过这样的解释："虹管，竹制，形如虹弓，底部穿孔，插入用大麦酿成的黄色泡酒坛中吸之。"[2] 由于虹弓之形状与鹅颈相似，虹管又称"鹅竿"，木公《饮春会》诗中就有"土酿鹅竿节节通"之说。不过，无论是"虹管"还是"鹅竿"，都不过是一些文人雅士的形象性称呼与翻译，在纳西族民众的语言中，却只称为"吸管"（t'ɯ^{11} dy^{11}）。

对于咂酒，编纂于乾隆年间的《丽江府志略》中有这样的记载："（纳西族先民麽些人）俗以大麦酿酒。凡宴待宾客，先设架，置酒坛于上，贮以凉水，插竿于水内，咂毕而注于坛，视水之盈缩以验所饮之多寡，不及则请再行。寒月，置火于坛下，取其热也。"其实，这种咂酒之俗早已有之，元人王廷在其《咂酒》诗中就已经有了与乾隆《丽江府志略》所记述者大体相同的描写：

咂酒

封折黄泥岁月遥，

绕瓶活火慢为烧；

枯筒未试香先透，

熟水平添味转饶。

冷暖既随人异态，

① 和志武：《纳西族民歌译注》，云南人民出版社 1995 年版。

② 和志武：《纳西族民歌译注》，云南人民出版社 1995 年版。

缩盈还同海同潮；
其中春色知多少，
任是渊明也折腰。[①]

这里，“黄泥”亦即东巴经《安铺余资命》中所称的松脂掺黄沙以封酒坛者，“枯筒”亦即被称为“虹管”或“鹅竿”的吸管。从“绕瓶活火慢为烧”句看，诗人所描写的是冬日咂酒的场面。乾隆《丽江府志略》中所说的设架置酒坛之说在东巴文中写作“”。“以木槽来放酒也。‘’乃木槽，山居以引水者，今以之放酒，言其富过常人也。”如果结合有关诗文及史书考察，将“”解释为形容“富过常人”是错误的。实际上，它所表现的是纳西族古代设置坛引酒而咂的一种民俗。

三、酒与民俗

酒在纳西族民俗中是不可缺少之物。这意味着饮酒本身具有极强的民俗性，同时酒在许多民俗活动中扮演着重要的角色。就前者而言，纳西族的饮酒者大多为男子，妇女及儿童被排斥在饮酒群体之外，只有老年妇女有时例外。无论是以吸管“咂酒”，还是以杯、碗直接饮用，纳西族饮酒重长幼顺序，光绪《丽江府志》就有这样的记载：“宴会每推老年上坐，先酌之子弟以次跪饮始入席，终席，无敢越次。”

在人生仪礼中，酒伴随着一个人的生命历程。许多人家要在婴儿出世之后，立即为他在地下掩埋几坛酒，待他长大成人结婚时方取出来饮用贺喜。人们称这种酒为“儿女酒”。“儿女酒”也就是经过长期埋藏的粈酒。粈酒，何许物也？它是纳西族传统名酒，自明朝中期至清道光年间已在民间普遍生产。它以大麦、小麦、高粱等为原料，用丽江粈加玉泉水酿造而成，属低度黄酒。色泽如琥珀，味道颇醇香。

酒的作用在缔结婚姻的过程中达到登峰造极的地步，几乎每个重

① 乾隆《丽江府志略·艺文略》，丽江纳西族自治县县志编纂委员会办公室翻印，1991年。

要的环节，都以酒相称。如“问亲”在纳西语中称“日敬卜”，意为“送小酒”；“定亲”在纳西语中称“日迪卜”，意为“送大酒”；“婚礼”在纳西语中称“日特”，意为“喝酒”，亦即汉语的“喝喜酒”或“吃喜酒”。之所以这样，是因为酒性热、主动，不像茶性凉、主静。它容易激发热烈的情绪，造成欢快祥和的气氛。而且，在纳西族的饮食分类中，酒属于“白粮”（精粮、神粮）的大麦、小麦、高粱等所造，具有圣洁性。

请看酒在缔结婚姻过程中的具体应用：

“送小酒”时，男方应送酒、米、糖等礼物到女方家中。如礼物被女方父母收下，则视为亲事初定。“送大酒”时，男方除送酒、米、糖等礼物外，还须送耳环、手镯、十二色糕点糖食，表明亲事最后确定，不得反悔改变。作为其象征，女子父母要在祖宗牌位前敬酒，并各喝一杯男方送来的酒。一般称此为“喝毒酒”，意指喝过此酒，女儿已是他家之人，再无拒婚之理由。“送大酒”之后至结婚的两三年间，男方每逢端午、中秋、冬至等节日都要请媒人送酒、米、糖等礼物去女方家求娶。如果酒被退回，意味着女方父母暂不考虑婚期，不许女儿出嫁；如果酒被留下，则表明女方父母已同意女儿近期出嫁。在结婚之日，男方应派一背草席者领一酒童拎酒壶去新娘家及媒人家送酒、送席。当他们来到新娘家后，将酒席摆于其祖宗牌位前敬祖，然后将壶中之酒倒于新娘家的酒器中返回新郎家。在喜宴上，每个宾客前都应放一酒碗，新娘进新郎家后即夫妻双双为众人敬酒，一般为新郎添酒，新娘端酒相递。全场上满酒后，奏《小白梅》音乐，并上菜。当上到第三道菜时，由主婚人敬酒。待完客人，要举行“分大小”仪式，即新郎一方亲戚按长幼尊卑顺序分两列站立于正厅两侧。新郎、新娘由尊长而至卑幼一一行跪敬酒，受拜者则饮酒祝福，并送一些礼物。“分完大小”，院中所有桌凳摆成一条龙，桌上放了糖果、点心及酒杯。除老年人外，所有宾客都要入席喝喜酒。新郎、新娘则各坐一端陪众宾客。是夜，要“闹喜房”，先由五六个伴郎让新娘敬酒，然后将他们推倒在婚床上吹灭蜡烛，并关上喜房门，一些顽皮的孩童从窗户眼中往房内喷酒，弄得满屋酒味。在回门之日，新娘的伙伴要备大碗酒款待新郎，他们在大门外一碗又一碗相劝，直到新郎酩酊大醉。[①] 可见，纳西族的婚姻是靠酒酿成的。没有酒，也就没有纳西族婚礼的情趣、风采、祥乐气氛。

结婚后是生产。当新娘有身孕之后的第六个月左右，婆婆就要为其“坐月子”制作足够的米酒，纳西语称之为“自究”（tsI^{55}tɕiə^{55}）。米酒之原料一般为米，但有些山区使用小麦或玉米。其制作方法与蒸馏前的酿酒工艺过程基本相同，即先蒸熟米或麦、玉米等谷物并拌以酒药（籼），然后将它们装入箩中或瓮中发酵。数日之后，酒味渐起，箩中或瓮中谷物开始升温发热，纳西语称之为“吉氐”（dʐi^{33}tɰ^{33}）。再过一日之后，箩底或瓮底会溢出清澈的酒浆。它甜中带辣，味道醇美，故要用竹管等引入器皿内饮用。那些熟透的米、小麦、玉米等亦即所谓的米酒要尽快装进米酒罐中封存，否则酒浆流失过多，米酒将不成其为米酒，徒剩一些糟粕而已。封存好的米酒要等到新妇生产时才取出饮用。

因产妇在月子中主要食用米酒，而且“做满月”等也要用米酒待客，所以“月子米酒”的酿造量很大，一般都在一两百斤谷物左右。对于“坐月子”为什么要饮用大量的米酒，纳西族民间有这样的解释：一是产妇生产时失血过多需要及早补充血液，恢复健康；二是产妇如在月子中受寒，将落下终身疾病，故要食用能增加体温之食物；三是生产为大喜大吉之事，要用带有神圣性的食物庆贺。而要做到这几点，在纳西族的传统饮食中，非米酒莫属。因为米酒虽然度数较低，但含有醇类与酶类，有利于增强人体温度，酒中含有糖分，有益于促进造血，而且酒在纳西族饮食的二元分类中属于“神食”类，具有神圣性，有得神护佑之意。

在丽江一带纳西族中有这样一个习俗，产妇生产之后，因不明原因而第一个“误入”其家者被称为“头客”（纳西语称“bər^{33}kv^{33}”）。对于这个“头客”，产妇一家要很好地款待，其气质、运势、性格都将对新生婴儿的一生产生决定性影响，作为对“头客”的款待，首先应该由产妇

---

① 和汝恭：《解放前纳西族的婚礼》，载云南省编辑组、《中国少数民族社会历史调查资料》丛刊修订编辑委员会编《纳西族社会历史调查》（三），云南民族出版社 1988 年版。

之丈夫或婆婆端来一碗凉水拌米酒相敬。待“头客”喝完之后，主人才招待他吃饭。所谓的“饭”，是一碗米酒煮鸡蛋。不喝这一凉一热两碗米酒，“头客”也就不成其为“头客”。在产下婴儿之后，婴儿之父要到亲戚家一一送米酒通报喜事，并告知“做满月”的时间，请女主人们来参加。纳西语称此为“自施”（$tsl^{55}ʂl^{33}$）。到了“做满月”之日，所有亲戚及村邻都要赶来庆贺，参加者均为各家女主人。当天的喜宴与平时待客的内容大致相同，所不同者为开宴前每人喝一大碗米酒，内加一至两个煮鸡蛋。可以说，在纳西族妇女的一生中，只有自己成为产妇及去参加“做满月”典礼之际才与酒发生密切的关系。

相比较而言，酒在丧葬、超度等仪式上并不占重要地位，它只是与茶、糖、果等物品一同供奉在灵柩之前，或被主持有关仪式的东巴及送葬者少量饮用。在这些场合，因气氛肃穆，不能过量饮酒，更不许猜拳或出酒令等。那些供奉在灵柩之前的酒，一般称“日萨”，其意为“酒气”，而供奉在灵柩前的茶则相应地称为“勒萨”，其意为“茶气”。酒与茶往往并用于纳西族的各种仪式与祭典之中，它们一主动，一主静；一主热，一主冷。互为补充，相得益彰，很好地发挥着它们的平衡与和谐功能。近、现代，随着社会的变迁，纳西族的人生仪礼也发生了许多变化。与之相适应，酒与茶，尤其是酒在纳西族民俗中的作用也趋于不断弱化。

酒在纳西族的年中行事、岁时民俗中亦十分重要，祭天、端午等仪式尤为显著。

祭天：新年伊始，纳西族的每一个村寨都要以氏族为单位举行盛大的祭天典礼。因为人们相信，纳西族的祖先来自天界，只有虔诚祭天，才能确保新的一年五谷丰登、六畜兴旺、家人安康。在祭天大典的众多仪式中，最先举行的是立神树、神石，其中就有献酒的内容。即，立好神树、神石之后，人们要烧天香，并将三坛祭天酒供于神树、神石之前。主持祭天大典的东巴则要唱诵这样一段祭辞。

啊——

新岁自上而来，

新月自下而至，

每人带来三炷好香。

一坛白酒，

来天神面前交纳了！

在行“歌颂天地”仪式时，大家举酒祝新年新月，用手指蘸酒弹向天空，以敬天地诸神。在少许品尝过后，人们又在东巴的引导下从酒药（粬）的来历到酒的酿造一一唱起，以歌颂天地诸神之恩德。唱毕，人们一同畅饮，以此祈求福惠[①]。

端午节：端午节又称“端阳节”“女儿节”“重五节”“重午节”“天中节”“地腊节”等，由汉族传入，一般认为始源于春秋战国时代。端午节早已传入纳西族社会，成为纳西族民俗的有机组成部分。除龙舟竞渡之外，端午节挂长命缕、驱五毒、插菖蒲等习俗在纳西族中都如法炮制。尤其重要的是，端午节时，纳西族也要喝雄黄酒，其目的是解毒杀菌、驱虫除秽：“五月五日饮菖蒲雄黄酒，可除百疾除百虫。”不仅饮用，人们还要在儿童的耳、鼻、额上涂抹雄黄，在屋内洒以雄黄水。对于端午节喝雄黄酒的原因，纳西族民间有如下传说：很早很早以前，一个穷苦人家生有一对儿子。他们英俊聪明，被当地头人视为心腹之患，必欲除之而后快。在某年五月五日，他们怕被害而出逃。结果，两人在来到深山老林时弟弟患重病死去，哥哥只好用树叶将他掩埋，并用一些较宽的树叶在弟弟的嘴上搭了一道水槽。他祈祷说：“上天如不亡我兄弟二人，望多多赐恩，令我弟弟起死回生！”说罢，他又匆匆踏上逃亡之路。若干年后，哥哥在异地被拥立为王。他心念弟弟，靠当初的记忆前来收弟弟的骨骸，但并没有实现夙愿，弟弟的骨骸已不知所往。后来，他才打听到

① 李霖灿：《中甸县北地村的麼些族祭天大典》，载李霖灿《麼些研究论文集》，“国立故宫博物院”1974 年版。

当初他离开弟弟尸体后，突然天作沛雨，枯叶上流下的雨水顺他搭成的水槽流入弟弟的嘴里使弟弟获得了新生，并在不久打败了曾迫害他们兄弟二人的头人，直至取而代之。由于弟弟因饮百木之水而复生，人们从此便于端午日饮雄黄酒以保养身体，同时纪念这对逢凶化吉的兄弟。

纳西族的游戏民俗中，也有饮酒的游戏，猜拳便是其中的一种。纳西族的猜拳必与饮酒联系在一起，猜拳均用纳西语，只有在城区及与汉族杂居地区才行汉语酒令。具体为两人同时出拳，伸出手指并喊数目，所喊之数目正好是两人所伸出的手指之和者为胜，对于失败者，要罚饮酒。在每一局开始之前，两人要同喊“补汝阿尼故，义吴义道吴，冉补冉道冉，没冉没庚直”，然后才正式各喊数字并伸出手指。这几句纳西语的意思是“兄弟我两个，瞌睡不能禁，发笑不能止，不笑不说话”，所起的是双方稳定心理、协调动作、震慑对方、猜测对方将出手指数并确定自己所喊数的作用。

在文艺民俗中，纳西族有大量与酒有关的歌谣、故事、传说。如许多纳西族地区有以酒待客时由主人演唱《祝酒歌》之俗，又如东巴经中有专门性的《敬酒歌》。它们或是寥寥数语，或是洋洋数百行诗，尽述粮食和酒的来历，其心之诚，其情之浓，真是令人叹为观止。在众多的有关歌谣中，最著名的当属流传于丽江鲁甸乡一带纳西族中的《十二杯酒》。这首歌由十二段组成，每杯一段，描写了一对恋人的别离与重逢。先悲后乐，先苦后甜，淡淡的忧伤，浓浓的情意。歌中提到的酒类就有“雄黄酒”“菊花酒”“高粱酒”等：

十二杯酒

一杯酒，
慢慢斟。
我问情哥哪时生？
郎生腊月三十晚，
妹生十五看花灯。

二杯酒，
进绣房，
半夜爬起送小郎，
小郎送在大门外，
眼泪汪汪转绣房。
……
十一杯酒，
冬至节，
家家（糍）粑打不迭，
姊妹二人打（糍）粑，
蜂蜜砂糖摆两碟。
十二杯，
一年完，
打开瓶口过新年，
小郎回家回得早，
好酒越吃越香甜。①

四、酒俗与古诗词

与汉族古代的曹操、刘伶、陶渊明、李白等一样，纳西族诗人中亦不乏豪饮、好酒之人。他们或是借酒消愁，或是对酒当歌，不但留下了许多吟酒的作品，描写了自己饮酒的情态，而且还记录了一些当时的纳西族酒民俗。因此，这些诗人的有关诗词还具有重要的史料价值，它们理所当然是纳西族酒文化的组成部分。

在纳西族文学史上，最有成就的诗人是木公。木公生活在明代，生于 1495 年，卒于 1553 年，字恕卿，号雪山，又号万松，是当时的丽江土知府。他的一生写有《雪山始音》《隐园春兴》《雪山庚子稿》《万松吟

① 李霖灿：《金沙江情歌》，东文文化书局 1971 年版。

卷》《玉湖游录》《仙楼琼华》等诗集。杨慎曾为他精选《雪山诗选》。在木公的6部诗集，共1400多首诗作中，与饮酒有关的作品不乏其有，较著名的有《饮春会》《夏日留饮三松水亭》《玉湖游录》《晚晴独咏》《访徽君樊雪濒留饮小洞》《依韵寄友人杨雨溪》《莲池饮泛》《冬日简答谭明》……他的饮酒诗无论从数量上讲还是从质量上讲，都居纳西族文学史之首位，他是纳西族第一豪饮诗人。除了那些描写自己饮酒生活的诗作，《饮春会》当是他记录纳西族酒文化的最佳作品：

饮春会

官家春会与民同，
土酿鹅竿节节通；
一匝芦笙吹未断，
踏歌起舞月明中。

“春会”又叫“饮春会”，至今在纳西族民间盛行不衰，其主要内容是人们在春暖花开的季节扶老携幼、外出野餐，以欣赏大自然的美丽。饮春会上，还要听“丽江古乐”或是跳芦笙舞、笛子舞及其他“踏歌”之类的民间舞蹈。自然，饮酒是野餐的主要内容，没有酒，芦笙吹得不圆润；没有酒，“踏歌”跳得不优美。而在当时，纳西族先民饮的是自产的酒“土酿”，饮酒的方式是“咂酒”，即用鹅颈状的竹管“鹅竿”吸吮。这一切与东巴经及《丽江府志略》《丽江府志》等史籍中的记述是何等的相似。

继木公之后，以词或诗的形式涉及酒文化的诗人是木高。木高为木公之子，生于1515年，卒于1568年，字守贵，号端峰，又号长江主人，是当时的丽江土知府。他曾填写《醉太平》词附于《大功大胜克捷记》内，并镌刻在立于云南丽江万鼓镇的石鼓之上。这是纳西族诗人第一次用与酒有关的词牌填词。他的诗作《胡拨词》在考证纳西族酒文化的起源及演变过程方面具有很高的史料价值。

胡拨词

酪酒酥团宴可汗，
四弦齐拍甚凄酸；
若将弹出昭君曲，
马上谁人不泪弹？

诗中的“酪酒”当是“奶子酒”之属。这可理解为为了“宴可汗”而特制“酪酒”；也可理解为直至明代中叶，纳西族先民依然保持有以牲畜之乳汁酿造酒浆的工艺技术。在探讨纳西族的酒文化及其起源时，我们必须考虑这样一个问题：在以谷物酿酒之前，纳西族先民最先是以畜乳为原料酿造酒浆的，正如现今的游牧民族蒙古族依然用畜奶酿制酒浆。有趣的是，蒙古族的奶酒被称为“阿日扎”，除了词头“阿”与词尾“扎”外，所剩之“日”音与纳西族及彝族称酒为“日”或“直”相同。可知纳西语中的“日”最早指的就是奶子酒，到后来才改指以谷物为原料的一切酒类。“安吉”（酒，意为“酸粮水”）仅指用谷物酿造的酒浆，不包括用畜乳酿制的“酪酒”。

继木公与木高之后，木青、木增、杨竹庐、杨菊生、杨品硕、周兰坪等诗人都写有大量的饮酒诗，但大都囿于个人性灵的描写，很少将诗笔伸向民间及民众的酒文化及其民俗。杨品硕的《竹枝词》及杨菊生的《花马月节词·五》算是例外，民间的酒香仍然依稀可闻：

竹枝词

荐亡冬仲请东巴，
不社老君与释迦；
漉酒椎牛醉歌舞，
虔诚供奉托生涯。
备好猪头与酒菜，
门联春贴亦堪夸；

过年物事已全具，
待购山茶一簇花。

显然，这两段诗写的是两个民俗，第一种为“荐亡”，纳西族称“西务”，一般译作“超度亡灵”。这种仪式在农历十一月举行，故称“仲冬”，其目的是将前一年逝世者的灵魂送往其祖地。酒在“超度”仪式上仍然是重要的。

第二段所描写的是除夕的景象。按纳西族的习惯，当晚，全家要祭祖吃团圆饭，并于晚饭后贴好春联，以迎接新年的到来。这一天，还要上街买一束新鲜的山茶花插于堂屋之内，使之春意盎然，生气勃勃。当然，贴春联等属汉族民俗在纳西族中的流传，仅仅出现于清朝雍正元年（1723 年）在丽江纳西族地区实行“改土归流”之后。这一内容之所以出现在这段诗中，是因为杨品硕生于 1819 年，卒于 1899 年，几乎跨入 20 世纪之大门。

杨菊生，名应光，字顺候。生于 1864 年，卒于 1936 年，其诗作《花马月节词》描写一年十二个月的节庆与农事，其中的第五首是描写五月农忙的栽秧景象：

五月

乡村到处正栽秧，
蛮冲倾壶劝客尝；
一曲田歌听最好，
柳荫不觉挂夕阳。

过去，纳西族栽秧大都采用一些家庭联合起来轮流栽插的形式。轮到哪一家，主人就要做佳肴招待帮助栽插者，而且还要提酒壶或米酒坛子，供栽插者在劳动间歇饮用，以驱寒暖身，增强劳动热情。作为减轻疲劳、提高劳动效率的手段，主人还要请一歌手在田埂上或参与插秧者之中唱《栽秧调》等民歌。这首诗中的“蛮冲倾壶劝客尝”“一曲田歌听最好”等诗句，正是对这些民俗的生动反映。

五、结束语

在纳西族的文化中，酒被视为神赐之物又被奉为劳动的成果。酒，它与歌舞相偕，它与豪勇相伴。没有酒，人间是寒冷的；没有酒，人类是寡情的。有了酒，千古愁怨一杯泯；有了酒，万篇诗文须臾就。酒是精华的象征，酒是审美的对象；酒是智慧与情感的最好结合，酒是工艺技术与天地人神的最佳媒介……

总而言之，纳西族的酒文化起源古老，如若“酪酒”，即“奶子酒”，从中可以听到纳西族先民随水草而居，活动于西北草原时代的历史回声。如若称酒为“阿劳”与汉族古代称酒为“醪”相通，其来历至少可上溯到龙山文化，不晚于 4 200 年前。考察纳西族的“咂酒”与羌族完全一致，以及纳西族与彝族均称酒为“日”（或“直”），饮酒方式均取“咂酒”式等情况。

从各种资料推知，纳西族先民酿酒的原料或为奶酪，或为高粱，或为小麦，或为大麦，不一而足。纳西族先民酿造的酒类有米酒、清酒、黄酒。纳西族先民饮用的药酒有雄黄酒、菊花酒、虎骨酒、梅子酒、天麻酒、枸杞子酒、蛇胆酒等，它们都各具效用，或能祛寒，或能治病，或能补给营养。其中，正如从酒名中可以知道的那样，雄黄酒、菊花酒、天麻酒等传自汉族，其酒名也直接用汉语称之。纳西族先民饮酒有坐与站两种方式；有加热后喝温酒与不加热喝凉酒的区别；有酿成后立即饮用与经过存放，甚至长期埋藏后饮用的差异；纳西族先民用酒之目的各有不同，或为药用，或为消毒，或为祭祀，或为宴饮，或为农事，或为歌舞……

纳西族拥有丰富多彩的酒文化大约有以下几个原因：

其一，纳西族先民最早活动于西北草原，后迁徙至横断山脉地区，一直生活在比较寒冷的地方，需要发明、发展具有御寒性的饮料、食物，以增强人体的抗寒能力。

其二，纳西族是古羌人后裔，最早从事游牧生产，后来逐渐转变成农业民族，从事农耕生产，而且长期处在农牧并举的情况下。故，既有“酪酒”等游牧民族的酒文化遗存，又有农耕民族的酒文化的产生、发展、保存。

其三，纳西族在形成单一民族的过程中先后受到藏文化与汉文化的影响，因此，纳西族的酒文化中既有古羌因素、彝语支因素的遗存，又有藏文化因素、汉文化因素的融合。

其四，纳西族有独特的象形文字及用它写成的东巴经典，历代有关酒起源神话、传说、歌谣，以及酒俗、酒器、酿酒工艺等都有详细的记载，不像无文字社会及其民族，有关传承文化难于得到妥善的保存与传达。

以上是笔者对纳西族酒文化的初步考察与分析，望有关专家、学者给予指正。

纳西族祭天民俗中的神树考释

纳西族自称“纳西蒙比若”，意为“祭天子民”。在每年农历正月举行的祭天盛典上，纳西人必立松、柏、栗等神树于祭坛膜拜。其中，柏树为一，居中，代表天舅蒙孜可兴；栗树为二，居两侧，分别代表天父子劳阿普与天母子劳阿祖；松树为二，居两外侧，分别代表人类男祖崇仁利恩与人类女祖衬红褒白命。

不唯祭天，在祭风、祭村寨神、祭谷神、祭畜神、祭战神、求寿、祭龙（即署）等宗教民俗仪式上，纳西族都大量使用树木作特殊的象征物。尤为重要的是，在神树中还有一株被称为“万树之王”的含依巴达树。含依巴达树在东巴象形文字中有多种异体字，或以栗树为树体，或以一般松树为树体，或以栗树与松树之合体为树体，或以牡丹为树体，或以山玉兰为树体。在一些东巴教画卷及木牌画中，它还被画作柏树状或莲花状。其实，山玉兰与莲花为随着佛教传入纳西族地区而出现的植物及其信仰，牡丹为随着道教及儒教为代表的文化传入纳西族地区而出现的植物及其信仰。因此，含依巴达神树是以松，或柏，或栗作为其基本形体的。含依巴达神树虽不同程度地受到外来文化的影响，但它主要还是扎根于本民族植物信仰民俗沃土之中。

在纳西族的民俗中，被引入信仰系统的树木被分为神树与鬼树两种。据东巴大师和即贵先生介绍，在云南丽江鸣音，神木有柏、栗、杉、松、桦等，一般形容它们为“白海螺般的桦树”“绿玉般的柏树”“花玉般的杉树”等。鬼树则指杜鹃、竹、青刺、柳等。虽说各地对神树与鬼树的区分还有一些细节上的不同，但将松、柏、栗一同奉为神树的情况却是基本一致的。

那么，纳西族民俗中的树木分类受什么机制的制约？松、柏、栗为何会同时出现于祭天大典并各象征不同级别的祖先？集松、柏、栗树体于一身的“万木之王”含依巴达神树信仰又是怎样形成的呢？

在纳西族民俗中，树木被分为神树与鬼树两类，并应用于各种仪式进行具体象征。这主要受纳西族二元三界宇宙观的制约。由于世界之本源及本质是二元的，因而植物界也是二元的，被引入民俗信仰中的树木也是二元的。即，用于祭祀的树木是神树，用于禳解的树木是鬼树。根据二元对立统一的原理，神树与鬼树根本对立，神树处于正性的、积极的、神圣的地位，鬼树处于负性的、消极的、低劣的地位。于是，神树被供于神坛，或插于神龛，或系于神柱；而鬼树则被弃于荆棘，或立于鬼坛，或抛于路边。

由于受尚白贬黑的苯教、佛教思想影响，神树与鬼树在纳西语中又分别称作“白树”“黑树”。如《拉仲盘沙劳务》这部东巴教经典中就有这样的句子：“白树栽在上，白线挂在上方，白色麻布挂上方，白石竖上方，祭神仪式在上方举行。黑色祭坛设在下方，黑线挂下方，黑色麻布挂下方，黑树栽在下，黑石竖下方，给鬼施食的仪式在下方举行。”可见，将民俗信仰中的树木区分为白树（即神树）与黑树（即鬼树），不过是纳西族二元分类体系中的一小部分而已。松、柏、栗等乃是神树之具体化。

三界论又是怎样影响着纳西族民俗信仰中的树木分类呢？按照纳西族的理解，宇宙空间按纵向区分为天上、人间、地下三界。居天上界者为神灵，居人间界者为人类，居地下界者为鬼怪。故，天上界表色为白，人间界表色为黄，地下界表色为黑。居住在天上界的神灵好洁净，居住在地下界的鬼怪好污秽，居住在人间界的人类则净秽并存，但人类主要与神灵认同而好洁净。这样，在民俗仪式上用来象征神灵的树木也就被视为神树，用来象征鬼怪的树木也就被视为鬼树。它们各处于人类的两极，或护佑人类，或加害于人类。对于前者，人类加以崇拜；对于后者，人类施以震慑。

在解明了二元三界宇宙观对纳西族民俗中的树木分类之决定性意义后，我们要进一步阐释的是松、柏、栗、杉等之所以为神树与杜鹃、柳、竹、青刺等之所以为鬼树的具体原因。在笔者看来，这些树木分别被视为神树与鬼树，是与纳西族居住地区的立体型自然环境有密切关系的。

我们知道，纳西族主要分布于横断山脉六江流域，河谷地区海拔极低，有些地方的海拔高度仅有数百米，高寒山区则海拔高达数千米，气温随海拔高度的增加而降低，造成了在同一纬度内按不同海拔高度分布不同植物种类的景观。一般是低海拔河谷地带生长热带常绿阔叶林，中海拔地带生长亚热带常绿阔叶林，中高海拔山区半山区生长松、温带针叶、阔叶树、照叶树，高海拔高寒山区生长杉树、山楸树、栗树、柏树等。

这种立体型地理及植物的垂直性分布，正好与民俗信仰中的三界宇宙空间观念相重合，给人以强烈的印象：海拔越高，离天上界越近；海拔越低，离地下界越近；海拔居中之处，则是较典型的人间界。与之相对应，生长于高海拔区的树木最具神性；生长于低海拔区的树木最具鬼性；生长于中海拔区的树木最具人性，介乎于神性与鬼性之间。其结果，生长于高海拔区的柏、栗、杉、山楸等树木在民俗信仰中被奉为神树；生长于低海拔的柳、青刺、竹、杜鹃等被当作鬼树；生长于中海拔区的松树则具有双重性，它既被视为神树，也偶尔被视为鬼树，并在被视为神树时主要用来代指祖先神。基于这样一些原因，松、柏、栗等树木便被堂而皇之地作为神树出现在纳西族民俗信仰之中，具有象征种种神灵的职能。

然而，仅仅以二元三界论与自然地理来解释松、柏、栗等树木被奉为神树并在祭天典礼上代指蒙孜可兴、子劳阿普、子劳阿祖等天神与崇仁利恩、衬红褒白命等人祖还远远不够。因为二元三界论作为纳西族哲学思想之内核仅仅出现于纳西族接受苯教思想影响之后，而祭天民俗则古已有之。事实上，松、柏、栗、杉等被奉为神树，并在祭天大典上代指神灵还有其更深厚的信仰土壤——远古的植物崇拜乃至植物图腾。否则，作为一般神树的松、柏、栗是无论怎样也不可能在名曰祭天、实为祭祖的大典上象征祖先神的。

据东巴神话《崇搬图》记述：在宇宙初开、尚无声息之际，树木会走路，石头会说话，自然界的一切都具有人格。在语言中是这样表现的，纳西语至今称树干为“树身”，称树枝为“树手”，称树尖为“树头”，称树根为“树脚”，俨然与人体结构无异，这表明万物有灵观是植物崇拜的思想基础。在原始人类开始对自己及自然界的统一性产生了探究之欲望之后，《洪水翻天》等神话开始编织出人、畜、兽、树木同源的传奇，《创世纪》《崇般崇莎》等也与之相异无几。只是，前者将这种同源归因于兄妹媾和，后者将这种同源归因于人祖与竖眼天女的错误婚姻，都持否定的态度，表现出强烈的矛盾心态：《洪水翻天》与《创世纪》《崇般崇莎》之原生形态视人、畜、兽、树同源，而人们目前所能看到的《洪水翻天》与《创世纪》《崇般崇莎》之次生形态对比则加以价值判断，并予以否定。

有关树木为人祖的神话在东巴经中已经不复存在，但它的变体却至今仍流传于纳西族民间。《木老爷的传说》称：纳西族土司木氏之祖出于一根从金沙江漂流而下的“大香树干”，故以木为姓。虽然不直接称“大香树干”所指为何树，但从其文脉推断，因其香气扑鼻，当是柏树。以上内容在《木氏宦谱》中亦有记载：“肇基始祖，名曰爷爷。宋徽宗年间到雪山，原西域蒙古人也。初于昆仑山中，结一龛于岩穴，好东典佛教，终日趺坐禅定。忽起一蛟，雷雨交兴之际，乘一大香树，浮入金沙江流至北浪沧，夷人望而畏之，率众远迎，遂登岸上。时有白沙羡陶阿古为野人长，见其容貌苍古离奇，骏其举止，安详镇静，心甚异之，遂以女配焉……是时，树分有五支：一日千罗睦督，二日甸起选，三日阿娘挥，四日刺宛，五日瓦均阿奶，愿崇爷爷为五家之长。”这显然是对以柏木为图腾的原生神话之篡改与传说化、历史化。

在纳西族传说中，现今的纳西族由叶、树、和、麦四个氏族构成。

其中，木氏土司是叶氏族的后裔，因“爷爷”当是“叶叶”之汉译。由以上传说可看出，叶氏族远古时代似乎以柏树为图腾。除此之外，仿佛另有一些纳西族先民以松树、栗树为图腾。光绪《丽江府志》载曰：“相传有游猎死者，其子寻之年余，得父死处，髓骨腐化，已生松、栗。因取松栗而葬焉，后相沿成俗。”类似的传说在东巴经《高勒趣招魂》中也有记述：纳西族四个氏族之共同祖先高勒趣曾入深山为被鬼怪杀害的父亲招魂，行至半路，一阵黑风吹落一截松枝。高勒趣以为是父魂掉落，拣起松枝插于松树下。后来，人们便在葬礼上用松枝代替亡父。又行了一程，又一阵黑风吹落了一截栗枝。高勒趣以为是父魂掉落，拣起栗枝插于栗树下。后来，人们便用栗枝在祭祖仪式上指祖先。可以肯定地指出，如果没有植物图腾信仰存在，就不可能产生以上传说。

以上这些传说告诉我们：纳西族古代的叶、树、和、麦应是分别以柏、松、栗、杉等树木为图腾的氏族。其中，叶氏族以柏木为图腾，他们自元代以来成为纳西族及其邻近民族的最高统治者。正像汉族古代祭祀时“夏后氏以松、殷人以柏、周人以栗”那样，纳西族四大氏族在早期各以松、柏、栗、杉作为祭天神树，只是在后来因逐渐形成超血缘的地域政治，即，出现了超血缘的民族共同体，祭天大典才逐渐统一，祭天大典上所使用的神树才开始集约，向单一的超图腾的神树过渡。不过，由于没有能建立起单一的民族国家，纳西族社会的统一程度并不高，祭天大典上所使用的神树并不能定于一尊，故而采取了几种主要树木共同用作神树的方式。光绪《丽江府志》称，当时的纳西族“元旦，家皆斋戒，祀百神或谒庙焚香。次日以后，村闾族党择洁地为坛，植松、柏、栗各一，陈豕，供祭米，请刀巴（东巴）祝嘏”。

在这里，重要的是祭天大典上的神树有排列位置之不同，还有被省略的情况。所谓排列位置不同，指柏树居中、两栗树居其两侧，两松树居其两外侧；柏树代表天舅蒙孜可兴，两栗树分别代表天父与天母，两松树代表人祖夫妇。所谓有省略，指的是越到后来，出现于祭天坛的神树越见稀少，大部分地区已经只用一株柏树、两株栗树，个别地区甚至只用一株柏树，索性将栗树也一并略去。为何要这样？这是因为四个氏族在民族统一体中的地位并不平等，叶氏族处于中心地位，故而其所崇拜的柏树置于中央，崇拜栗树的氏族处于次要地位，故而将其置于柏树之两侧；崇拜松树的氏族又次之，故而它被置于栗树之两侧；崇拜杉树的氏族处于最低下的地位，故在民族联合体出现后不久即将其所崇拜之杉树从祭天坛略去。

在明代，叶氏族之后裔木氏通过投靠中央王朝而逐渐完成了民族内部的统一，并与邻近的白族、傈僳族、普米族、藏族加强了文化交流，在滇西北地区建立了强大的土司统治。这种统治的标志之一，就是统一姓氏。据《徐霞客游记》记载，当时的丽江“官姓为木，民姓为和，别无他姓”。明代纳西族土司木公也曾经在其诗作《述怀》中夸耀其治下“四郡齐民一和”。无疑，在“民”姓和氏之中，已经包括了叶氏族以外的树、和、麦等氏族，甚至还包括了那些被木土司所统治的部分白族、傈僳族、藏族、普米族。在此过程中，祭天大典上的神树在确保柏树地位的前提下也出现合并现象，仅留下松树、栗树，或仅留下栗树，或除柏树之外全部略去。这是纳西族社会统一不断提出的必然要求，也是一种历史的趋势。

值得一提的是，是时的纳西族信仰已经从自然崇拜及图腾崇拜过渡到以祖先崇拜为中心，并继续向神灵崇拜发展。所以，祭天大典中的神树所象征的是祖先神。而且，不同的神树在祭天大典中的不同地位也通过它们各自所象征的祖先神之等级加以区别。居中的柏树象征蒙孜可兴，他是人类女始祖衬红褒白命之舅父，是被祭祀的整组祖先神中的至尊者；居柏树两侧之栗树象征子劳阿普与子劳阿祖，他们是人类女始祖衬红褒白命的父亲与母亲；居栗树之两侧。这或被省略掉的松树，则象征人类始祖崇仁利恩与衬红褒白命夫妇，明显表现出柏尊、栗次之、松复次之的级差。由此还可以看到，祭天虽是在父权制的背景下进行，故而所祭祀的最高神灵也是男神，但在体系上却以母系为中心加以组织。衬红褒白命成为一根红线，整个祖神系统都以她为经纬加以交织。也就是说，在祭天大典中所出现的神灵系统中还残留有纳西族古代社会从母系向父系转化的痕迹。

在祭天大典中的神树不断合并、不断简化之际，纳西族的传承中开始出现一株集多种树体、多种功能、多种名字于一体的含依巴达神树。这株神树的产生，宣告了一个新的历史纪元的开始。即，纳西族社会已经完全摆脱了氏族制及其残余，纳西族的信仰也从以祖先崇拜为中心向神灵崇拜为中心转变。必须承认，定万木于一尊的含依巴达神树的产生，除纳西族社会发展及信仰发展的原因之外，还得益于印度以及藏族、汉族古代神树信仰、名树崇拜以及佛教菩提树崇拜的深刻影响。因此，无论在其造型还是在功能上，含依巴达神树都有机地融合了诸如祭天大典中的纳西族神树崇拜及汉文化、藏文化、印度文化中的神树、名树、菩提树崇拜的因素。

中国纳西族萨满教的归宿

在中华人民共和国成立之前，中国的萨满教信仰呈多种形态：第一，有的民族因居住环境封闭，较完整地保留有自己的萨满教信仰；第二，有的民族已经受到外来宗教的影响，但固有的萨满教信仰仍根深蒂固，因而两者共存；第三，有的民族已经被外来宗教所征服，所以萨满教信仰几乎荡然无存。属于第一种情形的有彝族，属于第二种情形的有鄂温克族、傈僳族、满族等民族，属于第三种情形的有藏族、哈萨克族、蒙古族等民族。

纳西族是个特殊的存在。纳西族先民摩挲人所信奉的是萨满教。这一点，我们可以从以下几个方面得到证明：其一，纳西语称萨满为“萨尼”，基本上保留了“萨满”一词的词根“萨”（sa）；其二，纳西族的“萨尼”基本上都是女子，后来才有一小部分男子加入；其三，纳西族的“萨尼”分自发性成巫与投师成巫两类，并以自发性成巫居多，这与满族的“萨满”成巫情况并无二致；其四，纳西族的“萨尼”擅长上刀山、下火海、嘴喷火、捞油锅、口衔烧红的犁铧等多种巫技，类似的巫技普遍掌握在中国各地萨满教民族的巫师手中；其五，“萨尼”是通神人物，介乎于人神、人鬼之间，是一种纯灵性的媒介，而这正是“萨满”的特性；其六，“萨尼”信奉万物有灵、灵魂不灭，神与人、鬼分处于天上、人间、地下三界，这也与萨满教的观念无异；其七，“萨尼”无偶像崇拜、无庙宇、无教主、无职业性神职集团、无文字经书，这与萨满并无二致……

当纳西族先民进入滇西北地区之后，其萨满教信仰也发生了一系列的变化。当时，青藏高原在经历佛苯之间的多次斗争之后，最终败北的苯教开始撤离其中心区，一部分苯教徒逃至喜马拉雅山东麓的横断山脉深处，与纳西族的萨满教——原始巫教产生接触，并最终孕育了苯教与纳西族萨满教的混合体——东巴教。需要说明的是，苯教是佛教传入前的西藏土著宗教，后被佛教所改造。我们一般将受佛教改造前的苯教称为“黑苯”，而将受佛教改造后的苯教称为“白苯”。对纳西族萨满教信仰产生影响的苯教是“白苯”。

“白苯”最显著的特点是已经拥有自己的教主、系统的仪式与经典、因果轮回观念、职业化的神职集团、固定的祭拜场所、祭师在家庭内部传承或通过投师修成、有自己的偶像崇拜。一句话，它从内容到形式都大量吸收、模仿了佛教成分。尽管如此，“白苯”以“黑苯”作为基础，而“黑苯”基本上就是西藏土著化的萨满教。关于这一点，国际藏学界已有许多论述，这里就不再赘述。

在这个意义上，纳西族萨满教所接触的苯教是一种与自己有同源关系，但在许多形式与内容上高于自己，与佛教具有诸多共同点的宗教。于是，在两者的交融过程中，苯教处于优势地位，纳西族萨满教处于劣势地位，故而导致了纳西族萨满教的苯教化发展趋向。

一方面，虽然有些学者将东巴教称为纳西族的巫教、原始宗教或萨满教，但她已经具有了许多与巫教或原始宗教、萨满教不同的新特征。第一，东巴教拥有文字，用它记载的东巴教经典达 1 400 多种，它与萨满教无书面经典的情况迥异。第二，东巴教祭师东巴都是通过从师或家庭内部传承而习成，与萨满的自发性修成等形成鲜明对照。第三，东巴教盛行偶像崇拜，拥有许多神像画，像丁巴什罗等主要神灵的画像比比皆是，而萨满教中的神灵一般无偶像及其崇拜。第四，在东巴教中，神灵体系井然，除众多的自然神之外，还有严整的生产神、生活神、战神、护法神、至尊神，远比萨满教的神灵要复杂、丰富得多。第五，东巴教中已经出现极乐世界、二元性宇宙起源及结构模式、五行五色五方对应关系、转生轮回、灵魂升天、因果报应等各种思想观念。这些在萨满教中是根本不存在，也不可能出现的。第六，东巴教开始减少大量杀牲，并用“多玛”（面偶、木偶、泥偶）等代替牺牲。而在萨满教中，杀牲始终是各种仪式的主要内容。显然，根据以上种种事实，将东巴教与萨满教或称巫教、原始宗教相等同是不合适的。若要追究东巴教的非萨满性因素的来源，那只能归结于受佛教化的“白苯”之影响。也就是说，在与苯教发生接触之后，纳西族萨满的趋向之一便是直接苯教化、间接佛教化，形成了一种独特的民族宗教——东巴教。

另一方面，纳西族萨满教并未因东巴教的产生而随之完全绝迹。据和志武的调查表明，直到20世纪80年代，许多纳西族地区仍活跃有萨满——“萨尼”。他们不仅为人们驱鬼请神，而且行卜、馈药，有的人还身怀绝技、长于表演各种巫艺。而且，不少“萨尼”还与东巴相交叉，如有的“萨尼”又是东巴，或有的东巴是“萨尼”之后代，有的“萨尼”是东巴之子女。

造成这种现象的原因大约有以下几点：其一，东巴教以纳西族萨满教为基础，并融合了以藏族萨满教为基础形成的白苯因素，故而它与萨满教并不完全排斥，因而它们能够在同一空间内互相容忍，达成默契，并同时出现在同一个仪式上。其二，东巴教通过苯教受佛教的间接同化，开始了向人文宗教的过渡与转变，从而放弃了对某些信仰领域，尤其是在巫医、巫术领域的主宰，致使萨满教仍然保有苟延残喘的一席之地。与东巴教形成了一定的合理分工，各司其职、互不干扰。其三，纳西族地区自明代以来先后接受了汉传佛教与藏传佛教、道教、儒教，造成了多种宗教并存的局面，并未使其中的任何一种宗教占有绝对统治地位，更遑论出现政教合一的统治局面。宗教与宗教之间的力量对抗及割据，大大减少了某种宗教全力挤压萨满教信仰的可能。其四，纳西族社会的存在并不均质，既有纵向的阶层差别，又有平面的地域差异。就阶层差别而言，上层社会为了与中央王朝认同，以信仰佛教、道教、儒教为荣，而下层社会则习惯于维护传统，恪守固有的信仰；就地区差异而言，丽江城郊受汉文化影响深刻，故多信汉传佛教与道教、儒教；而在维西傈僳族自治县、塔城、香格里拉、永宁、木里藏族自治县等与藏族杂居或毗邻的地区，人们主要信仰藏传佛教；像白地、奉科、宝山、大东等，既远离汉文化，又远离藏文化的纳西族聚居区，人们信奉的是东巴教。

在此条件下，作为东巴教之基础及有机补充的萨满教信仰获得了一线生路。这样，萨满教在多种宗教共生的状态下按照自己的逻辑以残缺的方式继续存在，并且学会了从道教、佛教、东巴教吸取营养的本领。这是她的另一种归宿。

当历史发展到20世纪与21世纪之交，纳西族社会发生了深刻的变化，由于政治、经济、科技等种种力量的交合作用，纳西族传自远古的萨满教信仰正在走向全面崩溃，不仅那些相对比较纯粹的萨满教信仰正在陷入灭顶之灾，而且即使是带有浓厚的萨满教色彩，同时又受到苯教、佛教影响的东巴教，也几乎完全退出历史的舞台。这是纳西族萨满教信仰的最终归宿。

这种归宿对纳西族与纳西文化到底意味着什么？预示着什么？让我们去逐渐揭开它的谜底吧！

纳西"萨尼"的萨满本质及其比较

纳西族地区的宗教分布十分庞杂，到20世纪上半叶，计有"萨尼"信仰及东巴教、汉传佛教、藏传佛教、道教、天主教、基督教等。其中，广义性的东巴教中还包括有盛行于纳西语东部方言区的达巴教，藏传佛教中包含有白教信仰与黄教信仰。

由于佛教、道教、天主教、基督教等都属于外来宗教，因此，只有东巴教才是纳西族的民族宗教，而"萨尼"信仰则还没有上升到宗教的层次，仅仅是一种与东巴教具有千丝万缕联系且作为东巴教信仰基础的信仰形态。

如果从纵向的历史进程加以把握，我们可以发现这些宗教或信仰呈这样一种序列：在作为古羌人的一支活动于西北草原之际，纳西族先民与其他北方草原民族一道崇奉早期的萨满信仰；在迁入西南山地，即怒江、澜沧江、金沙江、无量河、雅砻江、大渡河六江流域之后，固有的萨满信仰不断山地化，并与狩猎与农耕信仰结合，演变成"萨尼"信仰；在大部分纳西族先民"麽些"跨过金沙江散居于丽江、永胜、宾川等地之后，随着"麽些诏""花马国"等准国家级政权的建立以及全民族的农耕与定居化，东巴教在藏族苯教的强烈影响下逐渐形成。它的成形期在隋唐，发展期在宋元，鼎盛期在明及清中期，衰微期在清末民国年代，灭亡期在20世纪50年代之后；汉传佛教始传自南诏时代，到明朝再次复兴，清"改土归流"之后仍有一定的发展；藏传佛教与纳西族的关系应开始于唐代，但并无寺院的建立、僧侣的育成。到明朝统一藏区后，纳西族木氏土司才扶持白教派协助统治藏族占领区的精神世界，但当时仅限于在纳西族藏族杂居区及占领区推行它，因而在纳西族大本营仍以东巴教与汉传佛教作为精神支柱。进入清代，藏传佛教骤然兴盛，仅在丽江境内就建有白教寺院 13 座，其繁荣局面一直延续到 20 世纪上半叶，并且至今仍有存留；儒文化伴随纳西族在明代主动接受汉文化而首先在木氏贵族集团中传播。后随“改土归流”受汉文化教育影响的日益广泛，其信仰者不断增多；道教传入纳西族地区亦肇始于明代。那时，一部分道法高深的道士被木氏土司延邀至丽江为其担任军师，协助推背天文、风水、运势、运筹军机大事。到清代“改土归流”之后，汉族移民纷至沓来，他们的精神信仰——道教也一并被带入，出现了大量的道观及谈经班、道教祭祀活动。直到今天，道教洞经音乐仍在丽江存活如初。

无疑，纳西族的宗教信仰表现出较鲜明的地域性特征：在与藏族杂居或邻近藏族的地区，均以信奉藏传佛教为主，兼以信奉本民族的东巴教（包括达巴教）；在与白族、汉族杂居或邻近的地区，尤其是在丽江古城及汉化显著、汉族移民后裔集中的城郊，同时兼信汉传佛教、道教、天主教、基督教。在此，东巴教的生存空间已经很小。在远离白族以及汉化与藏化都较弱的僻壤山乡，人们主要崇信的仍然是东巴教，并辅以“萨尼”信仰。

那么，“萨尼”信仰在纳西族的精神世界中占有什么样的位置呢？我以为，纳西族先民生活在西北草原时代的萨满信仰及其在西南山地变异发展而成的“萨尼”信仰均属于“前东巴教信仰”，它是东巴教的源头及基础。东巴教的思想、形式、仪式之雏形已萌芽于其中。

“萨尼”，又称“吕波”（lin-bu）、“桑帕”（sa pa）或“帕”，但以“萨尼”最为人们所熟知。它在纳西族象形文字中写作“警”或“如”，均表明其最早为女性，一般都释之为“女巫”。在纳西族东巴教经典中所记载的最早的“萨尼”为“美帕科洛”（mupakolo）、“美帕丁那”（mmpadina）、“盘孜萨美”（prad-zusame），她们均是女性。美国学者约瑟夫·洛克曾经在《论纳西人的“那伽”崇拜仪式——兼谈纳西宗教的历史背景和文字》中指出：从象形文手写本中可以看出，过去的巫师是女性，她们留着长而散乱的头发，主要被请来与死者的灵魂交往，在月夜举行降神会，给人们传递从死者那里传来的信息。

约瑟夫·洛克还在他的另一篇文章《献给中国西藏边疆纳西人的萨满》中对纳西族的萨满——“萨尼”或称“吕波”做了这样的介绍：“吕波”，亦即“萨尼”，是纳西族的真正的巫师，一般由女性担任。据传，她们可上溯至周代。“吕波”是一个人名，她是吕尚（即姜太公）之姐妹的信徒之一，“吕波”乃黑巫术在纳西族社会的遗存。“吕波”成巫的过程大抵如此：将成“吕波”者先处于迷狂状态，并疯狂地舞蹈着奔向玉龙山下的三多庙。进庙之后，她仍狂舞不止。一旦三多神像旁的红布条束中有一条掉落在她身上，人们便可断定她已成为“吕波”，因为三多神被奉为“吕波”的四个保护神之一。红布条掉落意味着被保护神所认可。从此以后，“吕波”就要始终将这个红布条缠在头上，以作为巫师的标志。“吕波”一般穿普通蓝布长衫，头缠红布条；腰间插以色彩各异的纸旗，头巾上插有小纸旗。其法器为一柄剑，一面小锣，一大铁铃以及其上所持的若干小铁铃。“吕波”之脖颈上挂一串“玛尼”珠串。另外，“吕波”作法时还使用一面桶状大鼓。

纳西族的“萨尼”或“吕波”的职能，主要是请神、驱鬼、占卜，也行医治病。其仪式大多在夜间举行，一般在当事人家中院子正中心放一张桌子，其上放有盛粮食的器皿，上插香炷与纸旗。仪式开始时，要将桌子移至朝村道的大门口，并由“萨尼”降请优玛保护神。这位神灵一直被供奉在一间神房里，位于三多神画像之前。紧接着，“萨尼”请山神下凡，请住宅神保佑，进行正式的祭祀。最后，将神或鬼送走。这些巫师长于做各种惊人的巫技表演，上刀山、下火海、口吐火龙、徒手捞油锅、以舌舔火烫的犁铧，不一而足……

根据种种资料，我们可以断定纳西族的“吕波”或“萨尼”，正是见诸于东北亚各地乃至世界更广范围内的萨满及其信仰。其具体情况介绍、分析如下：

1. 纳西语称萨满为“吕波”或“桑帕”“萨尼”。因“吕波”是人名，即萨满的始祖名，而“桑帕”之“帕”则是动词，本指狂舞迷歌，进而指狂舞迷歌以行巫者，故只有“萨尼”才是对巫师的正确称呼。与纳西族同属汉藏语系藏缅语族彝语支语言的彝族称巫师为“苏尼”、傈僳族称巫师为“桑尼”或“苏尼”，可以说它们与纳西语中的“萨尼”语源一致。无论是“苏”“桑”，还是“萨”，都保留了“萨满”一词的词根“萨”（sa），并与满语称巫师为“萨满”相对应。不过，由于年代久远，纳西语、彝语、傈僳语中的“萨”之意义已经难以知晓。

2. 根据东巴经典的记载及大量的民族学田野考察资料，纳西族的“萨尼”最早都是女性，到后来才有一小部分男性加入，并同时兼任巫师与东巴。在东巴经典《白蝙蝠取经记》中就称人类最早的巫师为女性。而且，在天界作为女巫神的尊者也是女性，叫“盘孜萨美”。我怀疑这里的“萨美”亦即“萨满”之音变，而“盘孜”中的“盘”指古氏族“盘”和“孜”，指“占卜”和“推算”，因而“盘孜萨美”这一神名的纳西语意义是：“善于占卜推算的盘氏族萨满。”类似的以女性为巫的情况在亚洲的东北部乃至日本等地都普遍存在，如满族、鄂伦春族、鄂温克族是这样，蒙古族的“依都根”也是这样。这说明萨满信仰产生于母系社会，女性不仅在家庭生活、社会生产生活中占有重要地位，而且在人们的精神生活领域也扮演着主要的角色。至于“萨尼”中已经出现男性，并且其比例日胜一日，乃是因为纳西族社会已经进入了父系社会，男子在社会生活及精神生活领域越来越占有主导地位。“萨尼”中的女性与男性混杂现象，则折射出纳西族父系社会的不彻底性。

3. 纳西族的“萨尼”分自发性成巫与投师成巫两种类型，并以自发性成巫者居多。正因为这样，“萨尼”都不是世袭的，只有极个别例外。据和志武调查，1988 年去世的云南丽江纳西族自治县龙山乡贝拿课村“萨尼”和学先是投师成巫的一个典型。他在年轻时远走维西傈僳族自治县、中甸等地做手艺，并在中甸县金沙江边的吾竹、车竹一带投师学习巫技、巫艺、巫医、巫经等，最终成为一名受人尊敬的“萨尼”。因他不苛求求巫者必须先交多少钱，无钱者也可求巫，因此近 20 年内常有人不断来找他求巫。由于他投师学成，因而拥有传人。听他侄子说，丽江树底（地名）有一对中年夫妻，是他伯父展知爸（即和学先）巫师的传人。

一方面，就目前掌握的资料来看，我们还没有发现“萨尼”在家庭内部世袭传承的情况。而这样的例子在东北满族中是屡见不鲜的，如著名的萨满大师傅英仁便是世袭学成的“家传萨满”。这大概是由于纳西族拥有强大的民族宗教，像祭祖这样的家庭性或家族性祭祀职能已经由东巴所承担，所以造成巫师“萨尼”以更纯粹的方式存在，不需限于家庭内传承。而满族的情况则不然，他们没有比萨满教更高形态的宗教形式，祖先崇拜又在他们的信仰领域占有重要的地位，从而产生了萨满家传，以确保家庭或家族祖先在集团内稳定地、连续地被祭祀的需要。

另一方面，自发性成巫的“萨尼”在纳西族社会曾长期存在。它是“萨尼”的原生性形态。它是不可选择的，也是被动成巫的。尤为重要的是，这类“萨尼”还往往都是女性，与投师习巫成“萨尼”者均为男子形成鲜明的对比。日前，笔者曾前去云南丽江做有关纳西族“萨尼”信仰残存情况的调查，发现在金山乡团山行政村岩脚自然村不久前仍活跃着一位女“萨尼”，其丈夫和成信已于几年前去世。这个女“萨尼”正是自发性成巫的典型。据了解其情况的人介绍，此女子于 20 世纪 70 年代初从外地嫁入岩脚自然村和成信家。某日，她因病突然昏迷。数日之后，她上通神灵，下通鬼怪，能歌善舞，擅长占卜、行医。但是，因当时处在“文化大革命”中而不敢张扬。进入改革开放时代以后，她开始受到人们的关注，不断到邻村、邻乡，甚至到城里及邻县去行巫，声名日高，收入日丰。在丈夫死去之后，她又改嫁邻近的龙山乡一农民为妻，仍在那里继续行巫。目前，她已经是丽江纳西族地区仅有的一个女“萨尼”。①

4. 纳西族的“萨尼”承担的职能有治病，占卜断运，祭祀神灵，祛除灾难，讲传神话传说，表演祭神驱鬼的歌舞，制作有关祭器、工艺。这

① 白庚胜于 2001 年 10 月调查所得。

与富育光先生在《萨满论》中所介绍的远古时期萨满的职能几乎无异。他说，在远古时代，满族萨满要承担以下事务：

（1）同氏族成员共同参与猎捕、迁移、筑室、守候、护幼老、御寒等集体劳动生产事项。

（2）采集各种花卉、草本、木本以及石、革、果实等，研制土药，救护医治病患；承担驱鬼、索魂、卜占等精神医疗治法。

（3）简设祭址、祭物、祭坛，确定和命名有利于自然界或有害于神祇的名讳，为全氏族祈祷祝祭，并确定临时祭、常例祭等日程、时间及内容。除此，规定各祭的献牲种类、多寡及陈设要求。

（4）为生者接育，为死者送魂、招魂、安魂、驱邪鬼魅；确定共同坟墓的地址。

（5）原始语言、舞蹈、艺术、神话的主要荟萃和创造者。

（6）参加不定时的首领或首领联席会议的参谋决策事项。①

可见，除了第六项之外，纳西族的“萨尼”所承担的职能与满族古代萨满承担的职能基本相似。

5. 纳西族的“萨尼”是通神人物，介乎于人、神、鬼之间，其前提是鬼魂附体。正如埃利亚德所指出的那样：“萨满的特征是他能处于迷狂和鬼、魂附体状态时在宇宙的不同层面作灵魂的旅行。”② 即，去与超自然的鬼、神等灵界沟通。约瑟夫·洛克就曾于 1928 年 10 月 24 日夜在云南丽江玉湖村目睹了一个纳西族“萨尼”——“吕波”的通灵表演：

那个有名的“吕波”一边击锣，一边用哀怨的声音长声高喊。他是在呼唤精灵。病孩的父母和祖母跪在那渴盼着精灵出现在听众的前排。突然，“吕波”唤出这家人五代前一个祖先的名字，孩子的双亲立即认出

① 富育光：《萨满论》，辽宁人民出版社 2000 年版。

②［法］米·埃利亚德《大英百科全书·萨满》第 15 版，载《世界宗教资料》1983 年第 3 期。

这名字，他们恳求祖先的精灵告诉他们做错了什么事。但精灵通过“吕波”回答说他不能继续在此逗留。“吕波”继续他哀怨的呼唤，于是患病男孩祖父的灵魂与刚才不想透露身份的鬼魂结伴出现。孩子的父母跪着请求那不善的鬼魂告诉他们他是谁，于是那“吕波”唤出：“文真！”话音刚落，病孩的父亲发出尖利的哭声，因为这正是他那几年前在村子后面雪山上殉情而死的妹妹的名字。他妹妹通过“吕波”断言她没有做任何与孩子的病有关的事，因此不想来这里，但却被她父亲领来了。父亲的灵魂随即宣称男孩命运已定，他不能在阳间继续停留，最好现在就替他准备一副小棺材。于是，患病男孩的双亲和其他亲戚开始哭泣。整个降神会显得很哀伤和神秘，半圆的月亮隐藏在浓重的云的帐幔后面，暗淡的月光照在院子里，照在肃默的人们身上，一个接一个精灵通过“吕波”出现，传达他们那使人悲伤的音讯。第二天，那个患病的小男孩就死去了。

在这里，“萨尼”是一个精灵世界与人间的媒介，他呼神唤鬼，预言患病男孩的归宿，并于第二天就得到证实。由此可见，“萨尼”是凭精灵与神、鬼进行交际为主要方式，以回答求助者提出的问题，并满足他们的诸种要求的。这一点，正是东北亚萨满最基本的特征之一。

6. 纳西族的“萨尼”大都精通巫技，这些巫技包括上刀山、下火海、嘴喷火、捞油锅、口衔烫犁铧等。约瑟夫·洛克对此的描写是：

“吕波”在一瞬间跳进火堆，用赤脚踢开燃烧的木头，借助他的刀取出烧红的犁铧，然后手执竖直的犁铧，在院子中绕圈走。他用舌头舔犁铧，然后用牙咬住犁铧，在院子里从一个角落走到另一个角落驱鬼。“吕波”另外一个驱鬼的方法是用一个锅，锅里盛满菜籽油，把菜籽油煮沸后，“吕波”泼进烈酒，用力搅拌后把它点燃，然后用一只手掌托着锅，另一只手伸进滚烫燃烧的油中，火苗蹿上他的手，他继续把手不断浸在燃烧的酒精中……“吕波”首先把特定的巫术套语念上合乎规范的次数，然后双手作杯子状伸进滚沸的油里，弯腰向油锅洗了3把脸，每次洗脸后都把手重新伸进油锅。我十分担心这个可怜的人手将会被可怕地烫伤，结果他的手虽然通红，但没有一点烫伤的痕迹。1个小时以后，他的手和脸的颜色又恢复了正常。

根据郭淑云《原始活态文化——萨满教透视》[①]、富育光《萨满论》[②]等的介绍，满族等中国东北地区少数民族的萨满所掌握的巫技也大体相同。这些巫技的千篇一律性所表露出的信息是它们起源一致、目的相同、功用近似。

7. 纳西族的“萨尼”信奉万物有灵、灵魂不灭，认为神、人、鬼分处三界空间，即神居天界、人居人间、鬼居下界，宇宙山或宇宙树是三界之间互相沟通的通道。中国北方阿尔泰语系民族萨满信仰也无不如此，他们亦是泛灵信仰的代表者、三界宇宙的崇拜者。据匈牙利学者迪欧塞吉介绍，在东北亚诸民族的观念中，宇宙充满了居住灵体的众天体。他们自己的世界是圆盘形的，像个浅碟子，中部有一孔通向下层世界。上层世界位于中层世界，即地球之上。它有一个比中层世界大许多倍的拱顶。地球即中层世界，位于水中，驮在1头巨兽的背上。它可能是1只龟、1条大鱼、1头公牛或是1只猛犸。这些动物一活动即引起地震。地球被一条宽阔的带子围绕着，上有一高柱子与上层世界相接。上层世界有许多层——3层、7层、9层或17层。地球的中心长着一棵“宇宙树”，上接上层世界诸神灵的居所。[③]

在“萨尼”信仰中，宇宙不仅呈三界纵向结构，而且还呈二元性起源的对称结构，阴与阳、男与女、雌与雄、正与负、生与死、昼与夜、鬼与神、美与丑、正义与邪恶、光明与黑暗等同时并起并对称存在，从而构成了物质世界与精神世界、精灵世界的基本平衡。这在中国北方乃

① 郭淑云：《原始活态文化——萨满教透视》，上海人民出版社2001年版。

② 富育光：《萨满论》，辽宁人民出版社2000年版。

③ 富育光：《萨满论》，辽宁人民出版社2000年版。

至东北亚民族的萨满信仰中也普遍存在，如藏族萨满信仰——苯教经典中就称：光明、清净、创造、生是善端，黑暗、恶浊、不净、破坏、死是恶端；善端的最高神是安胡拉·玛兹达，即智慧或主宰之神；恶端的最高神是安格拉曼与纽，即凶神[①]。

8. 纳西族的“萨尼”无偶像崇拜，亦无庙宇、无教主、无职业性集团、无文字记载的经典。在“萨尼”成巫之际要前往玉龙山下的三多庙加以确证的情况仅限于丽江城郊一带。三多神在纳西族民间传说中仅是一块白石，将他泥塑于庙中是较晚近的事。而且，三多庙又称“玉龙祠”，其建造年代似可推溯到南诏时代所供奉的一方土主——北岳神，有人推断当是白族信仰在纳西族中的遗存。综观满族、蒙古族、鄂温克族、鄂伦春族等民族的萨满，一般都无专门性行巫建筑物——庙宇、教堂，没有主神，也没有教主。萨满都是一些生产者，他们只是在村落中举行祭祀活动，被邻里请去主持法事活动之际履行自己的职责。由于没有文字经典，萨满所念诵的均是口诵经典，到汉字广泛传入及满文创制之后，才有一些文字经典在萨满中出现，但所占比例极少，如《尼山萨满》就是这样。

关于“萨尼”与东巴教之间的关系至今鲜有人作过正确的阐释，只把东巴教视为无根无源、在公元6—7世纪突然产生的宗教，或是认为东巴教即是巫教，是纳西族从洪古时候就拥有的信仰。其实，这两种看法都不正确。正如我们在开篇就已将“萨尼”定性为萨满之变体、“萨尼”信仰，即为萨满信仰并称它为“前东巴教信仰”那样，“萨尼”信仰与东巴教具有十分密切的联系。前者是基础，后者是继承与发展。当然，东巴教不仅仅是“萨尼”信仰的延续，它还受到了藏族苯教的深刻影响。这也就是纳西族与同属汉藏语系藏缅语族彝语支拥有共同的“萨尼”或叫“苏尼”信仰，同为古羌人的后代，一同生活在横断山脉地区，但一者实现了从原始宗教信仰向人文宗教的转变，而另一者是仍然笼罩在巫术

① 任继愈主编:《宗教词典》，上海辞书出版社 1981 年版。

的阴影之下不能自拔的原因所在。

“萨尼”信仰与苯教融合形成东巴教，不仅体现在其存在形式、思想观念、神话传说等各个方面，而且还突出地体现在“萨尼”与东巴本身的存在形态上。我们知道，纳西族东巴教的神职人员——东巴都是男性，他们既在家庭内部连代传承，或隔代传承，也在家庭之外投师传承。他们拥有丰富的文字经典，主持众多的仪式，不再进行大量的杀牲……然而，他们身上残留有“萨尼”的痕迹。如：在云南丽江鲁甸乡一带，既是“萨尼”又是东巴者有之，著名的东巴大师和云章之父、杨学才之父都是身兼两职者，[①] 1931 年曾经帮助约瑟夫·洛克翻译东巴经典的东巴，也是一个兼行“萨尼”（即吕波）者。即使是那些单纯的东巴，也有不少人长于巫技，凡上刀山、下火海等都不在话下。最重要的是，纳西族东巴都长于占卜，计有数十种占法。事实上，占卜是萨满信仰的基本内容，而人文宗教并不重占卜，甚至否定行占。我们是不是可以由此推断“萨尼”与“东巴”兼于一身正是“萨尼”向东巴转化、“萨尼”信仰向东巴教升华的一种表征？许多东巴擅长于各种巫技所表明的正是东巴教向人文宗教发展与过渡的不彻底性？

这里，需要解释的是“萨尼”信仰虽然在一千多年前就与苯教相结合衍生了东巴教，但“萨尼”及其信仰何以长期与东巴教并存于纳西族社会之中？我认为，这是因为：

一是“萨尼”与苯教的最初结合在东巴教的起源地——白地（白地是纳西族与藏族进行文化交流的最前沿）实现，然后这种成果不断向其他纳西族地区推进与推广。因此，在白地以外的地区长期存在“萨尼”存在的土壤。

二是由于落后的生产条件及医疗条件所致，纳西族社会一直存在因突然原因致病并处于迷狂状态的生理现象，人们不能对此做科学的医治与解释，故而“萨尼”信仰的生理基础与心理基础一直根深蒂固。

---

① 吕大吉、何耀华主编：《中国原始宗教资料丛编·卷一：纳西族》，上海人民出版社 1993 年版。

三是东巴教虽是在苯教影响下提升固有的“萨尼”信仰而形成，但这种提升还拖着“萨尼”信仰的尾巴，缺少彻底否定能力。它们甚至常常互相补充，互相作用，共存不悖。

四是对东巴教的产生发挥过巨大作用的苯教是已经被佛教化的“白苯”，它在“黑苯”的基础上形成，故仍然包含着许多的萨满教信仰成分，在本质上与“萨尼”信仰具有一致性，从而它们之间的关系不是你死我活的异教冲突关系，而是你中有我、我中有你，具有苯教比“萨尼”的层次略高的依存关系。

五是丽江等纳西族地区长期处于多种宗教并存的状态，从来没有哪一种宗教居于独尊的地位，从来没有哪一种宗教有力量拒其他宗教于族门之外，更遑论出现政教合一的局面。于是，宗教与宗教之间的力量消长大大减少了某种宗教彻底挤压“萨尼”信仰的可能，使它能够苟延残喘。

我们对纳西族“萨尼”信仰本质所做的研究及其比较的意义在于：不能视东巴教为苯教的移植而忽视了本民族“前东巴教信仰”的基础；东巴教并非原始宗教，也不是人文宗教，它是原始宗教向人文宗教发展的一种过渡形态，既有浓厚的“萨尼”——萨满信仰因素，又有佛教的色彩，要对其性质做实事求是的说明；纳西族的“萨尼”信仰既与东北亚民族的萨满信仰有渊源关系，又与藏缅语族彝语支各民族的“苏尼”“桑帕”等信仰相联系，决不可封闭式地审视“萨尼”信仰的内涵。只有既区别又联系地考察纳西族与周边民族、“萨尼”信仰与东巴教、纳西族固有信仰与外来宗教之间的关系，我们才可能对纳西族的精神信仰有更本质的认识，从而更正确地揭示纳西文化的内核与意义。

纳西族色彩文化功能研究

色彩在纳西族民俗生活中发挥的功能大约有四种，它们分别是图腾的功能、巫术的功能、区别的功能、审美的功能。色彩之所以作为一种文化符号形式而被人们所接受，是因为它在表情达意、传递信息、丰富人们的生活方面具有独特的功能。比之声音、图案、文字、姿势等符号，色彩的种种功能能够更直观、更快捷而又更便利地得到发挥，而且融化到生产生活的各个细节部分。因而，色彩成为仅次于语言的符号系统，它不仅反映人们的思想感情并为社会服务，而且也影响到人们的思维定式，支配着一定的社会秩序及行为规范。

一、图腾功能

“图腾”一词出自北美洲印第安人奥吉布瓦斯部落的语言，意指“种族”、“他的亲族”或“家庭”等。其实质是用某种动物、植物或色彩等作为本种群的象征与符号。之所以选定有关动物、植物或色彩作为图腾物，是因为人们将本种群的起源归结于它们，或认为是人与它们相交媾的结果，或直接奉它们为本种群的直接祖先，或认为它们曾经庇护过本种群的祖先，从而受到人们的顶礼膜拜。

纳西族是一个由多氏族联合而成的群体，因而在先民之中当存在多种图腾。那么，这些图腾都是一些什么动物、植物或色彩呢？据对纳西族神话及现存民俗信仰等的研究，表明纳西族的图腾有牦牛、虎、狗等动物，还有松、柏、栗等植物。在色彩方面有黑色。

正如已经做过论述的那样，纳西族的尚黑行为不仅仅是普通的色彩崇拜，而且是一种图腾崇拜。这表现在以下几个方面：其一，纳西族以黑命名族，自称是“黑族”，历史上被称为“乌蛮别种”，因而具有以图腾命名、以图腾作为自己的徽章或标志的特点；其二，纳西族先民长期以黑色作为自己的服色，具有图腾色彩与族称、视觉性文化特征相统一的特点；其三，纳西族尚黑与纳西族先民在两汉时代被称作“牦牛夷”相关，牦牛是一种毛色为黑色的动物，因而图腾色——黑色原来就是图腾物；其四，纳西族民间至今有垂黑色（或染成红色）之牦牛尾于堂的习俗，这表现出了浓厚的怀旧心理以及对远古时代图腾信仰在形与色两个方面的追忆；其五，在语言上，纳西语中的黑除本意黑色外，还可引申出高、大、辽阔、美、深等积极性的意义。

这种以色彩为图腾并以之来命名族的情况在中国少数民族中还比比皆是。如，同样以黑为图腾并以黑色来命名族的有彝族、傈僳族、怒族等。汉族在唐宋时称彝族先民为“乌蛮”，直到现在，凉山彝族自称为“诺苏”，乌蒙山及哀牢山彝族自称“纳苏”或“聂苏”，贵州彝族自称“糯苏”。在这里，“诺”“纳”“聂”“糯”皆是彝语的汉字注音，皆为“黑”之意，而“苏”则是“人”或“族”之意，合称即“黑族”，与纳西族自称“黑族”相同。傈僳族自称“傈僳”，“与彝族自称‘诺苏’相近，意皆为‘黑人’或‘崇黑的民族’”。[①] 怒族自称“怒”，“怒”与彝族之“诺”、纳西族之“纳”近音同义，皆是“黑”之意，因其以黑色为图腾而自称之。与纳西族、彝族、傈僳族、怒族等民族以黑命名族相反，白族、普米族等则以白色为图腾色并以白命名族。白族自称“白子”“白尼”“白伙”等，皆是“白人”“白族”“尚白者”之谓。与之相应，古称白族先民为“白蛮”“大白”。南诏时，“国王服白毡”；大理国时，国王称“白王”；现今，白族民居均刷石灰为白色，男子穿白衣，缠白包头；女子穿白上衣，戴白头帕，披白羊皮。普米族自称“批米”，“批”为“白”，“米”为“人”，合称为“白人”或“白族”“尚白者”。他们在宅院旁建白石神灶，祭祀时多用白色牺牲，服饰上则女子穿白色大襟短衣、下曳白长裙、背披白

① 朱净宇、李家泉：《少数民族色彩语言揭秘：从图腾符号到社会符号》，云南人民出版社 1993 年版。

羊皮，男子着白衣、披白羊皮坎肩、裹白色绑腿。除此之外，有的民族的先民虽不以某种色彩称呼自己的种群，但仍然崇拜某种色彩，甚至以某种色彩为图腾，如蒙古人古代尚白。成吉思汗曾“建九足白旄纛即皇帝位”;《北史》称蒙古人“衣白鹿皮襦袴”;《马可波罗游记》称蒙古人过新年时“一切臣民皆衣白袍，男女老少皆衣白色，盖以白衣为吉服”。又，哈萨克族崇拜白天鹅，故而其色彩主要尚白。就古代中原而言，夏人尚黑，殷人尚白，周人尚红，秦人尚黑。

正因为黑色在纳西族的民俗中具有图腾的功能，它不但增强了纳西族的自识力，而且也增强了纳西族的内聚力。如纳西族四个支系在语言、习俗、社会发展程度等方面都有一定的差异性，但他们都直接或间接地自称“纳”，即“黑”，因而保证了全民族的一体性，并将自己与周边崇尚白色的藏族、白族、普米族区别开来。至今，无论在纳西族地区还是在汉族地区，纳西族男子一律自称“纳若”，纳西族女子一律自称“纳美”，通过对图腾色黑色的认同，以确认互相之间的连带关系。

二、巫术功能

如果说发挥图腾功能的色彩数量极端集约化，那么发挥巫术功能的色彩数量就要相对多一些。纳西族民俗中常见的有红色、五色及灰色，而尤以红色为突出。

（一）红色

在接受汉族的朱索、红帽、红巾、红线、朱旗、朱符、红肚兜、红腰带、红短裤、红褂子等红色物品之前，纳西族就已经将红色视作具有巫术功能的色彩，常常以此祛除邪恶、护佑人们的生命以及生产生活。比如，将牦牛尾染红后挂在马队之头马颈上，正是为了驱除沿途的邪恶，以保证马队的平安。红色还是纳西族古代盾牌之色彩，似乎除此之外，别无其他色彩足以抵御敌人的刀剑及箭镞。

红色与战争的联系还表现在神话中的战神身上。他们一般位于18层天界的红帐之中，具有无穷的威力，是众鬼的克星。由于鬼怕红色，主持各种道场的祭师——东巴往往身着红色法衣，以增强“克魔制胜”的法力。不仅祭师，像“萨尼”这样的巫婆，也总是头缠一根红带，既以此表示自己作为巫婆的身份，同时也以此保护自身不受鬼魔之害。

在许多民间宗教道场上，祭师总要在所插的木牌及其他器物之上涂染牺牲的血液。如祭风仪式上要杀鸡，并将其与猪、羊以为牺牲，每当杀过一种牺牲，都要将其血液涂染在鬼寨上环绕忍鬼树而安插的画有各种鬼怪的木牌之上，最后将所有木牌一起烧掉。可以肯定地指出，这种涂染不仅是让众鬼尽享血肉、不再危害因殉情而身亡者的尸体，同时也是在震慑、征服四方众鬼，不让它们贪得无厌、对正常的社会秩序产生连续性的破坏。需要指出的是，在这种场合，涂染血液是在强调血液所具有的红色，而不是血液本身。林惠祥先生曾经指出，有的民族最初的红色颜料大约便是血液。因此，在做驱除邪恶鬼怪的场合，用血也就主要表现为用红。

红是一种集火色与血色于一体、寓火的功能与血的功能于一身的色彩，因而具有极大的杀伤力，也具有极强的保护力。在克制最凶残的异类时，人们总是依赖红色的圣力、凭借红色的神功。比如白虎在纳西族的信仰中是一种极可怕的存在，只要被认为是“白虎进宅”，就会导致妇女不孕，造成一个家系的断子绝孙。因此，婚礼上以及因久婚不孕而驱白虎便受到人们的高度重视。而在这两种驱白虎仪式上大显神威的便是红色。

（二）五色

五色指黑、白、红、黄、绿（蓝或青）。它们作为一个色群同时并用，以象征金、木、水、火、土五行。将之并用于民俗仪式，主要是表明以最根本、最全面的神圣力量驱除邪恶，它比单纯用红色祛邪更加强烈。不过，五色并用并不像红色那样带有喜庆吉祥性，因而它并没有取代红色的地位，仅在一些特殊的场合发挥类同红色的作用。一个人死后将其尸体装入棺材之际，纳西人一般要将五色须缨钉在棺上。这既表明已经盖棺定论、进入另一世界，不许其返回人间作祟，也与纳西族古老的生死五行观有关，即：人身是五行的集合体，人死后又将还原为金、木、水、火、土五行。所以，钉五色须缨实际上又是在促成死尸的尽快还原。

五色并用祛邪的情况在每年端午来临之际使用最多。届时，各家家长都要在未成年少年之臂上缠上称作“续命缕”的五色线，直到两个月后的中元节时才将它解下来烧掉。为什么要这样呢？人们相信从端午到中元节为止是野鬼活动最猖狂的一段时间，那些尚未成年、生命力不是十分旺盛的少年儿童最容易被这些野鬼收走，导致夭折。因此，必须臂缠最富于震慑力、祛除力的五色线以保护身体健康平安，战胜妖魔的残害。当然，有关五行与五色的观念基本上是从汉族民俗及其信仰中接受过来的，并不是纳西族固有的民俗信仰。

（三）灰色

在纳西语中，灰色指草木燃烧尽之后的灰尘之色彩。因为它与火相关，它也具有一定的祛邪功能，只是不像火之本色——红色那样强烈，使用范围也不像红色那样宽泛而已。在纳西族的民俗中，使用灰色是直接与使用灶灰联系在一起的。比如立夏与端午，丽江一带的纳西族要在房子四周撒上灶灰，以防虫、蛙、蛇等进入家院，亦驱赶妖魔鬼怪远离家宅；又如永宁等地纳西族纳日人要在巫师——达巴做完法事离去之际，由主人在其后撒灶灰，并口吐唾沫，以示永绝鬼患，不再让巫师登门。

三、区别功能

在纳西族民俗中，色彩的功能以区别性最为显著。它使纷纭复杂的世界变得清晰与条理化，不仅便于记忆、便于分类，而且便于建立各种知识体系。

因为要进行区别，色彩的使用往往以复数的形式出现，有的成对，有的成群，不一而足。比如，成对使用进行区别的色彩有黑与白、红与白、红与绿等，成群使用的有黑、白、黄三色及黑、白、红、黄、绿（蓝或青）五色。就黑白成对使用并进行区别的情况而言，可列下表进行表示：

黑	白
女 夜 阴 雌 地 谷 母	男 昼 阳 雄 天 山 公

即使对同一对象，也以黑白进行区分，使之成为对立的存在。如道场分为黑道场与白道场，祭粮分为黑祭粮与白祭粮，桥梁分为黑桥与白桥，道路分为黑路与白路，石头分为黑石与白石，酒分为黑酒与白酒，河流分为黑水与白水，灵界分为黑界与白界，巫术分为黑巫术与白巫术，披毡分为黑披毡与白披毡，祭坛分为黑祭坛与白祭坛等。其中，有的是以黑与白区别程度，如黑道场指杀牲多、时间长、规模大的道场，白道场则反之；有的是以黑与白区别神性与鬼性，如黑桥、黑粮、黑路、黑界等都表明其鬼性，而白桥、白粮、白路、白界等则反之；有的则仅仅表现其自然色彩，如黑水、白水；有的皆因河水及石头之色彩表象而称之，与程度及神鬼性均无涉，如黑石、白石……

用红与白进行区别的情况仅见于人生仪礼，如纳西族一般将订婚、结婚称为“红事”，而将葬礼、超度等称为“白事”。可见，“红”之内涵是喜庆与吉祥，“白”所象征的是悲伤与哀恸。一悲一欢，一哀一喜，形成了鲜明的对比。与这种称呼相对应，红事上大量用红，几乎所有的饰物都取红色，而白事则大量用白色，几乎所有的饰物都取白色。

红与绿亦仅仅用来区别青年男女。通过这种区别，还起到了很好的象征作用，即叶离不开花，花离不开叶，热恋中的男女难分难舍。这种比喻性的区别常常使用于民歌，尤其是情歌之中。请看以下这首情歌所唱：

岩上开花岩下红，
妹又发财哥又穷；
红花要有绿叶配，
做妹做妹莫嫌穷。[①]

黑、白、红、黄、绿（蓝或青）五色并用进行区别的情况亦仅限于五方空间。在早期神话中为东方白、南方绿、西方黑、北方黄、中央花（杂色）。到了后期神话，变成了东方青、南方红、西方白、北方黑、中央黄。至于五色马、柱、神、水、人、山等只是用五色区别五方的一种派生现象。也就是说，不同色彩的人、神、马、山、柱、水是因居于不同方位而得称，除了表示它们处于不同的空间方位之外，并无特别的意义。不过，在《董术战争》等作品中，色彩除了区别方位之外，也区别居住于相应方位中的存在者的属性。如东方为白，居住者为神族；南方为绿，居住者为人类；西方为黑，居住者为鬼族；北方为黄，居住者为龙（即署）。

用黑、白、黄三色一并进行区别的情况见于对纵向空间的表现。它们分别是以白色表示神灵所居住的天界，以黄色表示人类所居住的大地，以黑色表示鬼怪所居住的地下界。而在纵向空间仅被切分成天与地两界之际，表示天的是白色，表示地的是黑色，它们从属于用黑白成对进行区别的系统。另外，纳西族民俗中还以色彩区别不同的人生阶段与季节、社会阶层等。仅就社会阶层的色彩区别而言，云南省宁蒗彝族自治县永宁纳西族纳日（摩梭）人在20世纪50年代前分为“司沛”“责卡”“俄”三个等级。“司沛”为封建领主，“责卡”为百姓，“俄”为奴隶。其中的“俄”又分为三种，分别称“白俄”“黑俄”“花俄”。白俄和花俄

① 李霖灿：《金沙江情歌》，载娄子匡、中国民俗学会编《国立北京大学、中国民俗学会民俗》丛书第二辑，东方文化书局1971年版。

是与领主分居的奴隶，黑俄则是居住在家里的奴隶，白色和花色的等级高于黑。

四、审美功能

审美可以是集体性行为，也可以是个体性行为。从其产生与发展的过程观之，越是在早期社会，审美的集体性越是鲜明；反之，越是在现代社会，审美的个体性越是显著。就纳西族民俗中的色彩而言，它的审美功能是显而易见的，审美的集体性也十分突出。除了在金沙江两岸与汉族、白族相杂居的地区外，纳西族民俗中的色彩一直缺乏个性化的表现。

什么样的色彩为美？这是一个难于回答的问题。但是，难于回答并不表明不能回答。美是绝对的，因而可以回答；美又是相对的，因而难于回答。如果仅仅就纳西族的色彩审美而言，某种色彩之所以被视为美，是与其对人类生活的作用息息相关的。如语言学的研究成果所表明的那样，纳西语中的黑除了表示黑色本身之外，还引申出许多富于积极性的意义。究其根本原因在于，纳西族先民在远古时代畜养牦牛，人们的衣食住行皆仰赖于此，并由此引发了对牦牛的崇拜直至将其奉为图腾，最终将牦牛之毛色——黑色视为图腾色彩。黑色在人们物质生活及精神生活中的作用及互动的结果使它成了人们的审美对象，具有了庄严、凝重、深沉、雄浑等含义，成了一种神色、圣色，完成了从有用性到审美性的转变：黑就是美。人们在以黑自称其族、以黑色作为服色、以黑色作为帐篷之色彩时，显然是在以美装饰自己，是在以美称呼自己。在这一时期，个体完全隐藏在集体之背后，集体的美也就是个体的美，它们之间是完全统一的。

在纳西族接受藏族的苯教、纳西族的生产形式从畜牧变为农耕之后，试图取代黑色成为纳西族民俗中的审美对象的是白色。而且，在受藏族苯教及藏传佛教之影响十分深刻的东巴教中，以及在与藏族相杂居或相毗邻的纳西族地区，白色确乎已经成为至高无上的色彩，不仅在服饰上、语言上、农具上有这方面的反映，而且在人生礼仪、信仰等方面亦有崇尚白色、以白色为美的表现。反之，将黑色视为邪恶的、丑陋的、污秽的色彩。在《崇搬图》及《董术战争》等神话作品中，白色成了光明、正义、美好、真实的代名词。这种审美的根据主要在于人们相信世界是二元的。这二元同时存在，相互对立，互相消长。这二元在神话中具体表象为黑蛋与白蛋，黑蛋孵化出妖魔鬼怪，白蛋孵化出神灵及人类。与以上所介绍的从某种色彩的有用性引发出对它的崇拜直至将它视为审美对象相比，对白色的崇拜以及将它视为审美对象，主要源自人们的信仰，而且这种信仰主要传自外部世界。

面对白色崇拜及以白色为审美对象的外来文化浸润，纳西族的色彩审美也在发生变化。一方面，固有的尚黑信仰仍根深蒂固；另一方面，尚白的因素不断增加。在服饰用色方面，人们开始用非白、非黑的蓝色或青色作为基本色彩。这显然是对尚黑与尚白两种色彩审美观的一种折中，蓝色与青色在色彩谱系上都是暗色，与黑色具有共性，表现出对尚黑性的部分继承，但是蓝色与青色又有对黑色的部分否定，其中包含有白色的因素，但又具有向亮色过渡、发展的趋向。这在蒙赛尔表色体系中表现最为明显：表示明度之垂直性中轴之两端为黑与白，黑表示明度的完全消失，白表示明度的极限。从黑到白是一个不断增大明度的过程，从白到黑则是一个明度不断减弱的过程，青色与蓝色、黄色、红色等便处在黑白两极之间。纳西族民间称“纳西宜穿蓝（青）”。这表明，在近代纳西族的色彩审美已有了重大变化，即将蓝或青视作主要的审美对象。

对黑与白的兼收并蓄，在纳西族妇女所穿戴的羊皮的用色上表现最为明显。一方面随着皮革加工技术的进步，过去直接披于背上的整羊之皮被刮去油垢、搓制柔软，还抹上糯米粉等使其洁白；另一面则仍然保持黑色的羊毛，使得羊皮里白外黑，形成强烈的反差。这种反差所体现的是阴阳和谐、对立统一。

红色之所以在后来被视为美，乃是因为红色总是与美好的事物联系在一起。求子、贺生、定亲、结婚、成巫仪式、新春等，无一不是喜乐之事。喜乐、吉祥、热烈、奔放等情感都寓于红色之中，使之成为近代纳西族民俗中又一重要的审美对象。

色彩审美的个性化在近代纳西族社会中已经有了萌芽。仅就服色而言，李霖灿先生收集于20世纪40年代的民歌中就已经有关于蓝色、青色、白色、红色、黄色、绿色的内容，白色中还分出漂白色，蓝色中还分出粉蓝色。昔日那单调的黑色正在被越来越多的色彩所代替。可见，随着木氏土司统治结束，汉文化大量传入，以及西洋颜料、染料、布料等经茶马古道输入纳西族地区，纳西族民俗正在发生一系列变化，为色彩审美的个性化奠定了社会的、文化的、技术的基础。

纳西族色彩文化的基本特征

色彩是一种光学现象，是一种美术手段，更是一种文化。

从全人类的色彩信仰发展历史看，它由来已久。5万年前的山顶洞人就懂得用赤铁矿粉围护尸体，处于智人阶段的尼安德特人开始用五彩缤纷的鲜花作仙逝者的陪葬品，爪哇古骸骨曾被红色的赭石所涂染。从西班牙阿尔塔米拉山洞的野牛画到非洲撒哈拉沙漠残存的野鹿画，从我国云南的沧源崖画到广西壮族的花山崖画，无处不留下远古人类认识色彩、运用色彩进行审美的痕迹。从总的趋势看，由单一到多样、由巫术到审美、由神秘到世俗、由集体表象到个性化表现，乃是人类社会色彩信仰所走过的全部历程。当然，色彩信仰也具有一定的民族性与时代性、地域性，即在不同的民族以及同一民族的不同社会发展阶段，在同一民族所处的同一社会发展条件下的不同地域，同一种色彩会含有不同的文化意义。根植于人们生产生活及精神信仰中的色彩，不但是文化的一部分，而且是表现文化的特殊形式。纳西族民俗中的色彩信仰，既是纳西文化的重要组成部分，同时也是纳西文化的表现形式之一。作为纳西文化的组成部分，它有自己的起源及其发展过程，具有自己的特点，发挥着自己的特殊功能；作为纳西文化的表现形式，它渗透于语言、工艺、服饰、饮食、建筑、神话等各个方面，并构成了自己的表现系统。

一、多元性

纳西族民俗中的色彩信仰具有多元一体的特征。多元指色彩信仰因素有多种来源。它强调纳西族色彩信仰绝不是单质的，也不是“天不变，道亦不变”。比如，尚黑信仰源自古羌人的游牧文化，它们至今仍残存于纳西族的语言词汇、对山水的命名习惯、族称、服饰等各方面。又如尚白，纳西族主要是受到了已被改造成崇尚白色的苯教，以及藏传佛教中的白教派的影响。随着藏传佛教黄教派在纳西族边远地区占有统治地位，并在白教派冲突中的黄教派逐渐占据主导地位，黄色在纳西族的民俗中“后来居上”，渐渐成为仅次于白色的重要色彩。如果没有藏族文化的作用，尚白与尚黄在纳西族民俗中要占据主导地位是异常困难的。在以丽江为中心的受汉文化浸润最显著的纳西族地区，红色在民俗活动中表现得十分活跃。尚红信仰正是纳西族不断汉化的结果。因为在纳西族的古老民俗中，红色并非人们的崇尚对象，它常常是贪婪、残暴、流血、死亡、战争等的象征。表现在民俗活动中的色彩信仰的多元性由纳西文化的多元性所决定，色彩信仰中的多元性正是纳西文化之多元性的具体表现。

因为多元，纳西族色彩文化中便常常出现许多矛盾的现象。如纳西族自称“黑族”，却在神话史诗《黑白战争》中将自己称作是拥有白天、白地、白日、白月、白山、白水、白马、白绵羊、白山羊的白部族的后代。又如纳西族现今空间方位的色彩表现为东方绿（青或蓝）、南方红、西方白、北方黑、中央黄，而在《崇搬图》等许多神话作品中，却称东方白、南方绿、西方黑、北方黄、中央花（杂色）。

多元性存在于统一的纳西族民俗及纳西文化之中，因而纳西族的色彩信仰又具有一体性，只不过这种一体性并不像汉族的色彩那样完整、彻底与统一。其原因是纳西族在历史上没有建立过自己的国家政权，没有也无法对包括色彩在内的精神信仰进行整合与统一。面对现存的纳西族色彩信仰的诸多矛盾，我们只能将它们放在纳西族社会发展的历史长河中与周边民族及其文化相比较并做出历史的、合理的说明。

二、物色混一性

物色混一是原始人类的色彩信仰必经的起点。因为在原始人类眼里，并不存在抽象的色彩，红色必是红日、红火、红石、红霞、红花或是红色的肌肉与鲜血；白色也必是白云、白雪、白石、白花或是白色的飞禽走兽。将色彩与物质分离开来是后来的事。从思维发展史的角度讲，它有赖于人类具有类化、抽象、综合等能力，我国古代关于“白马非马”的命题正是这种思维能力的生动体现。只有在“红日非红”“白云非白”，而是表现于红日、红火、红石、红霞、红花、红色的肌肉与鲜血中的共性——红色抽象出来之后才有了形而上的“红”，这就为涂染红色并最终以人工合成红色奠定了坚实的基础。因此，物色浑一是纳西族的色彩信仰具有一定的原始性的一种表现。

纳西族色彩文化中的物色混一性表现在色彩名称的语言及东巴文表象上。从东巴文表象而言，黑写作黑色碳块等状，表明最初的黑是碳块等物象及其色彩的统一体，后来才指碳块所具有的以及与之相类似的色彩。当抽象性的黑产生之后，纳西族开始借用藏文中黑字体来记纳西语之“黑”音，实现了形与音、意在文字上完全分离。又，红在纳西东巴文中写作火状。显然，红与火在最早是统一的：火即红，红即火，红之本色为火色，后来才以红指所有类似火色之色彩。因此，在纳西族的色彩感觉中，一提到红色，首先想到的是熊熊燃烧的烈火。它给予人们温暖，唤起人们热烈的情绪，同时也让人们焦躁不安，联想到烈火漫卷荒野的肆虐与残暴。

表现在语言上，纳西语中常常用黄金称黄色，用白银称白色，用绿玉称绿色。如黄龟称“含失罢美”、白山称“吾鲁”、绿龙称作“俄恒美汁”。所谓“含失”即“黄金”，但“含失罢美”说的不是黄金铸成的龟而是指龟体黄色。“吾”即为“银”，“吾鲁”并非“银山”，而是指山体白色。“俄恒”之本意为“绿玉”，这里以“俄恒”修饰“美汁”，是指“龙”为绿色，并不是指用绿玉雕成的龙。据有关学者的研究表明，表现在色彩词汇上的物色混一性，几乎普遍存在于藏缅语族的各种语言中。如许多民族都以黄金为黄、以白银为白；如藏族、拉祜族、傈僳族等民族之语言中的黄金与黄都有同源关系；又如傈僳族、拉族祜等民族之语言中的白银与白音义同一。看来，纳西族色彩名称之语言及文字表现上所体现的物色混一性，不过是藏缅语族有关文化的一部分而已。但是，因拥有象形文字，纳西族对此的表现更为真实、生动且形象、完整。

三、重精神性表现

与一些民族相比，纳西族民俗中的色彩重于精神性表现，如祭坛被区别为白坛与黑坛，白坛为神坛，黑坛为鬼坛。《拉仲盘沙劳务》中称："下方作黑色的鬼坛。黑线挂在下方，黑树插在下，黑色麻布拉在下，抵住降下的死灾。"反之，能干的东巴设祭坛，"上方没白色的祭坛，白树栽在上，白线挂上方，白色麻布挂上方，白石竖上方，祭神仪式在上方举行。诸神保佑人们平安幸福"。[①]《迎净水》称神坛为经坛，也称它为白色："设白羊毛毡为经座，献白米为粢盛，用金银松石墨玉为神祇之礼品，于是，鱼世俄佐法师就迎接盘神、禅神、胜利神及天将俄神、恒神……"[②]如祭粮分白粮、黑粮。白粮指精耕作物所产之稻谷、小麦、玉米等，是祭神所用之祭粮。黑粮指粗放农耕之作物所产之苦荞、花荞、燕麦、青稞等，是祭鬼所用之祭粮。《日仲格孟土迪空》中称"莫比精如若，从十八层天上降下来，来到广阔大地上。到了利恩衬红家，莫毕精如若，铺上白毡安神坛，献上白米当祭粮，白铁犁头放上方，神座威力大"。[③]这里的"白米"在《大替身道场·史支俄示》中称为"白谷"："用一千碗白谷祭神"[④]，它们都是祭神用的白粮。关于黑粮，《日仲格孟土迪空》中也有记述："黑色祭粮放下方，黑色犁头放下方，黑色石头放下方，下方放上黑色祭品做鬼坛……把祭鬼供品放下方，黑色山羊黑猪拴

① 和开祥解读，习煜华翻译：《拉仲盘沙劳务》，载云南省少数民族古籍整理出版规划办公室编《纳西东巴古籍译注》(三)，云南民族出版社1985年版。

② 和芳讲述，周汝诚翻译：《迎净水》，丽江县文化馆石印本，1964年。

③ 和即贵解读，习煜华翻译：《日仲格孟土迪空》，载云南省少数民族古籍整理出版规划办公室编《纳西东巴古籍译注》(三)，云南民族出版社1989年版。

④ 和即贵口述，牛耕勤翻译：《大替身道场·史支俄示》，云南省社会科学院东巴文化研究所油印本，1987年。

下方，一千只牦牛放在下方。”[①] 如法器当中有白海螺法号、金黄板铃、金黄法杖、绿松石法鼓、墨玉石法鼓、白铁大刀、白铁长矛、白铁鹰爪钩、白铁头盔及铠甲；如法衣中有“白海螺似的白衣”、“绿松石似的绿衣”、“墨玉般的黑衣”、金黄色的“黄衣”“深绿衣”；如在道场中分白道场、黑道场，白道场指小规模、杀牲少之道场；黑道场指大规模、杀牲多之道场。

在世俗的物质生活中，纳西族的色彩信仰相对淡薄一些。比如，见于云南许多少数民族中的文身或金齿、黑齿、纹面、黔首等习俗在纳西族民俗中几乎绝迹；蜡染、刺绣、织锦等工艺中色彩运用并不发达；民居、饮食、民具、化妆的着色习惯大都受其他民族影响。在精神生活以外的生活领域，朴实无华成为纳西文化的基本准则。

四、体系性

在用东巴文记录而成的东巴经典中，纳西族色彩文化之体系性显得较为明晰。如黑白被视为终极性色彩，凡鬼神、男女、善恶、文野、美丑、正邪、阴阳、雌雄、生死等，都用黑白加以表示。一切富有正面性的、积极性的事物都归入白色系统；而一切富有负面性的、消极性的事物都归入黑色系统。另外，黑、白、红、黄、绿（蓝）被集约在一起表示世界上的基本物质——五行，以及基本方位——五方，基本民族——五族。具体地讲，木为绿、火为红、铁为白、水为黑、土为黄；或东方为绿、南方为红、西方为白、北方为黑、中央为黄；或东方为白、南方为绿、西方为黑、北方为黄、中央为花（杂色）；又，居东方之汉族为绿、居南方之白族为红、居西方之藏族为白、居北方之蒙古族（郭洛人）为黑、居中央之纳西族为黄。

在东巴经典所载以外的民俗中，色彩的运用与表现也具有一定的体系性。在语言中，较好地保存着尚黑系统，无论是山水河流的命名，还

① 和即贵解读，习煜华翻译：《日仲格孟土迪空》，载云南省少数民族古籍整理出版规划办公室编《纳西东巴古籍译注》（三），云南民族出版社 1989 年版。

是本民族族称，都处处体现有尚黑的特点。语言考古学的成果告诉我们，语言作为一种文化现象，具有相对稳定的特点，它的变化往往落后于生产力与生产关系的变化，因而在语言深处往往潜藏着一些古老文化遗留。语言关系最能真实地体现古代的民族关系与文化关系。语言学的证据往往要比考古学的证据更具有说服力。纳西语中尚黑性表现正是纳西族先民在民族起源阶段崇尚黑色的生动说明，而且这种尚黑性与彝语支其他民族的尚黑性表现是完全一致的。纳西语中的尚黑性还在历代纳西族服饰色彩中得到了呼应。这表明，在古代社会，一个民族的服饰色彩往往与其色彩崇拜保持着高度的统一。也就是说，一个民族在某个历史阶段所崇尚的色彩是表现于人们生产生活的各个方面，并由此体现出其体系性的。

在接受汉文化的影响之后，纳西族民俗中开始建立起用红色表示喜庆与吉祥的系统，一年之首要贴红色的春联，订婚结亲要处处用红，贺生礼物用红纸包裹，喜事称为红事，求子以红布背“太子”像作表征……大大深化了纳西族古代对红色所持有的态度。

以上的例子告诉我们，纳西族的色彩体系是在总体系下区别为若干子体系的形态。它们相得益彰、互相补充，构成了该民族色彩信仰的整体。

五、地方性

纳西族分多种支系，生活在复杂多样的地理环境之中，其周边分布着许多民族，其文化在不同的历史阶段受到过不同民族文化的洗礼。因而，纳西族民俗中的色彩信仰带有鲜明的地方性。

纳西族支系纳恒人主要居住在云南省香格里拉三坝乡。这里，地接藏区，与藏族文化有着密切的联系，因而深受藏族苯教影响的纳西族宗教东巴教亦诞生于三坝境内的白地村。这里的纳恒人虽在族称上保留了“纳”（即“黑”）这一特征，而且在服饰上、语词上保留有一定的尚黑遗迹，但白色已经在人们的生产生活中渐居统治地位。如在丽江纳西族妇女所披羊皮必须毛色纯黑，而在三坝，它已经演变成毛色纯白。至于男子服饰，大都戴礼帽，裹绑腿，袒右臂，无论是在式样还是在色彩上，都与藏族十分相近。

而居住于云南省宁蒗彝族自治县永宁乡等地的纳西族支系纳日（摩梭）人，他们虽信仰藏传佛教，男子服饰亦沿袭藏族服饰，但地域上并不与藏区为邻。他们不但在族称上、语词上保持着尚黑习俗，而且，黑色被视为尊贵之色，不仅老妪要披纯黑色的羊皮以为披肩，而且少女们还要以黑色的牦牛尾毛装饰自己的秀发。

以丽江为中心的西部地区与汉化程度较高的白族地区相毗邻，而且呈汉族、白族、纳西族相杂居的状态。自明朝以来丽江纳西族开始大量吸收汉文化，尤其是在清雍正元年（1723 年）“改土归流”之后被强制进行“移风易俗”，汉化的进程大大加快。其色彩信仰在基本保持传统性之基础上，受到了汉族的影响。这主要表现在以下几个方面：其一，东巴教中的尚白信仰与民间习俗中的尚黑信仰并存，各不相扰；其二，阴阳五行及其色彩表现开始在民俗生活中广为渗透；其三，以尚红为代表的汉族民间色彩信仰已渐居主导地位；其四，由于道教的影响，尚黑信仰开始演变，青与蓝色逐渐代替黑色。如果说纳恒人与纳日人的色彩信仰还比较单纯、比较统一，那么以丽江为中心的西部地区纳西族的色彩信仰则要复杂、丰富得多。

纳西族色彩文化制约机制谈

纳西族的色彩观念、色彩崇拜、色彩认知、色彩分类、色彩审美等受一定条件的制约，而且这些条件存在一定的机制。如果细加探讨，发现这一制约机制由信仰、哲学观念、地理条件、宗教、生产发展水平、政治等几方面的因素构成。它们直接或间接地决定了纳西族固有的色彩信仰，也决定了对外来色彩的取舍。

一、信仰因素

在纳西族的信仰中，对色彩起到制约作用的莫过于图腾崇拜。纳西族古代崇拜牦牛，故而人们崇拜牦牛之毛色——黑色，并以黑命名族，以黑为服饰色彩，以黑为帐篷色，以黑命名高山大川。当纳西族的信仰从图腾崇拜过渡到神灵崇拜，尤其是从多神崇拜过渡到一神崇拜之后，尚黑信仰也受到了动摇乃至瓦解，它仅以残破的形式潜藏于语言词汇与个别民俗事象之中。又如对红色的崇拜也与信仰有关。红色就是火之本色，因此，在永宁纳日人的信仰中，由火神转化成的灶神便被视为全身红色。红色又是血液之本色，所以，在唤醒生命力、增强生命活力等的仪式上，纳西人都要大量涂抹牺牲之血液。正是这种对火之崇拜与对血液之重视，导致了人们对红色的崇拜。与黑色崇拜不同的是：红色一直在纳西族的色彩信仰中占有重要地位，而且在后来与从汉族传入的尚红习俗相复合，加强了它的表现力，扩大了它的表现领域。

二、哲学观念因素

纳西族的基本世界观可归纳为“二元五行及三界五方”。所谓“二元”，指世界的起源及基本结构是二元性的，它们互相依存、互相包容又互相冲突，促成了世界的存在以及变化、发展。所谓“五行”，指物质世界的基本元素为金、木、水、火、土五种物质。它们各自独立存在，决定了不同物质、不同方位、不同种族、不同时间的属性。显然，二元五行表示的是世界的本源问题。所谓“三界”，指世界存在的纵向形式是天上、地上、地下三个世界，它们相互隔绝，又可以相互沟通。天上界所居住者为神灵，地上界所居住者为人类，地下界所居住者为鬼怪。“五方”指世界存在的横向形式为东、南、西、北、中五方。可见，三界五方所表示的是世界存在的空间形式。

对于这些形而上的哲学观念，纳西族的神话巧妙地利用色彩进行表象，使之鲜明生动，易于把握与理解。如“二元”用黑、白两色加以表示，“五行”用黑、白、红、黄、绿五色加以表示，“三界”用白、黄、黑三色加以表示，“五方”用黑、白、红、黄、绿五色加以表示。

为什么要以黑、白表示二元呢？东巴神话《崇搬图》称黑由虚与假构成，白由真与实构成。黑色在自我演变中构成了包含阴、暗、丑、恶、鬼、怪等在内的谱系，白色在自我演变中构成了包含阳、明、美、善、神、人在内的谱系。

黑、白二元的关系是复杂的，它们既异质、对立、对抗，也相互和谐，可以互相转化。其异质性与对立性、对抗性在《黑白战争》中表现最为明显：黑为鬼族、白为神族，它们之间围绕着争夺日月发生一次次战争，结果由白部族战胜黑部族，光明战胜了黑暗。对于它们的和谐性，《崇搬图》《碧庖卦松》《丁巴什罗传》等作品中多有描写。如帮助人祖崇仁利恩在一天之内砍九片林、耕九块地等的是白蚂蚁与黑蚂蚁、白蝴蝶与黑蝴蝶。又如在白蝙蝠打开经箧时将经书吹散的是白风与黑风，在丁巴什罗一怒之下弄乱喇嘛经典的也是白风与黑风。在《高勒趣招魂》中，黑与白之间的冲突得到了调解：话说高勒趣在前去寻找父亲的途中，曾见一条黑蛇与一条白蛇在争斗。他将白蛇赶往路上方，将黑蛇赶往下方，使它们不再争斗，重归于好。他继续前行，又见一匹黑山驴与一匹白山驴在争斗。他将白山驴赶往路上方，将黑山驴赶往路下方，使它们不再争斗，重归于好。黑与白在《董术战争》中还有互相融合性。董部族的董若阿路表色为白，他曾化身为白牦牛、白虎、白鹰。术部族的格饶纳姆表色为黑，她曾化身为黑牦牛、白虎、黑鹰。但正是这两个一白一黑的青年男女相婚媾，生下了融合有黑白血统的一儿一女。更有甚者，在《多格绍·本绍》中，黑与白还实现了转化。即“古时，神地黑暗无光，鬼域光明无比。于是神派使者前去偷盗鬼域之火与水，去射杀鬼域的牦牛与老虎，使得神地光明灿灿，而使鬼域反而变得一片黑暗”①。即神代表黑、鬼代表白变成了神代表白、鬼代表黑。可以说，黑与白这种种复杂的表现，其实就是纳西族哲学中二元对立统一的辩证思想的生动反映。

五行思想源自汉族，但它不但被纳西族所接受，而且还成了纳西族哲学的有机组成部分，对纳西族民俗中的色彩表现起到重要的制约作用。五行即金、木、水、火、土五种物质，它们分别用色彩表现为金为白、木为绿、水为黑、火为红、土为黄。关于它们的起源，纳西神话中有多种讲述。如《请鬼安鬼》中称：“最初，天上发出了一股声音，地上喷出一股气体，声音和气体相结合，出现了天公和地母。他们两个相交媾，孕育出五行。白色的呈现细针似的轮廓，红色的现出树叶般的形状，黑色的显出跳蚤般的样子，绿色的看去像蔓菁种子，黄色的就像一颗火星，五行就这样产生。”②《董术战争》则称五行是由白露化生的，它们各以黑（即水）、白（即铁）、红（即火）、黄（即土）、绿（即木）加以表示。③在《碧庖卦松》中，五行由金龟及穿于其身上的箭镞及箭杆化生而成，即金龟被射死时头朝南方口中吐火而为红色，龟尾朝北流尿水而呈黑色，龟体居中并化土为黄色，箭镞穿龟体而指西，故为白色，箭杆曳

① 和芳讲述，周汝诚翻译：《多格绍·本绍》，云南丽江县文化馆石印本，1963年。

② 杨士兴讲述，王世英翻译：《请鬼安鬼》，中国社会科学院世界宗教研究所，云南省社会科学院东巴文化研究室，丽江地区东巴文艺研究室，1983年。

③ 和士诚解读，和力民翻译：《董术战争》，载云南省少数民族古籍整理出版规划办公室编《纳西东巴古籍译注》（三），云南民族出版社1989年版。

于龟体东为绿(即青)色。[①] 在五行与五色相对应的汉族信仰被纳西族接受以后它们便在纳西族民俗中获得了广泛的传播与运用。首先是表示宇宙模式“巴格图”应运而生，人们以此择吉日、取名字、选阴宅、定地基、判病因、断财运、明战争。在成人仪式上应该穿戴什么颜色的服饰，本命年应用什么颜色的服饰等，都受到阴阳五行学说中相生相克原理的制约，决不可随心所欲：另外，代表五行的五色缨、五色旗、五色线、五色纸等均大量运用于人生礼仪、超度、占卜等民俗生活中。

三界与五方是纳西族哲学中的基本空间观念，其色彩表象是：天界为白色，地上为黄色，地下为黑色；又，东方为绿色，西方为白色，南方为红色，北方为黑色，中央为黄色。需要强调的是：这五方各存在于天上界、地上界、地下界。正是出自这样一种空间观念，在与神及其神界有关的民俗活动中，白色成了主要的色彩，而在与鬼及其鬼界相关的民俗活动中，黑色成了占主导地位的色彩。另外，用五色表示五方的原理也不断深化，几乎具有无限可分的可能。如将三界空间中的某一界分成五方之后，其中每一方又可划分出各五个小的五方，接着又可以在五个小的五方中划分出更小的五个五方空间……这样，神界虽总体表色为白，但依不同的方位会有黑、红、黄、绿等色彩出现。鬼界虽总体表色为黑，但依不同的方位会有白、红、黄、绿等色彩出现。只是在这种场合，所出现的色彩仅仅具有区别方位的意义。

三、地理因素

相比之下，地理条件对纳西族色彩信仰的影响要相对弱一些，但毕竟也是一种影响力量。因为包括色彩在内的民俗文化都是人类对环境进行适应的结果。在由社会背景、文化背景、自然环境共同构成的色彩信仰场中，自然条件，即自然环境也对色彩载体之质地与形状、色彩所赋予的意义等产生作用。纳西族的色彩信仰有多次重大变化，显然与纳

① 和正才讲述，李即善、周汝诚翻译：《碧庖卦松》，丽江县文化馆石印本，1964年。

西族古代作为一个流动性较强的畜牧民族不断改变生存空间具有密切关系。

在纳西族尚黑阶段，她活动于川西南地区的高山大川之间。空间狭小封闭，造成幽深玄奥的自然景色：山高而苍黛，水深而黝蓝，林深而墨绿，草密而碧青。于是，以黑为代表的暗色成为主导性色彩，从而易于唤起人们的黑色意识乃至黑色崇拜。

在隋唐以后，纳西族先民之主体部分纷纷南迁，进入云南西北部毗邻藏族先民与白族先民的广大地域与川西南相比，这些地区土地平阔、视野辽远，加之玉龙雪山、哈巴雪山、白马雪山等连绵不断，自然环境显得雄奇而清亮，容易唤醒人们的“白色意识”并引起对白色之神的崇拜。

更有趣的是，由于丽江、香格里拉等地处于横断山脉腹地，而那里是古代地中海地质板块与喜马拉雅山地质板块的连接带，自古以来地震不断，常有山体滑坡、山冈断裂等现象，使有些河床裸露地球表层之白色沙石，有些河床则依旧被黑色泥土所淤积，造成了众多的黑水与白水相并存的景观。如丽江境内之玉龙雪山有黑水与白水两条河流并流，后流至甲子村附近合二为一，被称为“黑白水”。又，香格里拉境内哈巴雪山东麓亦有黑水与白水并流，它们亦最终合流并汇入金沙江中。这种奇妙的自然环境，与纳西族先民在进入这些地区以后接受黑白二元对立统一为主要内容的苯教及道教文化形成了完美的对应。

四、生产因素

我们已经做过论述，纳西族在远古时代尚黑，主要缘于纳西族先民的生产形式。即，作为一个属于“黑羌”的游牧民族，在高寒地区从事以放牧黑色牦牛为主要内容的畜牧生产，牦牛之黑色皮毛不但供给人们衣食之用，而且还作为商品与农耕民族进行交易，换回生活必需品。牦牛还是纳西族先民的主要交通工具，成为高原生活及长途迁徙跋涉中不可或缺的存在。于是，这引发了人们对牦牛及其黑色的崇拜，甚至将牦牛奉为图腾物，将黑色视为神圣色彩。

纳西族先民在将大本营置于土地肥沃、气候温暖、水源充足的金沙江两岸之后，也就开始了从游牧生产向定居农耕的缓慢过渡。这意味着纳西族先民的生产对象从牲畜变成了农作物。人们的生活从依赖肉食和皮毛变成了主要依靠白色的纤维和白色的淀粉，为纳西族的色彩信仰从尚黑转变为尚白创造了物质条件。同时，手工业在丽江古城等地的逐渐发达也使纳西族掌握了漂白技术，使人们可以获得人工性白色。

五、宗教因素

纳西族最早信奉的是原始巫教，与北方游牧民族所信奉的萨满教相差无几。它相信灵魂不灭，万物有灵。人们可以通过巫师，与神灵、鬼怪进行交际，也可以通过巫术影响自然，控制自然力。在灵魂崇拜转为图腾崇拜之际，纳西族的尚黑信仰也就产生了。而在此之前，红色占据了人们的精神生活的主要地位。

在纳西族先民从四川西南部地区迁入今云南西北部地区之际，恰逢西藏境内吐蕃王朝崛起，吐蕃王松赞干布“兴佛灭苯”，使藏族传统宗教遭到致命的打击。苯教徒只好纷纷逃离西藏，在藏东南各地藏身存命并负隅顽抗，以期他日卷土重来。纳西族分布区横断山脉六江流域处于喜马拉雅山东麓，成为苯教徒最理想的避难所。就在这里，苯教徒致力于传播苯教教义、翻译苯教经典、改造纳西族先民所信奉的原始巫教，实现了纳西族原始巫教与藏族苯教的相互融合。可以肯定，在苯教刚刚传入时，纳西族原始巫教与藏族苯教之间发生过尖锐的对峙，其激烈程度丝毫不亚于佛教与苯教之间的斗争。但是，其结果是两者实现了融合，而且苯教占了上风。

苯教是一种什么样的宗教呢？它在藏语中叫“苯波”，在公元 8 世纪受佛教影响之前称为“黑教”，而受佛教影响之后称为“白教”，传入纳西族社会中的是白教而不是黑教。

其实，藏族苯教也是其原始宗教与外来宗教——伊朗古代拜火教的融合。在拜火教中，二元论居核心地位，“认为火、光明、清净、创造、生是善端，黑暗、恶浊、不净、破坏、死是恶端”，“要求人们从善避恶，弃暗投明”。[①]二元的对立一般用黑白表示，受其影响的摩尼教也称光明与黑暗、善与恶是相对立的二元。后来，黑暗侵入光明王国，并与光明相混同。

光明王国的主宰——大明神或大明尊为摆脱世界的黑暗，率领其使者或侍从净气（净风）、妙我、明力（妙明）、妙水、妙火与黑暗王国的主管——凶神及其僚属烟雾、熄热、恶风、黑暗、湿气进行长期的斗争。在斗争中，大明神通过其使者善母创造了原人——人类始祖，但原人在与黑暗的斗争中也是被凶神所败，被投入地狱深渊。大明神为拯救其使者和原人，最后派出先知摩尼。摩尼及其宗教于世界终末的后际终战胜黑暗，光明与黑暗又恢复各自的王国，彼此分离。[②]

可见，贯穿于纳西族神话中的黑白二元对立正是受拜火教影响的苯教对纳西族原始宗教进行改造的结果。白色在纳西族神话中占主导地位得益于苯教对纳西族原始巫教的改造，但巩固白色在东巴神话中的地位却是佛教之功。佛教与苯教虽非同一宗教，但传入纳西族地区的苯教本身就是已受佛教影响的白苯教。而且，自明代以来，纳西族大力引进藏传佛教中的噶玛噶举教派，噶玛噶举教派俗称白教。我们知道佛教是崇尚白色的，33 佛天被描绘成一片雪白，白色乃是光明、洁净、无欲、善良、美好等的象征。因此，崇尚佛教的民族大都崇尚白色。如藏族民居尚白，洁白的哈达是吉祥如意的礼物，用以驱鬼祛邪的玛尼堆由白石所筑，接受成人仪式的女子要以白水洗脸，英雄格萨尔王的化身是白狮子等。傣族亦崇尚白色，人们不仅以白为服饰的主色，而且还以白石雕佛，以白布赕佛，以烧白柴奉佛、悬白幡于佛寺，以白布为信物，白象、白马等物被视为吉祥之物。如果不是尚白的佛教强化了纳西族神话传说中的尚白性，由于处在古代尚黑文化背景之中，传自苯教的尚白性或

① 任继愈主编:《宗教词典》，上海辞书出版社 1981 年版。

② 任继愈主编:《宗教词典》，上海辞书出版社 1981 年版。

许难于在纳西族民俗生活中得到巩固。

明代以后，道教开始传入丽江等地纳西族。道教的教义深不可测，倒是其阴阳八卦五行等通俗易懂。因为它们用图像与色彩加以表示，尤为形象生动。道教也以二元论为核心，并用黑、白二色加以表示。但是，与拜火教、苯教、摩尼教不同的是，道教中的二元并不是绝对对立的，也不象征善恶、光明与黑暗，它所强调的是极端抽象化的阴与阳的对立与统一。正如太极图中所表示的那样，阴中有阳，阳中有阴，它们不仅互相依存，而且还可以互相融合、互相转化。毫无疑问，道教的这种辩证思想已经渗透到纳西族的民俗中。我们曾介绍过的见于神话中的黑白关系之复杂性，正是由纳西族民俗及其神话同时受到苯教与道教之二元论思想而造成的。也就是说，在纳西族民俗中的黑色与白色之复杂表现之背后，发生制约作用的是纳西族原始巫教中的图腾崇拜，以及苯教、道教的二元论信仰。纳西族民俗中的五行与五色、五方等的表现关系也是汉族道教及其民俗影响的结果。如果没有这些复杂的宗教背景，也就不可能有纳西族民俗中的色彩之丰富表现，所以，要探讨纳西族的色彩民俗，有必要对其宗教背景进行深入的研究。

六、政治因素

政治对色彩的影响力是巨大的。如汉族古代，每个朝代都有自己崇尚的色彩，而且各种官阶都用一定的色彩进行区分，有些帝王的姓氏还与色彩有关。因此，几乎每个朝代都对色彩进行严格的管理，规定有关的色彩规范，为维护其社会秩序及政治制度服务。中国历史上的农民起义也总是以某种色彩作为自己的标志，以象征对现存社会的叛逆与反抗，黄巾起义、赤眉起义、红巾起义都是如此。直到中国近代革命史上，仍以红色象征革命，以白色象征反革命，故在 20 世纪 20 年代至 20 世纪 40 年代有红区与白区之分、红军与白军之别。这一切都不能不深刻地影响到民俗生活中的色彩运用、色彩表现及色彩审美。

纳西族的情况是，她在历史上并没有建立过独立的民族国家，因而并没有建立起相关的用色彩表示官阶的制度，也没有像汉族周代的“染人”那样的色彩管理者，以及像汉族秦代的“染色司”、汉至隋代的“司染署”、唐宋时代的“染院”、明清时代的“蓝靛所”那样的染色管理机构。从隋唐以来一直在纳西族社会处于统治地位的木氏统治集团及其先祖，也没有以某种色彩作为政治统治之色彩的传统。木氏统治者的色彩信仰与全民族完全一致。纳西族社会并没有孕育出独立的、超民族的政治性色彩，因此，在相当长的历史时期内，也就不存在政治因素对纳西族民俗中的色彩信仰产生制约之现象。

但是，自元代以来，纳西族重归中央王朝控制之下，加入元朝的政治体制之中。随着在政治上结束了独立或半独立发展的历史，纳西族社会中的色彩信仰也开始受到元、明、清三代封建政治的制约，民俗生活中的色彩运用也不能例外。

首先，元代尚白，定尚白之佛教为国教。《蒙古秘史》称成吉思汗之母感苍狼白鹿而生天子，皇帝即位时对部分地区下青缎绣白字之诏书以示庄重。为了配合政治上的一体化，元世祖忽必烈曾封玉龙雪山为“北岳安邦景帝”，并任命木氏土司之先祖阿良为“察罕章”。“察罕章”为蒙古语，意为“白色地方之长官”。为了与中央王朝在色彩上表示认同，纳西族民间的尚白习俗不断普及与深化，对三多神的信仰日甚一日，被传为创制于元代的纳西族民间音乐“白沙细乐”中亦有了赞颂白云的乐曲《美丽的白云》。

明代，纳西族与中央王朝关系更加密切。明廷先后在纳西族居住地区建立府、州、县，并对当地的统治者委以重任，甚至钦赐姓氏。如丽江府知府即是在云南诸土官中率先归附有功的木得首先充任，并被允许世袭。木得之“木”为明洪武皇帝所钦赐。在这种背景下，纳西族的色彩信仰也从元朝时的尚白自然转入了尚红。因为明王朝为朱家天下，故而明太祖定朱红为明朝的尚色，至今犹见明故宫、明十三陵等取色朱红。明代纳西族土司木泰在其诗作《两关使节》中有“凤诏每来红日近”之句，表现出对红色的崇拜及强烈的亲近感。在民间，纳西族也曾崇拜红色，但仅仅是将它作为一种具有巫术力量的色彩使用于驱邪逐鬼、祈求保佑等仪式道场，有些时候甚至还将它视为贪婪、暴戾性的色彩，在日常生活中的应用十分有限。到了明代，由于政治上从属于尚红的朱家王朝，加之木氏土司大量引进汉文化，汉族移民迁入纳西族地区等，纳西族民俗中的尚红因素不断增加，开始将红色视为一种超巫术的色彩，并在生产生活中广为使用。

到了清代，满族统治者奉青色为本朝色彩，对纳西族服色从过去尚红色转变为尚青或尚蓝发挥了重要作用。但是，满族对全国的统治主要是借鉴历代汉族王朝的方式以及汉族的文化进行。因此，在清雍正元年（1723 年）丽江纳西族地区实行“改土归流”、移风易俗之际，纳西族主要接受的还是汉文化及其民俗，而不是满文化及其习俗。如丽江知府朱廷襄为苏北籍流官，他就曾以苏北汉族服装款式和用色等改造纳西族固有的传统服饰，即使在梳妆施粉等方面也不例外。又如山东籍知府王厚庆因丽江虽渐染华风，而男女衣服冠婚表祭未尽从汉礼，公力为劝诫禁革，风俗丕变。这种“丕变”当然是越来越接近汉俗。目前，纳西族民俗中并存着汉式与传统式两种系统，汉式系统的民俗正是通过朱廷襄、王厚庆等的强制性易俗而导入的。通过这种强制性的移风易俗，汉民族的习俗成了纳西族民俗的一部分，汉族习俗中的色彩表现与应用也成了纳西族民俗中的色彩表现与应用的一部分。于是，纳西族的色彩审美也一天天汉族化起来。像五色表示五行与五方，像红色成为集巫术功能与喜乐、庆贺、吉祥等于一体的色彩，像五色纸与五色线等在各种民俗活动中的广泛应用，都与纳西族社会在 18 世纪上半叶以来所发生的政治、经济、文化变革不无关系。

纳西族“殉情”研究

纳西族主要分布于中国云南，现有人口 28 万，其语言属汉藏语系藏缅语族彝语支，古称“摩挲”“麽些”等，为古羌人后裔。尽管深居大山腹地，但她及其文化于 19 世纪末才为世界所注目。这有如此理由：其一，纳西族拥有用世界上至今唯一还活着的象形文字写成的数万卷经典；其二，纳西族拥有一座历经 700 多年的古城；其三，她拥有一部与中原文化具有密切关系的古乐；其四，其支系摩梭人至今仍保留有丰富的母系文化遗存；其五，存在有持续不断的“殉情”习俗。

在此文中，笔者将以自己长年所做有关调查及国内外学者的考察研究为基础，立体描绘纳西族的殉情及其习俗，并同时阐释自己的学术观点，以就教于方家。

一、殉情及其习俗

殉情现象曾广泛存在于世界各地。例如，中国古代有韩凭妻壮烈殉夫之悲剧、孟姜女寻夫哭倒长城之故事、梁山伯与祝英台双双化蝶之传说。它们曾感动过无数善男信女。在日本，亦曾有众多青年男女行“心中”悲剧。同时，莎士比亚的剧作《罗密欧与朱丽叶》，诉说了欧洲中世纪殉情往事。然而，世界上任何民族的殉情，都没有纳西族的殉情规模巨大，并且历久不衰，伴随有集体性自杀，且拥有专门的仪式、经典和丰富的民俗信仰。

（一）殉情鼻祖

纳西语称“殉情”为“游无”（$jə^{11}v^{11}$）。据用东巴文写成的东巴经典《鲁般鲁饶》记述，殉情鼻祖为开美久命金与朱普羽勒盘。他们本来为寻求“乐土”而逃奔，开美久命金为70个女子中的一个，朱普羽勒盘是90个男子中的一个。不幸的是，他们在逃奔途中互相离散，朱普羽勒盘只好回到家乡牧羊，开美久命金则在异乡空等心爱的朱普羽勒盘。不久，开美久命金托乌鸦给远方的恋人传讯，倾诉自己的思念，但这一讯息为朱普羽勒盘的父母所截获。于是，朱普羽勒盘的双亲恶毒地咒骂开美久命金，坚决反对儿子与其相好。当乌鸦将这些咒骂转达予开美久命金之后，她在恋人去向不明的情况下决定以死表明自己的纯洁与忠贞。不久，到处寻找恋人开美久命金的朱普羽勒盘终于遂愿，只是为时已晚，恋人已吊死于树上。他悲痛欲绝，泪流不止。悲痛之余，他抽刀自尽，完成了纳西族历史上的首例殉情。① 正因为如此，在后来为殉情者举行的祭风（哈拉里扣）仪式中，必须供奉开美久命金与朱普羽勒盘的偶像。

（二）殉情经过

纳西族青年的殉情需要做长年的准备。据口传长诗《殉情之歌》称，它大约分约定、准备、实施三个阶段。

在第一阶段，青年男女通过节日、日常生产生活等相亲相爱，并将各自的悲痛尽情倾诉于对方，决定反抗父母的包办婚姻，以死从社会的重压下解放自己。所约定的主要内容是殉情的时间、地点、方式。在《鲁般鲁饶》与《殉情之歌》中，殉情者在确定死期之际的内心痛苦与矛盾被表现得淋漓尽致。的确，实施殉情最难面对的是感情问题。尽管这个世界丑恶重重，尽管他们饱尝了这个社会强加给自己的不公与不幸，但人间毕竟也有许多令人留恋的东西。例如，有父母的爱，兄弟姐妹的情，对生养自己的故乡的难舍难分等。这些都对情侣们决定生死大事具有重要影响。由于纳西族重占卜，无论何事都要通过占卜断吉凶，青年爱侣们赴死之前要慎重占卜，以选择“良辰吉日”，确保平安无事地完成殉情并顺利到达殉情的乐园——“玉龙第三国”（$rjv^{33}lv^{33}ja^{11}ts'e^{33}ko^{11}$）。

① 杨树光，和云彩诵经、和发源翻译:《鲁般鲁饶》，载云南省少数民族古籍整理出版规划办公室编《纳西东巴古籍译注》（一），云南民族出版社1986年版。

在第二阶段，男女双方要在第一阶段已确定时间、地点、方式的基础上暗暗准备殉情用物，主要是自杀用具、衣物、食品、饰物等。除此之外，男子要为女子备置梳子，女子要为男子备置吸烟器物。他们还必须准备好一副口弦、一支笛子。这是因为他们确信，死后魂归“玉龙第三国”时，必须通过一个被称为“游臭鲁美纳”（$jə^{11}tɛə^{55}lv^{33}me^{33}na^{11}$）的巨石所阻塞的出入口。是时，必须将女子姓名写于右、将男子姓名写于左，并且女子弹口弦、男子吹笛子以娱神，请主宰此地的构土西刮与游祖网主夫妇神启开巨石，令他们安然通过。

“玉龙第三国”在纳西语中叫“吾鲁游衬阁”。其景致大致被描绘如此：构土西刮与游祖阿主在此统领五方情死鬼，即东方为骑巨掌赤虎的多格受米玛，南方为骑绿龙的季土优居玛，西方为骑黑熊的考单芹楚玛，北方为骑水獭的搭拉朱金玛，中央为骑独角兽的巴堆哈利玛。这五方情死鬼又统领各方的情死鬼头领，如骑金蛙的郭知行蒙玛、骑白牦牛的梅朱店米玛、骑青龙的梅生米米玛、骑黑犏牛的巴威哈利玛、骑名马的拉伍提高玛、骑巨掌虎的郭增堆米玛、骑白云马的都支英丹玛。除构土西刮以外，以上所有情死鬼皆为女性。殉情本身意味着殉情者对这一严密神鬼组织体系的认同。“玉龙第三国”是一个山中他界。《殉情之歌》对“玉龙第三国”的具体表现是：在美丽的游衬阁，没有苍蝇与蚊子，老虎耕地，白鹿为骑，雉鸡司晨，歌声不断，四季开花，终生不愁吃和穿，除毛布之外不披挂他物，除酒肉之外不识五谷。①

在第三阶段，男女双方要如约逃离各自家中，前去早已确定之地赴死。殉情场所一般选择在玉龙山麓，因为人们相信“玉龙第三国”就在玉龙山深处，如果在玉龙山麓殉情，死魂就能尽快进入其中。在前去玉龙山麓殉情途中，最重要者莫过于先去北岳庙朝拜纳西族的保护神三多。三多是玉龙山的化身，只有求得其庇护，殉情才能成功，灵魂才能到达“玉龙第三国”。到达殉情约定处后，殉情者要布置场地，挽以各种

① 和成典吟唱，白庚胜记录、翻译：《殉情之歌》，1982 年于丽江县龙盘乡新尚村，尚未发表。

彩纸、彩线，插上树枝花草，然后尽情饮食，度过人生的最后时光。自杀的方式多种多样，有的跳崖，有的自缢，有的服毒，有的吞金，有的投水，有的饮水银，不一而足。但是，为了保全尸体，一般不采取割腹、割腕、刎颈等手段。

也有青年男女不去玉龙山麓，改而在能遥望玉龙山处殉情的情况。如，丽江拉市坝殉情者大多选择能北望玉龙山的蒙世山作为殉情圣地。与之相适应，这里的殉情者没有必要前去礼拜北岳庙及其三多神，只需前去附近的寺院叩首求吉。如果殉情者中有一方自杀未遂，无论其原因如何，他将终生遭社会遗弃与舆论诟病、訾议。

纳西族的殉情一般为一对情侣，但也有多对情侣甚至十数对情侣集体殉情的现象。如 20 世纪 40 年代最多的一次竟有 8 对情侣同时殉情于一处。《鲁般鲁饶》甚至曲尽其意地表达了有更大规模的殉情现象的存在。70 个女子与 90 个男子两大集团的逃亡，难道不是在暗示了这种可能性存在吗？他们所向往的“乐土”并不客观存在于现实世界，而是“玉龙第三国”这样一个爱情乌托邦。《鲁般鲁饶》称，在他们打开 9 道白石门、打开 7 道黑石门”逃亡之后，众情死鬼蜂拥而上，团团围住男女情侣们，导致“青年们都来高谈，应约去情死”。作为极个别的例子，也有男子或女子单独殉情的情况。俄国作家顾彼德就曾在《被遗忘的王国》中称，他曾亲闻一位纳西族妇女在丈夫殉身于抗日战场之后自己亦殉夫自杀。

（三）“哈拉里克”仪式

“哈拉里克”仪式一般译作“大祭风”。在纳西语中，“哈”为“风”，“拉里”为“摇荡”之意，而“克”之原意为“放”或“令”。因此，将它们连接成句，成为“令摇荡之风赴灵界”之意。那么，什么是“风”？风当然是自然之气流，但这里特指那些无影无形、如风飘荡的游魂，亦即殉情者之死灵。

一般讲，在得知子女逃亡之后，双方父母亲要立即请求东巴帮助，并与有关亲戚一起寻找他们的下落。一旦确认他们自杀，就要立即处理其遗体，但不允许运回祖坟处埋葬，而应就地处理。其方法有两种：一是火葬，二是土葬。在土葬时，双方要请东巴为自己的子女招魂，并使之附于一只鸡身上，待举行“哈拉里克”仪式时作为死者之替身。将死者埋于墓穴之中后，其上要掩以荆棘并压上土石，以示镇住怨灵，不使其四处游荡、报复社会及加害家人。在举行火葬时，焚烧遗体后不捡回骨灰。但是，无论土葬还是火葬，都由男女双方家属分开主持，仅在极少的情况下双方家属令两人合葬一处或共同火化[①]。在因跳崖、投水等而找不到遗体之际，当然不存在处理遗体的问题，但招魂仍然必需。

“哈拉里克”仪式在处理完遗体之后举行，而且仅有一部分家长愿意为亡者举行此仪式。这一仪式需要大量的动物牺牲及费用，故很少有贫穷人家能承担其开支。即，只有那些殷实人家或是父母对子女殉情负一定责任并感到内疚的人家才举行“哈拉里克”仪式以慰亡灵怨魂。该仪式的主要目的是不让亡魂变野鬼四处游荡，而是送其进入美丽的“玉龙第三国”。其作用是“慰灵”加“镇灵”，具有双重意义。见诸《鲁般鲁饶》中的“无病无痛，增寿安心，流水满塘”等祝词正好表明了斋主的真实用意及仪式的意义。需作说明的是，“哈拉里克”仪式都在野外举行，并临水设坛。祭坛分神坛与鬼坛二处。神坛设于祭坛北侧，悬挂东巴教至尊神萨英威德、亨氏吾盘、英古阿格、丁巴什罗等五位画像。其下供以各种祭品，并点有神灯。鬼坛设于南侧，其中央围以鬼寨，并在其核心处植一高约两米之松树，枝杈间用干草拟筑一巢。该树称“忍树”，该巢称“忍巢”。“忍树”周围插上描绘有情死鬼形象的木牌。这些木牌尖头、中宽、下窄，似蛙头蛇尾。蛙与蛇皆是秽物，与鬼类通性。那么，什么是“忍”？一般认为“忍”是一种有翅并善飞之鬼怪，专靠吸吮死者临死时所流之泪及死尸为生。故，纳西族民间有死者出殡前夜在其家中跳“忍每舞”之习俗，目的在于驱除忍鬼、保全死者遗体。在此，也有相同的意义。在蛙头蛇尾木牌画四周，要围上一圈高约 1 米的尖头木片，

① 白庚胜：《纳西族民俗志》，中央民族大学出版社 1996 年版。

它们每两片一组交叉插实，尖头部分皆施以红色，其旁插以 10 余面黑、红、蓝、绿、青色纸旗。可见，这是一个以“忍鬼”为中心、聚集有各种情死鬼，并设有围栏、插有鬼旗的世界。

在鬼坛前方，供有殉情鼻祖开美久命金与朱普羽勒盘的偶像以及梳子、口弦、笛子、吸烟用具等供物。并且，在招魂之际已将“死者亡魂附于其上”的活鸡供于其前。在祭场不远处的临水之地，还要隔河各植 1 棵“拉里树”，即“风流树”。它名曰“树”，实为高约 5 米，有两截碗口粗的松树干。两“树”之间挽一溜索，两棵“树”顶插以彩旗，从“树”干半腰至“树”根部每 2 尺左右横置 1 根长约 1 米的木棍。其两端亦插以彩旗。而在祭场至“拉里树”之间的空地上，供以柳枝或干草扎成的家畜牺牲。

仪式开始之际，首先以火除秽清场。接着，由主祭东巴念诵东巴经典迎神降临神坛，消灭情死鬼。这是因为如果不是情死鬼作祟就不会发生殉情悲剧。诵毕东巴经典，众东巴在主祭东巴引导下跳东巴舞，模拟诸神下凡。其后，众东巴侧立鬼坛周边，主祭东巴则吟诵《鲁般鲁饶》，以讲述殉情的起源、开美久命金与朱普羽勒盘的爱情故事，进而说明举行“哈拉里克”仪式的原因与作用。

紧接着，要屠宰猪、羊、鸡等牺牲，并以其鲜血涂红木牌与木片顶尖部分，以示向情死鬼“还债”。这时，众东巴在主祭东巴引领下绕鬼坛起舞。他们皆一手执刀、一手执铜铃行进，只有一人张弓搭箭而舞。他们的舞蹈节奏时而舒缓，时而激烈，再现了神灵下凡后与情死鬼争斗的场面。这段舞蹈一停止，众东巴就要一拥而上，挥刀砍倒“忍树”，捣毁“忍巢”，毁坏情死鬼木牌、纸旗、木片，并将它们付之一炬，焚烧殆尽。

下面的内容便是主祭东巴主持“虚吕卜”（ɕy^{33}ly^{33}p'v^{33}）。“虚吕”在纳西语中指“炒果”，这个“果”主要是粮食颗粒。“卜”是“撒”之意。大东巴之所以要撒炒粮食颗粒是要以此将鬼坛内所有恶鬼余党全部消灭。因此，鬼坛内及“拉里树”处之牺牲、偶像均是撒炒粮食颗粒的对象。这里，需要说明的是，“虚吕卜”之“虚吕”在驱鬼镇邪时所炒之物为荞、豌豆、绿豆、蚕豆之属。而一旦要献给神灵祖先，所炒者就成为大米、小麦等颗粒。这是由纳西族二元性象征分类原则所决定的。

最后，众东巴随主祭东巴托起鬼坛前所置放的开美久命金与朱普羽勒盘偶像，将它们悬挂在“拉里树”腰所安的溜哨上，并绑上“附有死者亡魂”的活鸡令其渡溜，即从此岸送往彼岸，以示死者随殉情鼻祖最终完成了从人间到玉龙雪山的跋涉。当开美久命金与朱普羽勒盘偶像连同“附魂鸡”一起渡抵对岸“拉里树”时，协助举行这一仪式的神职人员要挥刀砍断溜索，表明死者已与人间一刀两断，完全进入爱情的乐园——“玉龙第三国”，不能回到人间作祟。[①]

（四）相关民俗

在纳西族社会，人们对殉情者大都寄予同情，但对殉情本身却予以否定，并规定了种种禁忌。首先，不能在家中举行“哈拉里克”仪式，而且未成年人不得参加该仪式；进而，不允许在家中吟唱讲述殉情内容的民间叙事长诗《殉情之歌》，禁止年长者向年轻人讲述有关内容，禁止在歌会上唱有关殉情的歌谣。[②]这是因为东巴经典《鲁般鲁饶》及民间叙事长诗《殉情之歌》都讲述了殉情的浪漫故事，发泄了对现实社会尤其是封建家长制、封建婚姻的不满，并描绘了一个自由、美丽的爱情世界。如果让不谙世事却饱受社会压迫的青少年过多接触有关仪式及歌谣等，势必诱导他们将现实生活及自己的不幸与《鲁般鲁饶》《殉情之歌》的内容相比照并神话现实化，造成对社会秩序的破坏，致使殉情恶性蔓延，造成社会共同体的崩溃。之所以要确定种种禁忌，正是为了保证正常社会秩序的存在、延续。因此，直面殉情，纳西族社会充满了矛盾：一是哀其不幸，二是禁止体验。由于前者，东巴教产生了“哈拉里克”这一特殊的慰灵仪式及《鲁般鲁饶》这部千古绝唱，民间传承《殉情之歌》亦久传不衰；由于后者，人们制定了种种禁忌维系社会的存在，如民国年

① 和士诚、和即贵、和开祥讲述，白庚胜记录：《三个东巴的口述自传》（尚未出版）。

② 和成典讲述，白庚胜调查记录，1993 年。

间就曾由丽江县政府颁布过禁止东巴举行“哈拉里克”仪式的命令。然而，纳西族社会的婚姻问题已经严重到了仅靠民俗禁忌与行政力量难于解决的地步，它必须通过社会制度改革才能得到根治。[①]

二、殉情原因分析

对于纳西族的殉情原因，至今已有英国学者杰克逊、美国学者赵省华、俄国学者顾彼德、日本学者诹访哲郎、中国学者李霖灿等学者从不同的角度进行过深入的分析，并取得了许多成果。它们可归纳如下：

一是纳西族殉情是因纳西族从母系社会转型为父系社会所造成，始于1723年“改土归流”后清朝廷对丽江纳西族社会文化的强制性汉化。即，1723年之前，纳西族社会长期处于母系社会的状态，而在“改土归流”之后纳西族被强制进入父系社会。传统的婚姻制度解构，直接导致纳西族青年对一夫一妻，包办婚姻，父母之命、媒妁之言等的不适应性，从而采取了消极的、自杀式的反抗——殉情。这一观点主要见于杰克逊的专著《纳西族的宗教》。

二是“改土归流”使纳西族妇女的地位发生变化是造成殉情蔓延的根本原因。也就是说，在1723年之前，女性在纳西族社会地位很高，而在此之后急剧转低。女权的丧失，使女性自杀或殉情率不断升高，并由此产生女性情死群体。这种观点见之于赵省华论文《殉情、仪式与两性作用的变化》。

三是纳西族固有的恋爱自由与“改土归流”以后引入的汉式包办婚姻之冲突是产生殉情现象的主要原因。所谓包办婚姻就是男女青年的婚姻大事完全听凭双方父母的意志所决定。这是随着改土归流的实施而从汉族引入的属于汉文化在纳西族地区强制推行的产物。这一观点主要见于20世纪60年代出版的《纳西族文学史》。

① 李霖灿：《麽些研究论文集》，“国立故宫博物院”1984年版。

以上三种观点所共同主张的是清雍正元年（1723年）中央王朝在丽江纳西族地区实施的“改土归流”，这是纳西族殉情现象产生的根本原因。纳西族的殉情乃是本民族固有社会、习俗、文化与汉文化不相适应、甚至发生冲突的产物。

笔者以为，虽然殉情主要发生在1723年以后，但仅仅把“改土归流”视为纳西族殉情现象产生的唯一原因是危险的。这是因为在纳西族古老的东巴经典《董术战争》中即已描写有女主人公牟道格饶纳姆为夫殉情的故事，而且专门讲述殉情起源的东巴经典亦成书于改土归流之前。如1723年前不存在“殉情”现象，当然也就不会产生反映殉情的东巴经典及其文学作品。

那么，以上诸说为何都不约而同地将“改土归流”视作是纳西族的殉情原点呢？其原因有种种，但最主要的是它们都把“改土归流”前的丽江纳西族社会看成了如同摩梭人残存至今的母系社会，把丽江纳西族的婚姻认知成了如同摩梭人那样的走访婚。即，把1723年前的纳西族看成了一个原始母系社会，1723年后则除摩梭人仍保留旧的社会及其婚姻形态不变外，丽江纳西族开始按汉族社会及其婚姻形态演进。演进过程中的不适应性及冲突则表现为殉情盛行、丽江成为全世界最大的情死之都。

这种推理似乎逻辑严密，但其前提存在严重问题。作为纳西族前身的古摩挲人（麽些），乃是古羌人遗裔。羌与姜相对应，前者是牧羊父系集团，即许慎所谓“从羊从人”，而且是男人；后者是牧羊母系集团，后融入汉族先民之中。因此，不能将纳西族社会及其婚姻确定为古来母系并延续至清雍正元年（1723年）。即使纳西族摩梭人至今遗留有母系家庭及婚姻，但也绝非整个摩梭社会都是这样，而是呈母系、父系、半父系、半母系、父系母系并存的社会状态。

神话是一个民族最早的历史记忆。摩梭人与纳西人的神话都称其祖先为男女夫妇神，如衬红褒白与崇仁利恩为人类始祖，他们还各有自己的父母、祖父祖母、岳父岳母、舅舅、表哥等。这与不少民族的人类始祖仅为女性神的情况大相径庭，反证了纳西族先民称“摩挲”或称“麽些”源自父系，岂能将1723年前的纳西族社会统视之为母系社会？

从宗教方面看，纳西族有近千年信仰佛教的历史，并于500年前传入道教，另外还在丽江、白地等地信奉民族宗教东巴教，永宁信奉民族宗教达巴教。无论是外来宗教还是本民族宗教，其神职人员一律为男性，全然不像我国东北少数民族的萨满、日本冲绳的约达那样大多由女性担任，以确保女性的神权。在萨满教中，最大的神灵与最多的神灵均是女性。纳西族的情况则与之相反，明显表现出男权在宗教领域的优越性。

从政治层面看，据有关史书记载，汉代的纳西族先民白狼人之首领即是男性，他曾遣使赴洛阳向中央王朝献《白狼王歌》三章，以示维护国家统一之意；后于唐代率部攻占永宁的泥月乌是男性，其子孙历经数百年一直主宰着泸沽湖周边地区；于唐武德年间跨过金沙江攻占丽江的叶古年亦是男性。从三甸总管府到越析诏、花马国、丽江路军民府、丽江土知府，历代丽江纳西族土司无一不是男性。著名的《木氏宦谱》所记录的木氏土司世系还证明纳西族古代是按父子连名制组织血缘社会的。就摩梭人而言，有关永宁、蒗蕖、左所、右所、中所、前所、后所土司之家系亦无一不是父系。

就社会背景而言，摩梭人的母系家庭及婚姻似乎是在其进入泸沽湖地区之后才新产生的社会现象。这是因为这一带地区毗邻直至唐代仍繁荣一时的东女国，当是南下的男性武装集团——古摩挲人在征服土著母系部落之后作为少数的前者融合了作为多数的后者之中，从而造成了统治者始终保持父系而中下层族人则或保持父系，或改从母系，或父系母系并行，或父系母系不断反复的婚姻奇观。而丽江的情况则与之迥异，因不断与之发生关系的藏族、白族以至后来的汉族均是父权制社会，纳西族先民自古以来的父权制不仅没有遭到破坏，反而得到了加强，从而并未出现过母系家庭。

由上可见，将1723年改土归流作殉情产生的起点存在诸多问题。

须知，纳西族的殉情大多是男女青年同时自杀的行为，而不是女性单独自尽。这正如男性单独自杀也时有出现，但并非普遍一样。当然，女性单独自尽也不是没有，但并不普遍。如果说“改土归流”前行母系家庭婚姻因而不存在殉情，那么“改土归流”后改行父系家庭婚姻岂不是也用不着男子陪女性恋人去殉情吗？赵省华女士曾经指出女性情死鬼居多正是女权丧失酿成殉情悲剧的证明。我认为，虽不能排除这种因素，但这还与纳西族二元性分类原理有关，即神灵体系大都由男性构成，鬼怪体系主要由女性构成。其中所潜藏的是父系社会所固有的重男轻女、男尊女卑观念。短短二百来年时间是难以构成如此严密的神灵鬼怪体系的。

在笔者看来，殉情现象早已存在于纳西族社会，但最早并无专门的仪式及宗教经典，为殉情死亡者慰灵是祭风（哈克）仪式的一部分内容，其目的不外是镇怨魂消灾，而祭风原本所祭者为大自然的风，属自然崇拜的一部分。“改土归流”之后，随着汉文化的全面普及与强制推行，社会矛盾不断激化，纳西族的殉情才变得日甚一日，开始有做专门性宗教处理与宗教解释的必要，故而专为殉情者举行的“哈拉里克”仪式从固有的祭风仪式中分离出来独立存在，并产生了相应的宗教经典《鲁般鲁饶》与民间长诗《殉情之歌》。或者说，这时的祭风之风已从自然之风改造成了恶灵之风，完成了从自然崇拜到鬼神崇拜的彻底改造。

殉情在丽江纳西族中愈演愈烈的原因大约有三个方面：

其一，1723 年实行的“改土归流”是一场彻底的封建革命。它主要通过外力而实现，伴随有强行汉化的特点。由此，纳西族社会完成了从封建领主制向封建地主制的转换，社会生产力得到了飞跃式的发展，迎来丽江纳西族地区经济文化的全面繁荣。但是，其代价也是高昂的，即它破坏了纳西族传统文化的根基，动摇了纳西族的灵魂观、生命观、价值观，使纳西族的价值体系受到严峻的挑战。表现在婚姻方面，其后果便是殉情现象从个别变为普遍，从单个、一对变为集体。

丽江纳西族的殉情不外乎是这样一种恶化的现象：“改土归流”以

后，纳西族的汉化区域以丽江古城为中心向四周扩散，殉情亦随之在丽江古城近郊盛行，并从白沙、黄山、金山等地向拉市、泰安、龙山、七河、龙盘等地推进，甚至连大东、鸣音、石鼓、石头、塔城、鲁甸、金江、金庄等地也受其波及，仅有受汉文化影响较弱的奉科、宝山、香格里拉市白地、永胜县大安等地影响甚微，永宁等地更是闻所未闻。

与之相适应，在丽江古城近郊广泛传承有“哈拉里克”仪式、东巴经典《鲁般鲁饶》、民间长诗《殉情之歌》；在远离丽江古城的地区，尽管也有殉情大量发生，但除举行“哈拉里克”仪式及诵读《鲁般鲁饶》之外，《殉情之歌》并不传承；在永宁摩梭人中，更不知“哈拉里克”为何物、《鲁般鲁饶》为何经。

丽江纳西族地区盛行殉情还由于历代中央王朝在此大量征兵、纳西族统治者不断对藏族分布区域用兵所致。“兵”在纳西族中称“姆”（mu^{21}），与“尸体”同音，意味着一旦为兵丁，便是行尸走肉，有去无回。自有关史书记载，唐代就有“麽些兵”被征召参加唐王朝与南诏、吐蕃之间的战争。宋、元、明、清各代，丽江纳西族地区都有重大战事。故来自各方的征兵始终不断，造成了无数男儿血洒疆场，从而也就造成了无数有情人不能终成眷属。面对着就要客死他乡，面对着即将到来的生离死别，许多恋人选择了殉情的道路。清雍正元年（1723 年）“改土归流”之后，中国社会内忧外患加剧，中央王朝在纳西族地区的征兵比之以往任何时候有增无减。大量的史实表明，凡甲午中日战争，平定准噶尔盆地叛乱及抗击沙俄入侵，镇压杜文秀、李文学、恒乍绷起义，抗击法国入侵越南等军事行动等，都有大量的“麽些兵”参战，为国家付出了巨大的民族牺牲。进入 20 世纪以后，在中华民族反帝反封建、争取民族解放、国家独立的新民主主义革命中，又有无数纳西儿女慷慨赴死。在不知道为谁扛枪、为谁打仗的前提下，怀着对生的绝望与对故乡的留恋，也有一些男子在被征之后约心爱的姑娘殉情，以逃避残酷的战争。从古至今，由于香格里拉纳西族纳亥人与宁蒗彝族自治县纳西族摩梭人地区鲜少征兵，从而也就很少有殉情发生，更没有集体自杀的现象出现。

其二，就信仰而言，它对纳西族青年的殉情具有重要的作用。正如苹果之落地是因地心引力所致，对纳西族殉情最具有吸引力的莫过于山中他界——“玉龙第三国”。这是一个与现实世界完全对立的精神世界，它圣、净、美、善、爱，与现实世界的俗、秽、丑、恶、恨截然相反，处在物质性、精神性都比现实世界优越的状态。纳西族青年之殉情所追求的是自由、幸福、爱情，而“玉龙第三国”所拥有的正是自由、幸福、爱情。因此，殉情不只是厌世、弃世的行为，而且升华成了对美好理想的追求。从这一点也可以看出，纳西族是一个富有理想、智慧、勇气及创造力的民族。关于“玉龙第三国”这一理想国的形成过程及本质特征我已在《揭开“玉龙第三国”的秘密》[①]一文中做过专门的论述，恕不再赘言。

“哈拉里克”仪式译作“大祭风”。在东巴教中，与之相关的仪式还有“哈克”，即“祭风”。祭风主要在发生灾害、家畜患病、产妇难产、家人罹病之际举行。这是因为人们相信这些灾难均来自“风鬼”作祟，因此要举行仪式震慑它。所谓“风鬼”就是达勒阿萨命，有时也称“风神娘娘”。民间有关于这个风鬼或者叫风神的传说：

阿萨命是金沙江北达勒村的阿萨之女。她已有意中人，但父母却让她嫁给石鼓村一个富户的儿子。出嫁之日，她破除了不可回望的戒律，往回看望自己的恋人。于是，暴风乍起，她与所骑马匹一道被吹到红岩上。故，直到今天，红岩上仍留有她与乘骑的影子。并且，只要听到她的哭泣之声，金沙江两岸必定发生天灾人祸。

由上可见，风鬼或风神不过是自然风的拟人化。祭风原本应该是祭自然风之精灵，后来才演变成了祭达勒阿萨命这个风鬼或风神。可以说，祭风起源于纳西族古老的自然崇拜，祭大风则进一步将它改造成了

① 白庚胜：《揭开“玉龙第三国”的秘密》，载《民间文学论坛》1987年第4期。

祭祀殉情之祖开美久命金与朱普羽勒盘以震慑忍鬼、情死鬼，已不再局限于驱除恶灵和确保平安、健康、丰收。

在我看来，殉情作为一种偶发性的人祸，需要对通过祭风仪式超度死者，并驱除风鬼达勒阿萨命等内容加以考察。尽管在因 1723 年“改土归流”引发大规模的殉情风潮之后，“哈拉里克”开始从“哈克”中分离出来形成了专门为殉情者举行的仪式，其性质从自然崇拜转变成了鬼魂崇拜，但它们在祭坛设置、使用经典、所跳舞蹈、基本仪规等方面仍大体相同，明显表现出互相间的传承关系。当然，砍忍树、捣忍巢、毁坏情死鬼木牌等内容是“哈克”仪式所没有的，而在“哈拉里克”仪式中却是必需的。

其三，在文化方面，纳西族的固有文化与汉文化完全异质。前者低密度、结构单纯；而后者复杂、体系性极强、拥有 5 000 年的历史。当汉文化作为一种强势文化全面冲击纳西文化之际，纳西文化的脆弱部分便发生断裂并引起整个纳西社会的震动，从而产生了种种悲剧。殉情不过是其中之一。殉情者一般都是初初涉世，不谙人生，缺乏社会经验、人生阅历且心理承受能力较弱的年轻人。他们一旦受到生活的打击便易于产生反抗的行为，甚至采取弃世、厌世的态度并最终走上完全否定现实社会与传统伦理道德的不归路。殉情的本质意义正在于此。当然，个别的、小规模的殉情在“改土归流”之前已经存在无疑。

以上，笔者就广泛存在于丽江纳西族社会的殉情现象及与之相关的民俗文化做了简要的介绍与考察。由于资料有限，并且殉情毕竟是过去时代的产物，因而研究者们的认识都只能是瞎子摸象。笔者的有关研究亦不能例外，其中肯定有不足。然而，笔者的一孔之见只要能对有关研究者的研究有些许启发则我心欣然。在即将为此文封笔之际，笔者的眼前所浮现出的是无数忠诚于爱情、慷慨赴死的纳西族青年，但愿他们在“玉龙第三国”得到安息。

三多信仰考察

1994年9月10日至10月2日，笔者参加日本中国西南民俗考察团在云南丽江境内的纳西族民俗调查活动，就三多信仰民俗向白沙乡玉龙村杨作慎、杨汝魁两位老人做了采访调查。调查团返回昆明后，笔者继续滞留丽江，在位于黑龙潭公园内的东巴文化研究所（今丽江市东巴文化研究院）就有关问题采访了大东巴和玉才（和士诚）、和即贵两位老人。现将有关内容报告如下，以深化纳西学界对三多信仰的认识。

一、考察情况

（一）调查时间：

1.1994年9月19日；

2.1994年10月3日—10月5日。

（二）调查地点：

1. 今云南省丽江市白沙乡玉龙村三多庙，位于离丽江约15公里处的玉龙山麓；

2. 东巴文化研究所，位于今丽江市北郊黑龙潭公园内。

（三）调查对象：

杨作慎，81岁，男，农民，纳西族，白沙乡玉龙村人，稍通汉文、东巴文，曾任三多庙“达玉”（庙祝）；

杨汝魁，70岁，男，农民，纳西族，白沙乡玉龙村人，曾任该村生产队队长，现任三多庙管理员；

和玉才，85岁，男，农民，纳西族，著名东巴，今丽江市大东乡哉丹村人，从 1984 年起被聘在云南省社会科学院东巴文化研究室（今丽江市东巴文化研究院）指导东巴经翻译研究工作；

和即贵，74 岁，男，农民，纳西族，著名东巴，今丽江市鸣音乡鸣音村人，从 1984 年起被聘在云南省社会科学院东巴文化研究室指导东巴经翻译研究工作。

二、三多神

三多是纳西族的保护神，故而受到全民族的膜拜。然而，三多之族属至今众说纷纭、莫衷一是，此次调查中亦发现种种说法。

（一）族属

1. 白族说。和玉才、和即贵两位东巴认为，三多当属白族神灵。之所以这样说，是因为东巴经《三多颂》虽由纳西族东巴文记录，所记语言却是白语，只有最后几行祝词是纳西语。他们说，如果三多是纳西族神灵，就没有必要用白语记述其事迹，并祈求其护佑。和玉才东巴还称背负三多神至三多庙之“阿布高氏”之名即是白语，意为：“爷爷请坐”，是“apə^{51}kv^{11} t'iə^{51}”的音译。著名白族女学者徐琳在听过和玉才诵读《三多颂》这部东巴经后也明确表示，该经所记载为古白语，不过发生了音变而已，但若干句子仍与现代白语相同。例如，经文中的“mər la^{33}pi^{51}mi^{33}”一句即是现代白语“给马喂盐与饲料”之意。

2. 纳西族说。杨作慎、杨汝魁两位老人坚称三多为纳西族神灵，并称其姓为杨，其母姓沙。不过，他们认为三多与白族、藏族也不无关系。即，三位妻子中有一位是白族，一位是藏族，正妻是纳西族。进而，白族信仰三多者多于纳西族。每年农历二月八及八月，他们都要从鹤庆、金山等白族聚居地赶来三多庙行祭。目前，前来三多庙祭拜的纳西族香客极少，最多的仍是白族，且以来自鹤庆县者居多。

3. 藏族说。和玉才东巴称，他幼时还曾听长辈说过三多是藏族神灵。具体为：阿布高氏神将三多从拉萨背至玉龙山麓稍作歇息后再也背不起来，遂在此建三多庙加以祭祀。这虽没有直接说三多就是藏族神灵，但却有三多出身藏族的意思。因为拉萨一直是藏族政治、经济、文化、信仰的中心。三多为藏族神灵说广泛流传于与藏族毗邻或杂居的纳西族地区。和开祥东巴介绍说[①]，丽江市鲁甸乡祭祀三多的东巴经典中混杂有大量的藏语。

（二）形象

1. 神石说。据和即贵东巴介绍，他曾听玉龙村老人说，阿布高氏原是牧人。一日，他引犬前去玉龙山中放牧，只见猎犬突然追赶一只白鹿往雪山虚庚岩[②]而去并变成了白石。他觉得奇怪，便将白石背下山来。奇怪的是，一开始这块白石极轻，越到后来却越重。到三多阁村，即玉龙村时，阿布高氏只好放下白石稍事休息。当他想再次背它回去时，白石沉重如山，再也背不起来。于是，阿布高氏与村民都认为白石是玉龙雪山的精灵，决定在白石安卧处盖庙，并起名为“三多庙”。这则传说在纳西族民间广为流传，只在细节部分稍有差异。

2. 神佛说。和玉才东巴说，三多是从拉萨请来的“普劳”（$p'v^{33}la^{11}$），即神佛。既不是石精，也不是人。

3. 凡人说。杨作慎、杨汝魁两位老人说，三多原是凡人，他有母亲，又有妻子，还有生年，死后才变成了神灵。但是，他既不像有人说的那样是木土司的大将军，也不是木土司的奴隶，在玉龙村一带根本没有这样的传说。这两种说法只存于一部分纳西族文人中。

（三）容貌

三多神之容貌一般被描述成红脸白须、身穿白衣白甲、乘白马、持白矛、与风同出、与云同现。他不仅守护着丽江纳西族地区的安宁，而且也护佑着身处异乡的每一个纳西儿女。

三、三多显灵

考察发现，三多庙中所祀奉的三多神不仅仅是一尊石精山神，他还

① 这由和开祥东巴于 1993 年对笔者做介绍。

② 地名，在玉龙雪山深处。

频频显现于纳西族人的生活中救苦救难。就其时间而言，这种显灵不限于古代，到 20 世纪 40 年代仍然如此。有关三多显灵的资料，此次共收集到 5 种。

（一）三多击退刘兴武

20 世纪 40 年代，刘兴武曾率土匪袭击丽江古城，匪兵来到城西 10 千米处的拉市坝。正当位于拉市坝西侧的指云寺喇嘛要差人去丽江古城通报刘兴武来袭的消息时，只见三多率数千神兵神将从天而降，吓得土匪纷纷逃遁，不敢前去攻打古城。这次显灵被众多拉市坝农民、喇嘛所亲见。（杨作慎口述）

（二）三多显灵打败保安军

云南省解放前夕，国民党保安军司令罗英欲率部占据丽江，与共产党负隅顽抗。罗英许诺丽江大研镇人杨书烈之子：如果打下丽江即让他任县长。然而，三多神突然显灵，丽江军民打败了罗英的保安军，杨书烈之子亦被捕并死于狱中。（和玉才口述）

（三）三多显灵助游击队转败为胜

中华人民共和国成立前夕，和万宝[①]率游击队与国民党保安团作战。一次，游击队吃了败战，和万宝便率游击队前去三多庙拜三多神。结果，三多显灵，帮助游击队在剑川打败保安团。由于三多护持，丽江和平解放，鹤庆、剑川、永胜、华坪、维西、中甸（现香格里拉）也都未经战火得解放。（和玉才口述）

（四）三多引兵打退藏族土匪

20 世纪初的甲子年间，一群藏族土匪前来洗劫丽江大具。他们夺尽财产、烧毁民房后沿玉龙山麓南下，企图血洗丽江坝。但是，土匪刚来到干海子，只见两支由黑马、白马编成的队伍在白沙上空依次出现，令藏族土匪惊慌失措并越过金沙江逃回藏区。这两支骑兵队原来都是

① 和万宝为纳西族民族领袖，20 世纪 40 年代末毕业于西南联合大学并加入中国共产党，后回丽江开展革命工作。中华人民共和国成立后，历任中共丽江县委书记、丽江专区副专员，云南省民族事务委员会副主任。

三多的军队。（和即贵口述）

（五）和国柱受三多神庇护

三多庙中至今保存有一块石碑，名曰“和国柱捐三多庙田碑”。其碑文由和国柱亲撰，称这位清乾隆年间的纳西族将领曾率“土兵”（纳西族军队）讨伐九龙江，并得三多神庇护凯旋。战阵上，“土兵”将士皆见三多神“长眉圆目”“率兽巡营”，不许匪贼作乱且“守土兵”。于是，和国柱率“土兵”归来之后捐助田地于三多庙，以谢受庇护之大恩。这块碑立于清乾隆十三年（1748 年）。

四、三多神系

在纳西族的神灵体系中，三多神自成一统，既不属于外来神系统，也不属于原生主神系统。据杨作慎、杨汝魁两位老人讲述，除三多外，三多神系统包括以下神灵：

三多母亲：姓沙，但其族属、事迹不详。

三多妻子：正妻为纳西族，一妻为白族，一妻为藏族；也称仅有白族妻子、藏族妻子各 1 人。

阿布高氏：为大力神，是背负三多神（石）至玉龙山山麓者，无其他事迹传世。

次巴纳汤：三多随从，共 2 人，无事迹可考。

肯失将军：为三多部将，共 4 人，无事迹可考。

10 武士：皆骑马引兵，随时听候三多调遣。

8 卫士：他们皆守护于三多及其妻子左右，寸步不离。

12 战马：其中 6 匹黑色、6 匹白色，紧随 10 武士之后。

这些神灵、神畜皆造塑像于白沙三多庙中。具体讲：三多母亲塑于后殿；三多塑于正殿；其妻各塑于三多左右；阿布高氏安置于神棚并悬于正殿西北角；8 卫士分东、西各 4 人立于正殿墙壁下以保卫三多夫妻；肯失将军分东、西各两人立于正殿阳台之上；次巴纳汤分东、西各 1 人立于肯失将军之前；10 武士象征十天干，分东、西各 5 人立于门楼通道两侧，类似喇嘛寺中的八大金刚；十二匹战马象征十二地支，分东、西各六匹立于十武士之后。马色分黑、白，即西六匹为黑色，东六匹为白色，以象征阴阳。

和玉才东巴称，玉龙村三多庙中的神系最丰富，在其家乡大东乡哉丹村三多庙中，所塑神灵简单得多，仅有三多神及其妻子、阿布高氏、马王、一匹白马而已。

五、三多祭祀场所

祭祀三多之场所大体分庙、坛、庭院三种。其中，庙又分总庙和支庙两种，坛亦分固定祭坛与临时祭坛两种。

（一）庙

1. 总庙。位于丽江市白沙乡玉龙村。每年农历二月八为三多生日，丽江全境纳西族、白族信众皆来此进香。其生年为羊年，故羊年二月八的三多祭最为隆重。另外，每年农历八月，丽江及鹤庆白族也在此举行有关祭祀。平时，也有一些香客随机进行个别祭祀。

2. 分庙。在离白沙三多庙较远的地方各建有区域性三多庙，如大具乡在坝子西端玉龙山麓建有当地三多庙，大东乡在鲁纳吾古村建有当地三多庙，鲁甸乡在阿诗祖村建有当地三多庙，西藏拉萨由当地纳西族商人建有三多庙。这些庙中所举行的祭祀比白沙三多庙规模小、内容简单。

（二）坛

固定性的祭祀如大东乡哉丹村三多祭坛。它设于该村后侧，并有二处。其中，一处用于二月八祭三多，另一处用于求三多保佑六畜兴旺。前者建有庙宇，后者则不过在平地上垒一些石块以为标记而已。后者也用于祭山神除秽，因为山多神常常又是山神。每年六月二十一日举行“余生厄”（$jy^{11}sei^{33}ɣɯ^{11}$），即“羊子火把节”祭祀三多神时，因当时羊群牧放于高山峡谷，村人要为赶回林中行祭的牧人设临时宿营地。

在鸣音乡鸣音村，在三多祭坛建有一塔。每年二月八，人们都要聚集在这里祭祀三多神，并无固定祭坛与临时祭坛之区别。

（三）庭院

它分两种，一种是在庭院围墙上设固定神坛，每天早晨、每个节日均燃香共祭山神、龙王、三多诸神灵；另一种是在为婴儿取名等时候于庭院中临时设坛行祭。其坛不过是供上桌凳，摆上酒、茶、点心、水果及香线。

六、三多祭礼仪式

与以上所介绍的三多神祭祀场所相关，三多祭祀仪式也有总祭、村祭、野祭、族祭、家祭等区分。其中，总祭分官祭、民祭两种，村祭、野祭及族祭也分为“余生厄”祭与二月八祭两种，家祭分命名祭、求牲畜兴旺祭、供奉祖先神佛祭三种。

（一）总祭

时间在二月八，地点为白沙玉龙村三多庙或各区域三多庙。参加者为当地纳西族、白族官民士绅。其目的是感谢三多神，并祈求平安健康、五谷丰登、六畜兴旺。玉龙村三多庙之行祭规模达数万人。

1. 官祭。所谓官祭，指纳西族土司行祭。尽管土司于清雍正元年（1723 年）“改土归流”之后降为土通判，地位一落千丈，但纳西族木氏土司依然严守官祭三多祖制，以与民祭三多相区别。杨作慎老人说，木氏土司的官祭三多共两天，分别为农历二月第一个马日、羊日。马日，白沙玉龙村三多庙达玉必须前去城里迎接木氏土司。待木氏土司乘轿进入三多庙门口，庙中最年长的达玉要迎其下轿进庙中。在通过连接第一院与第二院的建筑物“麒麟堂”时，达玉必须在木土司通过后复将正门紧紧关闭。这是因为这道门只供木土司使用，终年关闭，仅农历二月官祭三多时才打开。一般香客出入只能走侧门。

木土司在庙中稍事休息后开始举行生祭仪式。所谓生祭就是在正殿阳台上设一供桌，其旁置一椅，木土司坐于椅子上，将供物摆于桌上。供物一般为水果、点心、大金锞、大银锞、红烛、油灯、香蜡、活鸡。供桌前还要置放生猪肉、生羊肉。在供完供物后，达玉要手持柏枝蘸供桌上的供碗中所盛乳汁，为跟随木土司前来行祭的木氏亲属除秽。其具体为以蘸有乳汁之蒿枝轻拍眼、嘴。

待供物齐备后，达玉要将供桌移入正殿内三多神像前，并诵读《三多颂》。木土司等行跪拜礼。这天晚上，木土司要住在三多庙内，其所用被褥、炊具、食品均从城里自备而来。

第二天即是羊日，即举行三多大祭之日。一早，木土司要举行熟祭仪式。熟祭仪式所献供品一如上一天之生祭仪式，只是肉菜必须是熟食品。行祭之后，达玉要将木土司一行送回城里。

在此，要做两点说明：第一，祭品中的猪与鸡由达玉杨作慎家提供。作为其补偿，木土司赐杨家耕种七亩“祭猪、祭鸡地”。祭羊一般由玉胡村（又叫雪嵩村）提供，其报偿是木土司准该村村民在玉龙山中自由放牧与狩猎。第二，木土司为何坐在椅子上向三多行祭？有人称这是因为三多神原本是木土司之部将的缘故。事实上，木土司只在生祭前在椅子上稍坐片刻，正式生祭与熟祭之时都要跪拜行祭。

2. 民祭。民祭时间与官祭同。马日晨，香客以村、里为单位从丽江四境拥入白沙三多庙。紧接着，木土司行生祭，各村、里亦按顺序行生祭。但是，民祭中的生祭并不需要供过多供品，仅点灯、点香，并供一装有水之瓷碗即可。该仪式亦由达玉主持，其主要任务是用柏枝在供碗中蘸水为跪拜者除秽，并诵读《三多颂》。这个差事一直由杨作慎一家世袭承担。次日，亦即羊日，香客们要依次举行熟祭，除肉食要过火外，行祭内容与生祭大抵相同。在抽签打卦等结束之后，香客要将所剩香、蜡、金锞、银锞等交达玉保管，并代为每日烧香点蜡行祭。在受托保管香、蜡、金锞、银锞时，达玉要为香客念《存香经》。之后，香客尽散，各回乡里。

（二）村祭

在鸣音乡鸣音村，祭三多神以村为单位进行。其时间在农历二月八，其场所为村中筑有宝塔的高台之下的三多祭坛。由于年代久远，和即贵东巴已不能叙述其详。

大东乡哉丹村在中华人民共和国成立前共住有36户人家，并由特定的东巴担任祭三多主持。在这个仪式上，东巴不必穿戴法衣、法冠。每年二月八，该村全体村民都要齐集于三多庙中祭祀三多神。其供物为一只鸡、一头羊以及盐、小麦、乳扇、着色粉皮、若干麻籽。其中，盐与麦粒用作三多战马之饲料，麻籽用于祭祀结束后投于香炉以炸裂声吓退鬼怪。整个仪式分“招请三多”“求福”“送三多”三个部分，由主持仪式的东巴诵读用东巴文写成的经典《三多颂》。人们不断跪拜三多神。祭毕，全体行祭者共饮祭酒。这些酒于祭前数月各家各出一斗粮食所酿。

（三）族祭

同样在大东乡哉丹村，有一个和姓家族要在正月初一祭三多神。而且，不仅祭三多，也祭山神、龙王、祖先等。由于和玉才东巴所属宗族仅在二月八祭三多，因此其具体内容不详。

（四）野祭

每年六月二十一日“余色厄”节，大东乡哉丹村村民要赶往玉龙山牧场与在那里放牧的牧人欢度节日，并祭祀三多神、山神。其供物为一只鸡。请特定的东巴主持。平时行祭，人们必须站南朝北，但这天行祭必须站北朝南，原因是白沙三多庙居于玉龙山南面。在人们跪拜、东巴诵读《三多颂》之后，牧人要与牧主一起用餐。饮食品均由牧主从村中带来。由于村中并非每家都养羊，而且祭祀三多之场所也不是村边三多祭坛，故它不属于村祭。需要说明的是，这些牧人有的是家中成员，有的是雇工。

七、家祭

哉丹村有关三多神的家祭分三种情况：即正月初一祭、命名祭、祈求家畜兴旺祭。其参加者皆为家庭成员，其场所为自家院落。除正月初一祭外，其余两次家祭都必须请东巴主持，并诵读《三多诵》。

正月初一祭：一大早，主人要烧火除秽，然后在院中置一张桌子供以水果点心，并呼唤三多、山神、祖先及其他神灵，祈求他们保佑新的一年平安幸福。继之，家人要在长辈引领下朝北磕拜。供桌上另供有香、蜡烛等物。

命名祭：婴儿生下后，主人要请东巴为其取名。所请东巴要在婴儿家院中置一张桌子，其上供以食盐与小麦粒（有时也用大麦粒），并焚香、除秽，以请三多神降临。之后，东巴要基于产妇之生辰八字及婴儿诞生之时辰按东巴教巴格图确定其有关方位取名：一般位于东方者取名为“吕伯久纳”（ly^{51}bə^{11}dʑiə^{33}na^{11}），位于西方者取名为“吕伯佳孜拉”（ly^{51}bə^{11}tɕia^{33}dzɿ^{33}la^{11}），位于南方者取名为“吕伯吉当”（ly^{51}bə^{11}dʑi^{33}de^{11}），位于北方者取名为“牛负牛芝”（niə^{11}fv^{55}ȵ̥iə^{11}dʐʅ^{33}），牛方位者取名为“吕伯构土”（ly^{31}bə^{11}kə^{51}t’v^{33}），龙方位者取名为“诺布”（no^{31}pv^{51}），狗方位者取名为“肯贡”（k’ɯ^{33}ku^{51}），羊方位者取名为“吕伯余玛”（ly^{51}bə^{11}y^{31}ma^{11}）。其实，仅从这些名字中取一与婴儿相关联之音，再加一个属于该婴儿自己的音，最后添上一个区别男（若）女（命）之性别之音构成全名。但是，到二十世纪三四十年代，哉丹村纳西族已经仅取汉语名，命名祭三多仪式亦随之消失。总之，举行这个仪式的目的是祈求三多神保佑新生婴儿一生平安幸福。

祈求家畜兴旺祭：其时间不定，一般在家畜有病或家畜被野兽咬伤的情况下请东巴举行。村后一般设有专门性场所，以作为向三多神祈求家畜平安兴旺之祭坛。祭坛属公有，无论哪家都可以使用。该仪式上所诵经典与所供物等与其他祭祀三多仪式相同。

八、三多祭经

用于三多神祭祀仪式上的东巴经有三种，都用东巴文写成。其中，《存香经》《祭三多经》诵读于在白沙玉龙村三多庙官祭、民祭三多之仪式上，并由主持祭祀之达玉所专有、专管。据曾担任过达玉的杨作慎老人介绍，这两种经书均是前半部分为白语、藏语、傈僳语混合本，后半部分为纳西语。《三多颂》相对较长，如和玉才东巴所诵读本长达143

行。他称这部经书除最后 10 余行祝词为纳西语外，其余句子均是纯粹的白语，自己虽然也会念白语，但根本不知道所言内容。总的情况是，几乎所有的东巴都能念诵这些东巴经典，并各有 1 册。只是地域性显著：与白族相邻地区东巴所拥有者多夹杂白语，与藏族相邻地区东巴所拥有者多夹杂藏语，多民族杂居地区东巴所拥有者则夹杂有 3 种以上外民族语言。并且，在一些地区还夹杂有一些东巴本人因时因地即兴增加的内容。这里，特记录杨作慎老人所口诵的《存香经》及《祭三多经》如下：

（一）《存香经》（ɕy^{11}ȵi^{51}tɕiə^{11}）

① tɕi^{33}tʂ'a^{11}–a^{11}p'v^{11}ka^{33}ti^{33}

② tɕi^{33}tʂ'ʅ^{11}a^{11}dzər^{11}to^{51}

③ tɕi^{33}tʂ'ʅ^{11}a^{11}dzə^{11}to^{51}

④ to^{33}sæ^{11}dzə^{11}to^{51}

⑤ to^{33}sæ^{11}dzə^{11}mu^{11}

⑥ to^{33}sæ^{11}dzə^{11}mu^{11}ɕi^{11}za^{11}

⑦ to^{33}ɕi^{11}za^{11}ɕi^{33}ɕi^{33}za^{11}

⑧ ɕi^{33}za^{11}mi^{51}dɯ^{11}za^{11}kv^{51}dɯ^{11}

⑨ ɕi^{33}zʅ^{11}læ^{11}kæ^{11}

⑩ mi^{11}tsʅ^{33}kə^{24}

⑪ ho^{24}pɯ^{11}tsʅ^{11}kə^{24}

⑫ ɕi^{33}tsʅ^{33}tso^{24}mæ^{33}

⑬ hə^{51}ʂə^{33}dɯ^{33}ɣɯ^{33}

⑭ tsʅ^{33}ʂə^{51}dɯ^{33}tiæ^{33}

⑮ ji^{33}gu^{33}dɯ^{33}hɯ^{24}dɯ^{33}gv^{33}

⑯ a^{11}ȵi^{33}kɯ^{33}na^{33}ho^{33}

⑰ ȵi^{33}ua^{33}ti^{33}jy^{51}le^{33}dər^{33}

⑱ xli^{33}xts'un^{33}

⑲ dɯ^{33}k'v^{51}sʅ^{33}ɕi^{33}tʂ'ua^{51}ts'er^{11}ha^{51}

⑳ ɕy^{11}zi^{33}sɿ^{33}ɕi^{11}tʂ^{33}ua^{51}ts’er^{11}ly^{33}

㉑ dɯ^{33}so^{11}ɕi^{33}tʂ’ua^{51}ts’ər^{11}ha^{51}

㉒ dzɿ^{33}pə^{51}le^{33}ts’ɿ^{11}tʂ’ɿ^{33}

㉓ ts’ɿ^{11}pa^{33}na^{11}t’æ^{33}nɯ^{33}

㉔ le^{33}jy^{11}pə^{51}jə^{51}nɯ^{33}，a^{33}pv^{51}ka^{11}ti^{33}ku^{11}

㉕ a^{51}pb^{51}ka^{11}ti^{33}nɯ^{33}

㉖ le^{33}jy^{11}lpə^{51}jə^{51}nɯ^{33}

㉗ sui^{24}ʂɿ^{24}pə^{24}jo^{24}kæ^{53}（le^{33}pu^{51}）

㉘ ji^{33}da^{11}tʂɿ^{33}dʑi^{24}gə^{33}

㉙ ha^{33}ly^{33}dʑi^{11}mi^{51}

㉚ lv^{33}bv^{33}lv^{33}me^{33}

㉛ ts’ɿ^{33}sæ^{11}sæ^{33}ji^{33}

㉜ gɯ^{33}la^{11}ka^{33}jə^{51}ho^{51}

㉝ huæ^{33}huæ^{33}ɕi^{33}ɕi^{33}

㉞ dɯ^{33}o^{33}lv^{11}dw^{33}ka^{31}le^{11}

（二）《祭三多经》（fv^{51}tv^{33}ʂu^{51}tɕiə^{11}）

① sɿ^{33}ho^{11}pa^{11}ho^{11}sɿ^{33}to^{33}ho^{11}

② sɿ^{51}dze^{11}sɿ^{11}do^{11}dze^{33}hɯ^{11}

③ hɯ^{11}ha^{51}dze^{33}sɿ^{33}

④ huæ^{33}ji^{33}tɕæ^{51}lo^{11}sɿ^{33}

⑤ mɯ^{33}kv^{33}ta^{11}tɕæ^{51}sɿ^{33}

⑥ pi^{33}po^{11}ta^{51}tæ^{33}sɿ^{33}

⑦ pi^{33}po^{24}lo^{11}hæ^{33}sɿ^{33}

⑧ lo^{11}hæ^{33}mi^{33}na^{24}sɿ^{33}

⑨ jy^{11}ly^{33}pv^{51}kɯ^{33}sɿ^{33}

⑩ po^{33}tse^{24}to^{33}tse^{24}

⑪ bv^{33}dze^{31}tsɿ^{51}tse^{33}tse^{24}dze^{33}sɿ^{33}

⑫ dze^{33}hɯ^{11}dze^{33}ȵi^{11}

⑬ sɿ^{24}to^{33}–ho^{33}

⑭ gu^{11}tʂ'ʅ^{11}gu^{11}tɕ'æ^{33}

⑮ næ^{11}to^{33}tɕi^{33}tɕ'æ^{33}

⑯ tɕi^{51}tɕ'æ^{33}pæ^{33}tue^{33}

⑰ tse^{33}lo^{11}ka^{33}tʂʅ^{51}tɕi^{33}

⑱ tʂʅ^{11}o^{33}sɿ^{11}dzɿ^{33}kæ

⑲ kæ^{11}tʂʅ^{33}tɕi^{33}ʐe^{51}kæ^{11}kɰ^{33}ji^{33}

⑳ ti^{33}ji^{33}ʐʅ^{24}ji^{33}sɿ^{51}ji^{33}ku^{11}tsɿ^{33}ji^{33}

㉑ to^{33}fv^{24}ho^{11}sæ^{33}ji^{33}

㉒ tse^{11}kv^{33}tse^{11}ʂe^{51}ji^{33}

㉓ so^{33}ʂuo^{24}ly^{33}ty^{33}ji^{33}

㉔ dæ^{11}la^{33}k'ɰ^{33}tʂ'ʅ^{33}ji^{33}

㉕ bv^{33}dze^{11}o^{51}gu^{33}ji^{33}

㉖ ji^{33}ts'ɿ^{33}to^{33}fu^{24}ji^{33}

㉗ so^{11}hæ^{33}to^{33}ts'ɿ^{11}ji^{33}

㉘ ji^{33}ts'ɿ^{51}huæ^{11}tʂʅ^{11}ji^{33}

㉙ tɕi^{51}tɕi^{33}pv^{33}dze^{11}tʂʅ^{24}ji^{33}

㉚ hæ^{11}lo^{33}pə^{24}ɰi^{33}

㉛ o^{51}mbæ^{11}tʂʅ^{51}mi^{33}

㉜ hæ^{51}t'ɕi^{33}ʐʅ^{33}tɕi^{33}

㉝ tsɿ^{51}tɕ'i^{33}ts'o^{11}tɕ'i^{33}

㉞ k'v^{51}me^{33}tɕ'i^{11}me^{33}

㉟ ji^{33}ta^{51}dv^{33}tɕ'i^{33}

㊱ v^{11}ʐʅ^{33}v^{11}liæ^{51}ȵi^{51}

㊲ ua^{33}ti^{33}jy^{51}le^{33}dar^{33}

㊳ li^{51}tɕiæ^{33}ɕiæ^{51} × li^{33} × ts'un^{33} × tɕia^{33}nɰ^{33}

㊴ fv^{51}tv^{33}ʂu^{51}ts'ɿ^{11}

㊵ sue^{51}sue^{51}ts'æ^{51}ts'æ^{51}

㊶ huæ^{33}huæ^{33}ɕi^{33}ɕi^{33}

㊷ dɰ^{33}o^{33}ʅv^{11}ɳ̊iə^{24}ho^{51}

这段经文中的其他民族语言比重极大（尤以白语为多），①至㊲皆是白语，㊳至㊷为纳西语、汉语。其中，㊳为“丽江县某里某村某家”，㊵和㊶皆为汉语，意为“非常顺利”“非常欢欣”。杨作慎老人称，他于18岁起学诵以上经典，但因大部分句子不是纳西语而很难记住。在主持过无数次三多神祭祀仪式后才渐变流畅，但至今不知其中的大部分意思。又，需做补充说明的是《祭三多经》在纳西语中叫《负笃硕久》（fv^{51}tv^{33}ʂu^{51}tɕiə^{11}），为“祈福经”之意。这里将之译作《祭三多经》是为了避免它与东巴教其他仪式中所诵《祈福经》相混淆。

九、白沙三多庙

白沙三多庙是三多神祭祀总庙，亦即纳西族三多信仰圣地。该庙建筑规模宏大，管理体制井然，三多神系完备，祭祀仪式复杂多样，参拜者众多。这里，仅就其配置及管理体制介绍如下。

（一）配置

白沙三多庙位于玉龙雪山南麓的玉龙村，坐北朝南，一进二院。两院间用5间平房横向阻隔，其中最中一间“麒麟堂”作为通道。麒麟堂正中设门，专供木氏土司等官祭时使用，在平时及祭典举行日普通香客从正门两侧之左右旁门进出。

1. 第一院：现白沙三多庙最南大门，原为5间2层门楼，最中一间相当于现今大门，亦作大门用。大门两旁分左右各塑黑白战马6匹，共12匹；后各立武士5人，共10人。院之东西各建一座3层楼房，东楼称钟楼，且于2层吊有铜钟。该楼一层主要用作大研镇香客二月八祭三多时之住宿地。西楼称鼓楼，于3层置一大鼓。一层亦主要用作大研镇香客二月八祭三多时之住宿地，但此楼已毁于“文化大革命”之中。鼓楼与门楼的连接处原有一栋两间平房，作保管香锞之用，但于百余年前失火毁弃。目前，第一院西面及正南皆以黑瓦红墙相围之，仅东面残存钟楼；南墙中央设有飞檐翘角式大门，其上悬挂有“北岳庙”牌匾。

2. 第二院：该院分正殿、东厢、西厢、鼎亭四大部分。其中，鼎亭设于院中央。东、西厢各为五间平房，曾经设有众多灶台，以供香客炊事之用。在这里，哪些地方的香客使用哪些锅灶都固定不变，年年如此。正殿为 3 间平房，坐北朝南。它不仅高大，而且空阔，占有一般 3 层楼 5 间房的高度与宽度。经过修复，目前大殿正中设有神座，三多神便危坐于其上。其两侧塑有三多两位妻子像，作坐姿。正殿西墙下塑有阿布高氏像，身披黑毡，头戴毡帽。与之相对，东墙下塑有一武士像，人称“肯失将军”，据介绍，在 20 世纪 50 年代以前，该大殿的景象与现今大不相同，不仅神像众多，而且造型优美。一些神像的配置位置也与现今有差异，如当时阿布高氏被塑于神棚悬于西北角墙面上空，8 位部将分东西各立于东、西墙下；正殿阳台上塑有 6 尊神像，其中两尊称“次巴纳汤”，4 尊称“肯失将军”，并呈两位“肯失将军”立于阳台左，两位“肯失将军”立于阳台右状。他们之前各立一“次巴纳汤”。可见，当时在正殿中共塑有 18 尊神像。

第二院院中央之鼎亭置有一口大鼎，故名之。其高约 2 米，直径约 1.5 米，专门用来焚香。

作为第二院之附属部分，东西厢与大殿相交处各建有一栋两间平房，用作保管香锞等。东房现已毁弃，仅两平房仍保存至今，且用作管理人员饮食起居之所。

3. 后殿：后殿设于正殿之后约 5 米处，为三间平房，内塑三多之母沙氏。今已空空，各种神像荡然无存。

就三多庙整体而言，无论建筑还是神像配置，均取对称式，重视阴与阳、黑与白的和谐。在方位上尊北方，在性别上重男性，同时重视人伦。其受道教影响显著。

4. 白沙三多庙示意图：

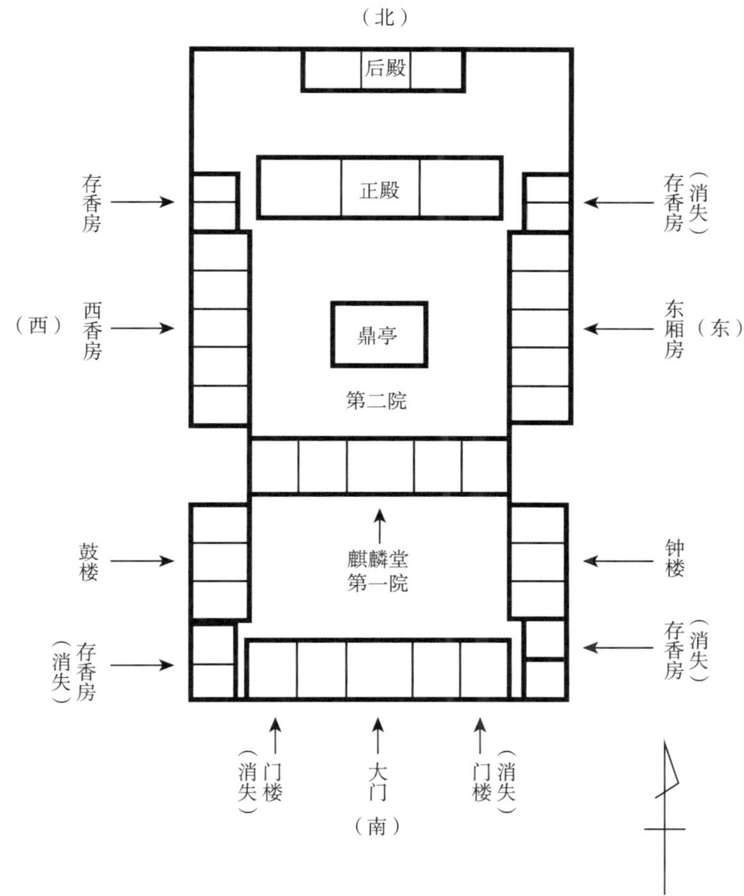

（二）管理

白沙三多庙并无管理委员会这样的组织，其管理主要由“达玉”体制及其责任、权利等所体现。

1. 名称：白沙三多庙管理人员叫“达玉”（$da^{11}y^{51}$），其语源不详、语义不明，相当于汉族之“庙祝”，或许来源于白语、藏语。

2. 传承：“达玉”之职传自祖辈，为世袭，且均为男性。据杨作慎老人称，至他为止，他们家已传“达玉”之职计 3 代。在此之前，玉龙村并无人担任过“达玉”，仅有本近（$be^{33}tɕi^{55}$）利有 1 户和姓人家连续 100 年许担任“达玉”管理三多庙。

3. 构成：“达玉”在玉龙村由三户人家担任，即一户为杨作慎家，一户为杨金发家，一户为赵姓人家。

4. 具体分工：杨金发常住庙中，对三多庙的管理负全责，包括三多庙财产安全、点灯、每日烧香、接待香客、前去各处集资募款等。其他两户只在每年二月八大祭时做临时帮手、协助杨金发管理三多庙。杨作慎于 18 岁继承父亲之职成了三多庙“达玉”，专门念诵二月八及八月祭祀三多神时所用的《存香经》《祭三多经》，并为香客占卦。杨作慎之家人与杨金发、赵氏之家人必须在大祭前备足柴薪。由于香客大抵来自丽江坝子以及拉市、七河、鹤庆等地，三家“达玉”相对分工，负责接待不同地方的信众。

5. 共同责任：（1）迎送木氏土司及主持有关祭祀仪式；（2）为大祭准备柴薪；（3）修建三多庙；（4）共同实施大祭期间的各项服务、维持秩序；（5）共同决定有关三多庙管理的一切事务。

6. 经济收入：三个“达玉”在三多庙中既有分工又有合作，既有共同收入又有各自的收入，不一而足。

（1）共同收入：①香客所付柴薪费、锅灶使用费；②香客所付功德钱；③香客抽签卜卦所付费用；④香客所供奉的食盐、蚕豆、油、米、麦面等物品；⑤祭祀用供品猪肉、鸡肉。这些都是共同收入，除将一部分留下维持三多庙日常管理费用外，一律平分。

（2）各自收入：①杨金发常年住庙，其收入最丰。其来源如下：其一，零散香客于平时所供奉的钱、粮、物品等；其二，零散香客于平时所支付食宿费用；其三，平时从丽江、鹤庆各地募集到的资金。②杨作慎家的收入来源为：其一，平时卜卦所得收入；其二，木土司所赐畜养祭猪鸡用地及其收入。③赵氏所得为木氏土司所赐养祭猎祭鸡用地（三亩）及其收入。相比较而言，杨金发家收入最多，杨作慎家次之，赵家最少。据说，过去杨金发的住房总是香油满缸，堆满了米、面、猪肉、鸡肉。

附　记

三多庙信仰在纳西族民间尤其在丽江纳西族中十分盛行。有关三多信仰的研究已有近百年的历史，但真正的田野调查还不多见，大多停留在引用文献考据或是记录传闻、故事阶段。本人的此次考察主要局限于丽江市白沙乡玉龙村三多庙及其信仰。它虽对全面了解三多庙信仰有一定的帮助，但因种种原因仍十分肤浅。今后，本人将继续做好以下工作以加深对三多信仰的认识与理解。

1. 将调查地扩及丽江、鹤庆白族分布地区，以了解三多在他们当中的影响情况，并具体破译夹杂有白语的《存香经》《祭三多神经》《三多颂》之秘密。

2. 在广泛考察纳西族巫师“桑尼”与三多信仰关系之基础上，探究三多神游离于东巴教至尊神及原先主神系统之原因。

3. 通过实地调查，解明三多信仰与藏族文化、白族本主信仰之间的关系。

4. 制作三多庙分布图，了解白沙总庙与各地分庙之间的关系。

5. 充分了解三多神大祭期间的经济活动、民间文艺、民俗活动、社交等情况。

6. 对“达玉”之经济收入做定性定量分析。

7. 深入调查木氏土司与三多信仰之间的关系。

8. 进一步调查三多庙管理体制。

总而言之，以上的考察不过是今后研究的基础。最后，让我对 9 月 19 日协助笔者在白沙三多庙向杨作慎、杨汝魁老人了解有关情况的调查团成员陶立瑶教授、李子贤教授、丸山宏教授、巴莫阿依讲师、李锡馆长、杨志坚助理馆员，以及 10 月 3 日至 10 月 5 日在云南省社会科学院东巴文化研究所帮助本人一起采访和玉才东巴、和即贵东巴的和继孙先生表示敬意。

纳西族情歌述略

纳西族民间情歌之多，可用“汪洋”称之。既有较长的即兴对唱，也有寥寥数语的短小歌谣。从风格上看，它既有委婉含蓄的叙述，也有大胆率真的表白。从表达方式看，它既可用“谷气”“喂玛达”等乐调歌唱，亦可用“时受”（吟咏）直接吟诵，趣味盎然。青年们以歌为媒建立友谊，通过歌声窥测对方感情的真假深浅，用歌声考验对方的智力、品行及生产技能、生活知识。由于情歌具有这样重要的作用，新中国成立前有些地区还流行着这样的习俗，即只要子女长及情窦初开的青春年华，父母亲就要给自己的子女传授各种古老的情歌，进行爱情道德的教育，并培养他们即兴创作的能力。

纳西族情歌，大体反映了以下内容：

第一，表达了青年男女热烈而纯真的爱情。

雪山挡不住春风的去路，
冰峡拦不住春天的脚步，
爱情就像这春天的春风，
雪山冰峡也没法把我俩隔住！

爱情是人生道路必经的台阶，是男女青年自然而又神圣的权利，犹如冬去春来，时到花开，是任何力量也无法阻止的，这首歌就表达了这样的强烈感情。

爱情往往是双方在生产劳动的接触中逐渐建立起来，并用歌来搭桥的。试听宁蒗彝族自治县拉伯地区流传的这首情歌。

男：房前屋后的桃花开了，
花香搭桥迎蜂来，
泡新麻的姑娘啊，
用麻秆搭桥来相会。
女：麻秆轻飘又空心，
搭成桥梁会折断，
让我用歌声搭成桥，
你就从桥上来相会。

多么自然、纯真的感情，多么朴实而巧妙的比喻！爱情就这么以歌为媒，悄悄地滋生了。

男：铜底小镜子，亮如碧潭水，
不染半粒灰，是哥一颗心。
请妹凑近看，镜里只有你：
是妹好影子，占满哥的心。
女：妹家石榴多，红籽甜心窝。
摘个最好的，送给有情哥。
石榴心籽多，百心合一个。
妹有百颗心，颗颗为着哥。

物美，情美，语言美，意境美，把男女双方热烈而又真挚的爱情抒写得淋漓尽致。

爱情不会是一帆风顺的，还得经受住曲折的考验。《小小黄铜镜》写得颇有意味：开头“小小黄铜镜，镜中照双影，哥哥和妹妹，相会笑盈盈”。可是不久，“有情的妹妹，失手掉镜子，镜破人影碎，伤心会拆分”。障碍突起，却难不倒主人公：“有情的小哥，镜破何足怕，池水明如镜，池面当镜照，哥妹难拆分，双影水中笑！”一波刚平，一波又起：“夏天雨滂沱，浑水冲池来；池水变混浊，水中照影难。”然而主人公是那样坚定不移：“乌云遮太阳，毕竟不久长；云开太阳出，池水变清朗；池面明如镜，双影笑团圆！”整首歌构思别致，把人与物、现实与理想巧妙地结合在一起，表现了为爱情百折不回的精神和对美满前景的憧憬。镜可碎，水可浊，两颗相爱之心不可分离，这是多么炽热、坚贞的感情呵！

我俩要像牛奶和清水，
相会在松木奶桶里；
我俩要像茶叶和盐巴，
相会在精美的茶罐里；
我俩是金花和银花，
相会在美好的春天里。

这首拉伯摩梭情歌，感情直率、浓烈，用日常生活中的事物来比喻男女之间的感情交融，别具风味。与自己意中人相好，乃是天经地义、理所当然、无可非议的事，谁也无法对此进行阻挡破坏，完全是一种无所羁绊、大胆相爱的情态。

第二，表现了青年男女健康、纯洁的恋爱观。

在阶级社会中，爱情这纯真的感情被各种社会关系所制约和束缚，附加上了各种派生的政治和经济条件。男女婚姻，不是取决于双方的相互爱慕，而是以财产、宗族利益、社会地位等来决定。这样，一方面扼杀了一部分青年人纯真的爱情，另一方面它像毒汁一样侵蚀着一部分青年人。以财取人，还是以才取人？是自主，还是当别人的筹码？是单取容貌，还是图心……情歌中都有直截了当的回答。

种地地相邻，割麦麦相连。
锄头碰一起，镰刀相勾缠。
早已心碰心，早已情相缠。
何消问父母，何消请媒来！

鲜明的劳动色彩，浓烈的自主意识，表现了建立在感情基础上的爱是那样地稳固。

贫困和爱情之间，
没有跨不过去的深谷高山；
只要哥妹真诚相爱，
贫穷的绳索捆不住爱的翅膀。
莫看阿哥穷得像光溜溜的棕树，
棕皮也能纺出金线！

纯真的爱情才是结合的基础，贫困和爱情之间，没有跨越不过的鸿沟，这就是劳动人民健康纯洁的爱情观。生活虽然艰苦、贫困，但爱情的力量驱使他们用劳动去创造财富，去酿造甜蜜和幸福。

跟他吃蜂蜜，心里是苦的，
跟你吃黄连，心里是甜的。

选择的标准不是穷富，而是有无感情：穷，但有爱情，是幸福的；富，但无爱情，是苦涩的。颇有见深悟透的韵味。

对于貌美与心美的关系，纳西族情歌是这么反映的：

初谈恋爱的时候，
一个看一个的容貌，

结罢婚做成一家，
一个只看一个的心肠好不好。

这首情歌摒除了那种强烈的感情色彩，代之以冷静的思辨，说明容貌美并不等于心灵美。一首《容貌会衰老的》对此做了补充说明：

容貌会衰老的，
只有心肠不会变老；
金钱会撒完的，
只有手艺一辈子吃不掉。

善良的心地加上生活的本领才是人间最宝贵的。容貌的娇美毕竟是暂时的，变老是不以人的意志为转移的。金钱本身并不能产生金钱，只有“手艺”才能够创造财富和幸福。

所以他们信守的爱情格言是：

桑木削的黄扁担，再癞也能挑重桶；
好铁打的黑斧子，再钝也能劈柴火。

外表“癞”些不要紧，首先要看才干，看能否在一起承担生活的重负。既然这样，就要认真对待，稳重选择：

这事急不得，
明火烧木薯，
皮焦心不熟；
这事莫要慌，
灶灰煨洋芋，
慢慢才香甜。

不轻率任性，不急于求成，以免一时铸成千古恨。耐心了解、考验乃是长期合作、白头偕老的保证。而一旦建立了爱情，就要十分珍惜：

没有打破时，嫌它是口土锅，
别想打破了，就会得到金锅，
珍惜土锅吧，破了也补上，
虽有裂痕，它毕竟是你的锅。

爱情专一，忠贞不渝，是美德。这在纳西族情歌中也有反映：

丢不掉的我两个，
死就死在一块地，
埋就埋在一座山，
一个棺材装不下，
两个棺材一处埋。

大有“山无棱，江水为竭，冬雷震震，夏雨雪，乃敢与君绝”之深情挚爱。《我就爱这一点》也这样唱道：

瓦屋檐上滴雨水，天天滴在一点上，
石板滴成圆点点，我就爱着这一点。

这与统治阶级那种喜新厌旧、朝三暮四、见异思迁的没落思想意识形成了鲜明的对比。

在阶级社会里，阶级地位也是人们选择情人的标准之一。

土司打棍子，把哥打出门；
怕听官婆骂，妹不进她门。

两个苦命人，有缘碰一起；
棍子和骂声，恰巧当了媒。

同被统治阶级压榨，产生了共同的爱憎，这便是他们相爱的基石，在这里，他们没有悲苦，反而赢来了快乐，爱情得到了升华。这种建立在共同阶级地位、经济地位之上，在生产生活中心心相印、风雨同舟的爱情，无疑是美好的，崇高的。

第三，反映了恶势力、包办婚姻对爱情的压抑迫害。

在阶级社会中，劳动人民不仅在政治上处于被统治、物质上处于被剥削、精神上处于被奴役的地位，而且爱情也被戴上了沉重的枷锁。在长期的封建社会中大多数地区的纳西青年的恋爱婚姻是极不自由的。统治阶级、封建礼教、封建家庭、神权、族权等形成一股强大的邪恶势力，对青年们的爱情进行了种种迫害。很多情歌真实地表现了这些历史事实。如《山里散失的珍珠》：

不是我心中无情，
不是她心中无意，
狠心的老不死的土司，
跛脚的老马又要把嫩草踩死！
山谷里散失的明珠，
我可以重新拣回手里，
被土司关禁的好姑娘，
只能在梦中和她相依！

一对青年真诚相爱，但狠心的土司凭借他所拥有的权力胡作非为，迫使情人分离，造成了爱情悲剧。对此，劳动人民当然是不能忍受的。主人公的诅咒怒骂犹如雨雹一样倾泻在统治者身上。怒骂虽可宣泄心中的愤怒和郁闷，但毕竟不是解决矛盾的有效方法。在统治阶级的力量还相当强大的情况下，人们是无力改变自己不幸命运的。于是，两颗相爱的心也就只能“梦中常相依”了。

《星星》所描写的也是恶势力对男女青年爱情的离间破坏：

天上有数不完的星星，
出得最早的是“川足”星！
天上星星数不尽，
出得最晚的是“桑贺”星；
天上的星星有明有暗，
出得不早不迟的是“苏托”星。

“川足”是多情的绣花星，
它整夜都在想念“桑贺”星，
它绣下了千朵金花、银花，
是为了迎接还在山里的“桑贺”星，
恨只恨那不迟不早的“苏托”，
夜夜离间了他们的爱情。

人们用对天体星座的形象认识来赋予爱情的意义，虽然通篇拟人，但思想并不难以把握。那个夜夜离间了“川足”与“桑贺”两颗星星的爱情的“苏托”，分明就是人世间邪恶势力的代表。读罢这些诗句，让人感到主人公所处的社会环境是那样冷酷，从而引起人们对他们深深的同情。

由于造成大量婚姻悲剧的直接原因是封建婚姻制度，因此，很多情歌揭露了封建婚姻制度给青年们造成的痛苦。

生我的阿妈，
没有把我生错呵，

卖我的阿爸，
却把女儿卖错了。

撒在瘦土里的麻子，
还可以收拣回来，
泼在石板上的清水，
再也不可舀转回来。

婚姻不能自主，人身失去自由，悲剧无法挽回，命运何等的不幸！

白鹤脱毛生银羽，
鸳鸯脱毛换金羽，
唯独那不幸的姑娘，
被纱帕紧紧缠住！①
箍得头儿连心疼呵，
何时能把压顶的头帕解除?!

白鹤、鸳鸯成双成对，自由自在，而被逼嫁的姑娘却没有人身自由，这压顶的黑头帕，就像紧箍咒一样，紧紧地束缚、压迫着她。她悲愤地发出了呐喊：何时才能解下这压顶的黑头帕?！这撕裂人心的呼喊，是对不合理的婚姻制度的控诉，是妇女要求摆脱痛苦的心声！

第四，表现了为崇高爱情而斗争的精神。

万恶的封建制度，尤其是封建婚姻制度，造成了许许多多的爱情悲剧，迫使纳西族青年进行强烈的反抗。纳西族妇女所处的地位特别低下，她们受迫害的程度最深，她们的斗争反抗也尤为强烈，情歌中妇女形象也因此而显得更加光彩夺目。斗争是艰难曲折的，但她们追求

① 纱帕：用纱织成的头帕，姑娘嫁了就要戴头帕。

崇高爱情、追求美满婚姻、追求自由平等的精神是不可遏制的。因此，表现她们斗争过程中的甘苦、嬉笑、怒骂的情歌，其基调是战斗的、乐观的。

在《杉树长在山腰》这首情歌中，当女主人感叹自己是被丝线缝住双眼、被皮绳拴住双翅的老鹰，目不能视、翅不能飞，枉有那高天阔地时，她的情人这样回答道：

我这个小鹤，
有金子的利爪，
可以撕烂你翅膀上的獐皮绳，
可以扯断你眼睛下的丝线！

这给我们活生生地展示出一幅受压迫与反压迫的斗争图画。这些"丝线""皮绳"不就是束缚着青年们的爱情的封建宗法制度、封建婚姻制度、封建礼教等邪恶势力吗？青年们为了挣脱这些羁绊，在黑暗中求一线光明，表现得何等的勇敢！由于所受的压迫是多方面的，所以他们的反抗就表现为多方面。《哪怕进衙门》表现的是对封建政权的反抗：

有钱难买心，八字难哄人。
不怕见皇帝，不怕进衙门。
要打打成双，要捆捆成对。
要杀一起杀，死也不离分！

不服金钱魔力，不服命运八字。不怕见官，不怕坐牢。为了爱情自由，视死如归，这是何等果决的反抗精神呵！

媒妁的穿凿，也往往酿成爱情的不幸，对此，也有作品进行了有力的揭露和抨击。

媒人两片唇，像把黑铁剪，
两个知心人，活活被剪开。
砸掉两片剪，爹妈劝转来，
哥妹又成对，百年剪不开！

《我们在劳苦时相爱》则表现了对世俗流言的勇敢挑战：

世上说的流言蜚语，
我从来就不在乎，
水和鱼淌的是一条江，
男和女为何不能走一条路？

这些作品从不同的角度大胆抨击了封建制度对爱情的束缚，把人们对现实的否定与对理想的追求有机地结合起来，洋溢着战斗的豪情，充满了必胜的信念。

需要指出的是：我们以上所分析的四个方面并不是孤立存在的，它们互相渗透，互为条件，相辅相成，共同形成了纳西族情歌的思想光芒；而且也不应该否认，其中也确有一些作品带有不健康的成分，如“爱情至上”“及时行乐”，以及轻生厌世等。对此，我们必须慎重地、科学地加以分析批判，切不可全盘否定，亦不能盲目肯定。

纳西族情歌在艺术上有以下几个显著的特点。

其一，感情细腻强烈。情歌富于强烈的感情色彩，但在一般情况下，似乎感情表达得细腻与强烈是难于统一的。然而这两者在纳西族情歌中却得到了有机的统一，这使作品大大加强了真实感和动人的力量。如《梦你》。

昨夜梦见你，今早不见你，
若知不见你，何必梦见你？

全诗四句紧扣住一个“你”字，通过梦寐中的思念与实际生活中的相违，细腻而又强烈地表现出一个痴情者对情人的迷恋。这种迷恋以致滋生出了爱情的痛苦。这首情歌的特点是强烈中包含着细腻。《风儿从树林里吹过》这一首情歌则是细腻中蕴藏着强烈：

风儿从树林里吹过，
我呼唤情人嗓子喊哑、脖子发疼！
树叶应着哗哗的响声。

这里无论是描写自己呼唤情人，还是树林中的风吹叶响都真切细腻、强烈感人。风吹树叶尚有回声，呼唤情人却没有回声，况且嗓子已经喊哑、脖子已经发疼。这岂不是无情无义的树木倒比人更懂得爱情了吗？于是人们不仅看到了在山野中奔走呼号情人的痴情郎，而且看到了他那颗破碎的心。

其二，充满幻想的色彩。幻想是一种生产意念的延续、生活欲望的扩大。它既以现实生活为根据，又是现实的大胆否定。幻想弥补了现实生活的缺陷，从而能够使幻想者的现实痛苦得到解除。正是人们对于未来的种种美好幻想和追求，使得人们在生活重担的承压下显得乐观旷达。在纳西族情歌中，忽而天上，忽而人间，忽而鲜花鱼水，忽而白云飞鹤，自然与社会、理想与现实融为一体，使得作品光怪陆离，充满了浓厚的浪漫主义色彩。

其三，通篇隐喻，富于哲理。像长篇《相会调》所用的通篇象征拟人，在短小情歌中更是俯拾皆是。如《成双在肚里》。

鲤鱼与鲫鱼，相随游江里；
江面有鱼鹰，鲫鱼被鹰吞。
鲤鱼铁了心，游向鱼鹰嘴，
让鹰吞下肚，成双在肚里。

这样的隐喻，往往包含着哲理。如《淘着才是真》："沙金黄生生，藏在沙堆里。不是金无情，要试淘者心。哪粒真金子，不盼真心人？吃尽苦中苦，淘着才是真！"优美的情调，表达的是一条真理：爱情不是廉价的货物，它需要执着的追求，拿真心去换取。又如："妹像磨等水，哥像水冲磨。水无十分力，磨心不转动。"比喻相当贴切优美，所包含的道理也十分深刻。

其四，多用定格成语。纳西族民间诗歌中，有许多传统的成语套句，代代相传，定格成型，便可现成袭用。如三月百花开；美好的夜晚；雉鸡觅侣伴；翠柏恋雪花；雁鹰相追随；嘴闲嗑瓜子，吐壳觅心子等。这种定格套句在即兴创作的情歌中，运用相当普遍，使情歌具有了一种古典的美。

另外，纳西族情歌也多用对唱（盘歌）的形式。如流行于宁蒗彝族自治县拉伯地区的这首摩梭对唱情歌：

女：鲜花总有凋谢时，阿哥心里咋个想？
男：青山流泉永不断，浇得花儿年年开。
女：高山青竹都有节，阿哥心里咋个想？
男：青笋有节才长高，好鸟爱歇高竹梢。
女：清水常有变浑时，阿哥心里咋个想？
男：水边种满花和树，泉水永远不浑浊。

纳西族民间歌谣

短小的口传歌谣包括传统短调和即兴创作，就内容大体可分为生产调、风物歌、习俗歌等。这些歌谣以精悍灵活的形式和广阔的社会内容广泛流传于民间。特别是那些有感而发的即兴歌，因其活泼自由、随编随唱而具有广泛的群众基础。它们一般用“哦热热”“谷气”“喂玛达”“阿丽里”“阿哈巴拉”“呀哈哩”等唱调演唱。有的民歌只能在某种特定场合用某种唱调演唱，有的则较自由一些。如“哦热热”调只限于丧事场合唱丧俗歌。“谷气”调只限于在山野唱情歌、牧歌等（现已打破此限）。“喂玛达”调则适用性较广，既可在野外唱，又可在家中唱；既可唱感情悲凉的，也可唱情绪热烈的。

短歌是在古歌的基础上发展起来的。随着社会向前发展，生活面扩大，思维和认识能力提高，审美观念变化，人们对于周围事物的观察、认识和对问题的思考都更为细致和深入。这反映在歌谣创作上，较之古歌有了新的进展：第一，反映的生活面较广；第二，有了一定的环境气氛的渲染和细致的心理描写；第三，语言较优美；第四，诗行一般较古歌长。这些，都为大调的产生奠定了基础。当然，纳西族短歌也因地而异。一般说来，西部地区较华丽，东部地区较质朴；西部地区唱调较委婉缠绵、含蓄纤巧，东部地区则粗犷奔放。

一、生产歌

生产歌是反映生产劳动并在生产劳动中歌唱的。它起着指挥劳动、协调劳动动作、减轻疲劳、传授生产经验等作用。生产调随生产力水平的提高、生产方式的变化而变化。纳西族从迁徙到金沙江上游定居之后，就进入了农耕时代，兼营畜牧，辅以狩猎。因此，这一时期流传下来的生产调中，反映农业生产的占绝大多数，而反映畜牧、狩猎的很少。

（一）《天女洗麻歌》和《搓线歌》

这两首都是反映妇女劳动生活的民歌。自从纳西族先民定居农耕以后，最早经营的农作物主要是蔓菁、稗子和大麻。稗子和蔓菁是食物，大麻则是衣着的主要来源。《天女洗麻歌》反映了这一时期的社会生产内容，同时可以看出当时已有了男耕女织的大体分工。

天上的天女，
在米利达吉海洗麻，
她看着白云，
一、二、三、四、五、六、七；
天女踩着脚板，
踩洗的麻束呀，
像白云一样柔软，
她看着雪花，
一、二、三、四、五、六、七；
天女踩着脚板，
踩洗的麻束呀，
像雪花一样洁白。

显然，较之前一时期的短歌，此首诗歌的艺术水平已有较大提高。它不再是简单的生产劳动过程的复述，而是有景、有情、有活动，形象地再现了洗麻女劳动的愉悦，洋溢着对洗麻姑娘的赞美。

《搓线歌》流传在香格里拉三坝地区。每年栽插完毕，家家带上干粮，“野餐露宿”，上山拔火草（一种背面有一层细纤维的植物）。待拔足了，才返回村寨。每到夜晚，全村妇女们便聚集在草楼上，围着火塘撕火草并搓成线，以供织麻布时掺和用。男人们则在旁边聊天逗趣，当地纳西话把这一劳动过程称为“搓字”（ts ‘o^{33}ndz^{31}），意为“坐楼”。这首歌是“搓字”时唱的：

山上长青草，
屋后长大麻；
姑娘手儿巧，
采来麻和草。
火草和大麻，
搓成细白线；
线儿织成布，
美得像白云。

与前一首不同，它叙述了生产劳动过程，也包含着劳动者的自娱和自豪，还传授了劳动经验。语言朴实，除最后一句“美得像白云”之外，无更多的想象与形容。

（二）《放牛山歌》和《劝牛调》

随着农业生产的发展，从锄耕到犁耕，纳西族从饲养牦牛、犏牛供人们吃肉、挤奶、取奶、取皮，转变为饲养耕牛以供人们田间劳动，随之便产生了包含着人们对耕牛的疼爱与劝慰之情的短歌。如宁蒗彝族自治县地区的《放牛山歌》：

哦呀，领头的小黑牛，
领着牛儿快快跑，
坡上青草绿油油，
快到坡上去吃草。
多吃肥草多长膘，
犁起田来力气大，

牛儿牛儿吃饱了，
我们一起回家了。

丽江地区的《劝牛调》唱：

劝声老黄牛，
莫嫌犁田苦，
为了得丰收，
翻开七层土。
待到收割时，
草料归你吃，
籽粒归仓库，
莫嫌犁田苦。
呜——走！

前一首寄托了农民对牛的期望，希望牛多吃肥草，膘肥体壮，好在犁田时多出力气多干活。后一首在犁田时一边赶牛一边低吟，劝牛、慰牛，要牛莫嫌其苦，使出大力气来。语言朴实，感情直露，有如和挚友谈心。这反映出耕者和耕牛相互依赖的关系，以及耕者对耕牛亲近、疼爱的思想感情。

（三）《耙田歌》和《栽秧歌》

香格里拉三坝地区，在耙田整地时，人们边掌耙边吟诵：

啊，
让青草杂草都死光，
一窝窝、一丛丛地死光，
犁不死的耙又死，
耙不死的铧又死。

阿普如阿八[1]的手杖要栽在这里了！
愿五谷丰收，
啊，五谷神来吧！来吧！
一派庄重的气氛，表现了人们对丰收的渴望。

这一地区的《栽秧歌》，则是另一幅紧张而欢快的劳动场面：

我们这一群，
手脚放快些；
青青的秧苗，
快快栽田里；
待到秋收时，
一片金黄黄。

在栽秧的季节，田里一派繁忙，然而到处飘荡着欢快的歌声。这首歌反映出劳动的紧张以及劳动者对丰收的希望。有的歌还传授了一些生产知识，如“糯谷要早栽，红谷要晚栽；糯谷早栽熟得晚，红谷晚栽熟得早”等。

二、风物歌

纳西族人民世代生活在玉龙山麓、金沙江畔、泸沽湖边。那里土地肥沃、气候温和、山明水秀、景色迷人，不但为纳西人提供了丰富的物质资源，而且也成为与他们朝夕相处的审美对象。纳西人用炽热的感情，唱出了一首首赞美家乡风物的歌，体现了他们对养育自己的这块土地的深沉之爱。

泸沽湖畔的摩梭人，每当夜幕降临，往往聚集到场子里，生起一堆

① 纳西族民间传说的五谷神。

堆篝火，尽情唱跳。如《这是我们的家乡》：

我们放牧牛羊，就在太阳旁。
我们赶马来往，就在彩云旁。
我们打鱼撒网，就在仙湖旁。
我们唱歌跳舞，就在星星旁。
我们接亲送客，就在百花旁。
我们相会姑娘，就在月亮旁。
我们死了安葬，就在金山旁。
这里不是天堂，是我们的家乡。

人们展开想象的翅膀，用最美好的东西——太阳、月亮、星星、彩云、百花、金山等来比拟家乡景物。不是天堂，胜似天堂，洋溢着对家乡的热爱和自豪。整首歌充满浪漫色彩，虚实相间，最后落于实处，很有特色。

在永宁摩梭地区，有一座秀美的高山——狮子山，又叫干木山，传说是干木女神的化身，摩梭人把它看成这个地区的保护神。每年农历七月二十五日的朝山节，是朝拜干木女神的日子。那天，周围几十里的摩梭人云集于山下，烧香参拜，祈求女神赐给美丽、幸福、平安。他们有种说法："干木望到哪里，哪里的姑娘最漂亮能干。"所以，这一天既是他们盛大的节日，也是他们最欢乐的日子。祭罢女神，男女青年们就尽情地游逛，互相对歌取悦，结交阿夏。《干木之歌》这样赞美"干木"女神：

男：干木戴的帕子是什么？
女：我戴的帕子是天上的云彩。
男：干木脸上的眉毛是什么？
女：我的眉毛是青桐树的树叶。

男：干木穿的衣服是什么？
女：我穿的衣服是绿色的松林。
男：干木穿的裙子是什么？
女：我穿的裙子是白色的崖石。
男：干木扎的腰带是什么？
女：我扎的腰带是鲜红的悬崖。
男：干木坐的垫子是什么？
女：我垫的是永宁平坦的土地。
男：干木吃的是什么？
女：我吃的是泸沽湖圣洁的湖水。

这首歌用一问一答的形式，用实有的景物，比拟人的肌体和服饰，把一座山写得栩栩如生，无论是写女神的发、眉、衣、裙，还是写她的坐垫，都形象逼真。这首歌的特点是把神具体化、形象化，读后令人感到摩梭人的女神并不是不食人间烟火的神灵，而是有血有肉的凡人。

丽江玉龙雪山的融雪，汩汩流到雪山脚下，涌出一股股泉水、一汪汪小湖泊，滋润着丽江坝的土地，哺育着这里的纳西人民。纳西人民以自己的审美感受，用最富于表达自己思想感情的语言，唱出了一曲曲赞美它们的歌。如《玉湖水》《三思水》：

玉湖水

玉龙玉湖水，玉湖海子里。
珊瑚和玛瑙，双双齐生长。

三思水

白沙三思水，三思水三条：
一条向天流，天上长星星；
一条向云流，仙鹤来饮水；

一条向坝流，坝里长五谷。

五谷收万担，多亏三思水。

前首系流传于香格里拉三坝地区的民歌，它以珊瑚和玛瑙比喻玉湖之美，物产之丰饶，并暗喻人成双成对，显得清丽质朴。后一首则流传于丽江玉龙山麓的白沙，较之前首，较为华美。它以奇妙的想象，把这条造福于纳西人的渠水逼真地描绘了出来，有虚有实，虚实相衬，意境清朗，运用的是传统的象征和比喻手法。

风物歌的特点是：第一，感情色彩较浓，洋溢着纳西族人民对养育自己的故土的炽热感情。第二，往往把神话、传说融进歌里，富于浪漫色彩。第三，基调轻快高昂，积极乐观，为这一时期的其他民歌所罕见。

三、习俗歌

习俗歌是民俗的歌谣表现，就其内容而言它是民俗的，就其形式而言，它是文学的。

纳西族的习俗短歌非常丰富，可分为“祭祀仪式歌”“婚歌”“丧歌”“招魂歌”。由于这些风俗歌总是依附于一定的节日、生产生活、仪式而存在，并有其特定的演唱时间、地点，比之其他歌谣更具有稳定性、传统性。因此，通过它我们便能了解到古代纳西族人民的心理状态、宗教信仰、社会风貌以及民俗本身的发展变化过程。如通过“招魂歌”“丧歌”“仪式歌”，可窥见纳西族先民的巫术崇拜、祖先崇拜等古老观念，通过“婚歌”可以了解到各种婚姻状态的变更情况。

（一）礼仪歌

在纳西族的节日和仪式中，大都要伴随某种庆典或祭祀仪式，或吟唱调子，或载歌载舞。这些短歌的歌词，一般在传统歌词中夹杂即兴唱词。演唱者可以是东巴或歌手。在有关祭祀场合吟唱的短歌，我们称为祭祀歌，如《祭畜神歌》《喊丰收神歌》等；有的在重大祭典或庆典上唱的歌，既包含祭祀歌（但带仪式性质），又包含专门的礼仪歌，我们把它归为仪式歌。如《量米歌》《敬酒歌》《穿裤子歌》《穿裙子歌》《洗马歌》等。在更多的场合，祭祀与仪式密不可分。

祭天，是纳西族最盛大、隆重的祭典，有一套繁杂严密的仪式，要唱诵一系列的祭歌，一般较长，但也穿插一些短歌，如《量米歌》等。祭天歌谣已如前述，这里再举短歌一例。

在大祭天的日子里，纳西人民还要用栗树枝烧天香，抹酥油、沾松毛于锄头和犁架等生产工具上，对耕牛、马、狗等赐以盐巴、砂糖、一大块肉和米饭，以示感激和慰问。进行这些活动时，口中喃喃吟诵祭祀歌。如《祭犁架神歌》这样吟诵：

犁架神啊犁架神，
帮助人们翻开七层土，
脱皮流汗辛苦了一年。
主人感激你。
你为丰收神辟了路。
丰收神迎来家里了！

有希望，有颂扬。虔诚的祈求，衷心的感谢，包含在这短短的颂词里，明显地反映出了宗教的思维和信仰。

在丽江坝的纳西族中，反映万物有灵观念的祭祀活动往往与人类的生产活动紧密相关。如每年正月祭三多神时，人们要带点饲料蚕豆作祭祀用，回家后就把这些饲料拿来分别喂家畜，边喂边吟诵：

畜神啊畜神，
求你保佑主人猪满厩；
畜神啊畜神，
求你赐给无边无际的福气。

每当苞谷冒天花，谷子抽穗扬花，正是收成的关键时刻，全村人扛着栗树枝，敲锣打鼓，由村中最有威望的男人领头，每人手中捏着一个小面偶绕田间穿行，边走边吟诵《迎丰收神》词：

呜——
丰收神快来哟，
常青的栗树枝为你搭好帐篷，
恶风吹不倒庄稼了！
人间烧起触天的天香，
顶住冰雹神可兴可乐了！
丰收神快来哟，
领着山样高的粮食来吧！
领着水样流不断的粮食来吧！

喊谷神、丰收神一类的歌，各地区有不同的习俗，歌词有长有短。在香格里拉三坝地区，喊谷神（或丰收神）则在秋收季节。当秋收、秋种大忙过后，人们在粮场上烧好天香、摆上供品，爬上粮架取谷捆，准备打场，边取谷捆，边高声唱《喊丰收神》。内容与丽江的大同小异，只是更长一些，多用东巴经书里的形容词来描述人们对丰收的渴望。

这一时期的祈祷、祭祀歌，从篇幅短小和直接反映人们的功利目的来看，与前期的祈祷祭祀歌一致，所不同的是：其一，这时期的祈祷祭祀歌已与相对固定的仪式结合；其二，反映了人们更为虔诚的宗教信仰观念；其三，作品内容更多地涉及了较后期的生产生活方式，如祭犁架神、谷神，是典型的农耕生产的反映，在早期原始时代是不可能出现的。

纳西族还有一种专门用于某种庆典仪式的仪式歌，如流传在永宁地区的《穿裤子歌》和《穿裙子歌》。永宁地区男女少年长到13岁就要于这年正月初一分别举行穿裤子和穿裙子礼，以示从此成人，这种仪式在民族学中称为“成人仪式”。成人仪式是氏族社会的产物，它在人的一生中具有极重要的意义。因此，举行这个仪式是极为庄严肃穆的。下面是《穿裤子歌》：

小树苗长成大树了，
小孩子变成大人了，
今天是一个吉祥的日子，
××× 要穿裤子了。
他像天上的雁鹅能活千岁，
他像海里的黄鸭能活百岁。
在家能犁地，出门能撵山，
战场上英勇杀敌，百战百胜。
今天 ××× 左脚踩着猪膘肉，
右脚踩着粮食堆，
将来粮积如山，猪膘吃不完。
刀子是你忠实的伙伴，
帮助你驱除虎豹，赶走魔鬼。
祝你更加勇敢、健壮。

这首歌由祝贺、祝福、祝愿三个部分组成，通过对仪式上各种象征物，诸如“新成人”所踩的猪膘肉、粮食及所赠予的长刀的象征意义的艺术说明，表现了成人仪式所具有的特殊意义：标志着一个人无知幼年的结束，从此进入了成人阶段，故歌中自然祝愿“新成人”长寿健康，富贵荣华。由于成人仪式意味着“新成人”从此不但可以参与部落的重大事务，而且还肩负着保卫本部落本氏族的重任。因此仪式上才馈赠长刀，祝他勇敢坚强，同豺狼虎豹、同敌人进行坚决的斗争。

《穿裙子歌》与《穿裤子歌》相同，无非都是一些祝贺新成人长命富贵、吉祥如意的内容。应该说我们所看到的这两首歌已经不是最原始、最古老的成人仪式歌了，但它们还或多或少地保留了一些古老成人仪式歌的因素，它们对我们民俗的研究仍有参考价值。

（二）《招魂歌》与《送鬼歌》

《招魂歌》与古代巫风盛行有密切的关系。原始人的世界是一个巫术的世界，由于生产力的低下和人们对自然的无知，往往把生老病死、成败得失等归同于某种神秘力量的支配。人们企图去控制它，但又没有有效的办法，就只能借助于语言来实现巫术的作用，于是便产生了咒语。又由于当时人们对生命力和梦幻等种种精神现象不能做科学的说明，误认为人身上具有一种超肉体而存在的灵魂，生存意味着灵魂与生命的有机结合，死亡则标志着这种结合的解除，人之所以有疾病是由于人身上产生了灵魂失体的现象。所以，解脱患者病痛的办法就是招魂附体，咒语是达到这一目的的手段，这就产生了“招魂”习俗以及《招魂歌》。

“招魂”之俗在纳西族民间较为盛行，它一般可分为“招死魂”“招生魂”两种。前者限于为野死者招魂还家，后者限于为患病者招魂附体。如招生魂，歌词一开头便是一阵猛烈的呼唤：“我的孩儿快快回家来！”然后是一连串的排比句，描写异域的险恶、家中居室之好、饮食之美，叮嘱游魂不要为他乡别壤所惑：

大树底下不要去徘徊，
岩子下面不要去藏身，
别人的房前不要站立，
旁人的屋后不要逗留。
不要去迷恋人家的鼓声锣声，
不要去听人家的犬叫鸡鸣。
快回来，快回来，
我的孩子快快回家来！
家里已煮好了香腊肠，
屋里已蒸好了白米饭。

有马骑马，有骡骑骡；
无骡无马，凭脚赶路，
我的孩子快快转回来。

这些呐喊呼唤以及深切的叮嘱，在现代人看来是荒诞无稽的，然而过去的人们却虔诚地相信他们的语言的力量。他们认为这种力量不仅能影响灵魂，而且还足以左右神灵。他们用诗歌作为咒语来实现自己的功利目的，表达了他们对死者的怀念，对患者的关切，慰藉现实生活给他们造成的悲哀和痛苦。在这里，感情表现异常强烈真挚，真正起到了“动之以情”的作用。

这首《招魂歌》，从出现“白米饭”看，不是很早的作品，而其表现形式与屈原的《招魂》诗有颇多相似之处。屈原的《招魂》一开始也是一片“魂兮归来”的呼唤，紧接着描写四方上下的险恶与故乡居室、饮食、音乐之佳美，作为对游魂的一种引诱，即“招魂”的力量。屈原的《招魂》乃是根据沅湘流域的民间《招魂歌》改编而成的。纳西族的《招魂歌》与楚国的《招魂歌》尤其是屈原的《招魂》诗并无传承关系。但可以肯定地说，原始巫风巫术的某些内容在各民族文化中都会有共同表现。因为在同一社会形态下人们的认识水平、思维心理、宗教信仰等的实质是一致的。随着生命科学的兴起和发展，《招魂歌》及“招魂”本身都失去了它们存在的土壤和条件。

与招魂相近似，在鬼神崇拜思想的支配下，纳西族先民们认为人生病是鬼魂缠身引起的，只有把鬼送走，才会解除病痛。伴随送鬼之风的盛行，也相应产生了送鬼仪式和送鬼词。送鬼仪式一般在晚上进行，先说明病者的属相；然后说他走错了路，“走到鬼路上了”，“站到鬼面前了”，被各种各样的鬼缠上了；接着诉说病人自己家里贫穷：

我家穷啊，
看着屋像喜鹊窝；

我家穷啊，
看着手像木齿耙；
我家穷啊，
家里只有一股风。

尽管很穷，还是尽量把剩饭剩茶、取暖的火种全送给鬼了。于是催促鬼不要再缠住不放，莫错过时辰，赶快离开：

让头痛的不再头痛，
让肚痛的不再肚痛。
现时走了，
正合时辰，
等下才走，
走得迟了。
呸！鬼啊鬼！
赶快离开！

既有恳求，又有威吓，反映出人们对鬼的畏惧和憎恶。

当人们在打仗中受伤，或在山野里跌伤时，要送仇敌鬼。主人手握铁器，作杀敌状，并在伤者伤口周围轻轻用手指戳几下，口诵送仇敌鬼词：

虎舌般尖利的大刀来了，
敌人快逃跑！
用大刀砍九座敌堡，
一、二、三、四、五、六、七、八、九，
杀！杀敌人呀！
牦牛角般有力的长矛来了，

敌人快逃跑！

用长矛捅下九座敌堡，

一、二、三、四、五、六、七、八、九，

杀！杀敌人呀！

出弦的利箭飞来了，

敌人快逃跑！

用利箭杀退蜂子一样的敌人，

一、二、三，四、五、六、七、八、九，

杀！杀敌人呀！

仇敌鬼魂缠身，决不恳求，而是用武器吓退它们。整首唱词洋溢着一种威武雄健的气魄。

（三）婚歌

婚歌是反映婚姻习俗的歌谣，一定的婚歌是一定婚姻形态的反映。

云南省解放前，由于纳西族社会发展极不平衡。与之相适应，在婚姻形态上也表现出复杂多样。丽江等地早已实行一夫一妻制。而在丽江东部金沙江两岸则以一夫一妻为主，夹杂以一定数量的“阿夏婚”形式；在永宁摩梭地区则还处在以“阿夏婚”为主，以一夫一妻为辅的形态之中。这样一种复杂的社会、婚姻形态必然带来纳西族婚歌的多样性和丰富性。

人类的婚姻形态经历了群婚、族外婚、对偶婚、一夫多妻、一夫一妻几个阶段。关于群婚即兄妹婚的情况我们只能从神话故事中有所了解，但是反映后几种形态的婚俗在纳西族歌谣中比比皆是。流传在永宁地区的《结亲歌》反映了某些氏族外婚的情况：

摩梭祖祖辈辈，

死后又回到北方团聚。

至今还流传的习俗，

是他们定下的规矩。
一家人不能开亲，
开亲必须是外姓人。

族外婚就是一氏族的男子与另一氏族的女子之间互通婚姻。这是由于人类为了保证人体的健康、发展人口而摒弃了兄妹群婚后出现的一种婚姻状态，它在人类婚姻史上具有极重要的意义。通过上面这首婚歌，我们可以看出在摩梭社会中“阿夏婚”是由这种族外婚演变发展而来的。

“阿夏婚”属于对偶婚形式，它的特点是以母系作为社会组织的维系，男不娶，女不嫁。男女双方结成夜合昼离的“阿夏”关系。他们的关系不受金钱财富所制约，全凭两人的感情好坏而确定离合，还没有发展到马克思所说的“独占的同居阶级”①。这种不固定的走访婚形式在当地很多歌谣中有生动反映。如：

花丛不是蝴蝶的窝巢，
采掉了蜜它就会飞走。
这里不是浪子的家乡，
恋够了姑娘他就要远走。
不真诚的姑娘的话，
你可不要相信，
她和你还没分手，
心里又想着另外一个人。

这些歌反映出“阿夏”关系的不稳定性。

① 马克思著，科学历史研究所翻译：《摩尔根〈古代社会〉一书摘要》，人民出版社1965年版。

看见了大海，
不要忘记了小溪。
看见了新人，
不要忘了旧人。

这首歌表现了人们渴望着“阿夏”关系巩固，向一夫一妻形态发展。

《求婚歌》流传在宁蒗彝族自治县拉伯地区，具有从阿夏婚姻向一夫一妻制过渡的特点。这首歌由数名长者分别以求婚者、被求婚者、媒人及被求婚者父母的身份唱诵于婚典上，其意在于教育后代懂得求婚礼节，记住父母养育之恩。歌中求婚者回答女方时，有“春晖抚草木，报答在秋时。双亲有病痛，愿跪堂下勤服侍；二老有急难，愿牵马缰听指使”的表达。把对父母的态度融入婚歌，颇有特色。歌中有关男子随媒人亲自登门求婚，婚嫁极少金钱色彩，女方父母在很大程度上尊重女儿自由选择等内容，与封建礼教、封建制度已在人们的婚姻生活中起到绝对支配作用的丽江等地截然不同。

在丽江地区，由于本民族历史的发展以及周围民族的影响，一夫一妻制已经形成。加之经济、文化亦较为发达，其婚俗歌内容与形式丰富多样，既有村邻亲友祝贺完婚的《祝婚歌》，又有表现新娘将要离别父母而屈居人下心情的《姑娘哭》，还有母亲劝告女儿要循规蹈矩的《劝姑娘》，以及在婚礼过程中吟唱的《开门歌》《抹额头油歌》《送亲歌》等。这些作品所反映的婚日的选择、婚事的排场、婚者八字的合测、婚礼的丰盛等，无一不表现出封建婚姻制度在当地的统治程度。它们系一整套传统礼仪歌，有长有短。这里仅举较古朴的短歌。

流传于香格里拉白地的婚歌，更为古朴。如《祝婚歌》，首先是对新郎、新娘表示祝贺：

今天两个能干的年轻人结婚，
四面八方的年轻人都来祝贺。

今天起你们两个就是一家，
你们两个就是这家的主人。

接着提出对他们的希望：

你们要像柱心里的银子①，
永远不变色；
你们要像房子的柱子，
互相支撑不分开；
你们要互敬互爱，
使家庭兴旺起来。

乡亲们还鼓励新郎新娘：

今天结婚这一家，
今后不管到什么地方，
不管遇到什么艰难，
只要辛勤劳动，
日子总会甜蜜，
家庭总会昌盛。

《喜歌》，也是在婚礼上唱。唱时配以庄重严肃的“四喂喂”调：

堂上坐满客，
里外皆欢喜。
银白的雪山，

① 按照当地风俗，建房时中柱顶端与大梁交接处放少许银子，示屋“心”。

屹立在白沙。

头戴白云帽，

身穿白花衣。

祝愿新夫妇，

像彩云一样漂亮，

像磐石一样久长。

这首短歌，有宾客满座的热烈场面，有对新婚夫妇的祝愿。用彩云象征爱情韵美满，用磐石比喻新婚夫妇的情谊地久天长，话虽不多，但蕴意较深。

在丽江金庄一带流传的《迎新娘》，表现出了喜气洋洋的色彩：

新娘接来了，

新娘人品好。

巧手种五谷，

五谷大丰收。

精心饲家畜，

六畜更兴旺。

从此新郎家，

安乐又富裕。

一般说来，婚歌的内容随着各地区的社会发展阶段不同而不同。永宁地区的婚歌篇幅较短，不限定于特定的场合演唱；丽江等地的婚歌则较长，且限定于特定的婚礼上演唱。这些婚歌在场面的描写、气氛的渲染等方面，都较生动热烈。

（四）丧歌

丧歌是反映丧葬习俗的歌谣。纳西族的丧歌有的是传统作品，有的是即兴创作。现在我们所能看到的《含殓词》《谢恩歌》《送钱颂》等都属于传统作品。其他大量的作品都是即兴创作。

《含殓词》在给死者含殓时念诵。过去，人们认为人的死只是灵魂所依附的外壳的毁灭，而真正的生命——灵魂是永恒的，它不过转入了另一世界，即祖先的世界而已。灵魂在那里仍然具有人性，有七情六欲，有物质享受的需要。纳西族民间流行的给死者含殓之俗就是满足死者亡灵的物质需要的一种迷信活动。“含银殓”，即在死者口中含一殓包，包内置些许碎银、茶叶末、若干米粒（“男九女七”），其目的是让死者在复归冥界、寻觅祖先的路途作盘缠之用。米粒象征五谷，碎银代表资财，茶叶则表示饮料。《含殓词》是这样唱诵的：

你就要回到素堆①地方，
怨恨不要装在肚里。
亲人伴侣已走在前面，
他们在那里把你等待。
不要走到外人的归宿处，
盼你走到亲人身旁。

紧接着为死者详细地说明回“素堆”的路途及注意事项。整首歌以第一人称的手法对死者慢声低语地诉说，显得情真意切。那舒缓的节奏，缠绵悱恻的语气，充满了人们对死者的无限关怀，寄托了人们的无限哀思。

还有一种哀歌，纳西话叫“埃局巴达聘”，意思是“鸡叫献巴达”（“巴达”因地而异，有的是饭，有的是粥状的热酒、炒面）。父母去世停放在家里时，每当凌晨头鸡刚叫时，死者的女儿或儿子就要煨好茶，打好洗脸水，献上一碗茶。巴达在死者身旁哭唱：

“三处的晨鸡已叫了，阿爸（阿妈）呀，请你起来吧，起来洗脸吧，

① 传说中的纳西族发源地。

起来喝茶吧！”

“三处的晨鸡已叫了，三处叫得不一般。蔚蓝深远的窝子坡，窝神的雄鸡已叫了；云天相连的禅子坡，禅神的雄鸡已叫了；高耸云天的米都地，人间的雄鸡已叫了。”

“听见鸡叫声，云窝里的白鹤啊，抖抖洁白的银翅，摇摇美丽的尾羽，双双起飞了，从飘飘白云间起飞了。阿爸（阿妈）呵，请你起来吧！”

这么一层层从天上唱到人间，说明世上万物皆已“闻鸡起舞”，唤醒自己的父母也起来，委婉凄切，撕绞人心。加上大量生动的比喻、凄楚的哭声，更增添了悲伤的气氛。这首歌有多种不同唱词，多为即兴创作，有的人往往以哭唱得好而在当地受到赞誉。

《送葬歌》是村邻亲友哀悼死者的歌。它以大量的排比手法描写死者过世给人们带来的悲哀以及人们的哀悼活动：“我们的心碎了啊，我们的肝也裂了。”最后以青草有枯萎时、太阳有云遮时、江河有分支时、各种动物有衰老时等排比诗句自然引出“世上没有不老的人，活着的人不要悲伤”，“世间没有长生人，活着的人莫要忧愁”这样一些带有哲理性的句子，表现了纳西族人民对生老病死这种自然规律的朴素认识，表现了他们旷达豁朗的生死观。这种感情非常健康，带有一种悲伤美，让人们在悲伤中力量备生。这与统治阶级或是追求羽化成仙，或是追求长生不老的没落意识是截然不同的。由于运用大段排比、比喻，这首歌不仅浑然天成，而且有一种千吟百叹、愁肠百结的悲哀，对最后得出的认识起到了反衬的作用。

除了一些传统作品外，纳西族丧歌大都为即兴创作的作品：在纳西族民间，每遇村邻有丧，亲朋邻人便相聚于灵前，披麻戴孝，以示哀悼。这种哀悼往往接连数日，晚间多燃火舞蹈，彻夜不息。由于很多挽歌都是根据死者生平事迹或当时的哀悼场面创作而成，也就具有动人心魄、感人肺腑的力量。

昨天晚上我做了一场大梦，
梦见雪花飘飘。
今天早晨起来一看，
那并不是雪花在飞扬，
是孝男、孝女们披麻戴孝啊，
大地一片白茫茫。
昨天晚上我做了一场大梦，
梦见暴雨连连。
今天早晨起来一看，
那不是大雨滂沱，
是孝男孝女们涕泪交加呵，
人世变成了汪洋！

这首《哀歌》自然生动，具有感人的力量，一个梦境，一个现实；一片大雪，一片白孝；一场暴雨，一地涕泪。这一切构成了一个感人的意境。比喻物的夸张毫无人工斧凿的痕迹，一种美感蕴藏于诗中。

纳西族的民间习俗歌，有的艺术地再现了某一生活习俗的内容，有的追述了某一习俗的来历，有的则只表现了某一习俗的一个片段、一个场面、一种情绪。但它们都反映了民俗的美，反映了纳西族人民热爱生活、追求幸福的美好的愿望。这些习俗歌在艺术表现上也各有所长，做到了浪漫主义与现实主义的统一。虽然有些习俗歌有落后迷信的内容，但就其作为历史上纳西族人民生产生活及意识的残留物这一意义上讲，也还是具有一定的资料价值的！

“20 世纪纳西族文学创作讨论会”综述

由中国社会科学院少数民族文学研究所、丽江地区文化局、丽江纳西族自治县人民政府主办、白庚胜主持召开的“20 世纪纳西族文学创作讨论会”于 1994 年 10 月 6 日至 9 日在今云南省丽江市举行。这次会议的宗旨是：科学总结近百年来纳西族文学创作实践中的经验教训，探讨有关理论问题，确立纳西族文学创作的主体性，进一步促使纳西族文学创作从自在转变为自为，并为其在 21 世纪的继续繁荣做准备。发起召开这次会议的单位还有中国作家协会创作联络部少数民族文学处、国家民族事务委员会文化宣传司。参加会议的近百名代表分别来自北京、杭州、昆明、成都、大理、迪庆藏族自治州、丽江等地。

本次会议的讨论主要围绕“20 世纪纳西族文学创作的总体认识”“20 世纪纳西族文学创作的基本经验与教训”“发展 21 世纪纳西族文学创作事业新思维”三大主题进行。兹综述如下：

一、20 世纪纳西族文学创作的总体认识

（一）基本评价

发起单位联署的《关于召开 20 世纪纳西族文学创作讨论会的决定》指出：纳西族文学是我国多民族文学的一个组成部分。纳西族文学创作的历史，可以上溯到明代。进入 20 世纪后，随着我国社会及我国文学的深刻变革，纳西族文学创作从文言变为白话，在体裁、题材、主题、创作方法、审美观等方面发生了重大变化。近百年来我国人民及我国文学所走过的艰难而又辉煌的历程都在纳西族文学创作中打上深深的烙印。同时，从 20 世纪初起，纳西族文学创作亦已汇流于我国现、当代文

学的大潮之中。新中国成立以后，由于党的文艺路线及民族政策的正确指引，由于汉族及其他民族文学工作者的悉心扶持，纳西族文学创作发生了革命性变化，以描绘纳西族地区风光、表现纳西族生产生活、展示纳西族民族精神为主要标志的文学创作活动逐渐呈现出繁盛局面。经过40多年的努力，纳西族文学创作在继承遗产、从民间吸取营养、借鉴国内外优秀成果、反映并影响生活、体现时代精神等方面取得了可喜成就，涌现出一大批优秀的作家作品，在海内外文坛产生了重要的影响，为繁荣我国社会主义文艺园地做出了特殊的贡献。

对于这种估价，与会代表基本赞成，本次会议组委会副主席、纳西族作家杨世光还以大量的数据对此做了阐释：从创作队伍讲，到目前，纳西族作家中已有中国作家协会会员2名、省级作家协会会员28名、中国少数民族作家学会会员30名（其中常务理事1人，理事5人）；从成果上看，仅中华人民共和国成立以后45年间出版的就有长篇小说10部、中短篇小说集3部、散文集10部、诗文集2部、长诗和诗集13部、报告文学集2部、评论集1部、文学史论著2部、译著2部、翻译整理和编写的文学性集子13部。另有单独发表的中短篇小说240多篇、报告文学30余篇、散文520多篇、诗歌1200多首、评论100多篇、戏剧影视作品10多部。从获奖情况看，第一届至第四届全国少数民族文学创作奖中都有纳西族作家作品获奖，在省际及省内的文学评奖中已先后有20名纳西族作家获奖。从外界影响看，已有王丕震、戈阿干、杨世光、木丽春、赵净修、拉木·嘎吐萨、李群杰、周善甫、李承翰、王建文等的长篇小说或诗集作品在中国台湾、中国香港等地区和日本等国家出版、发表。已创作完毕正在等待出版的专集尚有50余部。

（二）存在问题

纳西族小说家、迪庆藏族自治州文学艺术界联合会主席杨森认为，20世纪纳西族文学创作的确有很大的发展，但这是与自己的历史做纵向比较而言，如做横向比较，即与其他民族相比，纳西族文学创作情况不容乐观。比如纳西族的文化教育水平在全国55个少数民族中长期名列前茅，但文学创作的总体水平却只居中游；纳西族的文学创作已经有近500年的历史，而在20世纪仍然缺乏影响力大的作家及精品。仅在云南，佤族、景颇族、哈尼族等民族的文学创作已经后来居上，处于比纳西族更领先的地位。因此，要有忧患意识，要采取各种措施奋起直追。

纳西族剧作家和汉中认为，20世纪的纳西族文学创作远没有纳西人在学术研究、美术创作、科技等领域那样活跃。在有限的文学创作中，散文与诗歌比较发达，而描写本民族历史与现实题材的中长篇小说、影视戏剧文学相当落后，有的“还没有实现零的突破”，“这是一个百年遗憾，也是一个无法回避的现实”。

杨世光将20世纪纳西族文学创作存在的问题归纳为以下几点：第一，缺乏反映本民族社会生活的史诗性长篇力作；第二，在国内外有影响的作品为数不多；第三，创作整体水平不高；第四，缺少女作家；第五，评论比较薄弱。

纳西族青年诗人白郎指出，20世纪纳西族文学创作存在的最大问题是民族的传统被淡化了，甚至是荡然无存，许多作品所蕴含的审美是这样一种悖论：“一方面，作者渴望通过作品回归到民族的传统和传统笼罩下的山水。在他们这样做的同时，他们的思想却是在逃避这一切，越走越远……大多数作家或是满足于对被反映主体纳西族自然与人文的道德伦理及其冲突的表面描述，或是沉醉于对民族文化和浮于历史表面上的抒情。他们缺乏深厚的历史感，缺乏震撼人心的具有生命灵性的气象，还远远没有达到与整个人类沟通的形而上的诗性境界。”于是，“20世纪，纳西人没有出现第一流的作家，也没有出现像沈从文、张承志、阿来、蔡泽海、乌热尔图、孙健忠这样深入和深刻地创作少数民族文学的作家”。对于纳西族作家来说，面临的最大挑战是如何站在自己民族的传统已经支离破碎的时代，来重新塑造和构想民族传统，用气概与张力来接近传统意义上的存在，将文学的主体同纳西族终极之存在和人类终极之存在连成一片。

为此，余嘉华教授及王震亚副教授等指出了提高纳西族作家思想、理论、艺术素养及加强团结和培养文学新人的紧迫性。

（三）分期问题

对于20世纪纳西族文学创作的分期，有白郎的四分法与杨世光的五分法。

白郎四分法的具体内容是：（1）20世纪伊始至“五四运动”，包括清末至民国初年近20年时间，属于纳西族古典文学创作的余波期；（2）1919年至1949年，包括新旧民主革命两个时期，新文化运动像一根红线贯穿于其中，纳西族的新文学于此肇始；（3）新中国成立至“文化大革命”开始，在这一时期，纳西族文学以搜集整理乃至再创作民间文学为主要特点；（4）1977年至今，作家众多，作品质量、思想深度都有较大飞跃，可谓20世纪纳西族文学创作的繁荣时期。

杨世光五分法与以上的四分法大体一致，只是将1977年至今的新时期纳西族文学分成了两个阶段，并对五个阶段各赋予一定的名称而已。它们分别是：（1）交接期，主要完成将纳西族文学创作的接力棒从19世纪传递到20世纪的光荣使命；（2）开拓期，涌现出一批新作家，在创作的新领域、新形式、新主题等方面有不少成就，作品的题材和体裁开始多样化，反帝反封建、抗日救国、追求革命真理等题材的作品成为主流；（3）转折期，为社会主义开端期的纳西族作家文学，由于政治运动冲击，作品不多；（4）崛起期，与全国文学创作复兴相对应，老作家重新焕发青春，出现了新的代表作家戈阿干、杨世光、和国正，另有一批更年轻的作家开始发表作品；（5）繁荣期，指20世纪80年代迄今。这期间，大器晚成的作家王丕震等步入文坛，开长篇小说之先河，涌现出一大批有才华的青年作家，评论从无到有，出现了戏剧影视作家及翻译家，旧体诗词创作传统不断弘扬发展，首次出现了用纳西语文创作的作品，创作空前繁荣。

（四）特点分析

杨世光认为，20世纪纳西族文学创作的基本特点是：（1）文学总体随时代前进而呈喇叭状放射发展，从未间断，逐步进入繁茂状态；（2）

继承弘扬本民族文学传统与向外开放吸收同时并进；（3）作家的学者化、艺术家化的趋势越来越明显；（4）创作始终主要围绕纳西族居住地区，突出本民族社会生活、民族精神和历史文化，形成母体情结。

林向萧认真分析了纳西族作家的特点，抽象出三个共同点：（1）大多从本民族传统文学中脱颖而出；（2）与汉文化、汉文学有难以分割的关系；（3）都有强烈的民族意识和积极向上的心理素质。“纳西族新文学家的这三个共同点，亦即纳西族新文学的三大支柱，是纳西族文学发展到 20 世纪形成的。”到了 21 世纪，它们仍将继续成为纳西族文学创作的支柱。

二、对 20 世纪纳西族文学创作的若干反思

（一）学习与创新

纳西族作家文学的基本特点之一就是使用汉字及汉文学形式进行创作，其审美标准也基本上是汉族式的。20 世纪的纳西族文学创作也不例外，学习与创新一直是纳西族文学创作需直面的重要问题。

剧作家王耐夫认为，纳西族文学创作是纳西族学习汉文化的产物，其积极意义不言自明，但消极性也是明显的，即在汉文化的冲击下，由于东巴文化及东巴文本身的局限性，使之失去了竞争力。纳西族作家文学没有向使用本民族语言文字的方向发展，东巴文学的传承、传播与继续前进都受到遏制。从 14 世纪到 19 世纪，纳西族文学创作以盲目模仿汉文学为主要特色。在 20 世纪，尤其是新中国成立以后，随着民间文学发掘工作及东巴经典文学作品翻译工作的深入，对纳西族文学传统的再确认提到了议事日程，但成就仍然不大。

和汉中主要针对 20 世纪纳西族文学中小说及影视文学不发达的问题，剖析盲目模仿汉文化及汉文学的后果。纳西族在接受汉文化，建立自己的作家文学的同时，也接受了汉文化、汉文学。但因重视散文、轻视小说的传统，致使 15 世纪至 19 世纪的 400 年间纳西族作家文学中无一篇小说。前人给我们留下了丰富的诗歌散文遗产，也留下了小说创

作的空白。小说及影视文学在20世纪虽有发展，但成就不大，其主要原因在于受汉族传统文学观念的影响太深，作家们没能从中解脱出来。学习外来文化及文学必须有所选择，以发展自己为前提，而不是囫囵吞枣、否定自己。过多地迷信和依赖汉文化无益。

白郎将纳西族文学传统在20世纪的没落归因于盲目汉化、无“纳西族文学”这样一个主体性意识、没有创新精神。虽然也有一些“坚决走在描述本民族人文与自然最前列”的作家，但透过他们作品的表象，能够看到的隐蔽于文学背后的思维、意象、气韵大都是汉文化的东西，在文学深处，民族的传统被淡化了，甚至是荡然无存。其结果，虽然有一些成就，但普遍缺乏一种“成熟的智慧”，即从某个高度重新去发现传统中内在因素的意识和综合能力，审美空间不广阔，不能包容一个民族的精神意志，缺乏本民族的伟大创造力与想象力。要产生高品位的文学作品，必须建立纳西文学主体性，认识并弘扬传统，吸收外来文学的营养。美学追求从自然转变为自觉，一切贵在创新。

（二）继承与开拓

纳西族拥有丰富的文学传统，除了近500年使用汉字进行创作的作家文学之外，还拥有丰富的民间文学以及用本民族东巴文写成的经籍文学，即保存于东巴教经典中的文学作品。怎样继承这些遗产并推陈出新成为本次会议讨论的热点。

纳西族剧作家和强指出，纳西族文学创作必须将自己的根深深扎在纳西族民间文学的土壤之中，这是创造具有纳西族风格、纳西族气派的文学作品的重要前提。因为民间文学不仅可以为我们提供文学创作的素材、题材，而且为我们提供了整个纳西族的文学传统。20世纪取得成就的纳西族文学家的基本特征之一便是靠民间文学哺育自己。他说：“只有当历史车轮进入20世纪以后，纳西族中出现的诗人和作家们的敏锐的眼光才投向了纳西族民间文学这块‘沃土’，盯住了民间文学这个取之不尽、用之不竭的‘富矿’。因而，在这块土壤上成长起了新一代作家和诗人，他们比历史上任何一代作家和诗人都成熟，他们的成果也更加斐然。”

同样是剧作家的徐晴也通过对纳西族民间文学之过去性与现在性的认识，探讨了纳西族文学创作与民间文学的关系。他说：“在历史就要跨入新的世纪之时，从多角度对文学创作与民间文学之关系做纵向的、横向的研究，以拓展我们的思维是很有必要的。”因为“丰富而又绚丽多彩的纳西族民间文学，它不单是纳西族精神生活的消费品，而且对纳西族的文化、艺术、宗教、风俗产生着深远的影响，并在民族传统、民族文化心理、审美观、价值观等的形成上占有重要位置，可以看作是纳西族历史的一个缩影”，它已经并仍将造就出一批批有成就的本民族文学家。

与之相对应，长期从事东巴文化研究及以东巴文化为题材的文学创作家杨正文主要提出了以东巴文化为题材进行文学创作的一些思考。他认为，要发展纳西族文学创作，只继承作家文学传统及民间文学传统还不够，还要继承东巴文化，尤其是东巴文学的传统。只有这“三江并流”，并且努力学习借鉴汉族及世界优秀文学遗产才能达到目的。关于以东巴文化为题材进行文学创作，过去已经有人做过，并取得了不少成果，但一直没有将它单独提出进行探讨，这是遗憾。东巴文学作为纳西族的书面文学，它以显形和隐形两种形式存在于东巴文化之中，具有神奇、情节曲折、形象生动、语言流畅动听、富于哲理等特点。这无疑是又一块发展纳西族文学创作的肥沃土地，“正等待着文人学士、作家、艺术家去开垦、去播种”。具体的开拓内容为：借鉴、改编、创作。他提出了一个“新东巴文学”的概念，旨在原来的东巴文学基础上获得新生的作品，亦即经过文人提炼加工后的文学作品，包括东巴小说、东巴诗文以及以东巴文化为题材创作的影视、戏剧等文学剧本、脚本或解说词等。

（三）队伍与素质

杨世光认为，目前，纳西族作家队伍比较整齐、有潜力，呈多梯度状，“大多数作家有生活，有锐气，有不懈耕耘、探求不止的可贵精神。他们的知识结构、文化素养已有根本性上升和完善。更新观念、更新手法，贴近时代、追踪时代，已成为主体的自觉，使他们的创作稳步进入最佳状态”。但一些代表认为，纳西族作家队伍不仅人数有限，而且质量不高，有待于在思想作风、理论修养、艺术技巧等几个方面继续提高，并且加强队伍内部的团结。只有拥有一支规模可观、质量较高的创作队伍，才有可能写出高品位的、激动人心的文学精品，推出在海内外有一定影响的文学大家。

三、发展21世纪纳西族文学创作新思维

对于发展21世纪纳西族文学事业，代表们仁者见仁，智者见智，提出了各种设想与建议。

白郎认为，最重要的问题是在总结经验教训的基础上“向神奇的现实靠拢”，寻找回20世纪已经被淡化的本民族文学传统，以确立纳西族文学创作的主体性。“神奇的现实”有确定的内涵，指的是纳西人生活地区所特有的神奇的现象、神奇的景象、神奇的现实构成诸多因素混合杂交的世界，即包含自然力量、民族现实生活、历史文化三个方面的因素。

白庚胜对此做了补充说明，向神奇的现实靠拢，是为了从中寻找民族的灵魂，弘扬本民族的文学传统，建立并发展社会主义条件下的纳西族文学体系。要繁荣21世纪的纳西族文学创作，必须了解世界，了解时代精神，了解全球性的文学现实，站在全人类的高度把握民族精神与民族传统，深刻揭示本民族的命运。

王耐夫、杨森、戈阿干、沙蠡、木丽春等代表则发出呼吁，为21世纪纳西族文学创作的繁荣和发展尽快采取以下措施：

1. 建立纳西族文学创作研究会，对未来的纳西族文学创作进行规划设计；对纳西族文学创作力量进行必要的组织协调；系统开展纳西族文学创作的整体性对外宣传。

2. 建立纳西族文学创作研究基金，定期进行评奖，以鼓励竞争；资助出版高质量的文学作品；解决作家们的部分生活困难，资助中青年作

家的深造提高；出版有关丛书；扶持薄弱创作领域。

3. 出版《20 世纪纳西族文学》丛书，作为 20 世纪的总结，并使之成为发展 21 世纪纳西族文学创作事业的基础。该丛书包括《20 世纪纳西族小说选》《20 世纪纳西族诗歌选》《20 世纪纳西族散文选》《20 世纪纳西族文学评论选》。

4. 建立 20 世纪纳西族文学资料库，将近百年来纳西族作家的文学资料库。将作品、手稿、个人档案、文件收集入库，以方便对它们的研究。

5. 对 21 世纪纳西族文学提出总体战略设想，对各种领域做合理安排，发展反映本民族生活的长篇小说及戏剧影视文学体裁，将其放在优先的地位。

6. 建立批评机制，造就一支文学批评队伍，开展有益的、具有实质性的文学批评，引导纳西族文学健康发展。

开启山林 自觉发展

——“20世纪纳西族文学创作讨论会”回顾

20世纪只剩短短数年，21世纪的钟声已经清晰可闻！在普天同作跨世纪之谋的今天，纳西族文学创作不能不回顾近百年来艰难备至而又奋然前行的历程，不能不对一个世纪以来的创作实践做智性的探讨，不能不求索新时代的前路。因为科学的总结有益于校正我们前进的方向，严肃的思辨有助于我们廓清理论上的迷乱，以确立纳西族文学创作的立体性，冷静地展望将推动我们的美学追求从自然转变为自觉。

由于职业的关系，近些年，我一直在思考纳西族文学创作的历史命运，并进而关注纳西族文化的前途及纳西族的生存与发展诸问题。我曾经在北京、昆明、丽江、迪庆藏族自治州等地和日本等国或振臂高呼，或作演讲，或写文章，或出著述，或引资金，或捐款捐物，或拍摄电视，或举办展览会及艺术节，或组织学术团体，致力于丽江及纳西族经济文化的振兴与发展。在此过程中，我饱尝了艰辛，遭受过误解，也赢得了理解，获得过荣誉。记得有一年我曾动员一个拍摄“中国佛教文化”电视专题片的摄制组改赴丽江采访，摄制宣传丽江古城及东巴文化的专题片。于是，一些从来不愿也没有为家乡与民族做过一件实实在在的事但又想象力特别丰富的人便放出谣言，称“白庚胜已成为文化商人”，“专靠出卖纳西文化而大发横财”。谣诼袭来，一位县里的领导”竟主张查一查究竟。我倒坦然，“我心似明月，敢对雪山吟”。除了我的一片赤诚、一腔热血，他能查到什么呢？就在这些日子里，我收到在四川成都工作的青年作家白郎先生的一封信。他说：“白先生，据我所知，在丽江，从每一条街道到每一座工厂，甚至在我的家乡七河这样的偏远乡村，人们都知道北京有一位顶天立地的纳西人，他为丽江的发展进步而竭智殚虑，他为纳西族及其他民族的兴旺发达而奔走呼号。玉壁金川与您同在，全县各族人民挺立在您的身后！”这封信动我魂魄，使我泪眼模糊，我一直将它珍藏在心中。在我为了宣传故乡而腹背受敌之际，当时任中共丽江纳西族自治县县委书记的解毅同志、任丽江纳西族自治县县长的和自兴同志、任丽江纳西族自治县副县长的和炳寿同志给予了我最大的支持与理解。他们不但肯定我在文化战线宣传丽江的积极意义，而且还鼓励在外游子仿而效之，为故乡的繁荣富强尽心尽力，对那些恶意的中伤予以有力的反击！

然而，在研究、宣传丽江及纳西文化的实践中，我也深深地感到：一个伟大的事业需要千万人的参与！要使纳西族完成从自然到自觉的转变，首先需要她的知识分子群体的先行觉悟。因为知识分子是一个民族的智慧、良心与灵魂，她的觉悟程度直接关系到她所从属的民族的文明水准。而且，纳西族并不是一个孤立的存在，在长期的历史发展中，她与周边民族结成了密不可分的血肉关系。如果说我们在往古的岁月中曾经饱吮本民族母亲与藏文化、汉文化、白文化的乳汁，那么，在未来的年代，我们依然需要以全人类的智慧与知识武装自己。这就要求我们在对未来做设计时热烈欢迎其他民族乃至其他国家的成员参与。

基于这样的认识，我决定以纳西族文学创作为突破口对纳西族在20世纪所走过的历程进行反思，展望下一个世纪乃至更遥远的未来。这是因为纳西族文学界集中了一大批纳西族的精英，他们不仅人数众多、思想活跃，而且大都对本民族及祖国的发展进步怀有强烈的责任感、使命感。长期以来，将丽江与纳西族介绍到海内外主要就是靠这支队伍实现的。我将自己的设想与时任丽江地区文化局局长的刘丽灿同志、迪庆藏族自治州文化局局长和玉铨同志、丽江地区文化局局长杨树宇同志及前局长和文笔同志略作交谈，立即博得他们的认同。我们决定在征得丽江地、县领导及迪庆藏族自治州党政领导、中国社会科学院民族文学研究所领导同意之后，尽快召开一次题为“20世纪纳西族文学创作讨论会”的学术会议，围绕“20世纪纳西族文学创作整体性、阶段性研究”“20世纪纳西族文学创作中的具体作家、流派、风格、作品研究”“20世纪纳西族文学创作与中国文学、世界文学之关系研究”“20世纪中国政治与纳西族文学审美之关系研究”“20世纪纳西族文学创作与民间文学之关系研究”“20世纪纳西族文学创作中的民族化、现代化、国际化之关系研究”“发展21世纪纳西族文学创作事业新思维”等7个专题进行讨论。我们坚信，对20世纪纳西族文学创作问题的全面、深入研究，有助于推动对20世纪纳西族文化、艺术的总结与认识，有助于其他民族对纳西族文学及文化艺术做智性的探讨，更有助于纳西族文学创作再创辉煌！

筹备工作进展顺利。经过努力，国家民族事务委员会文化宣传司、中国作家协会民族文学创作处都对召开这次会议给予了道义上的支持。中国社会科学院民族文学研究所党委书记冯志正同志多次指示我：“一定要开好此会，并做好各方面的筹备工作。”在科研经费奇缺的情况下，冯志正同志还与我所现任主要负责人郎樱同志和前所长刘魁立同志协商，强挤出一部分资金支持。在一贯热衷于纳西族文化活动的张旭女士的引荐下，我也曾怀着忐忑不安的心情去向中华文学基金会会长张锲同志求助。当这位从未去过丽江且对纳西族文学十分陌生的领导了解到纳西族文学的实际情况以及召开这次会议面临的经济困难之后，他立即召集有关领导成员开会，并做出了赞助6 000元人民币的决定。丽江地区纪委书记杨国清同志、前专员木荣相同志、副专员和作宽同志、县委书记解毅同志、县长和自兴同志亲自过问会议的筹备工作，在经费上给予了充分的保障，只要求筹备组一定要将会议开好，开出水平。在刘丽灿局长、杜继华副局长、李有仁副局长的带领下，丽江地区文化局全体人员一齐参战，各司其职又互相配合，为会议的成功召开提供了保证。

这里，我要特别感谢张福龙同志与迪庆藏族自治州州委宣传部部长马向东同志、迪庆藏族自治州文化局和玉铨同志。张福龙同志本非文学圈内人士，也不是地县领导干部，他只是我的朋友，一位优秀的企业家。当他了解到丽江将召开“20 世纪纳西族文学创作讨论会”并看过会议选题之后，认为这次会议意义重大，表示要尽可能地支持。在北京等地代表团及记者团抵达昆明之时，是他将客人们全部接到了丽江。他分文未取，却在将客人们接至会场后疲倦地病倒在床上。马向东部长的藏名是扎西，怀着藏族与纳西族的兄弟之情，也出于对丽江、迪庆两地纳西族文学事业的支持，他虽与我只见过一面，但对召开“20 世纪纳西族文学创作讨论会”非常赞同，而且从有限的经费之中拨出部分款项加以赞助，使我十分感动。和玉铨局长一直热衷于这次会议的组织筹备，他不仅成功地动员了迪庆藏族自治州的所有纳西族作家诗人参加会议，而且四处游说，为会议筹集到了部分资金。在会议召开之日，他和州文联主席、作家杨森先生还从迪庆藏族自治州亲自送来了醇香的青稞酒。总之，没有这么多的领导、先生、同仁、朋友们的理解与支持，“20 世纪纳西族文学创作讨论会”是不能如愿举行并取得成功的。

到今天，距离“20 世纪纳西族文学创作讨论会”的召开已经过去 3 年。但因经费的原因，早已编定的论文集却一直未能付梓出版。稿件积压在床头，作者不断有书信来催问。我心惶恐，每有机会便向丽江有关领导、企业家求助，但巧于应对者多，慷慨相助者少。到了今年秋天，我才最终解决了出版经费问题，同时也结束了自己马拉松式的“乞讨”生活。对此，彭建华同志出力甚大。他工作于全国人大民族委员会，是我的至交，他曾经担任《纳西族人物简志》的主编，曾为宣传纳西文化及迪庆文化立下汗马功勋。对于这本论文集的出版，内蒙古大学出版社总编陈羽云教授一直十分关心。他与我通信多次，充满了对生活在西南边疆玉龙大雪山下的纳西民族的无限关切，决计不惜血本，扶持纳西族文学事业的繁荣与发展。没有陈教授的支持，难圆出版《金沙万里走波澜——20 世纪纳西族文学创作讨论会论文集》之梦。在此，我还要向为本书担任责任编辑的秦晓霞女士特致谢意。

此刻，夜已经很深很深，我已经很累很累，疲惫的身心渴望得到休息。我想：今夜，梦定美；明朝，日更红。

1997 年 12 月 13 日夜于北京方庄寓所

他从雪山走来

——记纳西族作家戈阿干

在我国当代文学创作的广阔天地里，有这样一位纳西族作家：他以自己独特的艺术创造与美学追求跻身于文坛，为祖国丰富多彩的文苑增添了雪山之奇美。他，就是戈阿干。

戈阿干，原名和崇仁，于1936年5月出生在玉龙山下——今云南省丽江市五台乡的一个贫农家庭。他们村离城3公里许，头枕郁郁葱葱的蛇山，侧倚亭亭玉立的文笔峰，玉洁冰清的玉泉水从村前潺缓而过。翘首北望，就是那座名闻遐迩、令人心驰神往的玉龙雪山。玉龙山不仅以它融融的春水浇灌了山下肥沃的土地，同时也哺育了光辉灿烂的纳西族文化。千百年来，它成了纳西民族生命的灵都、灵感的源泉。在纳西族文学史上，无论是明代木公、木增的诗赋，近代周霖的诗画，李寒谷及赵银棠的小说、散文，还是古老的民间传说、歌谣，都无一不与这座神俊奇美、巍峨壮丽的雪山有着千丝万缕的联系。是的，玉龙山那春笋般的雪峰，熠熠生辉的太古绿雪，变幻莫测的云霞虹霓是怎样紧紧地牵动过戈阿干那幼小的心灵，并引发了他的无穷遐想啊！苟且偷生于黑暗的旧社会，他的童年是凄楚痛苦的；但生活在玉龙山的怀抱，成长于这块灵山秀水之中，他童年时的精神生活又是富足的。

1957年，戈阿干崭露头角，在《边疆文艺》与《北京文艺》上连续发表了他收集整理的数十首《玉龙山情歌》。这是他从雪山迈出的第一步。他所翻译的情歌精致准确，今天读来仍是那样朗朗上口、诗味隽永，发人之不平，引人之亢奋。而要达到这一点，需要译者对本民族心理、审美观念有着多么深刻的理解！可谁能想到当时戈阿干还是个未出校门的中学生呢？人们不禁要问：他的才华源自何处？他的功力来自哪方？

当我们翻开这些译作，发现这些情歌大都由一个叫“阿定”的人所唱咏时，我们便找到了答案，也找到了了解戈阿干幼时文学生活之锁的钥匙。“阿定”是戈阿干的祖母，也是第一个在他心田上播下文学种子的启蒙者。这位双目失明的老人，她懂得很多很多纳西族神话，又会吟诵十分优美的纳西古歌。她把这一切都毫无保留地传授给了自己的孙子。有一次，当她得知孙子整理发表了她唱咏的情歌后，眼含热泪，十分激动地说：“想不到这些东西真有用处，日后得全部传给你，免得由我带进棺材！”

戈阿干的故乡五台乡还是个东巴教盛行之地。这里东巴汇聚，名师如流，他们所吟唱的东巴文经典十分优美神奇。当戈阿干人到中年回忆起童年时耳濡这些经典的情景时，他曾经这样动情地说道：“很小很小的时候，我被老东巴们一次又一次地带进古老的神话世界和诗的意境之中。应该说，是从祖母和老东巴们那里，吸吮了第一口十分香甜的文学艺术的乳汁。”

也许当时那慈祥而又不幸的祖母和那些逢场作戏的东巴大师们，万万没有想到他们那些信口吟来的民间创作及宗教经典，可能对戈阿干走上文学道路产生怎样的影响，并会把他造就成为一个诗人、作家。但事实上，正是他们和他们所吟诵的那些或被斥为“粗俗下流”或被尊为“神圣典雅”的本民族文学传统，奠定了戈阿干日后成功的坚实基础。也正是通过这一切，戈阿干才了解了本民族发展的漫漫历史，倾听了祖先千百年来的哭泣和欢笑，触摸到了纳西民族灵魂的悸动，播下了爱的种子。1957 年，戈阿干以优异的成绩考取了中央民族学院（今中央民族大学）历史系。他一边读历史，一边恋文学，利用业余时间阅读了大量的中外名著，系统学习了文学史、文艺理论著作。文学大师们的天才创作在他眼前展现出一个从未有过的艺术世界，他觉得自己的视野变得开阔了许多，对美的追求、对文学的热爱也就变得更为强烈了。大学毕业后，回到了故乡，他当过教员，参加过社会调查，从事过新闻报道工作，与祖国、人民一起经历了那些最为艰难困苦的岁月。

打倒“四人帮”后，凭着独特而敏锐的感知，戈阿干清楚地意识到，冬天已经过去，春天已经来临，尽管“乍暖还寒”，人们毕竟迎来了那个梦寐以求的时代。他于1979年奉献出了他的短篇小说处女作《化雪图》。这篇小说通过右派“老杨”父女从“反右”到“文化大革命”期间悲欢离合的故事，歌颂了一位善良、正直、淳朴的纳西族老牧民阿鲁的高尚品质，有力地控诉极“左”路线给我们党和国家造成的灾难，以及“文化大革命”的结束给我国千家万户人的命运带来的根本变化。这是戈阿干在经过10年的感受、准备、思考之后产生的一篇力作，也是他从雪山走出的具有决定意义的一步。作品一问世就引起了文学界的注意，并在云南省文学创作评奖中获奖。

这一成功大大地鼓舞了戈阿干的创作热情，在1981年参加中国作家协会文学讲习所的学习之后，他的创作激情愈发变得一发而不可收，写出了一篇篇令人鼓舞的作品。到目前为止，他已在全国各地报刊上发表了20多篇短篇小说，其中《天女湖畔》获1981年云南省民族文学创作奖，《七星锁》获1982年云南省文学创作奖，并被翻译成世界语介绍到国外。1984年他又相继在《边疆文艺》及《民族文学》上发表了两部中篇小说《观世音与维纳斯》《金翅大鹏》，此后他被吸收为中国作家协会会员。他的小说创作进入了一个全盛时期。

近年来，他继续致力于翻译、整理民间诗歌的工作，一反历代纳西族文人鄙视民族民间文学的偏见，响亮地提出：“纳西族歌谣是纳西族的诗经。”他还把诗笔进一步伸向那些瑰丽多彩、神奇优美的东巴经神话，先后创作了《格拉茨姆》《查热丽恩》《杜娥斯姆》三部长诗。这种再创作，给古老的神话注入了新的生命。格拉茨姆、东若瓦路、查热丽恩、衬红褒白命这些神话人物在诗人笔下栩栩如生、呼之欲出。他恣意挥洒诗笔，上天入地、浓墨重彩，为人们描绘了一个虚虚实实、亦神亦人、光怪陆离的世界。这些诗作充满了昂扬奋进的力量。《格拉茨姆》获1981

年全国少数民族文学创作奖。

戈阿干的才华是多方面的，他还创作发表了大量的诗歌、散文、歌曲。

一个有作为的作家，必然具有他自己的创作个性。纵观近年来戈阿干的文学创作，我们便会看到他的作品思想敏锐，充满了强烈的感情色彩。他出身于边远少数民族地区的贫苦农民家庭，对党、对社会主义充满了深厚的感情。但这种感情体现在戈阿干的作品中，并非是古典式的感恩戴德，而是一种已经升华了的具有自我独特感受的爱。它具体表现为对现实生活中黑暗面的有力抨击与彻底否定，以及对真、善、美的热情讴歌，对新生活的呼唤。他把自己置身于时代和人民之中，反思他同祖国一起走过的30多年的历程，对极“左”路线予以严肃审慎的清理、剖析、批判，揭示了中华民族美好的未来。如《化雪图》《花马骄子》《精神存折》等作品，不同程度地对“反右”“反地方民族主义”“文化大革命”进行了批判，而对党的十一届三中全会以来的路线、方针、政策则热情讴歌。

他这样与时代休戚相关，是与他对祖国、对故乡、对纳西族的深沉的爱恋分不开的。让我们翻开《查热丽恩》，看看他是怎样借英雄查热丽恩表达了他的一颗赤子之心的：“一只小鸟飞上蓝天，依然惦着它树上的老巢；一只金鹿来到碧滩，仍不忘自己山间的旧巢。啊，怎能把你遗忘，我们亲爱的大地母亲，天堂的日子越优厚舒坦，越激起我对你的惦念之情。公主呵，让我即早返回下界吧！待在这儿我一天也无法安心，我不愿做主宰寰宇的神，我只愿做无愧于祖先的人！”不愿在天堂享受，只望回到故乡做一个无愧于祖先的创造者，这是何等感人！他爱故乡，因此他的作品无一例外都表现了“大雪山”下的纳西人的生活、风貌、气质。在他的笔下，本民族的东巴、农民、猎手、牧人、“马脚子”、学者都找到了自己的位置。作者写了他们的追求发展过程，歌颂了他们纯美的品质。他所描写的拉松毛、挖天麻、穿裙礼等都无不具有浓郁的民族特色，使他的作品具有独特的“雪山气息”，具有特殊的“雪山之美”，在人们面前展示出一幅生动优美的风俗画卷。

由于戈阿干有崇高的美学追求，无论是描写伤痕题材、解冻题材，还是道德题材、民俗题材，他都决不流于赶时髦，或是猎奇寻芳。《穿裙礼》表现的是纳西支系摩梭人的风俗，作者以小金姆迟到的穿裙礼结构故事，既有“野味”又能超凡脱俗，“塑造出了既有民族、地方特色，又有时代感的边疆少数民族主人公的形象，歌颂了党的农村政策”[①]。《观世音与维纳斯》也是这样，初初一看，颇觉蹊跷，但仔细读罢，便能使人们在观世音与维纳斯、夏金姆之间找到天然的和谐，她们身上都充满了人性美、女性美。夏金姆这一形象异常灿烂夺目。我们不能不说这是一种可贵的尝试。正基于以上这一切，戈阿干的创作个性在我们眼前也就变得清晰可辨：他深沉、开放、富于进取精神，怀有执着的美学追求。戈阿干的美学追求还表现在对艺术技巧的探讨之上。他的作品往往构思精妙，语言朴素简练，形成了清峻嶙峋的风格。在创作方法上，小说重于现实主义，而诗歌则重于浪漫主义，而戈阿干的创作方法二者都能兼得，达到了一定程度的统一。当然，有些作品也明显地表现了他的不足，如缺乏冷静，激情大于思辨，从而留有斧凿痕迹。这些都有待于今后提高。

自戈阿干从雪山峡谷迈开第一步到现在，已经20多年过去了。他在一条艰难坎坷，然而又是光辉璀璨、充满神奇的大道上探索着、追求着、发展着，他流下了汗水，付出了代价，曾有过教训，但他也因此而获得了成功与力量。我们衷心祝愿他在这条大道上坚定地走下去。

雪山路正长……

① 朱静宇：《到“野”外去》，载《边疆文艺》1984年第7期。

纳西族散文家杨昌

杨昌，号竹塘，能文善画，知识渊博。据史书记载，他于清嘉庆十二年（1807 年）中举，自此以后，游宦在外凡 20 余年，历任湖北省天门县、潜江县、谷城县、黄梅县等知县。在任职期间，他礼贤下士，体恤百姓，关心地方文教，颇有惠政。

杨昌的一生，写下了大量诗文，尤其是他的散文，无论数量或质量，在纳西族文学史上是首屈一指的。《四不可斋文集》便是他呕心沥血之作。他的散文有游记、有书信、有序跋、有论文，其中，游记部分写得尤为出色。

《游玉湖记》一文，写于他中举前一年即公元 1806 年，记述了游览玉龙山下风景名胜——玉湖的情景：

丁卯春，余与牛铁山、王碧泉读书玉峰寺，寺距湖十里。每邀僧同游，辄为风雨所阻。四月十六日之夕，月光满地，万籁俱寂。余偶出斋散步，徘徊风露之间，呼二子曰："曷即行乎？"遂掩扉转山路而北，信步出松林，相与咏"松径露微月，清光犹为君"之句。乘兴踏月，忘路远近，时为四鼓。

行抵村，距玉湖数百步，比屋而居，绕宅流水，穿林触石，琤瑽作漱玉响，盖湖水之下流也。

叩门求憩，寒犬起吠愈时方息。主人曰："日间无风，游之可得真景矣。"淅炊煮茗，清谈片刻。

晨光微出，乃徐至湖畔，相与席地倚石而坐。冷冽之气，逼人肌肤。俄而风定波平，湖光明澈若镜。峰峦林木，禽鸟飞动，如隔玻璃而展画图，眉目为之一新。

须臾，朝暾遥上，峰头积雪处，微抹绀红，天半朱霞，相与掩映，目不暇赏。二子善吹笛，作流云裂石之声，令人心旷神怡，手舞足蹈而不自知焉。

旁有雪嵩院，昔木侯避暑之所，堂庑就更，而踵其旧址，绵亘里许。腻石绿凳，出没榛莽间，昔日繁华，使人遐想。

这篇散文写得自然淡泊，完全按时间的推移、地点的变更来推进情节，显得层次清晰、行云流水，毫无拖泥带水之句，真可谓写游记之神笔。

他的散文很擅长描写场面。如《修堤述略》一文，先交代了潜江县的地理水势，接着描写 1835 年的一次大水灾：当时汉水泛滥，大堤多处决口，百姓走告、昏旦不绝、危急万分。在此情况下，作为一县之主的杨昌与委官们踉跄道途，夜无定宿，带领全县百姓积极抗洪，“每抢一险，倾国倾城，誓在背战，风来势张，力尽束手，驰救他处。有垂成而败者、有中途接极扫风之至者。举目张皇，呼号遍野”。真是有声有色，扣人心弦。但作者似乎觉得这还不够分量，他又描写了一个场面：潜江县县城地处低窨，护城堤外已是一片汪洋，波涛汹涌，仅留数尺，洪水就要漫进城中，一城百姓危在旦夕，“城中日日告警，若莫能顾，宰此地者，正如失利之军，朝不保夕，以至宾从抽身，妻孥失色，寅僚忾叹，胥吏惊惶，加以羽檄文驰，言之切责”。在这些来自自然的和人的重重压力面前，作者表现出异常的镇定冷静，他“大言慰藉，饮啖如常”，借以稳定民心，加强防洪，最后终于战胜洪水，转危为安。在这段描写中，洪水之害惊心动魄，各种人物呼之欲出，仿佛使人身临其境，面对万丈狂涛。接着作者又开始描绘第三个场面：为了根治汉水之患，居安思危，作者“劳怨独担”，决断布画修堤大计。在他的倡导下，全县兴修大堤 10 余处，只见潜江境内，人们“平地覆篑，愚公移山，幸得冬暖多晴人无作辍，官帑民力车辅相依”，轰轰烈烈，如火如荼。可见，杨昌的描写能力已经达到相当高超的地步。

他写散文有一个重要的特点，就是有人有物、有声有色、寄情于物，大多缘情而发，很少为文而文。《梦游玉泉记》用一个虚拟的梦幻描写作者回到阔别20余年的故乡，偕同客人共游玉泉。由于作者对故乡的一草一木都非常熟悉，并充满了深厚的感情，故而，虽写梦境，亦显真切，所寓深情更是感人。他一一描写了玉泉的亭槛名胜，及与僧人的交谈、与游客的议论，其目的不唯写游子思乡之情，更重要的是以此为托，说明一个道理，或是从对玉泉风光的精心刻画中，自然而然地流露出自己对人生的思考："此梦境也，非真，而山水自真；其真者得于天者也。既有此得于天者矣，则夫台池楼榭布置、骚人墨客之题咏，人事之易致者也，夫人之名节与富贵亦如是矣。"把主题表现得浑然天成。

《游隆中记》一文，记载了作者有幸前去游览隆中的经过，并经地理上的分析比较，提出武侯生在琅玡而侨居于隆中并非偶然，而是由于武侯早已料定汉末将成三国鼎足之势，故而精心选择了处于三国之间的荆襄地区，以候明君，为世所用。一旦刘备三顾茅庐，武侯即以知遇之恩，出山为仕，以尽鱼水之分便是证明。在这篇游记中，他夹叙夹议，充分发挥了借物抒情、长于议论的特点。《木氏世守丽江论》一文亦有异曲同工之妙。他首先描写丽江的山形水势、战略地位、历史沿革，意在点明木氏出现于丽江绝非偶然。他也指出土司制度确有种种弊端，"昏明仁暴"不能如流官制一样通过中央朝廷的选拔来任用贬黜，但问题是"世守之中，其卓著贤声者类多施惠散财，今留遗迹"，他们在丽江掌握政权，建立土司制："自元以来，越今五百年矣，簪缨奕叶，震耀青史，今即土地人民尽付有司，然爵禄之颁，承继罔替，族姓繁衍，谱不胜书，非有功德民者，能享此绵绵之极乎？"如果他们的政治不合乎民情的话，老百姓恐怕早就揭竿而起，木氏家族内部亦早该众叛亲离了，何必还非等到改土归流不可呢？他认为，木氏之所以能统治丽江达500年之久，原因在于他们能守土保民，并将保民视为守土之要。这在全丽江上下一致声讨木氏土司而颂扬"改土归流"政绩之时，确实不失为一种大胆而又新颖的见解。由上可见，杨昌的议论文与记叙性散文都是互为联系、共成一统、相得益彰的。

杨昌的散文很讲究技巧，注意层次的安排，常常欲张先弛，欲扬先抑，收到特殊的艺术效果。《游鹿门山记》一文开篇先写甲午春作者溯江而上，晨立船唇，遥见鹿门山“带水一区，山围如画，山麓林木村落，洒异尘壤”的远景，然后戛然止笔，说是因“时风利不得泊”而只好“属家童他日经此必维船登览”引起人们对鹿门山的向往之心，又不让一饱眼福，最后对家童的叮嘱又预示着他日游览鹿门山的必然性，起到一种渴望中有失望，失望而非绝望，失望中孕育希望的艺术效果。果然，当年 6 月，作者又经此地，乃“循岸侧迤逦而上”，游访鹿门山，读者也就紧紧跟随着作者的步伐，听鸟看水，以尽兴一游为快了。类似手法在《游玉湖记》中也被使用。先写多次邀僧相游，因风雨之阻而不能遂愿，可是，16 日夜，但见月光满地，万籁俱寂，正值游览玉湖的良辰美景，于是与友人信步出林，望北而去。读者那怅然之心亦稍得慰藉。但作者并不直接展现玉湖的如画景色，而是用白描的手法先写湖边的小村，那淙淙作漱玉之声的绕宅流水，使人未见其湖先闻其声，引起无比联想。在循声就能触摸到玉湖的时候，作者又刹住笔头进了村子，“叩门求憩，主人劝曰：日间无风，游之可得真景”，为玉湖以最佳美的容姿出现在读者面前做了充分的铺垫。这时，各种准备已经相当充分，作者就开始着手描绘玉湖美景，那融融的清气，潋滟的波光，峰峦林木都清奇无比，当朝暾出山时，峰头积雾处微抹绀红，天半朱霞，色彩开始变化，突然笛声悠扬，如流云裂石，令人心旷神怡，整个玉湖也变得“有血有肉”、有声有色，几乎就要翩翩欲飞了。最后，作者将感情推进到最高的层次之中，引发读者回想起当初之盛，使自然的美与社会的繁华达到了高度的和谐和统一，使作品所表现的思想得到了升华。

杨昌写的传记也相当不错，《李锦党先生传》《超恒先生传》《李晓桐小传》等都是脍炙人口的作品。

走近纳西，走进纳西

在我国众多的少数民族中，纳西族人口稀少，分布区域有限，却以拥有东巴文化、纳西古乐、丽江古城而名闻遐迩。文学大师郭沫若十分向往纳西族地区的雄山大川、如画景色，曾发出“心向往之，何日得能一游耶”的感叹！

纳西族现有人口不足33万，居住在云南、四川、西藏3地交汇地区。自秦汉以来，她始终驾驭着金沙江、怒江、澜沧江、大渡河、雅砻江、岷江六大江河，成为玉龙雪山、哈巴雪山、梅里雪山、贡嘎山一带的主人之一，与汉族、藏族、白族、彝族、普米族、傈僳族等民族和平相处，共同开发了横断山脉。而在此之前，作为古羌人遗裔之一，纳西族先民一直活动于西北草原的河湟流域，过着“逐水草而居”的游牧生活。在数千年的历史发展过程中，纳西族实现了从西北到西南的地域转变、从畜牧到农耕的生产形态改变、从游动到地居的生活方式更替。游牧民族的后代子孙在自然环境与人文环境的双重压力下从牧人改变为农夫，将牧鞭换置成镰锄。

在纳西族目前分布的地区早已存在序列严整的古文化。据1956至1984年的多次考古发现证明，从距今20 000多年前的智人时期，就已经有“丽江人”活动于现今云南丽江金山乡木家桥一带。“丽江人”不但掌握取火技术，而且还会在鹿角上穿孔，已具有审美的能力。自此之后，无论是新石器，还是红铜器、青铜器等文化都相延不衰，构成了一条完整的文明长链。所以，在其本质上，纳西文化是畜牧文化与农耕文化的有机组合。

纳西族古称“摩挲”，最早见载于《后汉书·南蛮西南夷列传》。据晋人常璩《华阳国志》记述，永平年间，与“摩挲”关系致密的“白狼王”

曾向中央王朝“献诗三章”，以表达慕义归化之心。当时的“摩挲”人主要分布在大渡河两岸的广大地区，拥有发达的畜牧业、制盐业、制漆业、冶金业，而且农业及商贸都比较发达。

到唐代，纳西族先民除一部分仍留守故地之外，一部分在其首领泥月乌的率领下攻占长期为吐蕃人所居住的楼头（又叫“览探”），即现今云南省宁浪彝族自治县永宁坝，成为现今纳西族支系纳日（摩梭）人的祖先；另一部分在其首领叶古年的指挥下跨过金沙江，夺取了三甸（又叫“三赕”），即现今云南省丽江市，成为现今丽江、永胜、维西等地纳西人的祖先；还有一部分甚至锋芒直逼苍洱地区，在现今的云南省大理白族自治州宝川县境内建立强大的越析诏（又叫“磨些诏”），对白族先民构成了巨大的威胁。当然，越析诏的命运是短暂的，在与南诏政权的较量中，它兴也匆匆、亡也匆匆。那部分据守铁桥（今云南省丽江市巨甸镇、石鼓镇、龙蟠乡一带）的纳西族先民，则采取较为灵活的策略，时而称臣于吐蕃，时而依附于南诏，时而归属于唐王朝，在强大的民族集团与政治势力之间左右逢源，艰难地传承自己的传统文化。从白居易诗《蛮子朝》中的诗句“笑令中使迎蛮子，蛮子导从者谁何？摩挲俗羽双限伽……”看，在南诏破越析诏统一六诏之后，金沙江两岸的纳西族先民仍保持有较强的实力。否则，南诏王是不会派头饰羽毛的“摩挲”武士作为“导从者”去朝拜大唐天子的。

由于受到吐蕃文化、南诏文化、大唐文化的浸润，唐代纳西族社会发展迅速。在政治上，从唐玄宗开元年至唐昭宗光化年为止的180多年间，就先后有阳音都谷、都谷刺具、刺具普蒙等首领被南诏任命为三甸（现今丽江）总管、总督元帅、丽水节度使等要职；在经济上，畜牧业仍是主要的生产形式，但农业的发展引人注目，而且发达的农牧业生产还大大促进了与周边地区的贸易，《蛮书》就称“大羊多从西羌，铁桥接吐蕃界，三千二千口束博易”；在工艺技术方面，纳西族先民的冶金、制盐技术都有长足的进步，如青铜合金铸造的“铎鞘”蜚声四境，人称“所指无不洞”，制盐也从过去的烧制完成了向煮制的演进。纳西文化，是一种多元文化，它对汉族、藏族、白族等民族文化的吸收正是开始于唐代。

宋代，纳西族社会及文化进入了一个关键时期。由于忙于应付北方游牧民族的侵扰，中央王朝放弃了对西南地区少数民族的管理。南诏国及吐蕃王朝亦早已“付与苍烟落照”；藏族社会复归部落之间互相征伐的分裂状态；白族社会虽代南诏出现了大理国政权，但它已远远不能与昔日的辉煌同日而语。在这一背景下，纳西族从众多的周边政治势力的压迫下得到解放，开始独立发展本民族的政治、经济、文化。

那时，现今丽江一带虽在名义上属大理国巨善郡，但段氏集团却无力有效控制纳西族先民，“段世虽盛，亦莫能有”。纳西族社会出现了像蒙醋酣这样的大酋长，出现了像巨津（今丽江巨甸）这样号称“花马国”的纳西族大本营，形成了政治上的相对统一。在经济上，纳西族于此完成了从畜牧民到农耕民的转变，农业已占居主导地位，畜牧业则退居次要地位；在文化上，纳西族经过有唐代对多种文化的广泛吸收与消化，建立起了独具特色的文化体系，灿烂的东巴文化于此臻于完善。据《木氏宦谱》所载，纳西族文字创制于宋理宗时代，创始者为麦琮，此人“生七岁，不学而识文字。及长，旁通百蛮诸书，以为神通之说，制本方文字”。虽然尚难断定这“本方文字”指的是东巴象形文，还是表音文字——哥巴文。但无论怎样，文字的产生是纳西族社会发展的重大事件，自此开始，纳西族步入了文明民族之列，纳西文化有了书写记录的符号。

公元1253年，忽必烈率蒙古大军“革囊渡江”，攻伐大理国政权。纳西族首领阿良带领族人在抵抗无济的情况下改而迎接元军，并协同元军作战，为征服云南全境及麓川（现今缅甸）立下汗马功勋。1254年，元朝廷在纳西族居住地设茶罕章宣慰司，封阿良为茶罕章管民官。这样，纳西族社会又归入中央王朝的直接统治之下，与北方的蒙古文化和中原文化开始了新的接触与交流。如著名的纳西古乐《白沙细乐》俗传为忽必烈连同乐工、乐器送予阿良者。乾隆《丽江府志略》就称《白沙细乐》“其调亦有《叨叨令》《一封书》《寄生草》等名，相传为元人遗音”。

明初，朱元璋派爱将傅友德、蓝玉、沐英等入滇。当时的纳西族首领阿得于1382年率先归附，受到朝廷的赞许。作为一种奖赏，朝廷将元代的丽江路宣抚司改置为丽江府，后又升为军民府，令阿得一族世袭知府之职。明洪武十五年（1382年），朱元璋下诏书曰："尔丽江阿得，率众先归，为夷风望，足见摅诚！且朕念前遣使奉表，智略可嘉。今命尔木姓，从总兵官傅拟授职，建功于兹有光。永永勿忘，慎之又慎。"

在中央王朝的庇护下，丽江木氏土司镇守一隅，并不断开疆拓土，使纳西文化具有了对外辐射的能力。滇、川、藏交汇处的藏族社会受纳西族的影响尤为显著，藏文化尤其是藏传佛教也强烈地影响着纳西文化。不但纳西族地区每年都有大量的青少年被送往拉萨、德格等地学习佛法，而且噶玛噶举派的许多大师都与木氏土司保持着密切的关系，许多大师甚至亲莅丽江讲经传法，受到隆重的接待。

不过，由于政治上的臣属关系，比之藏文化，木氏土司更加尊崇汉文化。如，明代在丽江境内所建佛教寺院仅止禅宗、福国寺、琉璃殿、大定阁等即属之列。又，木氏引道教入境，许多道士被请为军师、医官、占卜师、风水先生，大觉宫、玄天阁、真武祠、太极庵等道观如春笋而出。在元代开始设汉学的基础之上，木氏加强了本家族内的汉文化教育，出现了一批既长于政务，又文武双全的有为土司，大开纳西族仿汉文化的先河。

在民间，以东巴教为代表的传统文化仍占主导地位。即使木氏土司，也在讲述本家族历史的《木氏宦谱》中，将自己的起源追溯到东巴经典《创世纪》中，以神化、圣化自己作为统治者的合法性与合理性。木氏土司还设有专司祭祀的东巴。到明代，东巴文化体系详备，著名东巴灿若星辰。用象形文字东巴文写成的东巴经典数不胜数，成为集历史、宗教、天文、地理、哲学、民俗、文学、艺术、医学等为一体的知识总汇。

尤为难得的是当时的纳西族社会致力于将汉文化、藏文化有机地融合于本民族传统文化之中，以作为继续创造新文化的营养。著名的白沙壁画就是这方面的典型。白沙壁画的题材以佛教为主，但在许多画面中同时包含有藏传佛教、汉传佛教、道教、儒教、东巴教的内容，甚至反映纳西族的民俗生活，表现出纳西文化的巨大包容能力，以及纳西族的开放精神、创新意识。

值得一提的是，1997 年被联合国公布为世界文化遗产的丽江古城的雏形形成于明代，其原址早在宋元时期就设有村庄与集市，但尚未发展成城镇。到了明代，木氏将纳西族的政治经济中心从玉龙山下的白沙迁往狮子山，并在此设丽江府衙门，促成了丽江古城的形成发展。这座古城充分利用玉泉水系及狮子山麓的自然地理而建，街道依河流而布，房屋顺街道而盖，家家垂杨，户户流水，俨然高原姑苏。这座古城的诞生意义重大，它使纳西族社会的分工更为细致，从那时起，纳西族社会出现了一个市民阶层，孕育出了一种市井文化，形成了一个集政治、经济、文化于一体的民族凝聚中心，使纳西族于旧有的民俗文化及宗教文化之外产生一种雅文化成为可能。

清初的纳西族社会与明末无异，只是从隶属明朝变成了隶属清廷而已。到 1723 年，清王朝借阿知立状告木氏土司"暴虐肆螯，民不堪命"之名，迅速在丽江纳西族地区"改土归流"，将知府改为流官、将通判改为土官。从客观上看，"改土归流"对国家的统一起到了积极的作用。但是，也不容否认，"改土归流"对纳西族社会风化产生了巨大冲击。伴随着"改土归流"后一项项强制性的汉化措施，纳西文化的发展逻辑由此发生改变，纳西族的民族精神受到了挫伤。于是，以东巴教为代表的纳西族传统文化逐渐丧失了自我更新的能力，并呈萎蔫的态势。

"改土归流"之后，丽江纳西族地区在政治、经济、文化诸方面基本实现了与中原的一体化。最值得大书特书的是在汉式教育及仿汉文化方面取得的成就。由于取消了木氏土司的政治特权，接受汉文化教育的范围被逐渐扩大。在 1723 年—1911 年为止的 180 多年时间里，先后出现了近百名翰林、进士、文武举人。他们当中，有的效力于当时的政坛，有的致力于故乡的教育，更多的在中国文化史留下了大量的诗、文、词、赋、书、画、论、著。

清代，纳西族的宗教信仰情况比较复杂，处于多教并存的局面。但是，这种共生并不均衡，如本民族东巴教固守远郊山村，依旧在人们的生产生活中发挥作用；汉传佛教继明代传入之后又有新的发展，在城郊及金沙江边汉族移民较集中的村落，几乎都建有禅宗寺院；藏传佛教于此时最盛，先后建立起福国寺、文峰寺、指云寺等七大寺庙；道教在清代更加深入纳西族民间，特别是在汉族移民比较集中的地区，凡婚丧、起房、占卜、治病等均离不开道士的参与。道教音乐的传习在丽江城区及城郊已经蔚然成风，不仅有牛焘、马子云、习樵这样的演奏高手，而且有许多古乐会即谈经班、皇经班活跃于各地；儒教也随着多处文庙的建立以及士子队伍的壮大而日益强大，每逢新学期开始，或是孔子诞辰、有人中举等，便钟鼎齐鸣、管弦共奏。有趣的是，纳西族人在宗教上采取了信而不笃、为我所用的宗教态度。

光绪三十三年（1907 年），丽江纳西族地区创办《丽江白话报》。这家报社的社长是纳西族教育家，这份报纸的主笔之一周冠南是纳西族第一个留日归来的学者。这份报纸是我国继《中国白话报》之后出现于云南的第一份白话文报纸，有力地呼应了内地的新文化运动。

民国，中国历史上最为动荡的一个阶段。在此期间，纳西族以血与泪的代价去迎接新的时代，完成了自身从传统社会向现代社会的过渡。尽管灾难重重，但纳西族社会仍然在继续前进。在第二次世界大战期间，丽江古城曾作为重庆与印度、缅甸之间国际商道的贸易中转站而繁荣一时。鼎盛时期，万商云集，曾有大小商号 1 200 多个，拥有 100 万—200 万元资本的就有 10 余家。每年往来于丽江、西藏、印度之间的马帮约有 25 000 匹骡马。在手工业方面，纺织、制铁、制银等都有显著的进步，不少手工业者还移民藏区，开辟了新的定居点。

在教育方面，民国期间的丽江等纳西族地区完成了从旧式教育到新式教育的转型。据统计，到 1929 年，仅丽江县就已建立起公立初级小学、高级小学 91 所，到 1938 年又扩大到 230 余所，并拥有省立中学、县立中学、国立师范各 1 所。到 20 世纪 40 年代，又创办了蚕桑学校、蒙藏学校，形成了从幼儿教育到常规教育、职业教育详备的教育体系。

不过，民国年间纳西族社会的发展并不平衡。丽江城区已经出现发达的资本经济，但在丽江的边远山区及邻近的永胜、维西、香格里拉等地纳西族中，仍有封建领主经济的残余存在。宁蒗、木里、盐源、盐井等地的纳西族，由于仍处在土司制统治的行列，从而也就较完整地保留有领主经济。

自1840年发生鸦片战争以来，纳西族地处滇、川、藏交汇之地而备受英国、法国、美国、德国、意大利、荷兰等国家的关注，不少外籍传教士、军事人员、旅行家、动植物学家及人类学家先后进入纳西族地区并染指纳西文化。这一方面使大量的纳西族文物流失海外，另一方面也揭开了国际性纳西文化研究之序幕。其标志是法国学者巴克于1913年出版了第一部介绍纳西文化的专著《麽些文化》。在此之后，美国学者洛克旅居丽江纳西族地区达28年之久，不但将大量的东巴经典传送到西方世界，而且还在美国、意大利、瑞典、德国等国出版了大量的纳西文化研究论著，被誉为“纳西学之父”。在我国，方国瑜、李霖灿等人在纳西族历史、宗教、语言、文字、神话等领域的研究取得了重大成果，《纳西象形文字谱》《麽些研究论文集》《麽些经典译注九种》等便是其代表。

1949年，纳西族地区得以解放，纳西族的命运发生了根本的变化，纳西文化亦迎来了万紫千红的春天。经20世纪50年代初期的民族识别及20世纪60年代成立丽江纳西族自治县，纳西族成为中华民族大家庭中平等的一员，纳西文化成为中华文化宝库中的一个部分。国家先后拨出专款扶持纳西族地区的经济、文化建设，并在云南丽江建立了云南省社会科学院东巴文化研究室（今丽江市东巴文化研究院）、丽江县博物馆（今东巴文化博物馆），在云南昆明成立云南民族学会纳西族委员会、云南迪庆纳西文化学会等机构、团体，积极支持纳西文化研究事业，努力培养纳西文化研究队伍，帮助建立纳西文化学科。

今天，纳西族及其文化正在经受现代文明的洗礼。面对着21世纪的挑战，她的生命正在继承与创新中升华。

神话史诗《创世纪》

正如任何一种古老的文化都曾拥有一个完整的神幻世界、任何一个民族都传承有自己的神话一样，纳西族也拥有自己的神话体系。而且，由于它们都记载于用古老的象形文字写成的本民族宗教经典之中，因而愈发显得珍贵奇美。

纳西族的神话大体可分为自然神话、洪水神话、始祖神话、爱情神话、战争神话、降魔神话等六种。其中，《创世纪》是最具代表意义的作品，它将许多零星的神话总括于一体，基本上构成了庞大的神话史诗规模。

《创世纪》又被译作《人类迁徙记》《洪水故事》，或音译为《崇搬图》。它一般被东巴们唱诵于祭天、祭祖等大典，全长两千多诗行，讲述了宇宙起源、人祖诞生、本族历史、种族关系等内容，是一部文学化了的纳西族远古历史。

世界原像：在遥远的太古，无天地日月，树木在走动，石头在爆炸，土石震颤；东（阳）神色（阴）神在迷茫中歌唱，一派“天地混沌未开”的原始图像。接着，混沌初开，出现了日月天地的空影，山川草木的虚像、“三生九”、“九生万物”，万物分“真”“假”，事事别“虚”“实”，并由此衍生出“真”“实”及“虚”“假”两大谱系的对立统一，构成了宇宙进化的原动力。这“真”与“实”“虚”与“假”类同于汉族古代哲学思想中的“阳”与“阴”。这表明，纳西族先民已经具有较高的抽象、思辨能力。

卵化初始：后来，“真”“实”嬗变出白光，白光化为好声好气，继而变生英古阿格，英古阿格变白鸡，白鸡下白蛋，白蛋孵化出“恩余恩麻”。与之相对应，“虚”与“假”先变出黑光，黑光化为恶声恶气，继而变生英格鼎那，英格鼎那变黑鸡，黑鸡下黑蛋，黑蛋孵化出“负金安纳”，使宇宙演化开始呈卵生形态，并将“善”“恶”观念引入其中；以“白”“黑”分别加以代表，突出了一切事物都处于运动变化之中。

三次创世：恩余恩麻为第一创世者，但他壮志未酬，开天天不平，辟地地不稳，只好衔来青草筑巢，生下 9 对白蛋。它们分别孵化出了天神、地神、胜神、福神、丰收神、善神、男神、女神、测量神、计数神，头人、仆人，男巫、女巫，猿人、原始人。相反，负金安纳生下的 9 对黑蛋，分别孵化出了鬼与蜮、嘟魔与臻魔、猛鬼与嗯鬼、牛鬼与豹鬼、无头鬼与老鬼……

这时，恩余恩麻生下的九兄弟继承父业，开始了第二次创世的伟大壮举。然而，他们的努力又一次归于失败。在失败与困难面前，他们毫不气馁，重新学习开天辟地的技能，再次去开创美好的天地。他们在东方竖起白海螺顶天柱，在南方竖起绿松石顶天柱，在西方竖起墨玉顶天柱，在北方竖起黄金顶天柱，在天地中央竖起白铁顶天柱，终于开成了天地。

野牛化生：在许多民族的神话中，自然万物是由巨人或老虎、神灵化生而成的。而在纳西族神话中，大自然的化生者乃是一头凶恶的野牛。在天地开成后，恩余恩麻所生的最后一个蛋历经 9 个月的孵化，最后因大海的鼓荡而孵化成了 1 头野牛。这头野牛抵垮了天穹，踏破了大地，使得“天又在摇晃、地又在震荡”。神灵九兄弟不得不杀死野牛，稳固天地。于是，野牛死尸化生，其头变成天，其皮变成地，其肺变成日，其肝变成月，其肠变成路，其骨变成石，其肉变成土，其血变成水，其肋变成岩，其尾变成树，其毛变成草……寂寞混乱的宇宙开始变得丰富、有序。

建造神山：神山又为世界山，在许多民族的神话中，它被视为天上人间的通道，或神与人的连接点，或是宇宙的中心。在纳西族的神话中，神山是人工创造物，不是自然山岳。

神灵九兄弟经过一次次的挫折，认识到只有建造居那若罗神山，才能擎住苍天，镇住大地。他们齐心协力，用金银、绿松石、墨玉石、海螺、珊瑚修建神山的四周，让9个马队驮来9座山上的石头堆垒神山，让虎豹、白狮、金象、久高纳布大力神加以保护……终于，天地不再动荡，为人类的诞生和存在发展奠定了坚实的基础。

人类诞生：纳西族神话中的人并非抟土而成，也非兽类的演化，而是在建成居那若罗神山之后，天声与地气交感，化成3滴白露，其中1滴落入大海而孕生了人类的始祖恨失恨忍，由恨失恨忍下传10代至崇仁利恩5兄弟及吉命6姐妹，才出现了严格意义上的人类。

洪水泛滥：洪水是我国南方少数民族创世神话中不可或缺的主题，大抵讲述洪水毁灭人间万物之后，仅仅幸存的兄妹被迫婚配、繁衍人种。纳西族洪水神话的内容亦大体相似，只是主人公之间并非兄妹关系，真正的兄妹婚配发生在洪水之前，洪水泛滥乃是天神对兄妹婚的惩罚。它所强调的是对兄妹婚的彻底否定。显然，这样的情节只能形成于纳西族社会已经脱离血缘婚，实行对偶婚或一夫一妻制度之后。

再造人类：洪水过后，孑然一身的崇仁利恩四处漂泊，人类的延续面临着极度的危险。在一片森林里天神都欧普“亲手削成了九种木人和木马”，暂为人类传宗接代。但是，由于崇仁利恩盼人心切，冲犯了“不满九天九夜不许看”的禁忌，致使木人“有眼不会看”“有手不会取东西”“有脚不会走路”。都欧普只好将木人弃之山岩、水泽、森林，使它们分别变成了回声鬼、水妖、林魅。

求婚失败：造人失败，迫使崇仁利恩谋求非技术性手段，依靠人类自身进行人的生产。在1座山岩下，他与1个竖眼美女，1个横眼丑女相遇，并娶美女为妻。结果，追求外在美使他吃尽苦头，婚后生下的尽是松胎、栗胎、熊胎、猪胎、猴胎、鸡胎、蛇胎、蛙胎，繁衍人类的梦想依然渺不可及。

天人婚姻：正当崇仁利恩焦虑之际，衬红褒白命化作1只美丽的白鹤从天上下凡，并在黑白交界处与崇仁利恩邂逅。他们一见钟情，一同前往天界向天神子劳阿普求婚，但子劳阿普岂肯将女儿嫁予人间的凡夫俗子。崇仁利恩求妻心切，子劳阿普对崇仁利恩施予种种考验。他要崇仁利恩1天砍完99座山上的树木，1天烧完99座山上被砍倒的树木，1天播完99片山地，1天捡回99片山地里的种子，并让崇仁利恩去上山打岩羊，下河捕鲜鱼，进谷挤虎奶。在衬红褒白命的帮助下，崇仁利恩解决了一个又一个难题，经受了一次又一次的考验，与衬红褒白命终成眷属。当子劳阿普惊叹于他的大智大勇，问他出身于什么种族时，他豪迈地回答自己是开天9兄弟、辟地7姐妹以及白海螺狮子、黄金大象、大力神久高纳布的后代！是翻过99座山力气更大，翻过99座坡斗志更旺盛的种族！是居那什罗山放在嘴里一口吞下哽不住，3斤炒面一口咽下不会呛，是杀也杀不死、砸也砸不碎的种族！这声音气壮山河，威震寰宇，迫使子劳阿普为女儿准备嫁妆。

迁徙人间：纳西族有过长期迁徙的历史。反映在神话中，它具体表现为崇仁利恩与衬红褒白命从天界迁徙到人间。他们携带畜种、谷种，战胜了恶神可兴可乐的阻挠，从居那若罗神山走下，在历经49次迁徙，经过89个地方之后，定居于玉龙山下的丽江。

始祖谱系：在丽江，他们祭天求子嗣，生下了恩恒3兄弟。遗憾的是，他们并不会说话。崇仁利恩只好派蝙蝠与天狗去访问天神，得知这是乱了祭天仪规所致。当他们秉天神之意，设坛重祭上天之后，恩恒3兄弟分别说出了3种语言，各成了藏族、纳西族、白族的祖先。从恩恒6代传至高勒趣，生了叶、束、禾、梅4子，成了古代纳西族的四大氏族。叶、束住在丽江坝，梅、禾住在金沙江边。接着，梅族分9支，禾族分7支，束族分4支，叶族分5支，构成了庞大的纳西族谱系图。他们的子孙后代男耕女织、祭天敬祖，像草木一样繁荣昌盛。

显然，这部充满了神幻色彩的神话史诗是纳西族历史与道德规范、哲学思想的反映，是纳西族民族性格、民族精神的集中体现。可以说，它通过展示纳西族先民艰苦卓绝的创世历程，讴歌了他们坚忍不拔、百折不挠、征服自然的英勇精神，赞美了人类的爱情与劳动、智慧和力量；同时也表达了纳西族人民对幸福生活的向往。因此，《创世纪》是我们解开纳西族文化精神的关键所在。

这部神话，早已引起国内外学者的注意，除有多种汉译本之外，国际上还出版了多种英译本、日译本。不少学者就其类型、结构、系谱、婚姻形态、哲学思想、美学意义诸问题进行了深入的探讨，取得了可喜的成就。

五彩纷呈的“大调”

纳西族的民间歌谣丰富多彩，从三言两语的俚谚、谣赞到史诗、长歌一应俱全。它们的作者、传播者、读者都是直接从事最基本的物质生产和精神生产的劳动者。它们直接扎根于民族民俗生活之中，以韵文的形式“陈事”“言志”，最真实地反映了历代纳西族人民的生产、生活，以及他们在社会实践中的复杂感受、对人生的思考、对美的认识。因此，它们是纳西族的《诗经》《乐府》，是纳西族文学体系的重要组成部分。

在纳西族民间诗歌中，最具代表意义的莫过于“大调”。“大调”是相对于短小歌谣而言的一个概念，特指从18世纪初丽江纳西族地区实行改土归流以后形成的民间叙事长诗。

“大调”之所以称为“大调”，无疑具有一定的内部规定性。在表现形式上，它并非口诵，而是入乐入调地演唱。并且，每类作品都有相对固定的曲调，如“挽歌”配以悲哀凄凉的“喂仁仁”调，“三相会”多用欢快明亮的“喂莫达”调。就作品间的关系而言，谣谚短歌大都是零星片段，不成体系，为自然产生之产物，充满了随意性（礼赞例外）。而大调则不然，它具有系统性，调下有类，类中分目，各个部分之间具有一定的联系，是一种半自觉创作的结果；歌谣俚谚具有全民性色彩，每一个社会成员都是其创作者、传播者、欣赏者。而在“大调”那里，职业性的歌手已经产生，对演唱的场所有一定的规定。从篇幅上看，歌谣俚谚大都是寥寥数行，最多不过百十来行。“大调”的规模则异常庞大，多至2 000余行，最少也有数百行。就作品反映的内容来说，歌谣俚谚大都是一事一议、一情一歌，而“大调”则是五彩纷呈，内容宏富，构成了一幅幅生动的风俗画。它们综合反映了近代纳西族社会生活的各个方面。

在艺术上，歌谣俚谚形式自由灵活，手法比较单一，“谐音”“象征”“添花草”等尚未大量使用。而在“大调”那里，各种表现形式应有尽有，许多艺术手法都得到了自如的运用。

在纳西族民间，俗称有“十八大调”。事实上，这只是一个概数。据已知的篇目与收集到的资料看，“大调”作品计有40余部。其中，最为著名的是“三相会”，即《雪柏相会》《鱼水相会》《蜂花相会》，以及“三欢乐”，即《猎歌》《赶马》《伐筝》。

“大调”的形式可分为三种：

第一，在东巴经典作品之基础上改造、加工、丰富、发展而成，如《挽歌》《婚歌》《游悲》等。

第二，在民间歌谣传说之基础上变异升华而成，如《猎歌》的原型为永宁纳日人的《舅舅送毡》，它在流传到丽江奉科、宝山时改称《吕衣阿舟若》，内容亦有大的变化，最后流传到丽江中西部地区，成为我们目前所见的内容、规模。

第三，根据现实生活创作而成的新作品，如《赶马》《筑城》《文考》《武考》等均取材于“改土归流”后全新的生活，它们以反映现实为重要使命，最具时代特点。

“大调”的内容丰富多样，有的描写新出现的文化盛事，洋溢着积极向上、追求功名、不甘寂寞的豪情壮志；有的表现古老民风民俗在新形势下的传承变迁；而更多的作品以婚姻、爱情为主要题材，控诉了封建礼教的罪恶，歌颂了人们对自由、幸福的执着追求。

《猎歌》以一男一女对唱的形式，描写了一对青年在生产生活中相亲相爱的故事。男主人公勇敢、质朴，是一位深受封建家长制迫害的青年。分家之际，因是次子，他只分到一只猎狗。在孤苦无助的漫漫长夜，他与猎狗相依为命，他与心爱的姑娘心心相印，苦撑着生活之舟。一天，他告别了恋人，引狗负弓，前去玉龙雪山狩猎。痴情的女子，面对行将降虎伏豹的情人声声叮嘱，传授各种狩猎知识，柔肠寸断，说不尽心中的依恋。在狩猎过程中，主人公张弓搭箭，射中了名贵的马鹿。

不幸的是负箭的马鹿消失于峡谷，紧追的猎狗消失了踪影。在一次次的艰难挫折面前，女子热情的鼓励，火一样的爱恋强烈地温暖着猎人的心。他历尽千辛万苦终于从玉龙山找到金沙江畔、从大理找到昆明，最后在北绿岈海找到了狗与鹿。他以鹿角为椅、鹿皮为服、鹿肉为干巴、鹿茸与鹿心血为补品，献给了自己心爱的人。这首“大调”貌似行猎之歌，实乃“爱歌”。浪漫的结尾，寄托的是美好的理想。

《伐筝》亦有异曲同工之妙。一对青年男女，为了弹奏美乐，而伐制金筝。他们先是“小妹扯风箱，小哥抡铁锤”，锻打伐樟木的斧子。然后，他们攀登玉龙雪山，赶走了树下的猛虎和树上的毒蜂、恶鹰，砍回了樟树。紧接着，他们配合默契，找来鹿角做筝柱，找来鱼骨做弦码，找来鹰爪做筝拨，找来金线做筝弦，请来木匠饰金筝：“筝尾饰牡丹，筝头箍金竹，筝边镶白银，筝尾系丝线……”终于制成了金筝。突出表现了“欢乐和劳动永远在一起，小哥和小妹永远不分离”的主题。

《赶马》先以马的出生起兴，其情节基本上脱胎于东巴经典《马的来历》。世上本无马，后来，白头老雕生下蛋，雕蛋掷于海，海浪击雕蛋，雕蛋撞岩石，马从蛋中出。接着，作品描写一对青年为远行经商而找到这匹马驹，并精心喂养。待马长大后，头上配辔头、身上安鞍鞯，做好了出行的准备。在经商的途中，他们的生活异常艰辛，“想喝没有水，想歇没有柴，只有烧马粪，只有吃雪花”。但是，他们同心协力，从茶山买回了茶叶，从拉萨买回了氆氇，从重庆买回了白绸。山间铃响马帮来，不仅为纳西山乡带来了商品、外界的信息、文明，而且男女主人公的爱情亦瓜熟蒂落。这是比金钱更重要的收获。

《雪柏相会》通篇拟人，写高高的玉龙山上，孤独的柏树与凄冷的白雪天各一方，只能相恋，不能相会。后来风起叶落，柏叶与白雪才能相会在一起。作品以此比喻有情人终成眷属。

《鱼水相会》是《雪柏相会》的续篇。春天来了，白雪融为清清的流水，柏叶化为水中的游鱼，它们一同流向玉龙山下，一同奔向太阳升起的地方。然而，前进的道路是何等艰险，有时山岩阻隔，有时深涧横陈，有时水獭觊觎，或欲置他们于死地，或欲将他们活活拆散，或欲诱他们贪小利而背宏愿。但是，他们靠着忠诚，靠着智慧，有时开山凿渠，有时架槽引渡，有时以箭射獭，“鱼儿顺水走，鱼水不分离”，绝处逢生路，最终来到“天宫”。在那里，鱼儿化青龙，流水化白云。他们获得了自由幸福。

这柏和雪、鱼和水分明就是纳西族青年的化身！他们所遇到的种种艰险，正是各种恶势力，尤其是封建礼教对于人间至爱进行残酷迫害的形象反映！而鱼和水历经种种艰辛而努力去实现美好理想，恰恰是纳西族青年不畏残暴、坚贞不渝、勇于抗争精神之体现。

《蜂花相会》的内容和表现形式与《鱼水相会》《雪柏相会》大致一样，只是将鱼水、雪柏换成了蜂花而已。

在残酷的社会现实中，纳西族青年的婚姻与爱情大都是悲剧。最为惨烈者，莫过于“殉情”，即因不满于父母之命、媒妁之言，热恋着的情人们忠诚于爱情，慷慨赴死，前去理想国——“玉龙第三国”寻找生命的归宿。对这些悲剧生动描写的作品乃是《游悲》。它以直面人生，对黑暗的现实社会作深刻的批判而成为“大调”中最具现实主义精神的作品。作品这样写道：男女主人公从小就被各自的父母许给了别人，共同的命运使他们互相同情，以至产生了爱情。正当这时，男主人公又被抓为壮丁，一对情人就要生离死别。面对着爱就要被毁灭，他们宁为玉碎不为瓦全，决心与世诀别，到玉龙山中殉情，以死表示对社会的抗争，以生命来维护追求自由幸福的权力。

在这些“大调”作品中，尽管不同程度地夹杂有一些不大健康的思想，但从总体看，其基调是高昂、积极的，歌颂人间真情、赞美人的创造、反抗精神、对未来抱以乐观态度等构成了贯穿于其中的一根红线。

就艺术而言，“大调”具有这样一些特点。一是系统性：“大调”虽然内容丰富，题材广泛，篇目众多，但调下有类、类中有目，它们互为贯通，互为和谐，故繁而不乱、井然有序。二是对称性：“大调”作品的各类型间以及在具体作品的章句间都具有这一特点，如有“三欢乐”，即有

“三相会”；如有“红事调”，即有“白事调”；如上一段言上古，下一段必谈后世，上一句称天界，下一句必说人间。这些造就了一种平稳、厚实感，具有对称美，且便于记忆。三是象征性：不了解“大调”的这一特点，我们就无法了解到许多作品的奥秘。如《烧香》《赶马》《伐筝》等都成功地运用了象征手法，是具有高度象征意义的作品。四是程式化：由于“大调”体系崛起于短短200多年的时间里，人们只能匆匆地、盲目地参照某些东巴经或传统民歌的范本表现新生活及新事物，致使许多作品，尤其是同类作品往往千篇一律，不仅在结构、手法上，而且在风格、情节，甚至在句式上多有雷同。其恶果是，不少作品呆板沉滞，缺乏鲜明的艺术个性，限制了更好地表现社会生活，以及更自由地抒发思想感情。

不过，无论从作为纳西族民间诗歌进一步发展成熟的标志而言，还是从它所取得的成就而言，“大调”都是一座里程碑，它不仅在纳西族文学史上，而且在中国民间诗歌发展史上都占有重要的地位。

明代木氏作家群的崛起

在明代以前，纳西族文学只包括东巴文学与民间文学两部分。前者以东巴经典所载神话、史诗为代表，是一种非作家创作又非民间口承的书面文学。后者以歌谣、故事、传说等为主要内容，是真正根植于生产生活的民间口头创作。到明代，随着木氏土司在政治上归附中央王朝，成为明王朝在滇西北地区的重臣、干将，纳西族文学开始在文化上向中原文化认同。他们在允许道教传播、延请汉族画师、工匠、医士、教师在丽江地区推广汉文化的同时，自己也开始学习汉文学形式，或写诗，或填词，或行文，开创了纳西族作家文学。这大大丰富了纳西族文学，扩大了纳西族社会生活的表现领域，同时也为中国文学谱写了新的篇章。

木氏诗人作家以汉文学的形式描绘丽江纳西族地区的田园山水，记录自己的文治武功，抒发他们身处边隅而又不甘寂寞的抱负。在明代，他们中就有 9 人的诗文传世，被《明史》誉为“云南诸土官知诗书……以丽江木氏为首云”。其中，又以木公、木增最为著名。

在木氏土司中最先以汉文学形式进行创作的是木泰。因此，他又被称为第一位纳西族诗人。

木泰（1455 年—1502 年），名阿刁阿乐，字本安，号介圣，是一位神话性的人物，一般被传为其远祖——一位造本民族文字、旁通百蛮诸书、善断鸟语、颖悟过人的麦琮的转世。他的一生，忙于平定中甸（现香格里拉）、维西等地的战争。因军功卓著而被封为大中大夫和世袭土官知府。他不但长于武功，而且颇具文才，精于对《易经》和中国古代哲学思想的研究，并通晓本民族文字。《两关使节》是他留给后人的唯一一首诗作：

郡治南山设两关，
两关并扼两山间；
霓旌风送难留阻，
驿骑星驰易往还。
凤诏每来红日近，
鹤书不到白云闲；
折梅寄赠皇华使，
愿上封章慰百蛮。

诗虽一首，但能使我们由此推想到他深厚的汉文化素养。

木公（1495 年—1553 年），字恕卿，号雪山，原名阿秋阿公，又号万松。公既工诗，又长干局。他袭职后，先后平定维西、盐井、永宁、中甸等地，曾参加解除寻甸毛、凤叛军对省城的包围的战斗，还调府兵对安南（今越南）叛乱进行过有效的镇压。他的晚年，于玉龙山南 10 里为南园，枕经籍书，哦松吟月，致力于编纂《木氏宦谱》和研究我国古代文学。

作为一个边官，木公在政治、军事上都取得了巨大成功。但是，真正使他流芳百世的却不是皇帝的嘉赐，而是他于军戎间写下的诗文。他自幼从汉师习文，十六七岁上即已将“四书”“五经”课读完毕。20 岁上，他便能背诵《千家诗》《唐诗三百首》《诗经》等作品。他的一生，勤于创作，先后写下了《雪山始音》《庚子稿》《万松吟卷》《玉湖游录》《仙楼琼华》等文集。《雪山诗选》乃是一代名士杨慎为他从以上各卷中精选 104 首而成之诗集。杨为之作序云：“……夫雪山，世守边圉、独稽古嗜学于轻裘绶带之余，刻烛击钵于燕寝清香之暇，非其特出之姿，尚友之质，何以缘情绮靡于古昔而获美誉，磐悦于士林哉！”……他的诗被选录于《滇南诗略》《云南丛书 · 丽郡诗文征》《四库全书》《古今图书集成》《列朝诗集》之中。后人有诗赞云："武事已先著，文风创自公；怡情诗世界，生活图画中。"[①]

木增（1587 年—1646 年），既是诗人、作家，又是著名的书法家。他字长卿，号华岳，又号生白。在任知府时，他为明王朝竭智尽忠，中央王朝对其嘉封已达到登峰造极的地步。他被封为中宪大夫、云南布政司右参政、广西布政司右布政、四川布政司右参政、太仆寺卿，蒙赐"忠义""益笃忠贞"等褒赞。徐霞客称："公世祚封侯，晋修藩伯，以雄武一军，成折首战之功，为飞将；以金赀数万，佐军兴之急，为忠臣；以威望大鼎，落番夷之胆，为良翰。无事则诗书礼乐，有事则戎马间行。"他乐于施舍，笃信佛法，于 37 岁让爵于子，潜心静养，几不食人间烟火。他在文学上的建树颇多，有赋、词、诗、文，著有《云薖淡墨》《山中逸集》《光碧楼选集》《芝山集》《啸月函》等诗文集。它们分别被选收入《云南丛书 · 丽郡诗文征》《滇南诗略》《四库全书 · 子部》《丽江府志》等。

木公、木增的诗文，有的记录了他们的政治生涯，充满积极向上的精神和爱国主义热情，木公的"爱国不忘驽马志，赤心千古壮山河"即是名句；有的描绘了纳西族地区的山水风光，凡玉龙山、金沙江、文笔峰等都成为他们重要、反复赞美的对象；有的反映了民俗风情，在他们的诗中，芦笙之声可闻，踏歌之舞可见，土酿之香醉人，荡秋千的少女呼之欲出；有的表现了他们的隐逸生活，多有孤芳自赏的情调。

在艺术上，他们不断探索，勇于实践，取得了较高的成就。杨慎评价木公的诗"秀句佳联，坌出层叠"。时人张禺山称其朗润清越，李中溪谓其得乐府音节，杨慎、张志淳、张含、李元阳、贾文元等都为木公的诗作序，并推崇备至。木增的诗也为同时代的诗人所欣赏。徐霞客、董其昌、陈继儒、周延儒、张邦纪、傅宗龙、章吕鼎、梁之朝、唐泰、戈示礼、陶潢、萧士玮、张瑞图等亦先后给木增的诗作序或作评，使其蜚

① 赵银棠：《玉龙旧话新编 · 木公》，云南人民出版社 1984 年版。

声海内诗林。

在从木公到木增的过渡阶段，还出现过木高、木青两位诗人。木高（1515 年—1568 年），为木公之子，号端峰，字守贵，素以忠孝著称，嘉靖皇帝赞其诚心报国，割股奉亲，化行边徼，威震北番，以德其名，忠孝两尽，并许其官居三品，位列九卿，世袭尊荣。他留下的作品有诗、文、词，最为人们所熟知的是他在香格里拉白地和丽江白沙的摩崖题诗以及石鼓铭文。木青（1568 年—1597 年），字长春，号乔岳，为木增之父。他既是诗人又是画家、书法家。因字如苍松古鹤，又有“松鹤”之别号。据说，他的一生消极悲观，看破红尘，最后飘然云游，在玉龙山中寻找到了生命的归宿。他英年早逝，给纳西族文学史带来了巨大的损失。他的遗作被其子木增选辑为《玉水清音》，并被收录于《滇南诗略》中。“青云不障千秋雪，曲槛偏宜半亩荷，含烟翠筱供诗瘦，啄麦鸡黄佐酒肥”一首为后人所传诵。

由于草创，加之时代与阶级的局限，尽管木氏作家诗人筚路蓝缕，勇于开拓，明代纳西族作家文学仍显得幼稚而又脆弱：生活内容不够丰富，表现形式较为单一，思想意识远离人民，艺术技巧流于模仿，唯美主义倾向多有表露。纳西族作家文学要有所继续发展，就必须将它从贵族手中解放出来，让它在民族生活、艺术的土壤中获得生命力，探索一条将汉文学形式、汉族审美观与纳西族社会内容、纳西族传统审美观有机结合的道路。否则，它将永远是游离于纳西族社会、意识形态的孤立存在，最多不过是贵族阶级的点缀与消遣品。而这也正是留待“改土归流”以后的诗人作家解决的重要课题。

大道大行于母邦

——方国瑜的纳西学意义

20 世纪，云南奉献给中国乃至世界文化史的重要成果之一是方国瑜的学术成就。

方国瑜的学术地位是由他的不朽贡献所决定的：他是教育家，先后在洛阳师范学院、云南大学等校执教近半个世纪，可谓桃李满天下，俊彩如星辰；他是民族学家，在彝学、白学、傣学乃至整个云南民族史的研究方面奋力开拓，建树特出；他是历史学家，因对云南地方史、西南历史地理、南诏与大理历史文化等的纵横捭阖、发微阐幽而声震士林；他是文物学家，毕生致力于云南各地金石碑铭与书卷帙谱的考察搜集、系统整理，终成一代宗师；他是音韵学家，早在青壮年之期便耕耘于广韵唐音、说文释名之苑地，功追清季小学大师。如果借用恩格斯的一句话，他不仅在他所从事的每一个领域都有独到的发现，“而且其中任何一个领域他都不是浅尝辄止”[①]。

一

作为纳西族的儿子、学人，方国瑜先生始终关注故乡及纳西族的文化建设。他虽谦称自己于桑梓无功，但事实上他以学术的形式服务于本民族人民，为故乡赢得了荣誉，堪称“大道大行于母邦”。其贡献具体如下。

---

① 恩格斯:《在马克思墓前的讲话》，载中共中央马克思恩格斯列宁斯大林著作编译局编译《马克思恩格斯选集》第三卷，人民出版社 2002 年版。

（一）他在丽江及纳西文化研究中开田野作业之先河，从1933年起，先后游历丽江束河、白沙、九河、石鼓、巨甸等地考察纳西族历史遗迹，先后写下《石门关：袁滋题名摩崖》《神川铁桥》《九禾白王塔砖》《石鼓木氏纪功刻辞》《古调桥纳西文摩崖》《丽江壁画》《滇西火葬墓》等文章，解明了许多文化之谜。

（二）他对纳西族东巴文、哥巴文经典悉心收集，并拜著名东巴和宗道、和士贵为师对东巴文、哥巴文进行释读，最终编定《纳西象形文字谱》。该书分四个部分。第一部分为绪论：纳西族的渊源迁徙和分布，纳东巴文的创始，纳西东巴文的构造，纳西语的音标说明；第二部分为纳西东巴文简谱；第三部分为纳西标音文字简谱；第四部分为纳西文字应用举例。其中，东巴象形文字被分为18类：天象之属（时令附）、地理之属（方向附）、植物之属、飞禽之属、走兽之属、虫鱼之属、人称之属、人事之属、形体之属、服饰之属、饮食之属、居住之属、器用之属、行止之属、形状之属、数名之属、宗教之属、传说古人名号。其特点是“每字首编号数，次到纳西东巴文，又次国际音标注音及声调，又次训诂及说明，或附列别体及异字、异义”①。他还对东巴文与哥巴文的结构、特征做了详细的分析，使之成为国内外第一部公开出版的纳西文工具书。

（三）他在全面调查纳西语分布的基础上，归纳出纳西语音位系统，指出纳西语共有12个单韵母、9个复韵母，31个声音、4个声调，并认为纳西语分东、西两个方言：西部方言下分大研镇、丽江坝、宝山三个土语，东部方言下分永宁、北渠坝、瓜别三个土语②。

（四）他参与了20世纪50年代所进行的纳西族民族识别、新族称确定、丽江纳西族自治县成立等的学术咨询与学术指导工作，为确立纳西文化主体性出力最巨。

（五）他厘清见诸于正史中及地方史、野史中的有关史料，对纳西

① 黄作宪：《〈纳西族象形文字字典〉序》，载李霖灿《纳西族象形标音文字字典》，云南民族出版社2001年版。

② 方国瑜：《纳西象形文字谱》，云南人民出版社1981年版。

族历史做了全面科学的梳理。如《纳西族的渊源、迁徙和分布》一文分“古羌人支系”“牦牛道的越嶲羌”“定莋县的摩沙族”“西洱河的越析诏”“昆川、西爨的摩些人”“丽江、永宁地区的纳西族”“公元十一世纪以来的历史发展”7章。纵论古今，此文成为纳西族社会历史研究的奠基之作。又如《麽些民族考》一文对纳西族族称之音意变迁，对纳西族远古历史、居住地区、吐蕃和南诏的历史关系，有关政治组织、风俗习惯、汉化现象做考证与阐释，使之成为纳西学学科建设的经典。

（六）他重视本民族文献资料在纳西族文化研究中的特殊作用，先后对《木氏宦谱》《白狼王歌》及东巴文等进行个案探讨，取得显著成绩。如对《白狼王歌》的研究，他使用古今纳西语材料，通过比较解明共3章44句176个单音中共计有90余音与古今纳西语相同或相近，故而做出了“可见白狼语即为麽些古语，或白狼语与麽些古语最相近”之结论。对《木氏宦谱》的研究，他使用了东巴经典《放生经》等材料，发现其上古谱系“由于虚构，不足与较，尤不能强为此附以证实”，正确区分了神话传说与历史真实之间的区别。

（七）他始作甲骨文字与东巴文之间的比较研究，在比较文字学领域独树一帜。如，《“古”之本义为“苦”说》一文，借用纳西东巴文中之“苦”写作有物吐出口外之状反释甲骨文之“古”字写作口中含黑色物体的类似性，从而做出汉字“古”之本义当为“苦”的判断，开创了甲骨文、金文、篆文与纳西东巴文相互发明、彼此印证的先例。

（八）他在遍育中华民族文史英杰的同时不忘为纳西文化研究栽培人才，在“文化大革命”刚刚结束便将和志武调至云南大学历史研究所工作，嗣后又调傅于尧为助手、招聘郭大烈到历史研究所工作。他们后来都成为纳西族社会、历史、文化研究的旗手。

（九）他凭借自己在国际学术界的崇高地位，致力于纳西文化研究与国际学术界的交流。如1982年，他推举纳西族青年学者杨福泉赴西德科隆大学印度东方学研究所与雅纳特合作研究纳西文化，共同出版了《现代纳西文稿翻译和语法分析》《纳西研究》系列著作等。

方国瑜走了，却给纳西族留下了一个世界，它的名字叫纳西学。它关乎纳西文化主体论、本体论、方法论、结构论、历史论等重大问题。方国瑜之于纳西学，仿佛就是摩尔根之于易洛魁，罗振玉之于甲骨学。他被东西方学者共尊为“纳西语言与历史学之父”乃是实至名归、理所当然。

正是在方国瑜的倡建下，今天的纳西文化研究已远非24年前的情况所可以比拟。我们已经初步完成了东巴经全集的翻译工作，已经建立起国际纳西学学会，并创办了《国际纳西学学会通讯》，已先后举办了两届国际东巴文化艺术节及国际东巴文化学术研讨会，已经建立起如丽江市东巴文化研究院、丽江东巴文化博物院这样的学术机构及东巴画院、东巴艺术宫这样的传承、展示基地，已经涌现出和志武、郭大烈、喻遂生、蔡华、王元鹿、赵心愚等中国学者，白西宁、孟彻理、佐野贤治、黑泽直道、海伦、齐藤达次郎、诹访哲郎等国外学人，已经推出了《纳西族史》《纳西东巴古籍译注全集》《东巴神话研究》《纳西族文学史》《纳西族与藏族关系史》《根与骨》《“纳人”研究》《国际纳西文化研究集粹》《纳西族哲学与纳西族文化》《纳西文化辞典》《玉振金声探东巴——国际东巴文化艺术学术研讨会论文集》等研究成果。纳西学越是向着其深度与广度拓展，我们便越有感于方国瑜之于纳西学的重要意义。没有方国瑜的奠基，就没有纳西学的今天乃至未来。

二

方国瑜走了，但他留给纳西学太多的遗产，除了基本方向、基本框架、基本方法以及一系列学术成果之外，他更给我们留下了一种精神、一种责任、一种胸怀、一种素养、一种风范、一种整体观、一种可能。

（一）就其精神而言，它包括两个方面的内涵：一是科学精神，二是爱国主义精神。在方国瑜那里，学术没有平坦的道路可走，更来不得半点的粗枝大叶。它必须拥有正确的理论指导，查阅充分的资料，掌握科学的方法，进行周密的论证，做出客观的判断。方国瑜把它归纳为实事求是的精神。正是凭着这种精神，他不唯上、不唯师、不唯书、不为名、不为利，执着于利用学术这个公器去认识规律、发现真理，并运用它们为社会发展与人类进步服务。纳西学虽是年轻的、正在发展中的学科，但同样要求她的承担者必须继承这种精神，像屈原那样“路漫漫其修远兮，吾将上下而求索”；如张载所言的“为天地立心，为生民立命，为往圣继绝学，为万世开太平”。

爱国主义精神犹如一根红线始终贯穿于方国瑜的学术生涯，他早年立志通过“整理国故”实现学术救国的理想。他于抗战期间参加中缅边界会勘，写成《滇西边区考察记》，以及在抗战胜利后到保山考察惠通桥、松山、龙陵、芒市、遮放、黑山门、畹町、腾冲诸战场，写成《抗日战争滇西战事篇》六卷。方国渝在新中国成立后致力于云南民族识别领导工作，继而在云南大学开设云南民族史课程，创办中国少数民族史专业等，无一不是为了国家富强、民族团结，使中华民族自立于世界优秀民族之林。在某种意义上，方国瑜最早从事纳西文化的冲动也缘于法国学者巴克于 1913 年在巴黎出版《麽些文化》、美国学者约瑟夫·洛克从 1922 年起滞居纳西族地区从事纳西族文化研究及文物收藏等事件受到的刺激。面对着纳西族在中国、纳西文化在中国，而纳西族及其文化研究中心即将西移的现实，在刘半农先生的启发下回故乡从事东巴文化考察，并编纂成《纳西象形文字谱》，以确保国家文化主权。1983 年 12 月，就在他去世前一个礼拜参加《纳西族文学史》编写工作会议之际，还提出一个严肃的问题警示后学：我们不能跟着洋人瞎起哄某某是“国际纳西学之父”，这既不符合事实，也会丧失我们自己的文化主体性及文化主动性。纳西文化可以为全人类所共享，但它的主权永远在中国。在纳西学研究的交流与合作正在日益扩大的今天，我们必须臾不忘先生的教导，既学习国外的理论、方法及其学术成果，加强各个领域内的合作交流，同时又充满民族自尊心与自豪感，充满爱国主义精神，捍卫国家文化的所有权、阐释权、享受权、发展权，把纳西学建设成中国学的有机组成部分，促进国家的文化复兴、文化繁荣。

（二）就其责任而言，它包括学术责任、社会责任。董作宾曾经对纳西文化做过这样形象的比喻：“这在中华民族的文化系统上，只能算泰山、华岳旁边的一座小丘，长江、黄河沿岸的一股细流，但是这座小丘、这股细流却自有它特定的精神和发生的源泉，是值得大书特书的。”[①] 纳西文化是整个中华文化的有机组成部分，并独具自己的价值与意义。因此，建设纳西学的第一要义就是为建设多元一体的中华文化添砖加瓦。国家整体文化与纳西文学之间应是一种共性与个性之间的关系，既不能因中华文化的普遍性而掩盖纳西文化的特殊价值，也不能因过分强调纳西文化的独特意义而使之与中华文化分道扬镳。二者的“分”不是本质对立，只能是相对两立；二者的“合”也不是完全同一，需要相互依赖、相互和谐。

在方国瑜那里，从来不存在纯粹的“为学术而学术”。他的学术是经世济民的利器，他要实现的目的是学术立国、学术为民、推动社会进步。他十分明白学术并非政治，学者却生活在一定的政治环境、代表一定的社会诉求，并以自己的学术成果为社会服务。他的纳西文化研究或直接或间接地体现出他的社会责任、人文关怀。在全球化的文化背景下，作为纳西学的后来人，我们必须认清自己的学术怎样才能更好地为维护本民族及本国的核心价值观及其文化体系发挥作用，在错综复杂的国际文化竞争中占领文化制高点、争取文化主动性，确保国家与民族的文化安全。纳西学研究应该有助于提高纳西族的政治地位，扩大纳西族的社会影响，增强纳西族的民族自尊心、文化自豪感。

（三）方国瑜从事纳西学研究始终拥有国家情怀、人类意识，而不是民族沙文主义。他的学术工作充满民族平等、文化尊重。他的一生，除汉族及纳西族历史文化研究以外，还对研究傣、彝、白、拉祜、佤、藏文化倾注大量心血，不仅使云南乃至西南历史文化的细部得到深刻揭示，而且进一步凸显了中华文化多元一体的特征。方国瑜正是基于他

① 董作宾：《〈纳西象形文字字典〉序》，载李霖灿《纳西族象形标音文字字典》，云南民族出版社 2001 年版。

的平常心、平等观、海纳百川、对祖国忠贞、对学术虔诚，他的研究又一次证明了各民族都是中华民族平等的一员，都对中国历史文化的存在发展做出过自己独特的贡献。今天，正在建设中的纳西学必须沿着方国瑜指引的方向，正确处理古代纳西族与现代纳西族之间、纳西族内部各支系之间、纳西族与周边民族及其文化之间的关系。

（四）作为严肃的学术工作者，方国瑜具有综合、多样、丰富的学术素养。他曾师从赵元任、李方桂、黎锦熙、高步瀛、吴承仕、钱玄同、余嘉锡、马衡、刘复诸先生攻训诂、音韵、目录、校勘、金石、名物之学，又延循陈垣、杨树达、梁启超等国学大师治历史地理，并有良好的纳西语、英语、汉语功底；他还酷爱章炳麟、王国维、陈援庵之学，熟稔法国、日本学者所作的西域南海之论，可谓国学功底深厚，学术视野开阔。如果没有这样的雄才，很难想象他能在广阔的国际文化背景下及历史视野中做到透视纳西文化并创立纳西学学科。纳西学的后继者们，必须丰富自己的知识积累，增强自己的学术素养，提高自己的学术水平，而不是在千疮百孔、捉襟见肘的条件下赤膊上阵“创建理论”“填补空白”。

（五）方国瑜还留给了我们一种谦虚、宽容、开放的学者风范。虽然学富五车、名震四海，历任云南大学文史系主任、文法学院院长，九三学社云南省工委副主任，全国人大民族事务委员会委员，云南省人民政府民族事务委员会委员，全国史志编纂委员会顾问，中国西南民族研究学会顾问，亚洲学会理事，中国教育学会理事，云南省民族研究所副所长，云南省民族调查组副组长，云南省文联副主席，中国历史学会理事，云南省历史学会会长，第一、二、三届云南省人大代表，第五、六届云南省人大常务委员会委员，第三、四、五届全国人大代表；但方国瑜先生永远虚怀若谷、真诚待人、认真为学，永远以开放的心态向友邻学科学习、向国际学术界学习、向各民族群众与学者学习，不断更新知识，不断超越自我，使其学问日益精进、炉火纯青，而不是目空一切、自充学阀、拒绝纳新。方国瑜的这种风范必须成为纳西学工作者的基本品格，以确保纳西学在学习、宽容、开放的状态下与其他学科平等对话，永葆青春，生机勃勃，并将个人的魅力升华为学科的魅力，将学科的品格转化为个人的品格。

（六）方国瑜的纳西学研究为我们构建了一种纳西文化整体观。在地域上，他将滇、川、藏纳西族居住地都视作一个完整的有机体加以把握，不画地为牢、相互隔绝；在群体上，他视纳西、纳日、纳恒文化为纳西文化不可分离的存在，虽强调各支系的特点，但更主张它们的统一发展；在结构上，他既重视纳西文化的仿汉部分，也关注东巴文化部分及民间文化部分；在材料上，他既长于文字资料的运用，也同样尊重口碑文物的价值；在研究主体上，他既依靠本民族学者的支撑，也欢迎其他民族与其他国家学者的加盟，为纳西学真正成为中国显学、国际新学提供了可能。那种单一的、排他的、封闭的思维只能终结纳西学的生命。

（七）方国瑜以其广博的知识、前瞻性思考，给纳西学的发展提供了一种全方位推进的可能。至今，他在纳西族文化研究中所做过的历史学、文字学、语言学、文学、教育学、考古学、文物学、谱牒学、宗教学、辞书学等学术尝试已经催生众多成果。可以想见的是，随着《纳西东巴古籍译注全集》的出版、纳西族社会历史调查的深入，训诂学、校勘学、社会学、民俗学、目录学、科技史学、军事史学、艺术学、哲学等都必然加入纳西学中，使之不仅为说明纳西族及其历史文化本身做出贡献，而且为甲骨文研究、茶马古道文化研究、藏彝走廊文化研究、南诏与大理国文化研究、吐蕃文化研究、苯教文化研究、藏传佛教文化研究、羌文化研究、藏缅语族语言文化研究、彝语支文化研究等尽绵薄之力。

综上所述，方国瑜在为祖国与人类文化事业建立诸多功勋的同时，也为自己的家乡与人民留下了丰富的精神和文化遗产。对于他所开创的纳西学而言，他是灵魂，他是典范，他也是一种理想与境界。对于他，我们的最好纪念便是对他所开创的事业的忠实继承，将他的精神发扬光大。

呼吁，紧急抢救江边文化

石鼓镇在20世纪为丽江及纳西族文化做出过巨大的贡献。其具体标志是出现过周兰坪、周冠南、周杲、李寒谷、范义田等杰出人物。周霖、赵银棠等虽非石鼓人士，但也在那里度过不少青春岁月。后来的周家模、和瑞尧、和钟华、杨世光也都与石鼓镇有不解之缘。因此，每次路过石鼓前去巨甸、维西考察，我都轻轻地潜行、悄悄地返回，不敢大声说话，从未轻妄行文，唯恐惊动了长眠在这里的先贤，生怕有辱石鼓的英名。真的，直到今天，在我的众多文墨中，从未有片言只语涉及过石鼓镇。

范义田先生是石鼓镇的骄傲，他梳理云南古代历史脉络，纵说周朝社会及其性质，他也涉足《诗经》《离骚》研究领域，并在先秦诸子思想探微、诗文创作及书法艺术造诣诸方面多有建树，从而成为丽江文化史上最富才情、最具雄力的文豪之一。在我看来，除却其思想、文化、艺术功力，范义田先生最令人钦敬的是其批判精神及对社会的关怀、民生的关注。比如说，他曾著文呼吁云南边地的妇女解放，他曾就抗战背景下的国民教育慷慨陈词，他对所谓的"破除迷信""就地生根"的救亡工作、突击性工作作风等都有掷地有声的评判。今天，在这里纪念范义田先生，我们不仅要学习他严谨的治学态度，悲天悯人的学者情怀，还要学习他那经世济民的学术志向，秉承他那学术为天下公器的优良传统，为今天的丽江乃至云南、中国的发展进步贡献自己的智慧与力量。

在丽江、在石鼓，目前最需要知识界引起注意的文化焦点是什么？我以为莫过于紧急抢救江边文化遗存。这是因为"梯级电站"建设在即，从金安至巨甸即将高峡出平湖。丽江在成为国际旅游精品之后又将成为国家重要电力基地，东南亚各国、我国东南沿海各省、云南各地都将共享丽江水力资源转换成的电能。这将使丽江的历史翻开新的一页，同时也将使纳西族文化面临极严峻的考验。因为这将是纳西族先民于唐代被迫迁移八万户至昆川以来的最大一次社会解构与重组。面对挑战，我们不能放弃责任、冷眼旁观、无所作为，也不能偏安一隅、故步自封、拒绝发展，更不能惊慌失措、丧失理智、逆势而动，最佳的选择应该是从容应对、未雨绸缪、科学规划，从现在起就行动起来，着力于江边文化遗存的抢救、保护，乃至转型、发展。这是对范义田先贤的最好纪念。

这里，我要向石鼓、丽江乃至云南文化界吁请的是：

1. 要依循种种蛛丝马迹，尽快开展“梯级电站”工程区地下文物的发掘，不致使之永远淹没于浩渺的烟波洪涛之下。

2. 有计划移置古雕桥梵字崖、古铁桥遗迹、格子红铜器与青铜器遗物、巨甸摆夷坟、石鼓大克大捷纪胜碑、红军长征纪念碑、虎跳峡岩画等标志性文物。

3. 广泛收集保存于江边民间的文献、碑铭、谱牒、字画、书信，形成对有关文字资料的有效保护。

4. 用摄影、摄像、绘画技术对“梯级电站”工程区的地形、村落、田畴进行航拍、地拍并测绘、制图，留下未来水底世界的原初形态及其有关数据、景观。

5. 迅速组织力量对江边各村落的口头文化进行录音，它们包括口头文学、方言、土语、民族语言、帮话、行话、灵言、祭辞、地名等内容，以期传诸久远，为丽江文化及纳西文化研究保存鲜活的语言材料。

6. 对“梯级电站”工程区水上水下、地上地下、山上山下各种矿物、动物、植物、地理、环境资源做周密的调查。

在做以上抢救工作的基础上，着手进行以下几件大事：

1. 建立“江边文化数据库”，利用数字技术将一切有形的与无形的、文字的与口头的江边文化甚至自然生态资源加以建档保存，以供社会各界尤其是知识界共享。

2. 建立“江边文化委员会”，组织有关力量开展江边自然、文化资料的系统考察、编纂、出版、研究、利用，制定有关规划、政策、方针。

3. 筹建“江边文化博物馆”，将所收集到的江边自然、文化实物、录音、录像、照片等加以立体展览，并辅之以模型、图表进行展示。

4. 筹建“江边文化研究会”，将玉龙纳西族自治县、永胜、宁蒗彝族自治县、古城、华坪、香格里拉，乃至云南省、全国有关生态、文化、社会、历史等学科的力量组织起来，定期进行跨学科的或各学科的综合性的或专题性的探讨交流，以关注建库设坝前、中、后期江边自然、社会、文化问题。

5. 筹办“江边文化”刊物，以登载江边历史、文化、社会、自然等方面的介绍、研究文章，使之成为学术界内、学术界与社会各界、政府进行沟通的文化渠道。

我以为，江边文化抢救保护工作要重在一个“实”字，突出一个“紧”字，着眼一个“远”字。“实”就实在要有求实精神、实际行动、实际效果，“急”就急在要有危机意识、应急方案、救急措施，“远”就远在要做长远规划、求长远效益、谋长远发展。目前，为了确保其在党和政府领导下井然有序地进行，必须先期抓以下几件工作：

1. 设置领导机构。这个机构必须在云南省人民政府领导下由迪庆藏族自治州、丽江市人民政府联合组建，吸收永胜、宁蒗彝族自治县、丽江古城、香格里拉、华坪、玉龙纳西族自治县有关文化、民族、文化管理、移民等部门参加，整体负责“一库八站”范围内文化保护的组织、领导、规划、实施、监督。

2. 建立工作班子。工作班子既指领导班子，更指考古、文物收集、民俗考察、自然生态、村落景观拍摄测绘、博物馆及数据库建设、成果出版、团体成立等方面的专业工作班子，其成员选择不能限于一地一族，而应广邀国内外有关专家、学者参加，起咨询、指导、鉴定、评估或参与实施等作用。

3. 建立协调机制。作为一个系统工程，“梯级电站”工程区的文化抢救保护将牵涉到国家和云南省迪庆藏族自治州、丽江市文化单位和部门，仅丽江市内就有永胜县、宁蒗彝族自治县、丽江古城、华坪县、玉龙纳西族自治县五个县区文化单位与之相关，纳西、白、汉、傈僳、彝、藏、傣、苗、普米文化皆属于工作对象，宗教、移民、文化、民族、民政、文化管理等部门须协同作战，考古学、民俗学、社会学、文物学、博物馆学、数字技术、生物学、环境学等学科要密切合作。文化问题必须置于"一库八站"建设总体工作之中考虑，顾及它与政治、经济、社会等各方面的关系。因此，建立有效的协调机制是抢救保护好江边文化的重要问题。

4. 制定科学规划。抢救保护"梯级电站"工程区文化必须制定科学规划，做到不夺主、分阶段、有远见、量力而行、实事求是。不夺主就是不以文化抢救保护干扰水电建设，反之是以之促进水电建设，并使水电建设具有文化的含量、文化的支撑。分阶段指这种抢救保护不能有头无尾、虎头蛇尾，或无节奏、无时段，平均用力。水电工程建设前、中、后期都应各有重点、各有任务、各有目标。如前期重在规划、普查、收集、保存，中期重在建馆、整理、研究、介绍，后期重在传承、利用、创新、发展上。有远见指不可急功近利，不能唯利是图，要以小换大、以长易短。量力而行指既不贪大求洋，又能积极主动，求真务实。即，既有战略布局，又有战术设计；既有长远蓝图，又有中短期计划。分先后、别主次、明急缓。

5. 加快文化立法。"梯级电站"工程区文化抢救保护将伴随"一库八站"水电建设之始终，甚至起点更早、延续更长。在建设社会主义法制社会的今天，我们要加快抢救保护江边文化的立法工作。在宪法、民族区域自治法、文物保护法精神的指导下，充分发挥地方各级人大的作用，在省、州、市、县、区、乡各个层次制定相关法律、条例，确保这项工作有法可依、有章可循，而不是无法无天、随心所欲，使所有保护、传承、利用、发展都限定在法律法规许可的范围内进行。没有健全的法律制度，就没有良好的文化保护发展前景。

6. 组团参观学习。无论在我国还是在国际上，都已有许多处理经济开发与文化保护发展关系的正反面经验教训。为了避免建设性的破坏，使经济建设与文化保护两立并互相促进，葛洲坝工程、三峡工程及南水北调工程都曾组织人类学、社会学、民俗学、考古学等力量进行前期论证、设计、规划、抢救文物、紧急普查、合理开发。在实施“梯级电站”工程区文化抢救保护行动之前，完全可以去埃及阿斯旺、国内三峡地区、葛洲坝地区、南水北调工程分布区参观学习，以他山之石攻己之玉。

开展这项工程到底具有什么样的意义，并将获得什么样的效益呢？我的看法是：

1. 在政治意义上，它能安定社会、稳定人心，实现“一库八站”建设的和谐移民，减少负面影响，防范别有用心者煽动社会动乱，酿成群体上访，增大建设成本，让工程区人民深切感受到党和政府不仅代表他们的经济利益，而且还代表他们的文化利益。移民开发不仅不会毁灭他们的文化，而且还有助于保护他们的精神家园，使工程区的政治、经济、社会、文化得到更好、更和谐的发展，创造具有丽江特色的移民建库修坝模式。

2. 在历史意义上，“一库八站”工程区正好覆盖古“麽些江”全境。这是一段自然的江流，更是一段历史的江流，它镌刻着从 3 万年前的“丽江人”到南诏、吐蕃、神川都督府、花马国、三甸总管府、丽江路、丽江军民府、丽江府、丽江专员公署、丽江行政公署等一系列历史记忆。保护这里的文化遗存，意味着这段江河的历史永在，建设“一库八站”只是这段江河历史的延续、创新，而不是它的断流、终止。

3. 在文化意义上，“一库八站”工程区存在有从石器、石棺葬到红铜器、青铜器、铁器的文化链，它还曾是藏彝走廊的咽喉、茶马古道的枢纽。汉传佛教、儒教、道教文明与藏传佛教文明相交融并产生东巴教的过程曾在此完成，农耕文化与游牧文化、狩猎采集文化的对话曾在这里进行，保护好这里的文化，就是保护好以上各种文化基因库，必将对解开滇藏文化、汉藏文化、农牧文化、纳藏文化、彝藏文化交流之谜发挥重要作用，并使丽江的文化更加丰富多彩，更具持续发展的动力。

4. 在经济意义上，“一库八站”工程区文化保护实为保护文化产业资源，我们完全可以将所保护的文化遗存在做静态学术保护的基础上，进行民俗旅游、图书图片、影视声像、工艺品等开发，使之产生巨大的经济效益，为方兴未艾的丽江文化产业建设注入活力。其结果，必然是未来丽江国内生产总值（GDP）中的文化贡献率大幅度上升。

5. 在学术意义上，“一库八站”工程区文化抢救保护将对丽江地域文化的崛起产生不可估量的影响，甚至通过对它的有效保护、研究，完全可能建立起包括生态、环境、民俗、宗教、历史、地理、语言、文字、哲学、文物、文献、经济、贸易、政治、军事等在内的“江边文化学”，或称“丽江文化学”，为云南的地方文化研究又添新学。

6. 在民族关系上，“一库八站”工程区自古分布有众多的民族，纳西族、汉族、白族、藏族、彝族、苗族、普米族、傈僳族、傣族曾经在历史上共同开发了这片丰饶的土地，并早已凝结成了一个有机的生命共同体与文化共同体。保护江边文化遗产就是保护这些民族的共同文化利益。这对尊重历史传统、增强民族团结、促进各民族的共同繁荣与共同进步具有十分重要的意义。

总而言之，在首发范义田先生文集之际，作为其事业的继承者及后学，丽江文化界应该有人类情怀、世界意识、国家责任、历史使命，更多地关注丽江境内的重大社会问题与文化问题，多做建设性的工作，多做发展性的推动，千万不要把人做小了、把品位降低了，更不能让心浮躁了、把利看重了、使眼看短了、将学庸俗了。知识分子必须是民族的灵魂，有责任的担当，做社会的中坚。

以上所讲，肯定有不少失当之处，还望各位先生、前辈多多指正。

总后记

50卷《白庚胜文集》行将出版，我对自己近年从事有关选编工作无怨无悔。因为，在本质上，我也是文化工作者，只是偏于戏曲表演与教育罢了。

在此，对为出版这套文集而无偿提供有关版权的社科文献出版社、线装书局、作家出版社、民族出版社、云南人民出版社、云南民族出版社、晨光出版社、四川新华出版发行集团、宁夏人民出版社、深圳海天出版社、苏州古吴轩出版社、辽宁民族出版社、中央民族大学出版社、新华出版社、中华书局等表示衷心地感谢！同时对授权翻译出版中文本有关著作的日本勉诚出版社、学生社、雄山阁出版社、中公社表示深深的谢意。

我要特别致谢那些为这项工作施以种种援手的朋友们：中国作家协会主席、中国文学艺术界联合会主席铁凝女士，中国作家协会副主席高洪波先生，中国作家协会书记处书记吴义勤先生，全国政协常委班禅额尔德尼·确吉杰布大师，中共贵州省委原常委、宣传部原部长、贵州省人大常委会副主任慕德贵先生，贵州出版集团有限公司党委书记、董事长黄定承先生。没有他们的关怀、决策，就没有这套文集的出版。

我要特别感谢的是贵州民族出版社及其胡廷夺社长。胡先生仅因白庚胜先生于15年前为他写过一篇序，以及这几年来一直关心贵州文学、文化事业，尤其是脱贫攻坚文学书写，便一直谋划着以文化的形式予以回报。胡先生的大气、重义、高端，为贵州乃至全国民族文化出版事业勇于开拓创新的精神，让我坚信贵州民族出版事业及贵州民族出版社必有灿烂的未来。

李江山先生是胡社长的得力助手，也是本文集全部选编业务的操盘手。他的温润、细致、敬业都给我留下难忘的印象。

40 多年来一直在白庚胜先生身边工作，并予以他帮助的中国社会科学院少数民族文学研究所、中国民间文艺家协会、中国文学艺术界联合会、云南省人民政府、中国作家协会、全国政协民族宗教委员会的各位朋友，云南、四川、西藏的纳西族同胞，我也要深深地致以谢意：是你们成就了白庚胜先生的一切辉煌。

如果钟敬文先生、马学良先生、贾芝先生、宫田登先生在天有灵，我想献上这套文集，以感激他们对白庚胜先生的教育和培养之恩。

最后，我想借此告慰我的公公婆婆：二老，庚胜此生不虚度，淑玲卅年已尽力。不足之处，望多包涵！

孙淑玲

2021 年 6 月 15 日